JN254986

日本政治史の中のリーダーたち

明治維新から敗戦後の秩序変容まで

伊藤之雄・中西寛 編

京都大学学術出版会

目次

はしがき

本書は近代日本（幕末維新期から第二次世界大戦期）の政治史を対象とした論文集である。改めて繰り返すまでもなく、このテーマに関する研究には膨大な蓄積があり、個々の研究者はその蓄積の上に立って新たな知見をもたらすべく努力を積み重ねている。とはいえ近年の歴史学研究が、厳密な史料批判を通じた正確な歴史的事実の確定に重きを置くあまり、歴史を書き、語ることを通じて現在につながる過去の位置づけを示すという役割について、等閑とはいわずとも低い優先順位しか与えてこなかったきらいがあることも否めないだろう。

しかし今日、精密な実証性を保持しながら、しかも過去を一つの時代像として描き出し、現代と過去との対話の窓を開く役割が歴史学に対して改めて求められているのではないだろうか。というのも現代においては政治的思考に対する要請が改めて強まっているからである。

第二次世界大戦後の歴史学の世界的潮流は、政治史から社会経済史、文化精神史へと焦点を移してきた。そこには、冷戦期において政治が果たす役割が安定した秩序の中での資源配分としての性格を強めたという外在的理由や、実証主義史学が扱うべき史料は政治家や官僚の意志決定記録にとどまるべきでないという内在的理由があったのであろう。こうした潮流の中で政治史研究も史料の発掘や精緻な解読に自らの役割を見出し、進歩してきた。こうした歴史学の潮流はもちろん歴史研究を極めて豊かにした。しかし冷戦が終焉し、テロや武力行使といった剥き出しの暴力が頻発し、グローバリゼーションをめぐる激しい政治論争が顕在化した今日、改めて政治の重要性が問われているのではないだろうか。未来に向けた人間の総合的な判断としての政治の役割が見直され、そうした観点から過去の歴史を振り返るという意味での政治史の役割もまた、再認識される必要があるのではないか。

とはいえ現代の多くの歴史研究者にとっては幕末明治期から昭和戦時期といった対象期間はすでに個人の研究対

象としては長すぎるものとなっている。そこで本書では個別の研究論文を一つの時代像へと結びつけるために、国際政治学の観点から日本の政治外交について研究してきた中西寛と近代日本の政治外交史の実証を踏まえて政治指導者の伝記的研究を多く著してきた伊藤之雄が編者となって、歴史研究者による個別研究をより大きな枠組みの中に位置づけることで近代日本政治のリーダーたちと時代像を描き出すことを試みた。第Ⅰ部では中西が近代日本政治の秩序変容とリーダーの役割という観点で、第Ⅱ部では伊藤が近代日本政治の中でのリーダーシップという観点で、それぞれ幕末明治期~第二次世界大戦期（その直後も含む）の時期を扱った個別論文をほぼ時代順に配置した。

このような構成をとった理由は、次のような考えによる。政治は、環境、制度ないし秩序、人といった要素から構成される。ある社会集団や共同体において政治が営まれるという場合、そこには人々がコントロールできない様々な要因が作用している。それは自然環境であったり、他の社会集団との関係であったり、その社会集団内の総体的な価値観や利用可能な技術水準といった要素であったりする。このような環境要因を基本的な制約要因として、その社会集団は何らかの秩序を制度化し、集団内の統一を維持し、また協働の可能性を高めることで環境に対する制御力ないし対応力を獲得しようと努める。しかし制度や秩序がひとたびは成立しても、環境の変化とともに変化を求められ、さもなければむしろ社会集団の環境制御力を阻害する要因とすらなりうる。したがって秩序や制度は安定と変化の絶えざるせめぎ合いの中に置かれるのである。こうしたせめぎ合いの文脈の中で問われるのが人間の要素である。環境を認識し、また、秩序や制度を作り出す努力をするのは人間である。とりわけ政治指導とは、その担い手の立場のいかんにかかわらず、環境と制度の相互作用の中で社会集団に目標を提示し、その目標実現のために環境を制御しようとする存在である。

第Ⅰ部においては、近代日本という時代を捉える最も基本的な環境要因として西洋文明との関係を重視している。こうした観点自体は一般的であり、むしろ今日的な問題意識からずれているとの批判すらあるかもしれない。しかしこの関係は、単に西洋諸国が日本と関係を持つ新たなプレイヤーとして登場したことにとどまらず、一九世紀西洋文明に内包された「文明標準」という観念と対峙することでもあったのであり、その点を再認識することは今日の政治を見る上でも新たな示唆をもたらすものではないだろうか。日本は一九世紀段階にあって、西洋諸国と対峙し、競合するために、文明標準を積極的に身につけ、消化し、わが物としようとした国であった。それは当時にあって自明の選択だったわけではなく、たとえば日本よりも大きな国力を持っていた清朝中国やオスマントルコはそうした選択をとらなかった。当時、西洋諸国からの圧力が受けた多くの国が試みたように、軍事機構や法律のような目に見える制度を移植することで近代国家の体裁を整えるだけでは文明標準を身につけることにならず、その制度を作り出し、主体的に運用する精神的要素をも吸収してこそ文明標準に参入可能な近代国家たりえたからである。したがって日本の近代国家構築の過程は、制度を創設、運用する実務的作業であったと同時に、近代西洋の知的枠組みを解釈し、再構成する知的作業でもあった。それゆえ第Ⅰ部の最初に、明治初期の政軍関係の模索を扱った小林道彦論文と、帝国大学や学術団体の創設を通じて近代知の創造メカニズムの導入を図った渡邉洪基を扱った瀧井一博論文を置いた。

しかし日本が文明標準の内部に迎え入れられたと感じた二〇世紀初頭の時期は、それまで確固として揺るぎないと思われていたヨーロッパ中心の文明標準に対する疑念が頭をもたげ始めた時期と重なった。それ以降、特に第一次世界大戦の経験を経て、世界は明確な文明標準の喪失と新たな文明標準の模索の時期に入る。文明標準に一旦入った日本もそうした中で模索と苦悶を強いられたのである。第Ⅰ部後半の五編はその時代を扱う。

アメリカの台頭は、日本の政治、外交、経済に実体的な影響を及ぼしただけでなく、西洋近代をモデルとしてきた日本にとって深刻な知的選択を迫るものでもあった。中谷直司論文はアメリカが単に新たな大国としてだけでなく、国際秩序の大幅な変革を求めることになったウィルソン政権期の東アジア国際秩序について対中借款団をテーマに分析している。クリストファー・W・A・スピルマン論文は、北昤吉の思想的展開を扱い、西洋哲学を学んだ研究者が第一次世界大戦後、反デモクラシー、アジア主義、さらにはファシズムへと近づいた軌跡を跡づける。等松春夫論文は、国際連盟下でイギリスの委任統治領であったイラクの独立と満洲国の建国を比較して論じることで、日本の大陸政策について国際秩序の変容と近代国家モデルではない新たな国家像の模索という新たな視角を提示している。森靖夫論文は、内務官僚であった松井春生の国家総動員体制構想を分析することで、アメリカの革新主義思想と第一次世界大戦の教訓を踏まえた総力戦構想を結びつけようとした第二次世界大戦前の国家像の模索を解明している。井上正也論文は、満洲国において殖産興業に務めた高碕達之助が第二次世界大戦直後にインドの資源と日本を結びつける構想に情熱を傾け、挫折した経緯を分析し、戦間期の日本の模索が大戦後秩序の中に解消されていく軌跡を示す。

第Ⅱ部では、現代にも通じる普遍的なリーダーシップを考察するため、人、特に政治指導者のリーダーシップという角度から近代日本の政治を検討している。近代国家の政治指導において基本的な要素は、公共性の観念を抱き、それを追求すること、すなわち家族的、家産的秩序の延長線上ではなく、公共空間としての国家を中心軸として与えられた環境と資源を活用し、何らかの政治目的を実現することである。こうした観点から第Ⅱ部では複数の政治指導者のリーダーシップを分析する。

まず、西洋近代文明に対応して国家体制の構築が公共空間を構成した幕末明治期の二人の人物をとり上げる。齊藤紅葉論文は、木戸孝允の尽力した薩長同盟形成が、西洋諸国の外圧に対応するために藩を超越した公共空間の創造を目指したものであったことを明らかにする。続く西山由理花論文は、明治初期から政党活動に従事した松田正久が、明治期を通じてイギリス型の政党政治の実現を期待し、その人生の最後で第一次護憲運動に関わり、功名に走らず原敬と連携することで公共に仕えた判断を跡づけている。

第一次世界大戦後、日本を取り巻く環境が大きく変化する中で、日本の政治指導者は明治以来日本が築いてきた秩序を政治資源として維持しつつ、時代に応じた新たな公共空間を構築するという困難な課題に直面した。

西田敏宏論文は大正、昭和初期の協調外交の担い手である幣原喜重郎を扱い、幣原が第一次世界大戦後の世界の潮流に通じ、確固とした信念と長期的な見通しを抱きつつも、外交交渉において柔軟性を欠き、また従来の秩序に固執する国内政治勢力への説得力も十分に持たなかったために期待した成果を得られなかったことを示している。小山俊樹論文は、陸軍内で順調な出世を果たした田中義一が政界に転じて直面した山東出兵と張作霖爆殺事件の処理において見せたリーダーシップないしその欠如を扱っている。軍部を基盤に各界に広く知己を持つ田中は有力な政治資源を有していたが、中国情勢が急転回し、政党政治に対する評価が揺れ動く国内状況の中で明確な国家観と秩序構想を打ち出すことができなかったのである。萩原淳論文は、明治国家の中で保守的な司法官僚として成長した平沼騏一郎を扱う。平沼は第一次世界大戦後は政党政治、協調外交の時流に反発し、国家主義運動を支援しながら政権獲得に動いた。満洲事変後、政権獲得に意欲を示し続けた平沼が一九三九年に政権を獲得したものの国際情勢の変化に対応できず、自ら政権を投げ出すことになった。この姿は、公共性を担いうる政治指導者が消失していった戦前期日本のありようを象徴するものであったといえよう。

これ以上各章の内容に踏み込むことは第Ⅰ部、第Ⅱ部それぞれの冒頭に置いた編者による総論とも重複することになるので控えたい。読者には、第Ⅰ部、第Ⅱ部いずれから読んで頂いてもかまわないし、また興味のある時代、テーマ、人物についての論文から読み始めて頂いてもよいだろう。読者諸氏がそれぞれの立場において本書から何ほどかの刺激を受けて頂ければ、編者としてそれに優る幸せはない。

中西　寛
伊藤之雄

第Ⅰ部

近代国家日本の軌跡

――「文明標準」とその解体の中で

総論

中西　寛

一九世紀、とりわけその後半は、西洋諸国が世界への支配を実体化した時代であった。もちろん一五世紀以来、西洋諸国は非西洋世界に進出し、植民地や通商ネットワークを築いていた。しかし南北アメリカ大陸では植民地社会が形成されたものの、世界全体で見れば一九世紀まで西洋のユーラシア大陸での活動はまだ主に非公式のアクターである貿易会社や宗教組織、あるいは軍など一部公的部門による三つの攻勢（triple assault）に依拠していたのであり、特にアジア大陸においては現地の国家構造に根本的な変革を迫る圧力をかけるものではなかった。[1] しかし一八四〇年の清朝中国に対するイギリスのアヘン戦争を一つの転機として西洋諸国は非西洋世界全体に対して国家構造や基本的な対外政策にまで変革を迫る圧力をかけるようになる。その後もタイとイギリスの修好通商条約（ボウリング条約）締結（一八五五年）、インド大反乱によるムガル帝国の滅亡とイギリスの公式支配の導入（一八五八年）といった一連の事態が続いたのである。日本に対するいわゆる「開国」要求、すなわち西洋ではオランダに対してのみ、また長崎出島においてのみに限定されていた貿易制限を撤廃し、西洋諸国との貿易開放の要求もこうした地球規模の変化の一環であった。

国際政治学の分野でこうした現象に着目してきたのは英国学派と呼ばれる系譜である。英国学派は、ヨーロッパにおいて複数の主権国家からなる「国際社会」が形成されたという観点に立ち、一九世紀後半以降の時期を「国際社会の拡大」期と見なす研究を行ってきた。[2]

（1） David Abernethy, *The Dynamics of Global Dominance: European Overseas Empires 1415–1980*, (Yale Univ. Press, 2000), Chapter 10.

（2） 画期となった論文集は Hedley Bull and Adam Watson, *The Expansion of International Society*, (Oxford: Clarendon Press, 1984).

同じ英国学派に属するG・ゴンは、この一九世紀における国際社会の拡大を表現する概念として「文明標準（Standard of 'Civilization'）」という言葉を普及させた[3]。ゴンによれば、一九世紀の西洋諸国は互いに権力政治的、帝国主義的な競争関係に立ちながらも、この時代に固有な文明観を共有していた。「文明」とは人類の最も発達した状態を指し、理念的には普遍的であるものの、実際には西洋社会に限定された文化的概念であり、その内部にのみ完全な意味での「国際社会」が存在し、その外部との関係は垂直的な高等社会─劣等社会という明確な政治的区分がなされていたのである。

一九八〇年代に英国学派で盛んとなった「（近代西洋）国際社会」の世界への拡大という観点は、換言すれば、「文明標準」の非西洋世界への拡張を跡づけるものであった。英国学派による「文明標準を前提とした国際社会の拡大」という観点は近年でも国際法、政治制度、文化意識といった観点から一九世紀後半およびそれ以降の国際関係を理解する上で重要な視座を提供し続けている[4]。それらの研究は、一九世紀後半の時点で非西洋世界の中でも日本が意識的に文明標準の存在を理解し、そこへの参入を図った点で例外的であったことを指摘している[5]。日本以外の非西洋諸国の多くも西洋諸国に対して対抗し、独立を維持しようと努めた。しかしそれらの努力は西洋中心の文明標準の存在を否定し、少なくともその受容を拒否する性質のものであった。対して日本は、自国の独立を維持する観点から西洋諸国の国家体制（国制）モデルをいち早く導入し、二〇世紀初頭には西洋型近代国家の体裁を整え、文明標準を採用することで西洋諸国からの独立を維持することに成功した。一九世紀から二〇世紀前半という時間軸の範囲では日本以外に顕著な西洋型近代国家構築に成功した例はなかった。その意味で日本の「成功」は例外的であったといってもよいであろう[6]。

なぜそれが可能であったか、という問いはいうまでもなく近代日本史の基本問題であり、ここで答えることができるような問題ではない。しかし明治初期から今日まで強調されてきたのは、西洋近代を学び、日本に導入する上で、日本人が近代西洋社会を成り立たせている知の構造に踏み込んで理解しようとし、日本への近代西洋の導入を単に目に見える表層的な文物制度の移植にとどめることなく、そうした文物制度を生み出し、変化発展させていく知の構造、目に見えない精神部分までを含めて導入しようとした点である。

こうした認識を明治初期において最も体系的に表現した人物としてはやはり福沢諭吉を挙げるべきである。「国の文明は形を以て評すべからず。学校と言ひ工業と言ひ陸軍と言ひ海軍と言ふも、皆是れ文明の形のみ。この形を造るは難きに非ず。唯銭を以て買ふべしと雖ども、ここに又無形の一物あり、この物たるや目見る可らず、耳聞く可らず、売買す可らず、貸借す可らず、普く国人の間に伍して其作用甚だ強く、この物あらざれば、彼の学校以下の諸件も実の用を為さず、真にこれを文明の精神と言ふべき至高のものなり」(『文明論之概略』)。この言葉には西洋文明の本質が、具体的な法制や兵器、組織にあるのではなく、それらを生み出す精神的原理にあることを見抜いている福沢の深い洞察が示されている。

丸山真男の古典的研究によれば、福沢の知に対する姿勢は「実学」という言葉で表現されるものであった。「されば今斯る実なき学問は先ず次にし、専ら勤むべきは人間普通実用に近き実学なり」(『学問のすすめ』)とあるように、福沢にとって学問は社会的実効性が重要な基準とされていた。丸山も強調するように、この「実学」重視は福

(3) Gerrit Gong, *The Standard of 'Civilization' in International Society* (Oxford Univ. Press, 1984). ゴンは一九世紀西洋の文明概念の歴史的限定性を強調するために「文明」('civilization')と記しているが、ここでは煩瑣を避けるために「」はつけない。

(4) たとえば、Shogo Suzuki, *Civilization and Empire: China and Japan's Encounter with European International Society*, (Routledge, 2009).

(5) Suzuki 前掲書。

(6) こうした観点は、一九八〇年代頃から経済史を中心に盛んとなったアジア工業化論、すなわち西洋および日本の工業化を例外的現象とせず、「西洋の衝撃」以外に工業化の要素を求めようとする一連の研究の系譜と対比できよう。アジア工業化論はたとえば、齊藤修『プロト工業化の時代』(日本評論社、一九八五年)、川勝平太『日本文明と近代西洋』(日本放送出版協会、一九九一年)、杉原薫『アジア間貿易の形成と構造』(ミネルヴァ書房、一九九六年)などによって進められた。他方、政治史・国際政治学研究の世界では、近代国家としての日本の制度的整備や国際政治上の影響力に着目して、明治期日本を世界的な「例外」と捉える観点が今日でも一般である。経済社会的研究と政治史・政治学的研究をどのように統合するかは未解決の問題である。

沢が純理としての学問を否定して実用主義からのみ学問を評価していたことを意味するわけではない。実用主義という意味では福沢が指弾した儒学の方が実用的な学問の重視としての実学を説いてきたのである。むしろ福沢の強調点は学問と生活の関係のあり方にあった。福沢が「東洋の儒教主義と西洋の文明主義と比較して見るに、東洋になきものは、有形に於て数理学と、無形に於て独立心と此二点である」と述べているように、福沢は数理学こそが西洋文明の知的核心と見ていた。ここで福沢が数理学と称したのはニュートン的な力学大系、合理的な科学的思考の体系であるといえよう。福沢が西洋学問を「実学」として推奨した背景には、合理的設計によって国家体制ないし社会が設計される前提として科学的学問が存在し、政治社会と科学の両者が精神において結びついていることを西洋文明の特徴として認識していたからである。これを丸山は倫理の実学から物理の実学への「転回」と捉え、近代合理思考の導入こそが福沢の意義であると捉えている(7)。

福沢をもって明治初期の日本の近代化精神を代表させることにはもちろん留保がつくであろう。にもかかわらず、福沢の思想が示した、合理的・実証的精神を西洋近代の中核と捉え、この知的把握を中核として秩序が構成されるという構造は明治日本が一九世紀西洋の文明標準を急速に受容し、西洋型近代国家体制が一応の定着を見たことをよく説明しているといえるだろう。

第一章の小林道彦「危機の連鎖と近代軍の建設――明治六年政変から西南戦争へ」と第二章の瀧井一博「明治日本の危機と帝国大学の〈結社の哲学〉――初代総長渡邉洪基と帝国大学創設の思想的背景」は、政軍関係と高等教育という、明治初期において代表的な制度と学問の両面から、明治期の秩序形成において合理的思考が導入されていく過程を詳細に描き出している。

西洋型の近代国家を建設するというプロジェクトにおいて中核的な作業の一つは、「近代的な」軍事組織の建設、すなわち、合理的政治的手段として政府が対外的に、または国内的に利用しうる中央集権的な軍隊の確立である。第一章の小林論文は、特に明治初期の征韓論争から西南戦争期に焦点を当てて、日本の近代化に伴う国制変容の複雑なプロセスを明らかにしている。主に内政的観点から、旧士族層を基盤とする新政府軍構築を目指す路線（征韓派や大久保利通、木戸孝允ら）と、江戸期の身分制から切り離され、徴兵制に基づく広範な基盤を持つ西洋諸国型の近代軍の構築を目指す路線（山県有朋）とが対立する一方で、対外政策に関しては、朝鮮ひいては清との戦争の可能性をはらんだ征韓論の路線（西郷隆盛、板垣退助ら）とこれに反対する路線（大久保らだが、必ずしも内治優先だったわけではなく、台湾（西郷従道）ないし樺太（榎本武揚）への出兵優先論も含まれていた）との対立が存在した。

征韓派の下野はこうした対立する路線の相互関係を複雑化し、山県の陸軍卿辞任をもたらしたが、佐賀の乱の勃発により兵権を大久保利通が掌握してこれを鎮圧したことをきっかけに事態は収束に動いていく。大久保らは台湾出兵派の士族の要求に配慮せざるをえず、出兵を許可したものの統制は混乱し、台湾出兵は「惨憺たる」失敗と評される結果をもたらした。この事態は士族主体の軍の弱点を示したものと解釈され、大久保らと山県は互いに譲歩し、山県が主導する徴兵制陸軍構築を大久保らが統括する形態が徐々に構築され、西南戦争で鹿児島平定を実現することでこの体制が一応の安定を見るのである。

もちろん巨大な変革が一挙に片づくわけではない。この点では、小林論文が触れている土佐立憲派の徴兵制反対論が体制に組み込まれていくためには明治憲法体制の確立と政党政治の開始、日清戦争などを経なければならなかった。とはいえ幕藩体制の礎とされ、明治維新の実現を可能とした旧士族階級を新体制の軍の中核に据えず、当時の西洋諸国で普及しつつあった徴兵制度を基礎とする新国軍の構築を構想、実現し、しかも軍部を文民指導者の指導下に置きえたことは明治日本の政治体制の性質を決定する上で際だった重要性をもっていたといえよう。

この過程は、西洋近代軍という設計図を一応のモデルとしながらも、それを形式的、表面的に移入するのではな

（7） 丸山真男「福沢に於ける『実学』の転回」（初出は『東洋文化研究』三号、一九四七年三月）（丸山真男著、松沢弘揚編『福沢諭吉の哲学 他六篇』岩波書店、二〇〇一年）三六～六五頁。なお丸山の実学観に対して、源は江戸期実学に段階的な変化の延長線上に福沢の実学観を置き、江戸期から明治期への連続性を重視している。源了圓『実学思想の系譜』（講談社学術文庫、一九八六年）。

く、国内体制の確立と対外的武力行使という実践的過程を通じて合理性を追求した結果であった。こうした変革を主導した指導者の中に近代国家の秩序の移植に満足せず、近代国家の構成原理を学び、自ら国家を作り出そうとする精神作用を見て取ることができる。

第二章の瀧井論文が対象とするのは、帝国大学（後の東京帝国大学）の初代総長となった渡邉洪基という人物である。瀧井自身が述べるように、渡邉は日本の教育史の中でも目立たない扱いを受けてきた人物だが、明治初期の政府官僚として日本の知の体制構築にとって無視できない役割を果たしたことを瀧井は指摘する。

渡邉は慶応義塾出身であり、福沢諭吉の門下生でありながら政府官僚となり、一八八〇年の集会条例の起草者として自由民権運動弾圧に力を貸したとして当時から変節漢とも見られていた。にもかかわらず、渡邉は帝国大学学長だけでなく、「三六会長」と称せられるほど学会、教育機関、学術組織、政策審議会や企業、文化団体等の組織に関わっていた。

明治初期に欧米を視察した渡邉は西洋社会での自発的な結社活動に大きな刺激を受け、日本に帰国後、同様の組織を結成しようとした。ただし、最初に手がけた万年会は殖産興業のための地方の実業家同士の知的交流を目指していたが、実際には中央主導で政府支援なしには活動困難であった。渡邉も現実の状況から学び、明治初期の日本では官と切り離された民の知的交流は実現性に乏しく、官民協調が不可欠であるとの認識を渡邉が得たと瀧井は分析する。

その後、一八八六年に帝国大学が創設されるにあたり渡邉が初代総長に任命されるが、渡邉自身は帝国大学が純理を追求する機関となることを懸念していたという。そのため渡邉は学術団体としての国家学会を創設して自ら会長となり、純理の追求を主張する加藤弘之ら学者との対立を経ながらも、伊藤博文、大隈重信らの入会を認めて実学を基軸とした組織としてのアイデンティティを追求したのである。

瀧井によれば、集会条例への関わりも渡邉の学問観に依拠したものであった。すなわち、渡邉は学生を含めた青年、実業家、官僚軍人などが安易に形式的な知識を政治の場に持ち込み、政論に流れることは本来の学問のあるべき姿ではないと見なしていた。あくまで学問は政治から中立の科学でなくてはならず、そのようなものとして社会的に実践される実学であるべきなのである。

こうした渡邉の立場は、総論において冒頭に触れた福沢の実学観を反映したものといってもよいであろう。ただし福沢は民間の私学創設者として名を残したが、渡邉は官民協調の手段で帝国大学創設に参画した点は異なっている。しかし福沢もまた自由民権運動には意外に冷淡であったのであり、安易な政論への批判は渡邉と共通していたかもしれない。

渡邉が帝国大学を手放しで歓迎したわけではないとはいえ、帝国大学が養成した国家官僚が基軸となって明治期以降の日本の国制が具現化されたことは確かである。帝国大学を頂点とする日本の知的構造こそが瀧井のいう「国制知」として明治期日本に埋め込まれ、近代国家としての日本の政治体制に持続的な変革を遂げうる生命力をもたらした。

しかし、瀧井が渡邉の「夢」に触れているように、自由な結社における知の交流というビジョンは渡邉の時代に実現することはなかった。時代が下るにつれて帝国大学は技術者を含めた政府官僚養成と純理研究に特化した教育研究機関としての性格を強めていった。渡邉あるいは渡邉を通じて試みられた福沢の実学の精神はやがて近代日本の中で現実とのかい離を次第に深めていくことになったのである。

それでもなお、明治期の日本は西洋からの文明移入を表層的なレベルにとどまらず、西洋諸国の国家機構を持続的に活動させ、発展させる原理レベルから学び、導入しようとしたという点は認めうる。こうした試みは限界や浅薄さを伴っていたにせよ、西洋近代国家型の政治秩序を一定程度実現することに成功した。近代的な立憲制度や国軍を持つアジア唯一の国家として、二〇世紀への転換期の日本は欧米列強とともに歩み始めた。一九〇〇年に義和団事変において治安回復軍を派遣したのを皮切りに、イギリスと同盟関係を結び、ロシアとの戦争において軍事的勝利を収め、アメリカの仲介を得て講和条約を締結し、朝鮮半島、満洲で一定の権益を獲得した。こうした日本の立場の向上の帰結として、明治も終わりに近づいた一九一一年には日本の国家目標であった条約改正を主要国との間で実現した。これは西洋諸国が支配していた近代国際秩序において日本が十全たる主権国家の地位を占めるようになったことを示していた。

しかし明治日本が「文明標準」に到達したかに思われた時は、「文明標準」自体が変容し、その進歩主義的性質を失い始めた時期でもあった。英国学派に属するブザンとローソンは、地球規模の国際秩序の変容を歴史的に分析した著作において、一九世紀を「地球的変容（global transformation）」の開始期と捉え、この時期に国際関係が根本的に変化したと主張する。彼らは一九世紀に生み出された「地球的変容」について四つの変化を指摘する。(8)

①産業化と市場の地球規模への拡大が相互作用能力を大きく増大させ、すべての国際システムを相互に緊密に接触させるようになった。同時に、産業化と市場化に伴う新たな力の様式（mode of power）が社会間の巨大な不平等をもたらした。その結果、高度に結合し、かつ深く分裂したシステムが形成された。

②近代の台頭に伴う力の再構成は、合理的な国家形成の過程によって持続された。その過程では国家の能力は国民国家の中に閉じ込められるとともに「異空間」へと拡張していった。国民形成は帝国主義と手を携えていた。結果として、ルールに基づく秩序は「文明」人民に限定され、「野蛮人」や「未開人」は領域的併合の対象となる二分した国際関係が生じた。この中核—辺境構造は地球的形態をとり、地球的近代の構成上最も有利な立場の人々と最も不利な人々の間には巨大かつ持続的な格差が存在した。

③一九世紀に浮上した新たなイデオロギー、なかんずく自由主義、国家主義、社会主義、「科学的」人種主義は新たな存在、主体、制度を生み出し（たとえば植民者、市民社会、有限会社）、古い存在（たとえば国家）を再構成するか崩壊に導いた（たとえば王朝）。これらのイデオロギーは、進歩の概念と結びつき、国際関係の実践に関して新たな正当化戦略を提供した。

④地球的変容の影に横たわる三角構造（産業化、合理的国家建設、進歩イデオロギー）は地球規模の中核―辺境秩序を生み出しただけでなく、勢力均衡を急速な技術的・社会的変化の圧力にさらすことで大国間関係をも不安定化し、結果として均衡作用ははるかに激しいものとなった。近代性を利用した――あるいは利用し損ねた――大国の興亡に関する関心は一九世紀に始まった。この作用は現代世界においても大国間関係の主要な性質であり続けている。

こうした整理は、一九世紀の「文明標準」自体が、産業化、合理性や進歩に支えられながらも、内在的な不安定性と変化の契機を抱えていたことを捉えている。二〇世紀初頭、日本が文明標準への参入を果たした時期にはこうした不安定性が顕在化する時期となっていた。日本の文明標準内部への参入そのものが、辺境であったはずの東アジアに中核の一部を出現させることになったからである。そのことは西洋世界においても改めて文明標準の性質について再検討を促すことになった。たとえばこの時期の黄禍論の台頭は、産業化や国家建設といった合理的制度とは異なる要因によって世界を区分し、文明を定義づけようという衝動を反映していた。

しかしこうした衝動はそれ自体に矛盾を内包しており、中核―周辺構造そのものに対する内的な自己懐疑を生み出す基盤ともなった。たとえばイギリス帝国の周縁部を舞台に書かれた、ジョセフ・コンラッドの『闇の奥』（一八九九年出版）やラドヤード・キップリングの『少年キム』（一九〇一年出版）といった小説は、アフリカやインドにおいて白人植民者と現地人の間の複雑な交錯を描いて話題を集めた。これらの作品は、植民地主義、帝国主義、人種主義、白人至上主義といった当時の西洋世界において主流をなした思考様式と、それらを批判ないし相対化する自己懐疑をうかがわせる視点が共存しており、今日に至るまで植民地文学ないしポスト植民地文学として評価が分かれる作品となっている。[9] むしろこうした作品の価値は、西洋宗主国と非西洋植民地というそれまで当然視されて

(8) Barry Buzan and George Lawson, *The Global Transformation: History, Modernity and the Making of International Relations*, (Cambridge Univ. Press, 2015), pp. 3-4.

いた境界線を揺るがし、その自明性を問い直す点にあったといえよう。

アメリカの国際政治舞台への本格的な登場もまた、一九世紀の文明標準を揺るがす作用をもった。産業化、合理的国家形成、進歩主義イデオロギーという一九世紀文明の三角構造はアメリカにおいて最も純粋な形で表現されていたといってよい。それがゆえにアメリカが世界最大の工業国となり、国際政治に参入すると、一九世紀の文明標準が抱えていた矛盾、たとえば産業化に伴う独占企業の台頭と自由主義の間の矛盾や国民国家と帝国主義が共存している国際秩序の矛盾に直面せざるをえなかった。中国への門戸開放宣言のような、他国の帝国主義への非難と自国の影響力の伸張を組み合わせた政策は、国際市場の獲得と反帝国主義イデオロギーを重ね合わせることで文明標準の内的矛盾を克服しようとする試みであったと見ることもできる[10]。

こうして二〇世紀初頭は、前世紀においては自明と見なされた「文明標準」が次第に解体し始める時代となった。その過程を一挙に顕在化させ、国際秩序を混乱へと向かわせたのは第一次世界大戦であった。一九一四年六月に起きたバルカン半島での要人（オーストリア・ハンガリー皇太子夫妻）暗殺事件の処理をめぐってエスカレートした紛争はヨーロッパの大国間戦争を引き起こした。しかしその戦争は政治、軍事、経済、文化、様々なチャネルを通じて地球規模の紛争へと拡大し、一九世紀秩序の正統性を回復不能なまでに破壊することになったのである。

第三章の中谷直司「東アジア『新外交』の開始——第一次世界大戦後の新四国借款団交渉と「旧制度」の解体」は、この変容の様相を、第一次世界大戦後に実質的な交渉が行われた対華新四国借款団交渉の過程を分析することで描き出している。国際借款団はそれまでにも存在していたが、それらは中国における帝国主義国の特殊権益の相互承認を前提とする、勢力圏外交の制度化とも呼びうるものであった。ウッドロー・ウィルソン政権下でアメリカはすでに借款団から脱退していたが、一九一八年八月、日本・イギリス・フランス三国に対して新たな借款断層説を提案した。これは従来、勢力圏内で支配的な国家の下に行われていた実業借款を共同化の対象とすることで、各国の勢力範囲の開放を企図したものであった。

中谷はこの提案に基づく交渉で国際金融家が前面に出たにもかかわらず、借款団交渉は各国の政治間交渉としての性質が強いことを指摘する。日本・アメリカ・イギリス主要三国は従来の勢力圏相互承認に基づく「旧外交」がもはや有効ではなく、その変更が必要であることについてはそれぞれ理解しつつも、相互に対する不信が強く、いかなる秩序をもって「旧外交」に代えるべきか一致を見なかった。日本では外務省や実業界にアメリカの開放政策が勢力圏を開放することに利益を見出す見解もあったが、満洲を借款団の対象範囲外とすることを望む意見が強かった。とりわけ原敬首相は、借款団の対象から満蒙権益の除外を要求した。対米協調を対外政策の基調として考えていた原だが、この問題についてはアメリカと妥協可能と楽観していた様子が中谷論文からはうかがえる。

実際のところアメリカは日本政府の姿勢にいらだっていたが、交渉力を欠いていた。イギリスは借款共同化自体についてはアメリカの方針に賛成していたが、日本を孤立させて単独行動に走らせるよりは日本に妥協することを望んだし、アメリカの対中政策の持続性にも疑問を抱いていたからである。

結果的には、新借款団合意において勢力圏に関する了解は明示的には表現されなかったものの、「日本の緊切なる利益」に関してはアメリカ・イギリスが支援を控えることを認めたのである。原はこの文言を、満洲だけでなく東モンゴルも加えた日本の権益へのアメリカ・イギリスの承認を意味していると捉えた。他方でアメリカ・イギリスは日本の特殊権益を明示的に認めることなく、日本の同意を得たと考えた。

新四国借款団交渉は異なる利害を調整して合意を形成するための外交交渉としては成功だった。しかし中谷論文が結論で述べるように、かつての借款団が前提としていたような大国間の勢力圏の相互尊重といった「ゲームのルール」に関する相互了解を欠いた合意であった。妥協としてのあいまいさはワシントン体制においても継続され

(9) こうした論争を踏まえた文学研究としてたとえば、Peter Childs, *Modernism and the Post-Colonial: Literature and Empire 1885-1930*, (Continuum, 2007)。

(10) Mcihael H. Hunt, *The American Ascendancy*, (The Univ. of North Carolina Press, 2007), Chapter 2.

たが、中国内外の状況が変化していく中で、日本は内政上も自らが獲得したと考えた立場に固執することになる。国際秩序の基盤が揺らぐ中でぎりぎりの妥協として成立した合意の中に、やがて日本が国際的な孤立へと陥る種が胚胎されていたのである。

大正から昭和戦前期にかけて日本が直面した挑戦は、アメリカが東アジア国際政治秩序を左右する強大な国家として突如登場したことだけではなかった。アメリカの台頭は、帝政ロシアの崩壊と社会主義国家ソ連の登場と並んで、世界規模でのデモクラシー化の潮流を明らかにしたのである。この変化は、政治、経済、社会、イデオロギーの全般において、一九世紀ヨーロッパ社会に根ざした文明標準の変革を意味していた。一九世紀のヨーロッパ発の文明標準は理念としては自由主義を志向しながらも現実には階層的な社会秩序を前提としていた。しかし第一次世界大戦の衝撃によってもたらされた先進国社会での全般的な平準化がデモクラシー化を推し進めた。ウィルソン主義や社会主義が強い影響力を持った背景にはこうした社会的現実があったのである。

この変化を受けてそれまで自明とされてきた一九世紀型の文明標準の正統性は揺らぐことになった。その影響は一九世紀型文明標準を準拠枠としてきた明治国家にも巨大な衝撃として降り注ぐことになった。大正期日本ではデモクラシー、社会主義を新たな文明標準と見なしてそれへの順応を求める立場と、新たな潮流を日本に対する脅威と見なして対抗的なイデオロギーやモデルを模索する立場が対立するようになったのである。

第四章のクリストファー・W・A・スピルマン「北昤吉の戦間期――日本的ファシズムへの道」はデモクラシーの潮流に反対した典型的な知識人の思想を扱っている。北昤吉（一八八五〜一九六一）は著名な北一輝の弟であり、大戦前からドイツ哲学に親しんでいた。しかし第一次世界大戦開戦後、北は政治的関心を深めて政治運動にも参加し、大戦末期に勤めていた早稲田大学を辞して米英独の大学を訪れ、一九二二年に帰国した。その後の北は保守的な思想家としてデモクラシーと米英主導の戦後国際秩序を批判する立場を強めていくのである。

北は単なる反動的な保守思想家ではなく、デモクラシーを後押しする平等主義的な思潮は理解し、普通選挙にも賛成していた。しかし彼は悪しき平等が混乱を招く危険を怖れ、優れた指導者を前提とする指導者民主主義を唱えた。また、北は戦争が必然的な社会現象であり、社会進化の源泉でもあるという社会進化論の立場に親近感を持っており、大正期の協調外交や平和主義思想を批判した。更には日本の国益を伸長させるためにアジアにおいて日本が指導国となる大日本主義という意味でのアジア主義をも唱えたのである。

このような思想傾向を持つ北が昭和期になるとヨーロッパのファシズムに接近するのは自然だったように見える。一九三〇年代初頭には彼は自らをファシストと名乗り、ムッソリーニのファシズムを高く評価した。しかしそこで北は反デモクラシー、反自由主義で共通性があるとはいえ、ヨーロッパ製であるファシズム思想と自らの主張する日本主義との相克に次第に直面することになった。あくまで北は日本の伝統的政治体制を守ることを重視していたのであり、ムッソリーニの独裁的傾向を批判することもあった。一九三〇年代後半には北は政党政治家となり、一九四〇年には近衛新体制を「直訳全体主義」として批判するに至った。

北の中にあった、ファシズムへの共感と日本固有の体制を維持したいという欲求の相克は一九世紀の文明標準の分解とその中に置かれた日本の混乱を象徴しているといえる。一九世紀文明標準にはエリート主義的、社会進化論的要素が含まれていた。第一次世界大戦後のデモクラシー、民族自決の風潮の中でこうした要素が批判されるようになると、北は新たな思潮に反発して、時代的変化に適応しつつも明治日本の伝統を守ろうとしたのである。しかしその立場は、欧米での代表的な反自由主義、反英米思想を新たな文明標準と見なす方向と、日本の伝統的要素を強化、称揚する方向との間に分裂を抱えることになったのである。

こうして第一次世界大戦後には明治国家が準拠していた十九世紀の文明標準は国際関係においても、また思想的基盤においても、その実質を大きく失いつつあったのである。それでも一九二〇年代には日本をとりまく国際環境については協調体制が保たれていた。第五章の等松春夫「戦間期における国家建設――「満洲国」とイラク」はそれが崩れ、日本が満洲事変から満洲国建国へと単独強制行動に走った時期を扱っている。ただし等松論文は東アジアでの日本の行動のみに焦点を当てるのではなく、時期的に重なって進行していた中東のイラクでのイギリス委任統治終了とイラク独立過程との比較をまじえることで、地球規模の国際秩序の変容過程の中に日本の満洲問題を位置づけようとしている。この中で等松は、第一次世界大戦後のイギリスの中東政策の中で、イギリス―イラク関係には日露戦争以降の日本―満洲関係に一定程度の相似があったことを指摘する。

イギリスはメソポタミア地方をインドへの道として重視するとともに、第一次世界大戦中に利用が普及した石油資源の産出地としても注目していた。大戦中から戦後直後はこの地域をオスマン帝国から切り離すべく、親英国家の樹立によってイギリスの権益を確保する伝統的な帝国主義政策の実行を画策したが、中東地域の複雑な現地情勢やフランスとの利害調整の結果、一九二一年に大戦中から支援していたハシム家を王室とするイラクを建国し、イギリスが事実上の後見国となるA式委任統治制度の下に置いた。また同年イギリスとイラクは二国間条約を結び、イギリスのイラク政府に対する政治的助言やイギリスの通商上の利益保証を書き込んだ。しかし国家としての実態を欠くイラクの統治コストに手を焼いたイギリスは一九二九年に自らの判断で委任統治終了と独立付与を国際連盟に提案した。これを受けて連盟の常設委任統治委員会は一九三一年一一月に委任統治終了を勧告する報告書を提出、翌年一〇月にイラクは独立し、国際連盟下で唯一、委任統治の終了から主権国家として連盟加入を実現した国家となった。この間、一九三〇年にイギリスはイラクと新条約を締結し、独立後もイギリス人顧問の配置や軍事基地・航空基地の確保など一九二二年条約で得た権利を実質的に継続して確保した。要するにイギリスはイラク独立によって委任統治国としての責任を放棄しながら、イラクに対する権益の確保を実現したのである。

日本の満洲権益は日露戦争後のロシア権益の獲得から始まったが、一九一一年の清帝国の失陥によって満洲をめぐる文脈は大きく変化した。満洲全体が伝統的な中華帝国の辺境にあるために、中国中央の政治変動から離れた様々な勢力による自治、自立運動が活発化し、満洲駐在の関東軍をはじめとする日本側はこうした現地勢力に影響を与えつつ満洲権益の伸張を図った。しかし中国中央で蔣介石率いる国民党が北伐を進行させ、一九二八年から満洲の支配者となった張学良政権が蒋介石に合流する方向を示したことで、関東軍は満洲権益保全のための単独行動を選択し、一九三一年九月の満洲事変から満洲全域の軍事占領、翌年三月の満洲国建国に至ったのである。

中国政府の訴えを受けて国際連盟が組織したリットン調査団が一九三二年一〇月に提出した報告書は、日本の行動を非難しつつも日本が満洲において法的権利を有し、中国ナショナリズムがそれを侵害していることを認め、満洲を国際連盟下で国際管理に置くことを提言した。国際管理という提言は具体性を欠くものであったが、日本国内ではこの提言を受けとめて満洲の地位に国際的な承認を得る方策が検討された。国際政治学者の神川彦松は、①国際連盟からの脱退も辞さない帝国主義的解決、②民族主義の台頭を必然と見る民族主義的解決に対する第三の選択肢として、③既存の国際秩序の下で日本の権益と中国のナショナリズムを両立させるために満洲を連盟のA委任統治領とする国際主義的解決を提示した。

外務省でもリットン調査団の報告書が出る前から、イラクにおけるA式委任統治終了の過程を分析し、イギリス・イラク二国間条約を満洲問題解決のモデルとして考える意見があったし、陸軍内でも満洲事変当初からイギリスがイラクに対する事実上の保護権を保持している点を重視した見解が存在した。

実際にはイラクと異なり連盟の同意なしに満洲国は独立し、これを承認した日本は一九三二年九月に日満議定書によって大幅な介入権を獲得し、さらに翌年三月に国際連盟脱退を通告した。しかし満洲国が日本の重荷となるであろうという国際社会の予想は外れ、日本主導の経済計画が実行されると満洲は日本以外の東アジアで最も工業化が進んだ地域となり、その存立中に少数ながら無視できない国際的承認も獲得した。等松も示唆するように、満洲国は同時代のイラクに比して国家としての安定度は高かったのかもしれない。

イラクが革命や戦争を経ながら今日まで独立国として存続し、満洲国が大日本帝国の解体とともに消滅した命運の相違は何に由来するのか。イラクの建国が連盟の承認下で行われ、満洲国は孤立した日本によって指導された点、イラクが内部に分裂を抱えていたとはいえアラブ人人口が大半を占めたのに対して満洲では満洲族ではなく漢民族が多数を占めていたこと、などが指摘できよう。しかし両者に共通していえるのは、一九世紀の主権国家が文明標準に沿った一定の要件を備えることを前提としていたのに対して、帝国が短期間に次々と解体した二〇世紀にあっては、国家の標準的なモデルが不明瞭になり、様々な規模、性質、体制を備えた新国家が次々に誕生することになったことである。

多様な新国家が創出される一方で、国際政治に影響力を発揮し、かなりの規模の統治規模を持つ国家、いわゆる大国にとっては第一次世界大戦後の世界はますます負荷のかかる時代となった。大国もまた、モデルなき時代の国家像を自ら描かねばならなくなったのである。第六章の森靖夫「総力戦・衆民政・アメリカ――松井春生の国家総動員体制構想」は昭和戦前戦中期においてこうした国家デザインを構想した人物の一人である内務官僚の松井春生の国家構想を検討することで日本の取り組みに光を当てている。

明治憲法体制においては政府と軍の関係は両者を架橋するエリートの存在を前提しており、制度化されてはいなかった。この制度的弱点は第一次世界大戦の結果、大国があらゆる資源を動員する総力戦に備える必要が認識された後、改めて克服されるべき課題として認知された。東京帝国大学で政治学を学んだ松井は第一次世界大戦中に内務省に入省した後も東京帝国大学時代の師の小野塚喜平次教授がデモクラシーの訳語とした衆民政を現代政治の基調とみなしていた。その松井は憲政会の第一次若槻礼次郎内閣時に国家総動員の枠組みを検討する機関の幹事として政党、軍を巻き込んだ形で資源局の設置を実現した。陸軍側で松井の盟友となったのが当時動員課長だった永田鉄山であった。また、アメリカの革新主義改革からも学んだ松井は自らの構想を資源保育論と称し、憲政会、民政党と連携して産業合理化をこの構想に組み込んでいった。森論文は、松井の構想において衆民政と国家総動員が不即不離の関係であったと指摘し、その中核が資源局であったことを示唆している。

しかし満洲事変、五・一五事件を経て政党が政治指導力を後退させると松井は構想を修正し、経済参謀本部を構想の中核に据えた。これは首相直属の専門家ブレーンによる統制機関であり、国家コーポラティズムに似た構想であったが、松井自身はイタリアのファシズム体制には批判的であったという。この構想は一九三五年岡田啓介内閣下で内閣調査局が設置されたことである程度実現し、松井も調査官として参画した。調査局発足直後の永田暗殺、二・二六事件に伴う政府、軍の動揺などの試練を経る過程で国家総動員という軍部から出た表現を用いながらも松井は自らの構想実現に努めた。広田内閣が退陣し、一九三七年一月に宇垣一成が後継に推薦された時が、松井の影響力が頂点に達した時であったろう。松井は宇垣から内閣書記官長兼法制局長官という要職に指名されたからである。

だが、陸軍の抵抗で宇垣内閣は流産した。さらに日中戦争の開始と内政の展開が松井とその構想を政治の表舞台から退場させることになった。一九三七年七月の盧溝橋事件をきっかけに始まった日中戦争が長期の全面戦争となる中で、近衛文麿内閣は企画庁と資源局を統合することとした。しかし松井は国家総動員体制の実現は支持したものの、陸軍が統括する動員政策には強く反対した。近衛内閣は資源局長官の自然廃官という形で松井の地位を失わせた。その後、松井は近衛内閣のブレーン集団だった昭和研究会には参画するものの、極端な統制経済を嫌悪する一方で政治勢力の糾合を図ろうとする近衛新体制にも距離をとっていた。

松井が資源保全論から経済参謀本部構想、国家総動員体制へと向かった時代は世界的に見ても、大恐慌から保護主義、国家統制が進行した時代であり、イタリアの国家コーポラティズム、アメリカのニュー・ディール、ドイツの統制経済、ソ連の社会主義経済計画など様々な介入主義的構想が模索された時代であった。こうした文脈に位置づける時、松井の構想とその実現努力が他国のそれに劣っていたとは必ずしもいえない。しかし一九世紀に構築された国家体制を乗り越える新たな明確な文明標準が欠如する中、日本帝国では様々な組織が内外の環境の不安定に対応して競合し、政治資源を奪い合う状況が生じており、新たな国家像を具体的な体制へと実現させる障害はあまりにも大きかった。

二〇世紀前半に日本が内外で追求した模索は最終的に日本帝国の崩壊と敗戦という決定的な帰結を迎えた。しかしその経験は敗戦で完全に失われたわけではない。第七章の井上正也「高碕達之助と日印鉄鋼提携構想――アジア・シューマン・プランの夢」が扱うのは大日本帝国の残光が戦後秩序の中で日本の復興をもたらすことへのきっかけをつかもうとする動力へとつながった流れを示唆する一つの題材である。具体的には、戦前から戦後にかけて経済政策において重要な役割を果たした高碕達之助が戦後初期に尽力した日印の鉄鋼提携構想を井上論文は題材としている。

高碕は第一次世界大戦中に製缶業を設立し成長させた企業家だったが、日中戦争後には国内の物資不足に直面し、鮎川義介に誘われて一九四一年満洲に渡り、満洲国の鉱工業を一元的に管理していた満洲重工業開発の副総裁、鮎川退任後には総裁となった。当初の構想では海外からの資本・技術導入による重工業育成を目指したが戦局悪化によって外資導入は頓挫し、大戦末期には生産高も減少せざるをえなかった。しかし敗戦後も高碕は中国にとどまり、現地邦人を保護しつつ、国民党政権の顧問となった。一九四七年の帰国後、満洲引揚者の雇用問題に力を尽くしつつ、アメリカ企業との合弁で機械の製造輸出企業を設立した。

高碕がインドの鉄鋼事業に関係を持つに至ったきっかけは日本の講和独立期に検討された「日米経済協力」構想であった。同構想は、アメリカが戦後アジア太平洋地域で政治的、経済的主導権を確立する過程で、日本を工業化の基軸として東南アジアと結びつけ、日本の経済復興とアジアの資本主義的経済開発を後押ししようとするものであった。同時に、この構想は高碕にとってインドの鉄鋼業育成を通じて満洲国での重工業育成の経験を生かせる機会を提供するものであった点を井上は指導する。

しかし構想実現のためには欧米からの資本導入とインド本国での事業許可が必要であった。当初高碕はイギリス企業の協力で民間合弁企業を設立する構想を抱いていた。だが、交渉が停滞する中、アメリカ主導の世界銀行からの資本導入とインド政府の国家プロジェクトとして推進する方向にかじを切り替えて構想実現を図った。しかし高碕が直面したさらなる難問は、日本側の鉄鋼メーカーは協力の前提としてインドからの鉄鉱石輸入を条件としていたのに対し、インド側は資源輸出ではなく高炉建設のみを期待していたことである。

高炉開発と鉄鉱資源開発をめぐる日印の交渉は紆余曲折を経た。高碕はアメリカ企業や世銀の支援を得たがインド側にとって有利な条件を出すドイツ企業と競合した。一九五二年一一月には日印交渉がクライマックスを迎え、高碕を含めた官民代表がアメリカ・ワシントンで交渉した。最終合意には至らなかったものの高炉建設と鉄鉱資源開発について前進と思われた。

しかし一九五三年に入ると逆転が待っていた。インドがドイツ企業との協力を選択し、日印交渉打ち切りを通告してきたのである。インド政府としては経営への発言権がより大きく、鉄鉱資源輸出問題の生じないドイツとの協力が有利だったのである。

結果的に高碕が夢見た日印鉄鋼提携構想は挫折した。しかし戦前戦中期の資源動員および満洲経済開発構想の経験を土台に、アメリカの資本技術の貢献を受けつつ経済発展を志向する戦後日本の新たな自己イメージはこの挫折経験の中にもはっきりと読み取ることができる。

一九五〇年代半ばになると、アメリカ・ソ連両超大国を頂点とする冷戦構造は一応の安定を示し、その中で日本は日米安保体制、軽武装、経済主義といういわゆる「吉田ドクトリン」の対外政策を選択した[11]。その政治的受け皿として戦前政党を基盤とする自由民主党が保守政権を担い、戦前は政治的抑圧を受けていた左派勢力は保守政権への歯止めとしての野党勢力の役割を担うことになった。先進工業国が作り出した冷戦構造の下で国際秩序が安定した一九五五年体制は二〇世紀後半の日本にとって国際、国内秩序の基盤となった新たな「文明標準」と呼びうるものであったかもしれない。日本はこの新たな文明標準をいち早く身につけ、一九六〇年代には世界で最初の非欧米

(11) 吉田ドクトリンについては、中西寛「〝吉田ドクトリン〟の形成と変容―政治における『認識と当為』との関連において―」(『法学論叢』一五二巻五・六号、二〇〇三年三月)二七六～三一四頁、「特集　吉田路線の再検証」(日本国際政治学会編『国際政治』一五一号、有斐閣、二〇〇八年)。

先進国としての地位を、また一九七〇年代から八〇年代には比類なき製造業の競争力を有する世界第二位の経済大国としての地位を獲得した。そこに明治期の日本に埋め込まれた文明標準の受容と成長という近代日本の行動原理の再現を見ることは容易である。同時に冷戦が終えんした後、新たな文明標準となるかに思われた「世界新秩序」が幻影に終わり、混迷を深める現代において、明治から昭和にかけての世界日本の混迷軌跡もまた示唆と教訓に富んでいると言うことができよう。

◉維新の立役者たる政治的士族軍を軍事的組織としてどのように処遇するか、明治初期指導層は分裂し、葛藤した。徴兵制軍隊への「置き換え」を図る主張の一方で、不平士族や自由民権運動の中には徴兵制そのものを否定する政治的潮流も存在していたのである。本章では、大久保利通、山県有朋、板垣退助という三人のアクターを中心にこの政治過程を描き出す。

第一章

小林道彦

危機の連鎖と近代軍の建設

明治六年政変から西南戦争へ

1874（明治 7）年春、明治天皇は吹上御苑にて自ら近衛兵の操練を行った。（町田曲江「御練兵」、聖徳記念絵画館所蔵）

一　士族反乱と外征論

一八七〇年代、揺籃期の明治国家は内外にわたる危機に直面していた。内は相次ぐ士族反乱、外は樺太、琉球・台湾、朝鮮などの列島周辺部における関係国との軋轢の増大である。しかも厄介なことに、これら二つの危機は構造的に深く結びついていた。内外秩序の安定化のためには、中央集権化と徴兵制軍隊の建設（一八七二年、徴兵告諭）が必要であったが、それは特権を剥奪されつつあった政府内外の士族の忿懣を爆発させ、彼らのエネルギーは外征の強行（一八七四年、台湾出兵）や反政府内乱（一八七七年、西南戦争）となって噴出した。危機の連鎖は複雑に絡み合っており、それらを個別的かつ平和的に解決するのは容易なことではなかった[1]。

一八七三年一〇月の征韓論政変によって朝鮮への使節派遣＝武力行使は回避されたが、琉球問題に端を発する台湾への出兵（一八七四年五～一二月）は「明治七年の日清戦争」を引き起こしかけた。この未曽有の国家的危機が、大久保利通の瀬戸際外交によって辛うじて回避されたことはよく知られている[2]。

（1）紙幅の関係上、すべての個別的先行研究を列挙することは不可能なので、ここでは筆者が特に参照した政軍関係論・外征論関係の先行研究を列挙するにとどめた。この点、関係者のご寛恕を乞いたい。大島明子「『士族反乱期』の正院と陸軍─参謀本部独立前史─」（藤村道生編『日本近代史の再検討』南窓社、一九九三年）、同「一八七三（明治六）年のシビリアンコントロール」（『史学雑誌』第一一七編第七号、二〇〇八年七月）、同「明治維新期の政軍関係」（黒沢文貴・小林道彦編著『日本政治史のなかの陸海軍』ミネルヴァ書房、二〇一三年）、戸部良一『シリーズ日本の近代・逆説の軍隊』（中央公論社、一九九八年）、坂野潤治「征韓論争後の『内治派』と『外征派』」（坂野潤治『近代日本の外交と政治』研文出版、一九八五年）、同『未完の明治維新』（ちくま新書、二〇〇七年）第四章、家近良樹『西郷隆盛と幕末維新の政局』（ミネルヴァ書房、二〇一一年）、勝田政治『大久保政権と東アジア』（吉川弘文館、二〇一六年）、毛利敏彦『台湾出兵』（中公新書、一九九六年）、熊谷光久「軍事面から見た琉球処分」（『政治経済史学』二〇八号、一九八三年一一月）、千田稔『維新政権の直属軍隊』（開明書院、一九七九年）。

（2）清沢冽『外政家としての大久保利通』（中央公論社、一九四二年）。

翌年、今度は朝鮮との間に江華島事件が勃発した（一八七五年九月）。正規軍同士が砲火をまじえたにもかかわらず、この事件はなぜか全面戦争にエスカレートせず、一八七六年二月、日朝修好条規が両国の間に取り交わされた。外征論は喧しく論じられていたが、「兵隊為政」の主役である「不平士族」や鎮台兵が対外的に武力を行使したのは台湾出兵だけであった。

外征論の失速は、不平士族のエネルギーを国内で爆発させた。征韓論政変で下野した五人の参議の内、まず江藤新平が決起を迫られた（一八七四年、佐賀の乱）。それはごく短期間で鎮圧されたが、明治維新最大の功労者西郷隆盛が立ち上がった西南戦争は、九州の南半分を戦場とする近代日本史上最大規模の内戦となった（一八七七年一～九月）。

西南戦争は明治国家の権力バランスを大きく変えた。それは、西郷軍対政府軍の戦いであると同時に薩摩人同士の「内戦」でもあり、この戦乱によって薩長の力関係は長州に決定的に有利に傾いた。そして、板垣退助率いる土佐派は武力行使への内なる衝動を秘めながらも、大勢は議会の早期開設とそこを拠点とする立憲国家の建設を目指して自由民権運動を活発化させていった。

不平士族の存在によって、内政的危機は対外的危機と直結した。近隣諸国との紛争は「外交問題」であると同時に、新国家建設のあり方と密接に関連した内政問題でもあった。しかも、一つの対外的危機が別の対外的危機を誘発する危険性もあった。この複雑な危機の連鎖を効果的に断ち切り、問題を個別的に解決するには高度な政治的手腕が必要となる。果たして、形成期明治国家はそれに成功したのだろうか、それとも危機の連鎖は十分解消されることなく、明治国家の内部に構造化されてしまったのだろうか。

以上の問題意識に基づいて、ここでは一八七三年から七七年に至るまでの「危機の時代」における内外危機の連鎖を、その結節点ともいうべき近代軍の建設と関連させて論じていく(3)。

二　徴兵制軍隊をめぐる権力状況

まずは政軍関係史研究の成果に依拠して、明治維新を遂行した革命権力が封建的な軍事力に依拠していたという事実から論を始めよう。

一八七一（明治四）年八月の廃藩置県は、東京に集結した御親兵（一八七二年三月以降、近衛兵）の軍事的威力を背景に遂行されたが、御親兵や鎮台兵――全国の要衝、四鎮台に配備されていた――などの新政府軍の実態は藩軍の雑多な集合体にすぎなかった。薩長土三藩兵からなる御親兵はもとより、鎮台兵も多くは旧士族から編成されており、中には旧幕軍の将兵を抜擢・編成した部隊すら存在していた(4)。自藩への強烈な帰属意識はその軍紀・軍律を大きく揺るがす。近衛都督山県有朋の統制に薩摩出身の将兵がまったく服さなかったことはその一例にすぎない（一八七二年六月、近衛暴動）。西郷・板垣の下野（一八七三年一〇月）に呼応して、多くの薩摩・土佐出身将兵が勝手に帰郷してしまった事実もよく知られている(5)。

革命政権の権力基盤は極めて不安定であった。「政治家が自分と同郷の将兵の力を背景に何らかの改革を推進したり、将兵が出身藩の政治家を動かして出身藩の利益を追求したりすれば、軍も政府も分裂し、最悪の場合、孤立

---

(3)　小論を執筆するに当たっては、大島明子の一連の先行業績、特に前掲「明治維新期の政軍関係」に負うところが大きかった。記して謝意を表する次第である。

(4)　大島明子「廃藩置県後の兵制問題と鎮台兵」（黒沢文貴・斉藤聖二・櫻井良樹編著『国際環境のなかの近代日本』芙蓉書房、二〇〇一年）、同「御親兵の解隊と征韓論政変」（犬塚孝明編『明治国家の政策と思想』吉川弘文館、二〇〇五年）一二六～一二七頁。

(5)　板垣退助監修、遠山茂樹、佐藤誠朗校訂『自由党史』上巻（岩波文庫、一九五七年）七九頁。西郷の参議辞任と薩摩系軍人の辞職に引き続いて、片岡健吉、谷重喜ら土佐出身軍人も多くはその職を辞している。

した勢力が『賊軍』となる[6]。不穏な権力状況を解消するためには、「百姓町人」を主体とする徴兵制軍隊、旧藩の利害から切り離された国軍の建設が急務であったが、それは窮乏化した士族層の不満を昂進させた。危機回避のためのシステム改革――徴兵制の導入――はより破局的な事態、士族反乱や対外戦争を誘発しかねなかった。

大村益次郎の暗殺（一八六九年一二月没）以降、徴兵制導入の実務を担っていたのは陸軍省（一八七二年四月、それまでの兵部省を陸軍省と海軍省に分けた）であった[7]。廃藩置県後に成立した太政官三院制――正院（太政大臣・左右大臣・参議からなる）と左院・右院から構成される――では、省卿は各省の行政に専従するとされており、太政官での最高意志決定には参与できない仕組みになっていた。その結果、大久保利通ら正院側が藩軍の温存・再編による国軍建設に傾いていたこともあって、陸軍省は太政官政府（正院）の統制から逸脱しがちであった[8]。陸軍省内では山県有朋陸軍大輔（次官）が徴兵制導入の実務を担いつつあったが、山田顕義（前兵部大丞）との微妙な関係もあり、その権力的位置は必ずしも安定していなかった[9]。藩軍の政治化を忌避していた木戸孝允は徴兵制軍隊の熱心な支持者であった。

当初、参議には西郷隆盛・木戸孝允・板垣退助・大隈重信が薩長土肥の代表者として選ばれていたが、ともに戊辰戦争の参軍であり、御親兵からの信望も篤かった西郷・板垣の存在は、正院による軍事力の直接的な掌握を可能にし、陸軍省の自立傾向を押し止めるバランサーとしての役割をも果たしていた[10]。

もっとも、御親兵出身の近衛兵はこの時期急速に解隊されつつあり、正院独自の軍事的基盤は弱体化していた[11]。山県は西郷を尊敬してやまなかったが[12]、それにもかかわらず、正院と陸軍省の間には疎隔が生じつつあった。山県の人間的苦悩はそこにあった。

陸軍をめぐる権力状況は、外征問題の登場によって一層混迷の度を深めていた。一八七三（明治六）年一〇月、朝鮮への使節派遣の是非をめぐって太政官政府は分裂し、西郷隆盛や板垣退助・江藤新平ら征韓派参議は一斉に野に下った。西郷が真に武力行使を望んでいたかどうかはさておき[13]、ここで注目すべきは、征韓反対派は木戸孝允のような内治優先論者ばかりではなく、その中には桐野利秋（熊本鎮台司令長官）などの有力な外征論者も存在していたという事実である[14]。

桐野は熱心な台湾出兵論者であり、台湾に漂着した宮古島島民が先住民のパイワン（排湾）族[15]によって殺害され

（6）前掲、大島明子「一八七三（明治六）年のシビリアンコントロール」八頁。

（7）兵部省時代における山田顕義（兵部大丞）と山県有朋の徴兵制をめぐる対立については、前掲、大島明子「御親兵の解隊と征韓論政変」一一八～一一九頁参照。山田は薩摩藩との武力衝突をも辞さず、「特定藩の藩益を離れた政府軍を創設」しようとしたが、山県は「西郷と薩摩藩の藩力を政府にとりこんでおいてから」政府軍を創設しようとしていたという。

（8）前掲、大島明子「明治維新期の政軍関係」二七頁。もっとも、西郷が徴兵制軍隊の建設に賛意を表していたという逸話も仄聞される。この件についてはなお検討の余地がある。

（9）兵部省時代からの山田顕義との対立が尾を引いていた（注10）。なお、伊藤之雄『山県有朋』（文春新書、二〇〇九年）一一三頁も参照のこと。

（10）前掲、大島明子「明治維新期の政軍関係」一八頁。

（11）前掲、大島明子「明治維新期の政軍関係」一八～二〇頁。

（12）前掲、伊藤之雄『山県有朋』一〇九頁。

（13）西郷の「真意」をめぐっては、毛利敏彦『明治六年政変の研究』（有斐閣、一九七八年）、同『明治六年政変』（中公新書、一九七九年）、高橋秀直「征韓論政変と朝鮮政策」（『史林』第七五巻二号、一九九二年三月）を参照のこと。西郷は板垣の征韓論を抑えるために、意図的に使節派遣＝謀殺論を唱えたにすぎないとする毛利説に対して、高橋秀直は西郷の使節派遣論は「皇使」派遣論であり、朝鮮側の事大主義対応に鑑みれば、西郷の遣使が開戦につながる可能性は極めて高く、西郷自身もそれは十分自覚していたと説く。この件に関しては、一八七四年四月六日付大久保利通宛岩倉具視書翰も参照のこと。他にも諸説あるが（落合弘樹『西郷隆盛と士族』吉川弘文館、二〇〇五年、一八三～一八八頁）、この件についてはなお検討の余地があろう。

（14）征韓反対論と台湾出兵論との結合に注目して、それを当該期政治史の中で論じたのは坂野潤治であった。坂野はさらに、対清戦争たる台湾出兵こそが外征論の「本命」であったとし、その視点から当該期の政治外交史を説明している（坂野前掲論文）。「征韓反対論＝内治優先論」ではないとの分析視角には、小論も多くを負っているが、「台湾出兵＝対清戦争」という理解には留保が必要である。大久保らが想定していた出兵方針は台湾「蕃地」出兵なのであって、彼らは蕃地への限定的武力行使は日清関係に致命的な打撃とはならないと踏んでいた。日清交渉の行きづまりから、大久保らは全面戦争を覚悟するようになるが（八月頃）、それは決して自ら望んだものではなかった。

た事件（一八七一年一二月）を口実に、同地に出兵しようと目論んでいた。こうした「征台論」は主に鹿児島県士族の間で盛んに論じられており、熊本分営長の陸軍少佐樺山資紀や鹿児島県参事の大山綱良もその熱心な主唱者であった[16]。

一方、開拓使長官黒田清隆は邦人保護のための樺太出兵を強く主張していた[17]。黒田は朝鮮の「無礼」を問うことよりも、樺太に対するロシアの脅威の方が深刻であると考えていた。興味深いのは、板垣宛の書翰（一八七三年七月）の中で、西郷が即時「征韓」には大義はなく、もし、軍事力を行使するのなら樺太問題の方が先だろうと述べていることである[18]。即時出兵論を牽制するための修辞的文脈ではあろうが、それにしても樺太出兵が論じられていること自体、当時の対露関係の緊張が尋常一様ではなかったことを示している。

つまり、「征韓反対＝内治優先」というわけでは必ずしもなく、論者によっては、それは台湾や樺太への出兵論と表裏一体の関係にあった。しかも、外征論者はいわゆる不平士族であり、彼らは「百姓町人の軍隊」＝徴兵制軍隊の建設に強く反発していた。桐野は最も強硬な反対論者であったが、ここで注目すべきは熱心な征韓論者であった板垣[19]の徴兵制反対論である。

板垣の意見は、日本の形勢はヨーロッパ大陸諸国と大いに異なるから、徴兵制による陸軍の建設は必要ない、むしろイギリス・アメリカにならって義勇兵制を採るべきだというものであった[20]。この場合の「義勇兵」が事実上士族の軍隊となることはいうまでもない。板垣の義勇兵論は、民権期には志願兵制論＝陸軍常備兵力縮小論に姿を変え、自由党系の海主陸従論＝海軍拡張優先論の論理的支柱となっていく。

大久保ら正院派は徴兵制の導入には慎重であり、省卿の権限を正院に回収することを考えていた。一方、太政官三院制の設計者であった木戸は権力分立論の観点から正院権力の肥大化には反対であり、徴兵制軍隊の建設に前のめりであった[21]。これに外征問題をめぐる対立が絡んで事態は一層紛糾した。

三　危機の切迫と大久保内務卿による兵権掌握――佐賀の乱

一八七三年五月、各省委任事務を正院に引き上げる制度改革が行われた。いわゆる「政体潤飾」である。この時、大蔵省の権力を恣にしていた木戸派の井上馨大蔵大輔が辞任に追い込まれたが、そのもう一つの目的は陸軍省に対する正院の統制力を回復することであった。山県は陸軍中将として抗議の意を示したにもかかわらず（当時、山県は山城屋和助による官金費消事件の責を負って陸軍大輔を辞任していた）、六月八日には陸軍卿に正式に就任させられている[22]。それは山県の望むところではなく、彼は陸軍卿の兼官を解くよう天皇に上表している（一三日、天皇はこれを容れず[23]）。山県の真意をめぐって議論が生じる所以である。そしてこの頃から、太政官政府の権力状況は一層流動

(15) 台湾先住民族の一つ。漂着地点は台湾最南端恒春半島東岸（太平洋側）の八瑶湾である。
(16) 前掲、大島明子「明治維新期の政軍関係」二一頁。
(17) 宮内庁編『明治天皇紀』第三巻（吉川弘文館、一九六九年）一五八頁（一八七三年一一月九日の条）、前掲『自由党史』上巻、六二～六三頁。なお、同じ西郷の腹心でも別府晋介は征韓論者であった（同右、六三頁）。
(18) 一八七六年七月二九日付板垣退助宛西郷隆盛書翰（前掲『自由党史』上巻、六四頁）。
(19) 前掲、大島明子「一八七三（明治六）年のシビリアンコントロール」二二頁。
(20) 日本史籍協会編『大隈伯昔日譚』第二巻（東京大学出版会、一九八一年復刻）五九〇～五九一頁。
(21) 前掲、大島明子「明治維新期の政軍関係」一八～一九頁。木戸は正院への権力集中よりも、参議（立法機関）による権力分立を重視していた（一八七一年七月付、木戸「立法・行政に関する建言書」日本史籍協会編『木戸孝允文書』第八巻、東京大学出版会、一九三一年、五九～六二頁）。なお、この件に関しては、松尾正人『廃藩置県の研究』（吉川弘文館、二〇〇一年）三七八～三七九頁、高橋秀直「廃藩政府論」（『日本史研究』三五六号、一九九二年四月）、原口清「明治初年の国家権力」（原秀三郎他編『大系日本国家史』四、東京大学出版会、一九七五年）を参照のこと。
(22) 前掲、大島明子「明治維新期の政軍関係」二六～二七頁。山県は大輔を辞めた直後に、西郷のバックアップによって「陸軍省御用係・陸軍卿代理」に就任している（四月二九日、前掲、高橋秀直「征韓論政変の政治過程」四九～五〇頁）。

的となり、一〇月の征韓論政変を迎えることになる。[24]

政変の政治過程については高橋秀直の研究に詳しい。[25] 八月一七日の閣議で一旦「内決」されていたはずの西郷の朝鮮遣使は、「内治優先」を標榜していた木戸や大久保ら岩倉遣外使節の帰国を待って再議されることになり、様々な紆余曲折を経た後、岩倉具視の宮中陰謀めいた上奏（一〇月二三日）が決定打となって、結局、遣使は行われないことになった。西郷らの完敗である。征韓派参議は相次いで野に下り、西郷・板垣配下の将士は一斉に軍を離れて勝手に本国に引き上げてしまった。建設途上の日本陸軍は文字通り累卵の危機に直面した。

鎮台巡視の旅程にあった山県は、すぐに帰京して事態の収拾に努めたが、もとよりそれは成功すべくもなかった。いまは外見上だけでも、陸軍内部に権力の中心点を作り出さねばならない。大久保や伊藤は厄介な官制改革には手をつけないで、陸軍卿の山県に参議を兼任させるという人事上の措置を講じて、正院と陸軍省の一体化・権力集中を図り、この未曽有の危機を乗り切ろうとした。だが、窮余の一策は山県の反抗と木戸の反対に挟撃されて行きづまった。[26]

この〝国家危急の秋〟に、山県が以前からの主張を蒸し返して陸軍卿を辞めたいと言い出したのである。[27] その真意は、官制を再改正して正院権力の陸軍省への委譲を明文化させることにあったが、[28] 山県本人が西郷との「重畳之約束」を強調していたこともあり、これは正院側から西郷側に呼応した動きと見なされても仕方なかった。[29] 現に山県と面談した木戸（一一月二日）は「其深意一向不能了解」との不信感を伊藤に漏らしている。[30]

木戸は、山県の参議就任は「陸軍省中之破裂」を引き起こすとして反対したが、[31] このタイミングでの陸軍卿辞任は、それはそれで政府の対陸軍統制力の完全喪失につながりかねない。木戸は山県に留任を説いた。山県はそれを容れて、陸軍卿の辞意だけは一旦取り下げた。しかしその一方で、正院への出仕は断乎として拒み続けた。[32]

困り果てた伊藤は、木戸を近衛都督もしくは陸軍卿に就任させて事態を収拾しようとした。[33] だが、文武の区別を明確にすることで、鹿児島県不平士族やそれと連なる軍人グループによる国政壟断の弊害を除去しようとしていた木戸が、こうした提案に乗れるはずもなかった。[34]伊藤の起死回生策は不発に終わった。翌一八七四年一月三一日、陸軍の動揺が一段落を告げたのを見て、山県は陸軍卿の辞表を提出、二月八日、陸軍卿を免じられて陸軍中将兼近衛都督となった（陸軍卿代理は西郷従道）。

こうして、外征論をめぐる対立は太政官政府の権力構造を直撃し、陸軍は混乱状態に陥った。そして、さらなる危機が新政府を襲った。江藤新平ら佐賀県征韓派士族の暴発である（一八七四年二月、佐賀の乱）。[35]陸軍の態勢立て直

(23) 前掲『明治天皇紀』第三巻、八〇頁。
(24) この間、左院もまた兵士徴募・軍費の審議権を自ら掌握する画期的な制度改革案を立案したが（五月八日付宮島誠一郎「左院改正之議」）、これは正院によって握り潰されている（前掲、大島明子「一八七三（明治六）年のシビリアンコントロール」一九～二〇頁）。
(25) 前掲、高橋秀直「征韓論政変と朝鮮政策」、同「征韓論政変の政治過程」（『史林』第七六巻二号、一九九三年三月）。
(26) 一八七三年一一月三日付岩倉具視宛大久保利通書翰（日本史籍協会編『大久保利通文書』第五巻、東京大学出版会、一九八三年復刻、一三三頁）、同一一月三日付伊藤博文宛木戸孝允書翰（伊藤博文関係文書研究会編『伊藤博文関係文書』第四巻、塙書房、一九七六年、二一二頁）。
(27) 一一月一一日に山県は西郷従道陸軍大輔に辞意を漏らしている（前掲、大島明子「明治維新期の政軍関係」二八頁）。
(28) 前掲、大島明子「明治維新期の政軍関係」二八頁。
(29) 一八七三年一一月一三日付伊藤博文宛木戸孝允書翰（前掲『伊藤博文関係文書』第四巻、二一四頁）。前掲、伊藤之雄『山県有朋』一〇九頁参照。あるいは、西郷は山県への権限移譲に賛意を表していたのかもしれないが、これは推測の域を出ない。
(30) 一八七三年一一月三日付伊藤博文宛木戸孝允書翰（前掲『伊藤博文関係文書』第四巻、二一二頁）。
(31) 同右。この時期、徴兵制軍隊の建設をめぐる山県と山田顕義東京鎮台司令長官との兵部省時代以来の対立がいまだに尾を引いていた（前掲、伊藤之雄『山県有朋』一一三～一一五頁）。ただし、木戸が山田を再抜擢しようとした形跡はない。
(32) 前掲一八七三年一一月一三日付伊藤博文宛木戸孝允書翰。前掲、大島明子「明治維新期の政軍関係」二八頁も参照されたい。この点、論者によって見解は様々であるが、本章では、山県は陸軍卿の辞意を漏らし、大久保や伊藤は山県陸軍卿の参議就任を求め、木戸は山県の陸軍卿留任を求めながら、参議就任は認めようとはしなかったと解釈した。
(33) 日本史籍協会編『木戸孝允日記』第二巻（東京大学出版会、一九八五年復刻）一八七三年一一月九日・同一一月三〇日。
(34) 前掲『木戸孝允日記』第二巻、一八七三年一一月一二日。

しを待っていては、迅速な鎮圧はもとより各地への反乱波及も防げないかもしれない[36]。いまは、断乎として鎮圧するとの「政府之気力」を天下に示すことこそ肝要である[37]。

参議兼内務卿の大久保利通は非常の措置として、自ら全兵権を掌握して現地に赴いた（二月九日）。そして、福岡・小倉・三潴《みずま》など最寄りの県から三〇〇〇名を越える士族兵を徴募するとともに、内務省警視局からも二五〇名の巡査（大半は士族出身）を現地に派遣した。「征討」作戦には大阪・東京・熊本三鎮台の部隊が当たったが、実際にはそれらをはるかに上回る士族兵と巡査が投入されていた。従来、農民一揆の鎮圧等に当たって、地方官が勝手に行使してきた士族兵の徴募が、いまや大久保内務卿によって「臨機処分権」の枠内で公然と行われるようになったのである[38]。陸軍省にとって、これは非常に好ましからざる事態であった。だが、正規軍の兵力不足は甚だしく、鎮台兵の去就も定かではなかったので、山県らはこうした措置を黙認するしかなかった[39]。

文武の別を重視していた木戸であったが、国家存亡の危機となったら話は別である。彼は病躯を押して自ら九州に赴き、反乱を鎮圧しようとまで思いつめていた[40]。大久保の断乎たる態度を見て、木戸は即座に「実に重畳なり」と兵権掌握に賛意を表した。だが、それは大久保への白紙委任ではなかった。「乍去十一分に着手之辺は一定之御決議」が肝要であり、その範囲内で兵権は行使されるべきである[41]。表面的な快諾とは裏腹に、木戸の内面的な苦悩は深まっていた[42]。

佐賀の乱は比較的短期間に鎮圧されたが（江藤は三月に高知県で捕縛）、この間、陸軍中央の対応は完全に後手に回っていた。二月二三日、東京では征討総督（東伏見宮嘉彰親王）と征討参軍が任命され、後者には前日に参謀局長に任命されたばかりの山県が抜擢された。一見物々しい態勢ではあるが、これらは「不得已義」、すなわち、陸軍の体面を取り繕うための弥縫策にしかすぎず、彼らが現地に到着する前に「賊」は降伏しているに違いない。右大臣の岩倉は大久保にそう書き送っているが、事態はまさにそのように展開した[43]。大久保参議兼内務卿の勢威は陸軍を圧した。

この間、陸軍省の外局として参謀局が設置され、山県が初代局長に就任している（二月二二日）。参謀局は「国防及び用兵の機務を画策」させるための組織であり、一般軍事行政と参謀事務との区別を明らかにし、参謀事務を拡張するために設置された機関であった。[44] もっとも、それは陸軍省第六局を改称したものにすぎず、陸軍省から独立した軍令機関ではなかった。

管見の限りでは、参謀局設置に関する山県の真意をうかがわせる史料は見当たらない。前後の状況から推測する

(35) 前掲、大島明子「明治維新期の政軍関係」二九頁。
(36) 日本史籍協会編『大久保利通日記』第二巻（東京大学出版会、一九六九年復刻）一八七四年二月七日。
(37) 一八七四年二月八日付木戸孝允宛大久保利通書翰（木戸孝允関係文書研究会編『木戸孝允関係文書』第二巻、東京大学出版会、二〇〇七年、二〇一頁）。
(38) 鈴木淳「官僚制と軍隊」（大津透他編『岩波講座日本歴史』第一五巻・近現代1、岩波書店、二〇一四年）二一八頁。羽賀祥二「明治初期太政官制と『臨機処分権』」（明治維新史学会編『幕藩権力と明治維新』吉川弘文館、一九九二年）一九二～一九六頁。木戸は士族の巡査採用に危惧の念を抱いており、採用に際しては一人一人「立誓血判」させるなどの措置を講じるべきだとしていた（一八七四年一月一八日付伊藤博文宛木戸孝允書翰、前掲『伊藤博文関係文書』第四巻、二三〇～二三一頁）。この間の農民騒擾や士族反乱に対する治安出兵については、原剛『明治期国土防衛史』（錦正社、二〇〇二年）四四～四九頁を参照のこと。
(39) 一八七四年二月一〇日付大久保利通宛伊藤博文書翰（立教大学日本史研究室編『大久保利通関係文書』第一巻、吉川弘文館、一九六五年、一一四頁）。彼らは熊本鎮台（司令官谷干城）の動向に神経を尖らせていた。
(40) 一八七四年二月四日付伊藤博文宛木戸孝允書翰（前掲『伊藤博文関係文書』第四巻、二三三頁）、前掲『木戸孝允日記』第二巻、一八七四年二月八日。
(41) 一八七四年二月七日付伊藤博文宛木戸孝允書翰（前掲『伊藤博文関係文書』第四巻、二三四頁）。
(42) 大久保は木戸の内諾を得て九州に向かったが、前掲『大久保利通日記』第二巻、一八七四年二月八日の記事に見える「至極同意」との反応の背後にはこうした苦衷が隠されていた。
(43) 一八七五年二月二八日付大久保利通宛岩倉具視書翰（前掲『大久保利通関係文書』第一巻、三三〇～三三一頁）、前掲、大島明子「明治維新期の政軍関係」二九～三〇頁。
(44) 前掲『明治天皇紀』第三巻、二一四～二一五頁。

に、大久保内務卿による兵権掌握に衝撃を受けた山県は、軍権力の根幹たる軍令権を死守すべく、陸軍省の中に参謀事務を明示的に囲い込んだように思われる。[45]

四　大久保のリーダーシップの動揺と恢復——台湾出兵の失敗

佐賀県征韓派士族は壊滅したが、鹿児島県士族を中心とする台湾出兵への衝動は爆発寸前であった。前年一二月には、熊本鎮台鹿児島分営が不平士族の煽動による火災のため「瓦解」・「解隊」を余儀なくされており、[46]事態は最早一刻の猶予も許されなかった。大久保は「台湾蕃地処分要略」（傍点引用者）を参議の大隈とともに閣議に提出し、その了解を得た（一八七四年二月六日）。それは、清国政府自ら「化外の地」と認めていた台湾先住民の支配地域（「蕃地」）への出兵方針を明確化するとともに、琉球人（日本人）を殺害した「生蕃」を討伐することで、琉球が日本に帰属することを事実の上で明らかにするという意図をも含んでいた。[47]

いま、北方でことを起こすのは望ましくない。ロシアが北海道侵略の触手を伸ばす前に、宗谷海峡に明確な国境線を引いておいた方が賢明である。同年三月、榎本武揚が特命全権公使としてロシアに派遣されることになった。[48]樺太問題の先決を主張して、西郷の渡韓に反対した大久保としては当然の措置であった。大久保参議兼内務卿の采配はまことに鮮やかである。

台湾出兵の背後には大久保の内政的配慮があった。佐賀の乱の鎮圧成功は藩軍の存在に依拠した国軍建設という大久保路線の勝利を意味した。だがそれは、藩軍側からの外征要求に大久保が応えざるをえなくなったことを意味する。

それにしても、征韓論に反対した大久保はなぜ台湾出兵に踏み切れたのだろうか。征台論と対清戦争論とはどのような関係にあったのだろうか。台湾への出兵を決断するに当たって、大久保はどこまで清国との一戦を覚悟していたのだろうか。

「征韓」は朝鮮との戦争を意味するが、「討蕃」は台湾の先住民族に対する局地的討伐行動にすぎない[49]。したがって、国家レベルでの戦争にはならない。大久保は自らをそう納得させて、正院主導による「台湾蕃地」出兵を行い[50]、不平士族、とりわけ鹿児島県士族に対する慰撫を試みたように思われる[51]。

一八八〇年代、とりわけ一八八二年の壬午事変以後においては、朝鮮への軍事侵攻は清国との軍事衝突を覚悟しなければ実行できなかった。明治六年政変（一八七三年）当時、征韓論者は清国との戦争をどこまで覚悟していたのだろうか。征韓論はあくまでも征韓論であり、それが清国との軍事衝突にまでエスカレートする可能性について

(45) 拙著『桂太郎』（ミネルヴァ書房、二〇〇六年）三四〜三五頁。
(46) 一八七三年一二月二三日付税所篤宛大久保利通書翰（日本史蹟協会編『大久保利通文書』第五巻、東京大学出版会、一九八三年復刻、二四三〜二四四頁）。
(47) 前掲『大久保利通文書』第五巻、三四三〜三四六頁。
(48) 以上、前掲、家近良樹『西郷隆盛と幕末維新の政局』二三二〜二三七頁。
(49) 「台湾蕃地処分要略」は「台湾土蕃の部落は……無主の地と見做す」べきであるが、清国領台湾と境を接しているので紛議も（原文では「論ずべき者」）も生じるであろう、その場合には「和好を以て弁ずべし」と謳っている（前掲『大久保利通文書』第五巻、三四三〜三四四頁）。大久保が当初から日清戦争を覚悟していたとは思われない。
(50) 台湾は漢族系の単一社会ではなく、多くの先住民族を有する多民族社会である。清国側の台湾認識も微妙な揺らぎを見せていたことは、かの「化外の地」発言からも明らかであろう。先行研究の多くはこの点に関する考慮が不十分であるように思われる。
(51) ここで注目すべきは、大久保らが日本軍の上陸地点として「熟蕃の地琅璚社寮の港」を想定していたことである（前掲『大久保利通文書』第五巻、三四六頁）。伊藤は熟蕃の地を清国領と見なしていたらしく、一大隊もの兵をまず清国領に上陸させて、そこから牡丹社の討伐に向かわせるという「要略」の作戦はリスクが大きく、かねての方針とも「少々相違」しているのではないかとの危惧の念を漏らしている（一八七四年二月七日付木戸孝允宛伊藤博文書翰、木戸孝允関係文書研究会編『木戸孝允関係文書』第一巻、東京大学出版会、二〇〇五年、二六五頁）。

は、大久保も木戸もそして西郷もあまり考慮していなかったように思われる。[52]

大久保らは正院主導の外征態勢を整えようとした。明治天皇は陸軍大輔の西郷従道を台湾蕃地事務都督に任じて、出兵に関する「全権」を与えた（四月五日「西郷都督へ勅旨三条」）。ただし、命令・布告等はすべて正院内に新設した蕃地事務局から達するので、「凡ソ申請報告等一切本局ヲ経テ上奏スヘキ事」（第九款）となり、「各条款ノ外細事ハ専決シ大事ハ上奏シテ命ヲ乞フヘシ」とされた（四月五日「西郷都督へ特諭十款」）。[54]（文職）[53]

事務局は文武混淆組織であり、長官には参議兼大蔵卿の大隈重信が任ぜられ、軍人も「出仕の形で勤務」することになった。[55]参軍として西郷都督の帷幕に入った谷干城は、「事務局は文職だから軍事を扱うのはよくないと抗議」している。[56]組織的混乱の萌芽である。

なぜ、このような変則的組織ができあがったのか。詳細は不明であるが、大久保と山県の対立が影を落としていたであろうことは想像に難くない。実際、陸軍卿の山県は台湾出兵には反対意見を表明しており、四月五日付で陸軍卿を辞任し、津田出（和歌山出身）を陸軍卿代理としていた。[57]要するに、台湾出兵への関与を避けたのである。

さて、遠征軍の主力は熊本鎮台兵であったが、鹿児島で臨時召募された坂元純熙ら不平士族の一隊もこれに加わった。[58]ちなみに、この徴集隊は「殖民兵」の中核として占領地に永住することが期待されていた。[59]「恩賞」とし

（52）大久保の征韓反対論でも対清戦争リスクに関する言及はない（勝田前掲書、三六～三七頁）。木戸について付言すれば、一八七五年一〇月四日付三条太政大臣宛「江華島事件の処理に関する意見書」では、木戸は朝鮮に対する清国の宗主権の実態を確かめるという意味からも、まず清国に対して交渉を開くべきだとしている。興味深いのは、朝鮮は我属邦であるとの理由から、清国政府が日本に代わって朝鮮の罪を責め、日本に「至当之所置」をとるならば「我亦以て已むへし」と木戸が述べていることである（前掲『木戸孝允文書』第八巻、一五八頁）。木戸は朝鮮に対する清国の宗主権の容認に傾いており、したがって、朝鮮に対する武力行使には極めて慎重であった。前年の「台湾危機」のインパクトをここに見ることは可能であろう。この件については、高橋秀直「江華条約と明治政府」（『京都大学文学部研究紀要』三七号、一九九八年三月）を参照のこと。

（53）松下芳男『明治軍制史論』上巻（国書刊行会、一九七八年）四四二～四四三頁。

(54) 西郷都督樺山総督記念事業出版委員会『西郷都督と樺山総督』（台湾日日新報社、一九三六年）資料篇、六〇～六三頁。

(55) 前掲、大島明子「明治維新期の政軍関係」三〇頁。一八七四年七月二四日付岩倉具視宛三条実美書翰（岩倉公旧蹟保存会対岳文庫所蔵『岩倉具視関係文書（Ⅱ）』リール№24所収）によれば、山県陸軍卿（六月三〇日復任）と川村純義海軍卿は隔日で事務局に詰めていたという。

(56) 前掲、大島明子「明治維新期の政軍関係」三〇頁。

(57) 津田の抜擢は空位を埋めるための便宜的な措置にしかすぎず、四月六日に芝延遼館で開かれた台湾出兵についての会議（出席者は三条太政大臣、岩倉右大臣、木戸文部卿、勝海軍卿、伊藤工部卿、寺島外務卿、大隈蕃地事務局長官、西郷蕃地事務都督、谷・赤松参軍）にも、陸軍卿代理の津田は出席していない（前掲『西郷都督と樺山総督』八～九頁）。津田の官等では参議にはなれないから、この陸軍卿人事は正院による陸軍省支配を忌諱する山県の意向に沿うものであったといわれる（前掲、大島明子「明治維新期の政軍関係」三〇頁）。その結果、陸軍卿が台湾出兵についての意思決定会議で発言できないという事態が発生したのである。

(58) 陸軍省編『明治天皇御伝記史料・明治軍事史』上巻（原書房、一九六六年）一四六～一四八頁。以後、『明治軍事史』と略称する。家近前掲論文は、この間に西郷従道らは出兵の目的を「討蕃撫民」から台湾領有・植民地化にエスカレートさせ（四月五日付西郷事務都督宛三条太政大臣「特諭」）、木戸はこの台湾領有方針に強く反発したとの注目すべき論点を提出されている（二四三～二五二頁）。興味深い指摘ではあるが、一八七三年二月六日付大久保利通宛書翰の中で、すでに岩倉は「土人撫育終に吾属地たらん否哉は再び御評議の筈」であるが、深く考えれば「何卒吾れに得へきの目的」を立てたいものであると論じている（日本史籍協会編『岩倉具視関係文書』第五巻、東京大学出版会、四九六頁）。「蕃地」の領有は当初から岩倉の胸中に選択肢の一つとして存在していたのであって、もし、エスカレーションが存在するならば、それは蕃地から台湾全域へと植民の対象が拡大された場合であろう。もっとも、特諭の第八款には「支那管轄地と犬牙錯雑する処は能く其経界を明にし、彼をして我より侵略するの嫌疑を生せしむること勿きに注意すべき事」（前掲『明治軍事史』上巻、一四七頁）とある。また、三月二八日付大隈重信宛三条実美書翰は、「殖民略地」の件を出兵の目的にするのだったら、それなりの議論が必要であるが、現地での「蕃民懐撫」の都合上、「右等之事」――「殖民略地」を指すと思われる――に及ぶのなら、それは別段評議にも及ばないであろうと述べており（日本史籍協会編『大隈重信関係文書』第二巻、東京大学出版会、一九八四年復刻、二八三～二八四頁）、現に「特諭」では、蕃地での事業経営について言及されている（第二款）。「討蕃撫民」論は蕃地殖民論を含意していたといえよう。なお、台湾出兵論の変遷については、勝田前掲書、六四～八七頁も参照のこと。三条は傍観者的な分析力には秀でていたが、肝腎の政治的リーダーシップには欠けるところ多く、閣議決定の中身も往々にしてあいまいであり、征韓論政変でもそれが西郷の怒りを買う原因となった（前掲、高橋秀直「征韓論政変と朝鮮政策」）。同一のパターンがこの台湾出兵でも繰り返されたと見るべきだろう。家近の所説は興味深いものであるが、蕃地への殖民は台湾分割論であって台湾全島領有論とは異なる。

(59) 年月日作成者不明「生蕃進討ニ付逐次処分スヘキ条件」（前掲『西郷都督と樺山総督』資料篇、六二～六八頁）。

て占領地を切り取らせるとはまさに戦国時代さながらである。

周知のように、正院主導の外征は「惨憺たる」失敗に終わった[60]。琉球民虐殺の懲罰目的は辛うじて達成されたものの、出兵準備から戦闘後の対応に至るまで混乱と失敗が続いたのである。以下、それについて述べていく。

陸軍卿代理の津田はもとより、木戸配下の三浦梧楼（陸軍省第三局長）も外征準備に非協力的で、外征軍は武器弾薬の調達にも苦心する有様であった。イギリス・アメリカ両国も出兵の正当性を認めず、船舶の貸与も断ってきた（四月）[61]。大久保は再度兵権を掌握して（四月二九日、委任状接受）、自ら長崎に赴いて外征軍の進発を押しとどめようとした[62]。

進発延期の命に接した都督の西郷は、ここで出兵を中止すれば外征軍の反乱を招きかねず、その禍害は佐賀の乱の比ではない、よって自分は国家との関係を断って、「賊徒」となって直ちに「生蕃の巣窟」を衝く覚悟であると述べ、大久保の到着を待たずに独断で出兵に踏み切ってしまった（五月二日）。長崎に到着した大久保は、既成事実を受け入れるしかなかった（五月四日）。

「勢如何ともすべからず、遂に進発の議を決」す[63]。鹿児島県士族のエネルギーはついに正規軍（熊本鎮台）の独走＝外征を引き起こしてしまったのである。兵権を委任された大久保の勢威をもってしても、彼らの暴走を食い止めることはできなかった。木戸が危惧していた「兵隊為政」は現実のものとなった[64]。「士気強盛にして其の勢制し難」し、現地で西郷を説得できなかった大隈はそう慨嘆した[65]。

五月一〇日、西郷率いる遠征軍は台湾最南端の恒春半島に上陸、六月には琉球人虐殺の舞台となった牡丹社を攻略した（牡丹社事件）。だが、戦いはここまでであった。現地ではやがてマラリアが猛威をふるい始め、多くの将兵が病に斃れた。「八月中旬以後は全軍殆んど病褥に就かざる者なき状況」となり、遠征軍三六〇〇名余の戦闘能力は実働三〇〇名以下にまで低下していた[66]。一方、清国側は対抗的に兵力を増派し、日本軍は増強された清国軍と対陣する破目に陥ってしまった[67]。

士族出身将兵の欠陥も露呈された。彼らは武名を上げることのみに専念し、集団的統制には容易に服さなかった。糧食の荷揚げや塹壕掘りなどの肉体労働は拒否し、わざわざ現地の「苦力」を雇ってそれを行わせるという有様であった[68]。遠征軍の軍紀は弛緩し、厭戦気分が蔓延した[69]。

この間、日清間の緊張は急速に高まりつつあった。清国政府は、台湾全土が清国領土であると正式に表明するとともに、琉球は清国の附庸であり、琉球人の殺害に対する軍事的報復を「第三国」たる日本が行うのは不当であるとの見解を明らかにし、日本軍の台湾からの即時撤退を要求した。政府は交渉決裂に備えて戦備を整え始めた（七月九日、陸海軍両卿宛内諭）。開戦の暁には西郷・板垣・木戸を政府に復帰させ、挙国一致体制を構築することも申し合わされた（七月、三条・岩倉「宣戦発令順序条目」[70]）。とはいえ、肝腎の陸軍の意見は揺れていた。野津鎮雄ら鹿児島県士族の一群は開戦論を唱えていたが、山県や山田顕義ら陸軍将

(60) 前掲、大島明子「明治維新期の政軍関係」三一頁以下参照。
(61) 前掲、大島明子「明治維新期の政軍関係」三〇～三一頁。
(62) 前掲『明治天皇紀』第三巻、二四四～二四五頁。佐賀の乱に際して大久保内務卿に与えられた兵権は、三月一日付ですでに征討総督に返納されていた（前掲『明治軍事史』上巻、一四五～一四六頁）。
(63) 前掲『明治天皇紀』第三巻、二四四～二四五、二五〇、二五四～二五六頁。
(64) 以上、前掲大島明子「明治維新期の政軍関係」三〇～三一頁。
(65) 前掲『明治天皇紀』第三巻、二四五頁。
(66) 前掲『西郷都督と樺山総督』一六頁、二〇～二一頁。
(67) 一八七三年八月一二日付大隈台湾蕃地事務局長官宛西郷台湾蕃地事務都督書翰（前掲『西郷都督と樺山総督』資料篇、一一一頁）。
(68) 清沢前掲書、九三～九五頁。
(69) 鹿児島徴集隊は都督の命令に従わず、帰国を強硬に要求したため、交替させざるをえなくなった（前掲、大島明子「明治維新期の政軍関係」三一頁）。
(70) 前掲『明治軍事史』上巻、一六四頁。

官の多くは開戦を不可として譲らなかった[71]。

一方、世論は俄然沸騰した。「上下皆開戦の近からんことを想ひ、争うて国難に殉ぜんことを請ひ、或は金穀を献ぜんことを」積極的に申し出た[72]。とりわけ、活発に動いたのは高知県士族であった。彼らは立志社総代林有造の名で高知県令に宛てて「寸志兵編制願」を提出した（一八七四年八月一五日）。士族による義勇兵を編成し、「征台の役」に参加するというのである[73]。

内治優先論の立場から外征に一貫して反対していた木戸は、こうした世情を深く憂慮するとともに、清国との間に和平が成立したとしても、「内地之野蕃驕敖に而は、却而前途国家保安之目的」は立たないとして、鹿児島県不平士族の動向に対する懸念を一層深めていた[74]。三条も危機感を共有していた。台湾出兵は深刻な〝封建反動〟をもたらしつつある、もし、対清戦争に勝利したら「驕兵」の勢いはとどまるところなく、兵制の確立どころか維新の成果も水泡に帰するであろう。彼は木戸宛書翰の中でその政府復帰を懇請するとともに、台湾出兵が清国との戦争という国家的リスクを招いてしまったことを悔いた（一〇月）[75]。

周知のように、開戦は全権を帯びて北京に赴いた大久保の瀬戸際外交（八月一日、遣使決定。一〇月一〇日、最後通牒手交）によって辛うじて回避された。清国政府は宮古島島民が日本国民であることを事実上認め、遺族に撫恤金を支払うことに同意したのである（一〇月三一日）。

この時、清国と開戦していたらその後の明治政府は、否、近代日本はどうなっていただろうか。安易な歴史のイフは差し控えるべきだが、日本軍は相当な苦戦を強いられただろう。現に西郷都督などは、一時は台湾遠征軍が全滅することをも覚悟していた[76]。遠征軍の壊滅は日本の敗北を意味する。もしそうなっていたら、琉球に対する清国の支配力は当然強化され、その結果、清国版「琉球処分」が行われていただろう。

大久保の政治的権威は北京での談判成功によって回復した。だが、台湾出兵の失敗は、正院派が期した藩軍に依拠する陸軍建設の限界を明らかにした。挙国一致体制の構築が呼号される中で、徴兵制軍隊の建設を目指す山県は政治的復権を果たしていく。

五　挙国一致への動き――山県陸軍卿の復権

征韓論政変以降の一連の経緯は、大久保をして士族軍の政治関与のリスクを痛感させた。大久保は山県との関係修復に乗り出し、山県もそれに応えた。彼は陸軍卿のポストに復任した上で（一八七四年六月三〇日）、「軍事については陸海軍省が専掌することを条件に」参議に就任した（八月二日）[77]。彼は参議兼任を伝達した伊藤に対して、「軍務御委任之儀公然被仰達候上ハ更ニ異議無之御請可申上候」と答えている[78]。陸軍卿への権限委譲を公然と政府が表明すること、それを待って山県は参議兼任をようやく承諾したのであった。

同日、伊藤も内務卿代理に就任した。それは事実上、大久保内務卿による兵権壟断の時代が終わったことを意味

(71) 前掲『明治天皇紀』第三巻、二七九～二八〇頁。山県は台湾事務局に海軍卿の川村純義とともに詰めることになっていたが、西郷が始めた戦の責任を負うことを厭わしく思ったのであろう、なかなか出仕せず、三条は苛立ちを強めていた（前掲一八七四年七月二四日付岩倉具視宛三条実美書翰）。
(72) 前掲『明治天皇紀』第三巻、三一二頁。
(73) 前掲『自由党史』上巻、一五一～一五二頁。
(74) 一八七四年九月二〇日付伊藤博文宛木戸孝允書翰（前掲『伊藤博文関係文書』第四巻、二四八頁）。
(75) 前掲『明治天皇紀』第三巻、三二〇～三二二頁。
(76) 前掲『西郷都督と樺山総督』二〇頁。
(77) 前掲、大島明子「明治維新期の政軍関係」三一頁。
(78) 一八七四年八月一日付岩倉具視宛伊藤博文書翰（佐々木克・藤井譲治・三澤純・谷川穣編『岩倉具視関係史料』上巻、思文閣出版、二〇一二年、五〇二頁）。

する。大久保の北京での交渉をバックアップする政治態勢がここにできあがった。木戸の政権復帰や板垣との提携も（一八七五年一〜二月、大阪会議）、大まかにいえばこうした動きの延長線上に位置づけられよう。

大阪会議では左右両院の廃止＝元老院の設置、地方官会議の開設など議会開設準備のための施策が講じられると同時に、大審院の開設による裁判制度の整備や、参議・省卿の再分離なども論じられた。後者は、参議を繁多な行政事務――板垣のいうところの「文書紛冗金穀雑沓ノ府タルノ弊」から解放することを通じて、その本来の輔弼責任を十分果たさせることを目的としていた[79]。対外的危機が挙国一致体制の構築を促し、その結果一定の政治改革が進展したのである。

ちなみに一八七五年の一連の官制改正（「陸軍職制及び事務章程」など）によって、陸軍卿（将官）は「陸軍所管ノ軍人軍属ヲ統率シ一切ノ事務ヲ総判スル」とされた。正院の権限は再び陸軍省に下ろされ、「全陸軍部隊は陸軍省の下に一元的に統御」されるようになった。山県の宿志はここにようやく達成された[80]。対清開戦の危機と正院主導の外征作戦の失敗、さらには山県の参議就任が、大久保をして陸軍省主導の徴兵制軍隊の建設へと大きく舵を切らせたといえよう。とはいえ、この制度改革は「参議・省卿の分離」という大阪会議での合意事項には明らかに悖っていた。

一方、目を北方に転じれば、一八七五（明治八）年五月の千島樺太交換条約によって、樺太における日露軍事衝突のリスクは消滅した。対外的危機の連鎖の消滅――琉球・台湾問題の鎮静化とロシアとの緊張緩和――は必然的に朝鮮問題に対する人々の関心を高めた。こうした状況の中で起こったのが、同年九月二〇日の江華島事件である。これは、漢城（現ソウル）への入口、漢江下流の軍事的要衝たる江華島に接近した日本軍艦が守備兵と砲火を交えた事件であるが、政府はこの事件を口実に日朝交渉を一気に進めることにした[81]。

正規軍が発砲したという事実は、明白な敵意の存在の証拠と見なされた[82]。ところが、なぜか政府要路では外征論は盛り上がらなかった。かつて征韓を唱えていた板垣は、外征よりも機構改革を優先すべきだと政府に迫り、参議・省卿の分離を主張してやまなかった。三条はこれに対して、参議・省卿の兼任制は有事にこそ威力を発揮する、正院と各省との意思の疎通を図るためには現状維持が望ましいと反駁している。[83] 板垣は鹿児島県士族の暴発を気にしていたが、肝腎の西郷隆盛は冷静であった。[84] 彼は腹心の大山綱良に対して、「朝鮮は五百年来の交誼ある国なれば、仮令彼発砲に及ぶとも、一往は談判を試みて其の意旨を糺すべき」であった、しかるに、こちらから戦端を開いたのは実に遺憾であると述べている。[85] 陸軍は派兵を準備していたが、それは国内世論に押されたためというよりも、朝鮮側の攘夷主義的対応を予期したからであろう。当然のことながら、士族の動員は予定されていなかった。[86]

この時、国交回復交渉のため朝鮮に派遣されたのは、正使の黒田清隆と副使の井上馨である。本来は木戸自ら正使となる筈だったのだが、体調悪化によりそれはかなわず、同じく「避戦」論者であり、士族の動員にも反対していた黒田の派遣に落ち着いた。[87]「黒田も古之黒田」にあらずとはこの時の井上の言である。[88] 朝鮮に対する砲艦外交

(79) 前掲『明治天皇紀』第三巻、三七九～三八〇頁。引用文は一八七五年一〇月一二日付板垣退助上書(同右、五一二頁)。
(80) 一八七四年七月八日付山県有朋「征蕃意見」(大山梓編『山県有朋意見書』原書房、一九六六年、五九～六一頁)。前掲大島「明治維新期の政軍関係」三二一頁。
(81) 江華島事件とその後の日朝交渉に関しては、前掲、高橋「江華条約と明治政府」に多くを拠っている。
(82) 前掲『明治天皇紀』第三巻、五〇六頁。
(83) 前掲『明治天皇紀』第三巻、五一七、五三〇頁。
(84) 前掲『自由党史』上巻、一八三～一八四頁。
(85) 一八七五年一〇月二五日付大山綱良宛西郷隆盛書翰(前掲『明治天皇紀』第三巻、五三〇頁)。
(86) 前掲、高橋秀直「江華条約と明治政府」六二、七九頁。
(87) 前掲、高橋秀直「江華条約と明治政府」六〇～六一頁。黒田の位置づけには坂野・高橋の間で違いがあるが、いずれにせよこの時点では黒田は避戦論者であった。なお、勝田前掲書、一七六～一八〇頁をも参照のこと。
(88) 一八七六年一月一六日付伊藤博文宛井上馨書翰(前掲『伊藤博文関係文書』第一巻、塙書房、一九七三年、一四四頁)。

は外征戦争を自ら引き起こすためのものではなく、軍事的な威圧の下に早期に交渉を妥結させることを目的としていた[89]。「今般政府使節を派遣せられ候旨趣、倒底和平を主とする義は余言無之事」だったのである[90]。

その後の交渉経緯については高橋秀直の詳細な研究に譲る。清国の裏面からの介入（日本との交渉開始を朝鮮国政府に勧告した）や日朝両国の思惑もあって、交渉は比較的順調に進展した（一八七六年二月、日朝修好条規成立）。

台湾出兵は鹿児島県士族の外征エネルギーを消散させていた。島津久光は征韓に乗り気であったが、その復古主義的な政治姿勢は西郷の共感を得られず、旧征韓派が内部で分裂していたことも事態の紛糾を抑制する方向で作用した[91]。外征よりも機構改革こそが重要である。台湾出兵の失敗は外征論を失速させ、人々の関心は徐々に内政問題へと移っていった。

明治六年政変時（一八七三年）、太政官政府には西郷という強力な不平士族の代弁者が存在していた。より正確にいえば、不平士族が西郷という存在を自らの「利益代表部」と見なしていたというべきだろう。彼らは、外征で勲功を挙げればそれが政府によって認められ、何らかの政治的恩賞に預かれるという期待を抱いていた。

しかしながら、西郷は下野し、大久保も内治優先という立場を明確化していた。板垣は民主化の遅れに苛立ちを募らせ、すでに参議を罷免されていた（一八七五年一〇月）。正院内閣に不平士族の代弁者はもはや存在しなかった。この間、大久保政権は陸軍省「壮兵」（士族出身の志願兵）の逐次除隊方針を発表していた（同年二月）[92]。正規軍への道が閉ざされてしまっては、外征で勲功を挙げても意味はない。

「外征ルート」を塞がれた不平士族のエネルギーは国内で暴発しようとしていた。一八七六年一一月、熊本神風連の乱に呼応して、福岡と山口の一部の士族が蜂起した（秋月の乱、萩の乱）。だがこれらの反乱は規模も小さく、相互の連携もとれていなかったので、熊本・広島両鎮台によって比較的短期間に鎮圧された。問題は鹿児島県士族の動向であった。彼らに担がれて西郷が決起すれば、全国的な内乱が勃発する可能性が高い。

しかも、内乱の脅威は対外的リスクをもはらんでいた。薩南に割拠する私学校党による琉球出兵、出先の暴走による対清開戦リスクである。これは士族救済のための、従来型の挙国的外征論ではなく、東京政府に反抗し、自らの半独立状態を維持・強化しようとする、極めて特異な地域的「外征」論であった。より正確にいうならば、私学校党は琉球出兵を外征とは見なしていなかった節すらある。

内乱回避のための外征ではなく、内乱が対外戦争を誘発するという新たなリスクが高まっていたのである。予期せぬ日清開戦を回避するためにも、危機の萌芽は未然に摘まれねばならなかった。鹿児島県に対する直轄支配の確立は、こうして大久保政権の喫緊の政治課題となったのである。

六　西南戦争と琉球処分

一八七七年二月、西南戦争が勃発した。その政治史的意義は多岐にわたるが、本章では、この近代日本最大の内乱がその後の国軍建設にどのように影響したのか、ということに焦点を絞って論じていく[93]。

佐賀の乱勃発時には新生日本陸軍は混乱状態にあり、大久保内務卿に全兵権を委ねざるをえなかった。西南戦争では、征討総督（熾仁親王）の帷幕に置かれた征討参軍（山県有朋陸軍卿と川村純義海軍大輔）が事実上の現地軍司令官

(89)　以上、前掲、坂野潤治「征韓論争後の『内治派』と『外征派』」四六～四八頁。
(90)　一八七五年一二月一三日付伊藤博文宛大久保利通書翰（前掲『伊藤博文関係文書』第三巻、塙書房、一九七五年、一三三頁）。釜山に到着した黒田は江華島方面での再度の衝突に備えて二個大隊の追加派兵を求めたが、黒田の真意を図りかねた大久保政権はこれに応じなかった。詳しくは前掲、高橋秀直「江華条約と明治政府」七九～八〇頁を参照のこと。
(91)　前掲『木戸孝允日記』第三巻、一八七五年一二月七日。
(92)　戸部良一『シリーズ日本の近代・逆説の軍隊』（中公文庫、二〇一二年）五一頁。
(93)　西南戦争の全体像については、小川原正道『西南戦争』（中公新書、二〇〇七年）を参照のこと。

として作戦を指揮した。また、征討関係事務はすべて京都の行在所から発するとされ、これら「非常の政務」は通常の政務——岩倉を中心とする東京政府が管轄——と分離して処理された[94]。「征討に関する陸海軍事務」は、木戸内閣顧問や大久保参議・伊藤参議などが行在所もしくは大阪に設けられた内閣出張所で処弁していた[95]。陸軍卿の山県を介して、太政官政府—征討総督—参軍（陸軍卿）という統帥系統が確保・設定されたのである。

木戸や大久保・伊藤は戦略方針の策定にも関与しており、彼らは必要とあらば、参軍たる山県の意向をも押し切っている。黒田清隆の参軍任命や衝背軍（別動旅団）の編成はその実例である[96]。平時から有事への移行を機構的にどう処理するか、その際、軍政と軍令の境界線をどのように設定すべきか、陸軍と警察との関係をどう律するかといった国家非常事態に処するシステム整備はいまだその緒に就いたばかりであった。

一八七八年における参謀本部の設立、天皇直隷の軍令機関の創出は、軍政権と軍令権を前者は陸軍省、後者は参謀本部に機構的に分離し、より円滑な作戦計画の立案を図ったものといえる。その設立経緯に、西南戦争における統帥の混乱が影を落としていたことは間違いない。多少の軋轢はあったものの、大久保・伊藤、そして山県は協力して徴兵制軍隊の建設を進めていたと見てよい。

しかし、士族の影響力も簡単に失われたわけではなかった。常備軍の徴兵制軍隊への純化、「壮兵」の整理は着々と推進されていたが、それとは対照的に、警察は「即戦力」可能な士族を組織的に吸収しており、西南戦争での警視局抜刀隊の活躍もあって、徴兵制軍隊と士族的警察との間には微妙な緊張関係が生じていた。黒田率いる別動第二旅団（警視隊）の活躍や川路利良大警視の陸軍少将兼任は山県を頂点とする陸軍武官の権威を揺るがした[97]。「藩閥権力の爪牙《そうが》たる巡査」が「陛下の軍隊」の一翼を担っているという事実は、国軍に対する民権派の不信感を一層強めた。

とはいえ、士族の戦闘能力や士気も等しなみではなかった。士気盛んで戦闘意欲に富んだ士族層はやがて払底し、徴募巡査による「新撰旅団」の編成（六〜七月、管轄は陸軍省）に際しては、旧藩主との情誼を利用した半強制的な徴募が行われた。その結果、出征を拒んで帰国を迫ったり、市中を横行して乱暴狼藉を働いたり、野営演習中に命令に従わなかったりといった不祥事件が頻発した。台湾出兵時に見られたような、士族出身者特有の軍紀・軍律の欠如がまたもや露呈されたのである[98]。

西南戦争での警視隊の活躍にもかかわらず、徴兵制軍隊の原則が揺るがなかったのはそのためであった。

一八七七年九月、西南戦争は西郷軍の壊滅によって終わり、琉球処分への外的条件が整った。すでに一八七六年、熊本鎮台は分遣隊を那覇に派遣して琉球藩の廃藩に備えていたが[99]、そこには私学校党の暴発に備えるという意図も含まれていた。現に西南戦争が起こるや、西郷派の鹿児島県令大山綱良は琉球分営の襲撃を画策している。その目的は鎮台分遣隊の「銃器弾薬金穀ヲ掠取」することにあった。つまりは鹿児島県私学校党による琉球支配である[100]。大久保政権はそうした動きをつとに察知しており、鹿児島県沖に海軍の艦船を遊弋させ海上封鎖に務めた。大山らの動きは海軍によって阻止された（三月七日）。

---

(94) 宮内庁編『明治天皇紀』第四巻（吉川弘文館、一九七〇年）七九〜八〇頁。
(95) 前掲『明治天皇紀』第四巻、九九頁。征討に関する陸海軍事務は大阪・神戸で処弁することが多かったので、三月一日から内閣出張所を大阪に設けることにした。しかし、これでは内閣全体の統一が損なわれるので（三条太政大臣は在京）、四月二〇日付で出張所は廃止された。
(96) 西南戦争時の戦争指導に関しては、前掲伊藤『山県有朋』一三八〜一三九、一四六、一五六頁を参照。
(97) 鈴木前掲論文、二二〇〜二二二頁。西南戦争における「徴募巡査」制度が岩倉主導で行われたことについては、大日方純夫『日本近代国家の成立と警察』（校倉書房、一九九二年）二一〇〜二三四頁に詳しい。
(98) 大日方前掲書、二二〇〜二二八頁。
(99) 熊谷前掲論文、四一、四三頁。
(100) 鹿児島県維新史料編纂所編『鹿児島県史料』西南戦争第一巻（鹿児島県、一九七七年）九一五頁。私学校党内では、「樺太千島交換、琉球藩日支両属ノ事」等を口実に決起することが以前より議論されていた（「鹿児島県下私学校党風聞書」、前掲『岩倉具視関係史料』上巻、一二七頁）。

一八七九年にようやく「琉球処分」が断行されたことは、西南戦争と沖縄県の設置との間に密接な因果関係が存在していたことを示唆している。鹿児島県に内務省の直轄県政を確立してはじめて、その外延部にある琉球の「内地」編入が可能になったのである。[101]

さて、軍隊と警察との潜在的対立は西南戦争によって顕在化したが、その後、両者の関係はどうなっただろうか。一八八一年一月、警視局は内務省警保局と警視庁とに再編され、その「軍事的性格を失い、銃器を陸軍省に引き渡した」。それと相前後して、東京憲兵隊が警視庁からの転官・転任者を中心に設置され（三月、憲兵条例）、「軍人の非違」を取り締まると同時に「行政警察及ひ司法警察の事を兼ね」た。[102]陸軍は憲兵隊という「治安維持のための警察機関」を有することになり、そこに西南戦争から凱旋した旧不平士族の一部を封印することで[103]、彼らの不満を慰撫すると同時に徴兵制軍隊としての建前をも保持するという両立困難な課題を辛うじてクリアした。

だがその政治的代償は大きかった。憲兵隊の政治警察化は、非政治的軍隊の建設という明治国家の建前を揺るがしかねなかった。それを押し止めるためにも警察制度の急速な整備は喫緊の課題であった。

警察制度の整備と陸軍の建設とはパラレルの政治過程であり、その相互的関係は政治史的に解明されねばならない。[104]しかしながら、筆者にはいまここでそれを論じるだけの準備はない。今後の課題としていきたい。

七　徴兵制反対論の消滅——板垣退助と自由党土佐派

以上見てきたように、徴兵制軍隊建設への動きは台湾出兵の失敗をきっかけに、大久保が山県の復権を認めたことで急速に進んでいく。藩軍・壮兵勢力の抵抗鎮圧にはめどが立ったが、もう一つ執拗に徴兵制時期尚早を唱える政治勢力が存在した。板垣率いる自由党土佐派である。

その主張は、徴兵制は「立憲政體」の下でこそ真価を発揮できる「血税の良制」であり、専制政治とはまったく「懸隔して符合せざる」ものであるという点にあった。(105)「立志社建白」（一八七七年六月）に曰く、「夫《それ》立憲政体の国たる、政府と人民と相待つて国是を定め、治安を保つ所以のものにして、凡百の租税を出し、幸福安全の域に處《お》り、護国の責を分担し、輸《いた》すに一身の血を以てするに至る者、実に人民自治の精神、奮起休《や》まざるの勢を涵養するに在る也」、「専制政治を以て徴兵の令を行　且《おこないかつ》定む宜からずして、立憲の政體以て始めて行且定む宜しき所以なり」(106)。

民権派が明治新政府を「専制政府」と見なしている限り、民権運動は反常備軍的思想、義勇兵構想をその内部に宿し続けることになる。したがって、それは士族反乱に鋭敏に反応する。

西南戦争が勃発すると全国の士族、とりわけ高知県士族の動揺は甚だしく、板垣は急遽高知に戻って事態を収拾

(101) 拙著『児玉源太郎』（ミネルヴァ書房、二〇一二年）三六～三七頁。この時、熊本鎮台隷下の歩兵第一四聯隊（小倉）第三大隊の右半大隊（二個中隊、約三八〇名）が駐屯先の鹿児島から沖縄に派遣され、首里城の接収などに当たった。この部隊はほどなく鹿児島に戻ったが、その後は毎年一個中隊が歩兵第一四聯隊から交代派遣されるようになった（一八八六年六月以降は、熊本歩兵第一三聯隊から交代派遣）。なお、日清戦争の勝利をきっかけに、日本政府は沖縄から陸軍戦闘部隊を全面的に撤退させ（一八九六年七月）、以後、太平洋戦争勃発直前までこの状況は変わらなかった（熊谷前掲論文、四四～四五頁）。比喩的にいえば、沖縄は「基地なき島」となったのである。日本近海での日本海軍の制海権が盤石のものであり、台湾が日本の「国防の第一線」である限り、沖縄に陸軍戦闘部隊を置く必要はなかった。
(102) 鈴木前掲論文、二二二～二二三頁。
(103) 憲兵制度の導入については、佐久間健「明治前期における憲兵創出の経緯」上・下（『早稲田政治公法研究』第八七・八八号、早稲田大学大学院政治学研究科、二〇〇八年）が詳しい。
(104) この件については、中澤俊輔「日清・日露戦間期の警察改革」（『本郷法政紀要』第一三号、東京大学大学院法学政治学研究科、二〇〇四年）が参考になる。
(105) 前掲『自由党史』上巻、二〇二頁。
(106) 前掲『自由党史』上巻、二〇一～二〇二頁。

しようとした[107]。その際、試みられたのが「護郷兵」の編成である。板垣の真意に忖度の余地はあるが、こうでもしなければ暴発リスクは避けられなかったのかもしれない。護郷兵構想は林有造らの武装蜂起計画が発覚したこと（一八七七年八月、高知の大獄）で頓挫したが[108]、その後も徴兵制反対＝人民武装構想は自由党系政治勢力の中に脈々と受け継がれていく[109]。

たとえば植木枝盛である。彼の手になる「東洋大日本国国憲案」（一八八一年八月起稿稿本）は、人民武装権や革命権を明記した「先進的な」私擬憲法草案として世に知られている（第七一・七二条）。立志社の名で公表されたこの憲法草案では、日本国に聯邦制（旧国制を基にした七〇州――琉球州と対馬州を含む、北海道は連邦直轄州――）を布き（第七条）、聯邦には「常備軍」を（第二六条）、各州には「常備兵」「護郷兵」を置くとされていた（第三五・三六条）。「兵馬の大権」は天皇が掌握して（第七八条）「諸兵備を為す」（第八五条）が、「聯邦に関する兵制」は聯邦立法院が議定する（第一一三条）。徴兵制は否定され、常備兵は「法律に従ひ皇帝より民衆中に募りて之に応するもの」から編成され（第二〇九条）、非常時には「皇帝は常備軍の外に於て軍兵を募り志願に随ふて之を用」いる（第二一〇条）[110]。

護郷兵に関する規定は特にないが、憲法草案が各州に広範な自治権を認めていたことを踏まえれば[111]、護郷兵の編制には各州に相当の自由裁量権が与えられていたと見るべきだろう。あるいはこの護郷兵こそは、第七二条（「政府威力を以て擅恣暴虐を逞ふするときは、日本人民は兵器を以て之に抗することを得」）における「革命的軍事力」の担い手として想定されていたのかもしれない[112]。

この、半ば内戦勃発を予期したかのような革命的軍事力は、対外的武力行使とはまったく無縁の存在だったのだろうか。無論そうではない。甲申事変（一八八四年）に際して、板垣が高知で「義勇兵を編制し、昼夜操練に怠らず」、仁淀川河畔で大規模な演習を挙行して士気すこぶる上がったとのエピソードに示されているように、自由党系の義勇兵構想は時に対外的武力行使論を伴っていた[113]。そして、こうした徴兵制否認論はやがて国防上の「海主陸従」構想と一体化していく[114]。

だが土佐派の凋落とともに、その義勇兵論も徐々に影響力を失っていったように思われる。[115] 第六議会（一八九四年）の紛糾によって、伊藤首相は対清開戦へ踏み切らざるをえなくなるが、[116] 対外硬論の担い手は自由党ではなく、

(107) 小川原前掲書、二〇四～二一六頁、板垣と立志社の武装蜂起計画との関連については、小川原『西南戦争と自由民権』（慶應義塾大学出版会、二〇一七年）三五～八四頁に詳しい。
(108) 前掲『自由党史』上巻、一九二頁、二一四～二一五頁。
(109) 参考までに記せば、千葉卓三郎の起草した「五日市憲法」（「日本帝国憲法」）においては、徴兵制の採用（七三・一一四・一三五条）と常備軍の整備が謳われており（一二九条）、統帥権は天皇が掌握するとされていた（二一・二二条）。なお、陸軍平時編制は「国帝」・「元老院」・民撰議院からなる「国会」が議定し（第一三五条）、陸軍省と海軍省（陸軍卿と海軍卿）が軍政機関として設置されている（一六三条）。軍令機関についての条文は存在しない（江村栄一校注『日本近代思想大系9・憲法構想』岩波書店、一九八九年、一三一～一四六頁）。
(110) 家永三郎編『植木枝盛選集』（岩波文庫、一九七四年）八九～一一一頁。
(111) 「日本各州は日本聯邦の大に抵触するものを除くの外皆独立して自由なるものとす。何等の政体政治を行ふとも聯邦之に干渉することなし」（第二九条、家永前掲書九二頁）。
(112) 家永前掲書、九五頁。
(113) 前掲『自由党史』下巻（岩波文庫、一九五八年）一三一～一三二頁。当時、板垣は「清仏戦争に乗じた朝鮮進出計画に着手」していた（有泉貞夫『星亨』朝日新聞社、一九八三年、九一～九三頁）。もっとも、この件に関する自由党領袖の意見は様々であり、星亨は局外中立論を主張し、大井憲太郎ら自由党関東派の関心は、朝鮮問題よりも各地での「挙兵」計画に向けられていたという（有泉前掲書、九三～九九頁）。
(114) たとえば、洋行後における板垣の「自由兵」構想（一八八三年八月、板垣「欧洲観光の感想」、前掲『自由党史』中巻、岩波文庫、一九五八年、三二七頁）、「板垣退助の封事」（一八八七年八月、前掲『自由党史』下巻、二六二～二六四頁）、中江兆民「土著兵論」（松永昌三編『中江兆民評論集』岩波文庫、一九九三年、一五七～一六六頁）、星亨の徴兵制反対＝人民武装構想（有泉前掲書、九五、一一四頁）など。三大事件建白運動の中でも、常備軍の廃止と「非常兵」の設置が唱えられている（「三大事件建白書」、一八八七年一〇月、前掲『自由党史』下巻、三〇一頁）。
(115) 自由党土佐派の没落と三多摩壮士を擁する関東派の台頭については、伊藤之雄『立憲国家の確立と伊藤博文』（吉川弘文館、一九九九年）が詳しい。

立憲改進党を中心とするいわゆる「硬六派」であった。

そして、日清戦争（一八九四〜九五年）での日本陸軍の勝利が事態を最終的に一変させた。

一八九九年三月二七日、板垣退助は自由党の後身、憲政党の大演説会で立憲政体の導入こそが日清戦争の勝利をもたらしたと述べ、かつての「専制政府」論を公然と否定した。それは、板垣が徴兵制の存在を最終的に容認したことを意味する。[117] 板垣はいう「士の常職を解いて、さうして始めて四民楽を共にし、さうして憂を共にすることが出来る（拍手喝采）。是が私が民権を唱へた原因であつたが、即ち廿七八年の役（日清戦争）は其目的を達したのである（拍手大喝采）[118]」。自由党系の徴兵制反対論はここに消滅した。

前年一一月、政府（第二次山県内閣）は大阪地方特別大演習に特に貴衆両院議員を招いて歓待に努めた。板垣は宮内省主馬寮から貸与された駿馬に跨り、山県と轡を並べて演習を陪観したが[119]、その「古将軍」と見まがうばかりの「英姿」は、民権運動以来の代議士や壮士の心を大きく押し揺るがした[120]。憲政党内の反陸軍感情はほぼ消滅し、第一三議会での地租増徴の実現、さらには立憲政友会の成立（一九〇〇年九月）への大きな政治的潮流が作り出されていく。

政友会の成立は政権担当可能な責任政党の創出にとどまらず、日本の政治的言論空間の非暴力化という理想の実現に向けての第一歩でもあった[121]。近代日本における政党の淵源をたどれば、それは「政治的士族軍」に行き着かざるをえず、政治的士族軍の危険性を除去するために導入されたのが徴兵制軍隊であった[122]。そうした関係性に鑑みれば、右のエピソードは地租増徴をめぐる単なる一挿話にとどまらない。それは、政党と常備軍＝徴兵制軍隊の潜在的な敵対関係がこの時期ようやく解消されたという、近代日本史上の歴史的画期をも示している。

(116) 前掲、高橋秀直『日清戦争への道』、伊藤之雄『立憲国家の確立と伊藤博文』(吉川弘文館、一九九九年)。

(117) 板垣「吾党の方針」(国立国会図書館憲政資料室所蔵『星亭関係文書』一一七「憲政党大演説会速記」所収)。板垣によれば、徴兵令と地租改正には密接な内的連関がある。「汝の土地であると云ふて地券を発行し、汝之を守るべきの義務あるものとして我子弟を徴兵に取りて居る、斯の如く我々は此国を守らむならぬ義務がある」のである(同右、一二頁)。

(118) 同右、一九頁。

(119) 有泉前掲書、二五八頁。宮内庁編『明治天皇紀』第九巻(吉川弘文館、一九七三年)五四五頁、小田急電鉄株式会社編・刊『利光鶴松翁手記』一九五七年、三八二頁。

(120) 『大阪朝日新聞』一八九八年一一月一八日。「軍事的ヒーロー」としての板垣退助イメージについては、松沢裕作「地方自治制と民権運動・民衆運動」(前掲『岩波講座日本歴史』第一五巻、一五五頁)、同『自由民権運動』(岩波新書、二〇一六年)に詳しい。立志社はまさに「潜在的な軍隊」であった(松沢前掲書、六八頁)。

(121) とはいえ、政友会内部にも小川平吉ら対外硬派は存在した。詳しくは、奈良岡聰智『対華二十一カ条要求とは何だったのか』(名古屋大学出版会、二〇一五年)一一九〜一二五、一五八〜一七五頁。ちなみに、壮士的・政治的軍人の排除=日本陸軍を「プロフェッショナルな軍隊」に改造することこそ、伊藤博文による「憲法改革」構想の陸軍側の担い手であった児玉源太郎の同時代的な政策課題であった。児玉については、拙著『児玉源太郎―そこから旅順港は見えるか―』(ミネルヴァ書房、二〇一二年)、同「児玉源太郎と統帥権改革」(黒沢文貴・小林道彦編著『日本政治史のなかの陸海軍』ミネルヴァ書房、二〇一三年)、同「児玉源太郎と原敬」(伊藤之雄編著『原敬と政党政治の確立』千倉書房、二〇一四年)を参照のこと。

(122) 前掲、大島明子「明治維新期の政軍関係」(前掲『日本政治史のなかの陸海軍』三八頁)参照。

第二章

明治日本の危機と帝国大学の〈結社の哲学〉

初代総長渡邉洪基と帝国大学創設の思想的背景

瀧井一博

◉一八八六（明治一九）年に創設された帝国大学は、今日の東京大学の前身として近代日本の国家エリートを養成してきた。本章は初代総長渡邉洪基が学問を社会に根づかせるという知識哲学を抱いていたことを明らかにし、その理念に基づき彼が幾多の学術的結社を創出し、帝国大学創立もその延長線上にあったことを明らかにする。

創設当時の帝国大学（石版、提供：アフロ）

一　忘れられた初代〝東京大学〟総長

本章では幕末から明治を生きた一人の人物に焦点を当て、彼が時代の中に認めていた危機意識とその克服のための制度構築を論じてみたい。彼が構築した制度とは今日の東京大学の前身・帝国大学であり、彼は帝国大学の初代総長、いってみれば東京大学の初代総長であった。

そう書くと、多くの人は加藤弘之の名を思い浮かべるかもしれない。だが、実際には加藤は帝国大学の総長としては二代目である。[1] これから論じようとするのは、渡邉洪基（一八四八〜一九〇一）という人物である。今日、その名を知る人は少ないだろう。彼が日本最高学府であり官学アカデミズムの牙城である東京大学の実質的な初代総長であったにもかかわらず、である。

試しにジャーナリスト立花隆の著した浩瀚な東京大学史を開いてみよう。渡邉の名前が出てくるのは一ヶ所のみであり、それは「帝国大学初代総長の渡辺洪基も、前東京府知事という妙な経歴を持つ官僚で、大学人から違和感をもって受けとめられた」[2] という素っ気ないものである。しかしこれなどはまだよい方であって、最近刊行された大学史研究の泰斗の帝国大学史においては、その名への言及は見られない。[3] 渡邉は、ジャーナリズムにおいてはもとより、アカデミズムの中でも忘却の淵に沈んでいるのである。

（1）帝国大学の前身の東京大学（一八七七年三月開学。一八八六年四月に帝国大学に改編）において、加藤は学長に当たる綜理を務めていた。東京大学の帝国大学への改編に際しては、加藤綜理の総長へのスライドを予期する向きが多かった（『東京大学百年史　通史一』（東京大学出版会、一九八四年）八〇二頁。

（2）立花隆『天皇と東大』上（文芸春秋、二〇〇五年）三〇八頁。

（3）天野郁夫『大学の誕生（上）―帝国大学の時代―』（中公新書、二〇〇九年）。

帝国大学初代総長渡邉洪基

にもかかわらず、なぜわざわざこの人物を取り上げるのか。その遠因は、彼の訃報を伝えるある記事の次のような一節にある。それによると、「府下ノ学術協会一時殆ンド君ノ管理ニ属セザルモノナク、三十六会長ノ称アルニ至ル(4)」と記されている。渡邉は東京府下の学術組織を一手に収めていたというのである。

渡邉は、帝国大学を頂点として種々様々な組織や結社を掌中に収めていた。それが事実ならば、明治日本の制度的形成を論じるに当たって、学術制度という観点から無視することのできない人物といえそうである。時代の転換期に当たって、彼が何を目指して結社とその運営に携わっていたのか。なぜ彼は忘れられたのか。そのことを明らかにする必要があると考える(5)。

二　その生涯

（一）変節家？

帝国大学、今日の東京大学という近代日本をある意味築いたといっても過言でないエリート養成機関で初代総長の栄職を担ったにもかかわらず、なぜ渡邉は忘れられたのか。その問いに回答を与えるためにも、まず彼の生涯を

渡邉も創立委員として参加した立憲政友会の創設時の集合写真（前列右から7人目が渡邉）
『立憲政友会史』第一巻（立憲政友会史編纂部、1924年）より

瞥見してみよう。[6]

渡邉洪基は、一八四八（弘化四）年一二月、福井藩領の武生に生まれた。生家は町医であった。向学心旺盛な少年だったらしく、郷里の豪商が建てた塾・立教館で学んだあと、福井に出て勉学を続け、さらに江戸で慶應義塾や幕府医学所で研鑽を積んだ。

幕末の戊辰戦争では医学所の師である松本良順（明治期に初代陸軍軍医総監）に付き従い、江戸から会津に移り、賊軍に身を投じた。会津落城が目前に迫るとさらに庄内藩に逃げのび、あくまで新政府に刃向かう姿勢を示すが、その途中で立ち寄った米沢藩領内にて松本が同藩から英学指導のために引き止められると、あくまで固辞する師にかわって米沢にとどまり、英学塾の塾頭となる。[7] 米沢藩は奥羽越列藩同盟の一翼を担っていたが、この時すでに新政府への帰順を決めており、同藩にとどまったことは、結果的に明治における渡邉の立身をスムーズなものにした。

新政府に出仕してからの彼は順調に立身していく。当初外務省

（4）「東京統計協会会長渡辺洪基君事跡概略」『統計集誌』第二四三号（一九〇一年）四頁。
（5）渡邉に関する筆者のこれまでの研究として、拙著『ドイツ国家学と明治国制』（ミネルヴァ書房、一九九九年）、拙稿「渡辺洪基—日本のアルトホーフ—」（『人文論集』兵庫県立大学、第四一巻第二号、二〇〇六年）、拙稿「渡辺洪基と国家学会」佐藤幸治・平松毅・初宿正典・服部高宏編『現代社会における国家と法　阿部照哉先生喜寿記念論文集』（成文堂、二〇〇七年）、『渡邉洪基』（ミネルヴァ書房、二〇一六年）がある。

に入った渡邉は、岩倉使節団の随員に取り立てられ、在外オーストリア公使館の勤務を仰せつかる。臨時代理公使を務めて帰国した後は、太政官の法制局に移り、集会条例のような重要立法の起草に当たる。また、学習院の次長に就任し華族教育の改革にも当たった。

その後、一八八五（明治一八）年には東京府知事となり、さらに翌年帝国大学が開学するに当たって初代の総長に迎えられ、一八九〇（明治二三）年にオーストリア公使に任命されるまでその地位にあった。一八九二（明治二五）年に衆議院議員選挙に当選して帰国。以後、代議士として国政に参与する。品川弥二郎と西郷従道を担いだ政府系政党の国民協会の創設に参画し、一九〇〇（明治三三）年に伊藤博文が立憲政友会を結党した際にはそれに身を投じたが、それからまもなくの一九〇一（明治三四）年五月、病のため急逝した。

以上のような彼の略歴を見た時、その人生が〝変節〟の積み重ねだったかのような印象が浮かんでくる。戊辰戦争に加わり、賊徒として東北まで落ちのびたにもかかわらず、一転翻身して新政権で官途に就く。また福沢諭吉の慶應義塾に入門していたにもかかわらず、民間私学を圧伏する官学の総本山・帝国大学の総長に就任する。

そのような裏切りともいえるような転身は、当時からやり玉に挙げられていた。渡邉が慶應の同窓会に出席してスピーチをしようとした際、「集会条例起草者ニシテ生意気ニモ我々自由論者ノ中ニ立テ演説ヲ試ム、何等ノ咄々怪事。咄汝下ルベシ」との野次が飛び、血気にはやった者たちが渡邉を壇上から引きずり下ろそうとしたというエピソードが伝えられている。[8] 福沢の掲げる私学や実学の精神、あるいは自由民権の理念に背信し、官に寝返ったというのが、当時からの渡邉の評価であった。

これとの関連で特に彼の名を悪名高くしていたのが、集会条例の起草である。[9] 前段の引用でも触れられているように、彼は集会条例の起草者として名を馳せていた。一八八〇（明治一三）年に制定された同条例は、典型的な自由民権運動弾圧立法として知られる。同条例の起草者が渡邉だったことは、当時から周知のことであり、それがゆえに彼の名は民権運動家の間に鳴り響いていた。明治中期の代表的な史論書である竹越与三郎の『新日本史』は、集会条例の制定によって「民権家は直ちに中央政府に対して示威的の運動を為すの道を失したりき」と記した上で、「而して集会条例の起草者、渡辺洪基の名、中外に記憶せらる」と述べている(10)。

また、大正期に平民宰相として時代を画する原敬は、一八八一(明治一四)年に渡邉に随伴して東北地方を周遊しているが、その時に原の郷里盛岡を訪れた際、集会条例を作った渡邉が来たということで、彼のことを「非常の圧制家」と見なしている若い人々は挨拶に来ず、「我県人の見聞の狭き今に脱せず、誠に憫むに堪へたり」との嘆息を漏らしている(11)。

以上のように、渡邉には存命時から、旧幕や私学、あるいは自由民権運動を早々に見限り、明治政府という官側に翻ったと指弾される側面があった。権力の御先棒を担いでいるだけの人物というイメージである。そのことが彼の個人的信用を落とし、後世においても一顧だにされなくなった一因となっていると考えられる。

(二)「三十六会長」

渡邉は単に機を見るに敏なカメレオン的官僚だったのだろうか。ここで注目したいのが、前述の生前の彼に冠せられた「三十六会長」なる呼称である。前述のように、生前の渡邉は、「三十六会長」と称せられたという。すな

(6) 渡邉の伝記として、親族によって編まれた渡辺進『夢―渡辺洪基伝―』(私家版、一九七三年)がある。以下、彼の生涯については、特に断りのない限り、この伝記による。なお、彼の名の表記であるが、令孫の洪氏によれば、正字は「渡邉」であり、ここでもそれに従うが、引用の際は原文通りとする。
(7) 松本順・長与専斎『松本順自伝・長与専斎自伝』(平凡社、二〇〇八年)六八頁以下。
(8) 森為之助『自由官権両党人物論』(芳賀登他編『日本人物情報体系』第二一巻、皓星社、二〇〇〇年として翻刻)一八～一九頁。
(9) 集会条例起草者としての渡邉について、前掲拙著『渡邉洪基』一四三頁以下。
(10) 竹越与三郎『新日本史』上巻(岩波文庫、二〇〇五年)二三六頁。
(11) 『原敬関係文書』第四巻(日本放送出版協会、一九八五年)一六八頁。

わち、それほど多くの学会、学術組織の長に納まり、その運営を担っていたというのである。その規模は、当時の東京の学術団体を網羅して掌握するほどだったと報じられていた。

実際に彼が関わった組織を列挙してみよう。帝国大学の他に学習院、工手学校（現・工学院大学）、大倉商業学校（現・東京経済大学）といった大学などの高等教育機関、国家学会、統計協会、東京地学協会、建築学会などの学会組織、また学術団体以外でも、国民協会や立憲政友会のような政党、貨幣制度調査会といった政策審議会、関西鉄道、東武鉄道、京都鉄道などの鉄道会社、帝国商業銀行、北浜銀行といった銀行、その他、万年会、興亜会、大日本私立衛生会、殖民協会、明治美術会、帝国鉄道協会、富士観象会、斯文会などなどである。

以上のように多彩な組織を自ら設立し、あるいは乞われてその切り盛りに尽力して、東京府下の学術組織の長の座を一手に握ったのが、渡邉の生涯であった。帝国大学初代総長の肩書きもその一つに他ならない。そうしてみると、彼の活動を単なる帝国大学史のひとこまとしてのみ描くのは、決して当を得たものとはいえないだろう。上記のような多様な、一見乱雑にも見える組織の間に果たしてどのような連なりがあったのか、また渡邉の中でそれらの組織は有機的に結び合わさっていたのか、そうだとすればそれはどのようになのか、が問われなければならない。

結論を先取りするようだが、筆者には、渡邉の中に私学から官学へ、あるいは民権運動から藩閥政府へと転向し、前者を圧伏させようとする状況主義的な権勢家の姿は見出せない。彼はむしろ、周旋家的な媒介者であった。そしてこの点において、彼は自分こそが福沢の実学の精神を正統に継承し実践しているとの自負すらあったのではないかと考えられる。

以下、彼の多岐にわたる学会活動の中から、その結社の哲学を抽出することにしたい。

三　帝国大学への道

（一）Society の移植——万年会の活動

いったんは逆賊として戊辰戦争に加担していた渡邉だったが、じきに身を翻し、明治政府に出仕することになった。そこでの最初の活躍の場は外務省だった。渡邉はかの岩倉使節団に随行して渡米し、また一八七三（明治六）年から八年にかけてはイタリアとオーストリアの公使館に在勤した。

ヨーロッパ駐在中、彼は結社の精神に目覚めた。渡邉はウィーンでオーストリアの帝国地学協会（die k.u.k. geographische Gesellschaft）に入会し、そのあり方に大きな感銘を受けている。その所以は、西洋の進んだ地学ないし地理学に求められるものではない。彼の受けた印象は、会の組織構成や運営のあり方にあった。同会では、月一回の例会に地学を専門とする学者のみならず各界の名士が集い交流しており、そこは貴顕の士が集まるサロン的な性格を持っていた。一八七九（明治一二）年に渡邉は東京地学協会を興すことになるが、これはオーストリアで自ら加入していた地学協会をそのまま移植しようとしたものだった[12]。

この東京地学協会の他、ヨーロッパから帰ってからの彼は前述のような多彩な結社・団体の設立や運営に従事していく。その中から、渡邉が最初に立ち上げた万年会という団体を取り上げ、その理念と活動を見ておきたい。

（12）「東京地学協会設立ノ起源ハ現今本会ノ幹事タル渡辺洪基氏曾テ欧州ニ在リテ維也納府勅立地学協会ノ社員タル日地学協会ノ本邦ニ欠クヘカラサルヲ熟思シ」た結果（『東京地学協会第一年会記事』（ゆまに書房復刻版第一巻、一八八〇年）三七四頁）と記されている。また、当時の雑誌において、同会のことを指して「貴顕学会」（『東洋学芸雑誌』第一四五号、一八九三年、五四七頁）と称していることも、それが各界の名士の集うサロン的性格を有していたことを裏書きしている。

万年会は一八七八（明治一一）年四月に設立された。渡邉の手がけた最初の団体であり、殖産興業に資するための知識の交換が設立の趣旨だった[13]。具体的にいえば、地方から寄せられる様々な経済活動上の問題を吸い上げ、それを会の場を通じて各種の経験知識に照らして討究し、その現実的解決策を提言していくというものである。そのための方法として、同会は当初地方主導を掲げていた。すなわち、各地から創発される殖産上の実学的知識を全国に流通伝播させていくためのネットワーク作りが万年会設立の趣旨であり、そのために中央と地方の媒介をなすことが運動方針だったのである。

けれども、この地方主義は会の発足後まもなく見直しを余儀なくされる。翌年六月に会則が改正され、それによって地方支部を会の「本源」とするあり方が変更されている。「一ヵ年余の経験によるに、各地に会起り其会の名代人たる人のみを以て組立つる事実際行はれず」とこの時会長渡邉は説明したという[14]。地方が万年会に呼応して、支部を作って活動に参加するには、まだ開化も日本全体の交通も進んでいなかったし、またそもそも計画自体が遠大であったといえる。結局、万年会の活動は、「東京の欧米の学術、知識、理論による地方実業家の指導[15]」へとシフトすることになる。

万年会の名を世に知らしめたのが、一八八〇（明治一三）年一一月二〇日から二五日にかけて催された万年会糖蔗集談会である。それは、当時懸案となっていた砂糖の輸入超過問題に対処するため、国内の製糖業の振興策を広く討議することを目的として挙行されたシンポジウムであった。会員のみならず全国の糖蔗業者に呼びかけて、鳴り物入りで開催されたことが、当時のメディアによっても報じられている[16]。この催しは政府の後押しも受け、内務省の後援が得られるなど官民一体となっての盛挙であった。

一体となったのは官民ばかりではない。この会では「学術家の演説あり、実際家の集談質問あり、各地の実況報告あり」と渡邉が回顧しているように[17]、学理と実務、中央と地方の諸士が一同に会して意見を闘わせ、そこで決議されたことは勧農局長品川弥二郎に建策された[18]。「学術と実際の間、都府と地方の間、新案と旧慣の間に周旋媒介して之を調和する」[19]ことを自任していた万年会と渡邉洪基にとっては面目躍如たるものがあった。

だが、この集談会が万年会のピークであった。これ以降、その活動は漸次衰退していく。「所謂何んでも屋の会であった[20]」万年会は、その総花的性格が災いして、より専門的な学会や団体が設立されていくと、退潮を余儀なくされた。

しかし、組織自体は形骸化していっても、ここで先鞭がつけられた一つの社会的機能は、所を変えて継承されていったとも考えられる。それは、糖蔗集談会において見られたシンクタンク的活動であり、知によって官民を融合していこうとする働きである。万年会にかわるそのような官民融合のシンクタンクの舞台として、帝国大学が新たに誕生したのである。

(13) 設立に際して、次のように申し合わせされている。「本会は経済上各地人民の知らんと欲する事を知らしめ、又其事情を審察して之に適応するの方法を案し、以て文明の道に進まん事を謀るの主旨なるが故に、先つ各員其地方に此目的に応するの集会を勧奨し、此集会より求むる者を会席に持出し、他員及他方の経歴知識を求め其求むる所以の主旨を達せしむるを先とし、次て其事情を測りて之に応ずべきの事を衆員に議り、且つ自ら見込を述るに限り、更に是等に原因する所なきことを漫に弁論するを得す」(「萬年会沿革」『萬年会報告』第一一年第一号、一八八九年、二二頁)。

(14) 『萬年会第一会記事』(一八八〇年)一五頁。

(15) 黒木彬文「自由民権運動と万年会の成立」(『政治研究』第三四号、一九八七年)六六頁。

(16) 一一月二四日付『郵便報知新聞』、同月二五日付『東京日日新聞』によれば、二〇日は約二五〇名、二一日は二七〇名の参加者があったと報じられている。

(17) 『萬年会第三十八回記事』(一八八一年)八頁。

(18) 『萬年会糖蔗集談会報告』(一八八一年、『明治前期産業発達史資料』別冊一〇四(一)、明治文献資料刊行会、一九七一年として復刻)一八二頁以下。黒木前掲「自由民権運動と万年会の成立」六九〜七〇頁も参照。

(19) 前掲「萬年会沿革」五〇頁。

(20) 『子爵花房義質君事略』(一九一三年:『日本外交史人物叢書』第一巻、ゆまに書房、二〇〇二年として復刻)一八一頁。

(二)　帝国大学の思想——国家学会を通じて

帝国大学とは、形を変えた万年会だった。少なくとも、初代総長渡邉はそのように考えていた。実は渡邉自身は、帝国大学の創設に当初反対だった。総長に就任する以前、工部少輔として工部省に勤務していた彼は、同省所管の工部大学校の文部省移管、すなわち帝国大学化に異論を唱えている。「学生ノ心ヲシテ常ニ実際ヲ離レサラシムルカ為ニハ其学ヲ実際ニ施スノ省局ニ属スルヲ可トス」[21]というのが、その理由であった。大学を文部省に一元化させることは、高等教育の現実離れをもたらしかねないとの危惧である。

そのような懸念を自ら払拭させるかのように、帝国大学総長の座に就いた渡邉は、一つの学会を立ち上げた。国家学会がそれである。今日なお東京大学大学院法学政治学研究科のスタッフをメンバーとして存続している学術団体であるが、この国家学会は帝国大学の創設にあわせて、初代総長渡邉を会長（評議員長）として設立された。そこには、渡邉が帝国大学に求めた知のあり方が凝縮されている。そのことを次の三点に絞って説明しておきたい。

まず第一に、国家学会は外に向けて開かれた組織だった。「国家学会は、……広く国家学に関する知識を普及するという目的もあり、当初から法科大学外の人も参加できる建前だった」との内部からの証言にもあるように[22]、それは学者だけの集まりでなく、社会に対して開かれたものであることをうたっていた。そのため、その会長の職も渡邉のような学者でない者が就いた他、会場も当初は大学の外に求められていた。

第二に、国家学会は「純理」というものを排斥した。右に述べたような学会のあり方には、最初大きな反対もあった。反対の声の主は、加藤弘之や穂積八束のような大物学者と目されるが、国家学会が興った当初には彼らとの間に路線闘争が勃発した。しかし、結局のところ、加藤らの「純理」派は敗れ、渡邉の「実際」派が勝利を収めて、加藤は一時国家学会を脱退し、渡邉の招き入れた伊藤博文、大隈重信、渋沢栄一らの国家学「実歴アル人」の入会が実現するのである[23]。

第三に、以上二点をまとめあわせた結果として、国家学会は実学を目指した。純理派を追い落した後の演説で渡邉が高唱していることだが、国家学会は学理のみならずその応用に心を砕き、学者のみならず国家学の実践に従事している政治家や官僚などの実務家も招き、具体的な歴史、統計、地勢のデータを根拠として国家の様々な活動についての会員相互の知識を拡充し、公衆に普及していくことが掲げられる。[24] 渡邉が万年会以来追求していたことそのままである。学術と実際を結びつけ、その成果を社会に流通させていく。そのような実学の場の再現として、国家学会は運営され、帝国大学も構想されたのである。

今日存続している国家学会は、前述のように東京大学の法学政治学の教員によって構成されているクローズドな学術団体である。そのジャーナルである『国家学会雑誌』も当然のように法学や政治学の専門的な論文しか掲載されない。だが、その出発点において、同会はむしろ学界と一般社会

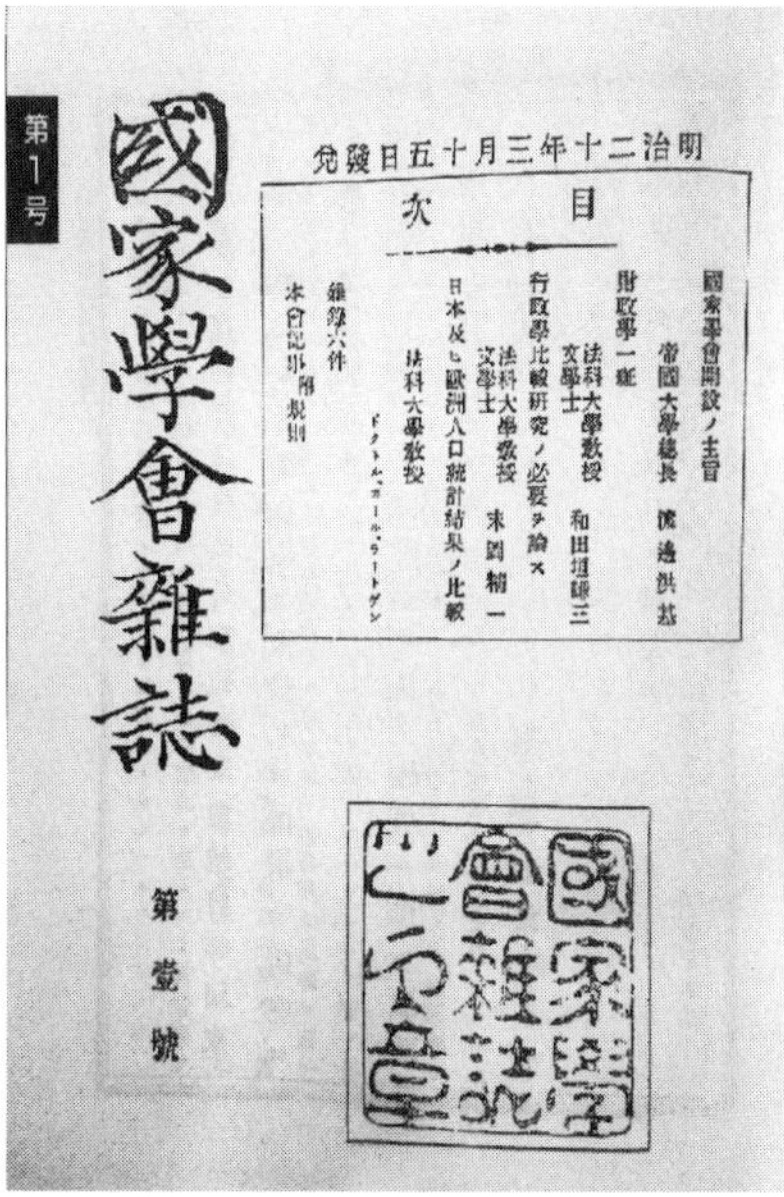

『国家学会雑誌』創刊号の表紙（巻頭論文を会長として渡邉が寄稿）

（21）「渡辺洪基意見書　工部省事務整理方法　明治十八年五月」『三条家文書』書類の部、四三―二六。色川大吉、我部政男監修『明治建白書集成』第八巻（筑摩書房、一九九九年）六九～七〇頁に翻刻。
（22）石井良助「国家学会の創立」『国家学会雑誌』第八〇巻九・一〇号（一九六七年）一一頁。
（23）その詳しい経緯について、前掲、拙著『ドイツ国家学と明治国制』二六七頁以下を参照。
（24）渡辺洪基「国家学講究ノ方針」『国家学会雑誌』第二一号（一八八八年）六二五頁。前掲拙著『ドイツ国家学と明治国制』二五四頁以下も参照。

との媒介を念頭に運営されていたことは強調しておきたい。

四　帝国大学創設の思想的背景

（一）実学の構築

以上のように、帝国大学創設の背景には、渡邉独自の実学構想があった。帝国大学といえば通常、俗世からかけ離れ、象牙の塔に閉じこもる官学アカデミズムの代名詞というイメージがもたれるが、少なくともその初発の指導理念としては、社会に開かれた実用的な学問という目標があったことは指摘しておきたい。

そのような実学こそ渡邉の生涯を貫く学問観であったことをもう少し詳論しておこう。渡邉は、一八八六（明治一九）年四月一〇日、帝国大学の設立と前後して、東京化学会において一場の演説を行っている。[25]「理化両学ノ功益ヲ民間ニ播布センコトヲ務ムヘシ」と題したその演説において彼は、大略次のように主張している。

本会が設立されて八年になるが、世間ではいまだに化学会が何であるかについて知らない者が多い。自分も長年学者と実業家との間を媒介してきたが、このような事態にとどまっているのは嘆息の限りである。しかし、いかなる学問も人間の幸福安全を促す要具にすぎないのであるから、どんなに高尚な理論といえども経済上の利益がなければ意味はないのである。学問と実業との間に懸隔が生じてしまったことが、我が国が西洋に遅れをとった真因に他ならない。その克服のために、本会に所属する者は、現下本邦新旧の職業についてその改良の方策を考案し、実業家にそれを教授して助言を行い、利益が出るよう働きかけなければならない。

単刀直入な実利主義的学問観の表明である。学問の価値を経済的利益に還元させる発想に対しては、むしろ学問の意義を貶めるものとの反発が必至であろうが、ここではとりあえず、学者と実業家、学問と実業との間の媒介こそ自らの使命と渡邉が自己認識していたことを確認しておきたい。

そのような実学への媒介こそ、彼の生涯を貫くライトモチーフだったといえる。前述の万年会の組織化と運営に見られたように、知識を動員し、その流通を図り、政策へと結びつけることによって殖産興業に資することこそそこでの目的であった。帝国大学の創設に当たってもそれと類似の理念が脈打っていることを、国家学会に即して示唆しておいたが、さらに後年になっても、渡邉はかような実学の実現に向けた組織活動を行っている。一八九九年七月、当時東京統計協会会長の座にあった渡邉の主導によって設立された統計講習会がそれである(26)。

この会は、来るべき国勢調査のために、その実務に従事するためのノウハウとスキルを身につけた人材の養成を目的とした集まりであったが、そこには万年会以来の渡邉の実学にかける思いがあった。統計講習会開会式において、彼は「ドウも日本人は概して理論に傾き易い」と述べ、「此講習会は始めからさう云ふことの無いやうに切に希望するのであります(27)」とうたった。

このように、渡邉にとって学問とは、すべからく実学たるべきだった。そしてその実学とは、人々を結びつけるものだった。いま新たに、統計的知を求めて全国から集まった受講生を前にして彼は、知の媒介者としての自負の念を甦らせていたのではなかろうか。

ところで、統計講習会の試みは、知の媒介者・渡邉のもう一つの確信を確認させてくれる。渡邉にとって実学とは、〝官学〟たるべきものでもあった。それは、政策に反映されるべきものであったのである。したがって、知か

(25) 『東洋学芸雑誌』第三巻第五五号(一八八六年)四六一頁以下。『科学と技術』日本近代思想大系一四(岩波書店、一九八九年)二三二頁以下に翻刻。
(26) この会について詳しくは、前掲拙著『渡邉洪基』二九九頁以下。
(27) 『統計集誌』第二二〇号(一八九九年)三六四頁。

ら官が排斥されることはあり得てはならなかった。この意味で、渡邉にとって、実学と官学とは表裏一体のものだったのである。

(二) 科学から政治へ

これまでの論述において、渡邉の学問観には二つの核があったことを指摘した。一つは人と人との間を媒介することによって知識を循環させるということであり、もう一つは具体的政策に応用されるべき統治の資源としての側面である。彼自身の言葉をもって言い換えるならば、「衆智」と「治国平天下」ということになる。[28]「衆智」の理念に従って、彼は万年会に始まる数多くの結社団体を組織し、「治国平天下」の理念にのっとって、帝国大学を頂点とする官学アカデミズムの再生産装置を構想したのだった。

最後に彼の学問観のもう一つの核として、その科学性を指摘したい。これは非政治性とも言い換えることができる。官学を志向したにもかかわらず、非政治的とは一見矛盾する。正確を期すならば、非政談化、非政論化ということになろう。その含意するところを以下に説明したい。そのためには、集会条例起草の意図を垣間見ることが便宜である。[29]

渡邉が、自由民権運動弾圧立法として知られる一八八〇(明治一三)年成立の集会条例の起草者として悪名を馳せていたことは冒頭で言及した。この点、自己の立場を弁解する渡邉の書簡(草稿)が残っている。[30]そこにおいて彼は、この条例は太政官法制部書記官という立場上、「内閣ノ命ヲ受ケ立案」したものと弁明する一方で、おおよそ次のように述べている。

この集会条例は、血気いまだ定まらず、知識もまだ発達していない青年たちが政治に血道をあげて歳月を消費して進路を誤るようなこと、彼らに学業を教えるべき者が他事にうつつを抜かして教育がおろそかになるようなこと、また警官や兵士のような政府の命令を遵守すべき立場の人が秩序を欠くようなこと、はたまた政治に関係せずに実業に従事して経済を盛り立てるべき人々を政治に誘導してその実業を放棄するようなこと、こういった弊害を防ぐためのものに他ならないのだ、と。

ここに表明されているのは、学生、教師、警官、兵士、一般の社会人といった人々が政治に深入りすることなく、社会の中でそれぞれの職分に忠実に働くべきとの理念である。特に学生に関してはさらに、本条例は彼らが政治によって貴重な時間を徒費することなく、「其生涯ノ事業目的ヲ定メ是ニ予備スルノ自由ヲ保護シ、亦各自其自カラ修メント欲スル業務ヲ勉励スルノ自由ヲ保護」するためのものだと正当化が試みられている(31)。

この言辞は確かに何ともパターナリスティックに響く。もっとも、当時巷を席巻していた壮士による政治空間の暴力化から学生を隔離し、彼らを本来の学業へと誘うことは、渡邉の学問観から帰結される信条であった(32)。この点を明確にするために、彼が幕末に受けた教育について触れておきたい。

渡邉が幕府医学所頭取であった師松本良順に従って、戊辰戦争時に東北を転々としていたことはすでに一度言及した。この松本は、医学所において一つの大きな学問上の改革を行っていた。それは一言でいえば、講読・会読の禁止である。江戸時代の知の伝達は、今日風にいえば、読書会を通じて行われた。一つの書を皆で輪読し、その書

(28) 「衆智」の語は、渡邉の書いたものに散見されるが、たとえば彼が郷里武生のために一八七八(明治一一)年に草した「武生地方有志諸君に告ぐ」において、「凡そ一地の繁栄を謀るにも亦タ衆智を集むるを第一とす」と述べられている(前掲、拙著『渡邉洪基』九六頁)。「治国平天下」については、一八八二年八月に岩倉具視に宛てて書かれた意見書「政治学校設立之議」(『渡辺洪基史料』一二)において、「文化開ラズ、交通広カラス、社会百般ノ事針孔大ノ区域ニ出ラサルモ尚オ政治ノ学ナクンバアラザルヲ見ル。況ンヤ内治外交共ニ昔日ニ数倍ノ繁密ヲ加フル今日ニ於テ政務ヲ行ヒ法律ヲ立テ国家ノ安寧幸福ニ任スル者治国平天下ノ学講セスシテ可ナランヤ」と説かれている。

(29) 注10を参照。

(30) 一八八〇(明治一三)年六月二七日付土屋直三郎宛渡辺書簡(『渡辺洪基史料』、四九—三〇)。

(31) これと類似の考え方を示した同時期の史料として、一八七九(明治一二)年に著された伊藤博文の「教育議」を挙げることができる。そこにおいても、「高等生徒ヲ訓導スルハ、宜シク之ヲ科学ニ進ムヘクシテ、之ヲ政談ニ誘フヘカラス。政談ノ徒過多ナルハ、国民ノ幸福ニ非ス」として同様の考えが展開されている(春畝公追頌会編『伊藤博文伝』原書房、一九七〇年、一五三—一五四頁)。

かれている意味を討議する。そこから自然と丁々発止の議論空間が現出された。それはしばしば眼前の典籍の釈義から遊離し、時世を憂い対策を論じるという政論へと発展していった。人々が寄り集まって書の読解を行い、自由な議論を誘発する。それがこの時期の思想空間を成り立たせていた作法だった[33]。

松本はそれを真っ向から否定した。自伝の中では、当時医学を学んでいた者は、実は洋書を読みたいと思っていた者たちが大半で、緒方洪庵の適塾の学生なぞは医師ではなく諸藩の武士で兵学に関心を抱く者が多かったとして、彼らは「いたずらに文法書を会読し、序文凡例の明文を講究するを以て務となし」ていたと記されている[34]。

これに対して松本は、前述のように「書を読むことを禁じた[35]」。書ではなく、師の講義こそ学問を伝えるものとの立場である。松本は、「書を読むは記憶の迷を解くのみ、すでに講義を聴きて忘却せざらんには、書なきもまた可なり。かつそれ己れのいまだ知らざることは書を読むも決して了解すべきにあらず。予が教頭たるは、医を学ぶの道を教ゆるがためなり[36]」と説いている。

かくして、松本の主導により、幕府医学所では討論ではなく、講義が学問を伝達する回路としてクローズアップされ、教師の講義する体系的な知識の学習に力点が置かれることとなった。その結果、かつての医学所の喧騒は鳴りを潜め、校内は厳粛な学び舎と化したという[37]。

このような松本の行った学問改革の延長上に渡邉の学術政策を位置づけることが可能である。帝国大学設立に先駆けて著されたある意見書の中で彼は、私立学校によって担われている政治教育が反体制の運動家の育成に終始していることを批判し、政治「学」のための教育制度の必要性を力説している[38]。渡邉は民権派がミル、ベンサム、スペンサーらを護持することに対して、次のような指摘を行っている。すなわち、ミル、スペンサー、ベンサムなどの議論は新聞雑誌の論説を飾る政論であって、学校（大学）で講究されているものではない。そのような議論は、学校において古今東西の歴史や現況を学習して一定の分別がついた後で参考にされるものなのだ、と。

ヨーロッパの全体的な思潮の中で見れば、自由民権派私学の議論は新聞の論説を崇めているにすぎず、それは大学で講じ研究されている正統的な学術とは異なるものだという。日本の政治教育は倒錯に陥っているのであって、その是正が求められる。民間私学で講じられている西洋の政治思想は、本来、正統的な政治教育を修めた上で選好されるべきものなのである。

渡邉が集会条例に託したものも、この脈絡で把握することができる。いうならば、渡邉にとって集会条例と帝国大学とは表裏一体のものであった。学生が政論に走ることを防ぐための施策と脱政論化した政治学（統治の学）を制度化したものとしての帝国大学である。そしてその先には、科学を通じての政治の実現という万年会の理念が控

---

(32) 政治空間の非暴力化は、幕末期の政治的暴力拡散の収束を図り、明治新体制に安定をもたらすという意味で、明治維新の一つの要請だったと見なしうる。実際、そのことを自らの政治課題としていた人物として、伊藤博文と星亨を挙げることができる。彼らは政治の脱〝壮士〟化、壮士の政治からの排除を企図していた。伊藤と星による立憲政友会の結成はそのような面から再評価される必要がある。そして、同じような考えから集会条例の起草を行っていた渡邉が政友会の設立に創立委員として加わっていたことも、政友会が志向していた政治の安定化の内実を探るに当たって大きな示唆を与える。伊藤と政友会について、拙著『伊藤博文』（中公新書、二〇一〇年）の特に第四章、星については有泉貞夫『星亨』（朝日新聞社、一九八三年）を参照。近代日本における政治と暴力の関係を俯瞰した研究として、Eiko Maruko Siniawer, *Ruffians, yakuza, nationalists: the violent politics of modern Japan, 1860–1960*, Cornell University Press, 2008。

(33) 以上の点につき、前田勉『江戸の読書会』（平凡社、二〇一二年）を参照。

(34) 前掲『松本順自伝・長与専斎自伝』三四頁。

(35) 同右。

(36) 同右。

(37) この点につき、松本が伝える次の挿話は興味深い。ある日、医学所の視察に訪れた幕府の役人は医学所の静寂を訝り、「前日緒方〔洪庵〕氏の校長たるや、昼夜会読輪講あり。予等その勉強を賞し、これを長官に報じたることありしが、今日は生徒沈黙ただ机上に書を見ると、午前午後通じて三回の講義を聴くのみ。これ学問に不熱心の故ならん」（前掲『松本順自伝・長与専斎自伝』三五頁）と松本に問い質した。松本は笑いながら、「卿等は生徒の喧囂なると沈黙にして読書勉強するとを知らざるか。もし喧囂を欲するならば、日々青年子弟をして高歌乱舞せしむべし。それ医学校の盛んなるは、校中より大医名家を出だすことの多きにあり」（同右）と応答したという。

(38) 前掲「政治学校設立之議」。

えていると見なすことができる。

五　渡邉の見た「夢」――帝国大学体制の虚実

東京麻布の長谷寺に眠る渡邉の墓には、「夢」の一字が彫られている。[39]官界から学界、政界、財界を縦横に駆け回り、「二十六会長」として数多の団体を掌中にしていた渡邉だったが、その往時も一抹の夢にすぎないということなのだろうか。墓石の隣には伊藤博文の選字で彼の功績を讃える墓碑が建っているが、今日、それに目をとどめる人は少ない。

本章では忘れられた帝国大学初代総長渡邉洪基の生涯と事績を瞥見した。稿を閉じる前に、以上の論述を踏まえて、渡邉研究の意義と可能性を考えておきたい。

まず第一に、渡邉の思想性についてである。果たして、彼の思想の中に何か独自の意義あるものが認められるか。この点について、筆者は彼の実学観に注目したい。渡邉は学問の社会的利益への還元に固執した。それは実学たるべきものであった。

この実学という点において渡邉は、旧師である福沢諭吉の紛れもない弟子であるといえる。福沢は学問を「神聖に取扱ずして通俗の便宜に利用する」こと、すなわちそれを「手軽に見倣して、如何なる俗世界の些末事に関しても学理の入るべからざる処はあるべからずとの旨を主張し、内に在ては人生の一身一家の世帯より、外に出ては人間の交際、工商の事業に至るまで、事の大少遠近の別なく、一切万事、我学問の領分中に包羅して、学事と俗事と連絡を容易にする」ことを主張していた。[40]学問を「人間世界に用るの工風」を忘れることなく、[41]両者を架橋して、学問の成果を生活のあらゆる局面に行きわたらせることは、福沢文明論の根幹をなすものの一つであった。

この思いは、渡邉にも共有されている。渡邉も、知を実学として、すなわち有用たるべきものとして社会の隅々に行きわたらせることを念願としていた。そのために媒介者となるというのが、彼の自己規定であった。ここには福沢諭吉の徒としての渡邉の姿が認められる。

ただし、渡邉においてこの媒介は、単に民間を水平的につなげていくのみならず、官民を連結させることにも向けられていた。一八七八（明治一一）年に創設した万年会では当初西洋農学による中央から地方への啓蒙がなされていたが、その後一八八〇（明治一三）年に開催された万年会糖蔗集談会では中央の理論家と地方の実業家が集結し、製糖業振興のための政策を政府に提言するという官民をつなげるシンクタンク活動が展開された。この方向はさらに国家学会、統計協会でも受け継がれていく。周知のように福沢は、官学と私学を峻別し、官と民の対抗関係を堅持したが、渡邉の実学は両者を媒介・連結するものだった。

第二に、渡邉の歴史的意義についてである。渡邉は日本近代史に何を残したのか。この点において示唆的なのが、中野実によって提唱された「帝国大学体制」論である。帝国大学体制とは、「帝国大学と帝国大学をめぐる諸制度（中等教育制度、大学卒業生の任用・優遇制度、学位制度、教職者の人事制度など）とが国家体制と密接な関係を保ちながら調整され、構造化された枠組みであり、帝国大学を根幹とするその全体構造」と定義される(42)。同様の事態を国家体制の観点から言い換えたものとして、筆者もかつて「国制知」という概念装置を考案したことがある(43)。帝国大学は「国家ノ須要ニ応スル」ものとして明治憲法体制の重要な支柱として成立した。その「国制」化は時を経るに

(39) 後藤端厳禅師の揮毫になる。洪基令孫渡辺洪氏談。
(40) 〔教育の目的は実業者を作るに在り（原題「慶応義塾学生に告ぐ」）〕『福澤諭吉著作集』第五巻（慶應義塾大学出版会、二〇〇二年）一一六頁。初出は一八八六（明治一九）年二月二日付『時事新報』。
(41) 同右、一一四頁。
(42) 中野実『近代日本大学制度の成立』（吉川弘文館、二〇〇三年）七九頁。

つれて牢固なものとなり、国家エリートの養成を一手に握って、戦前の日本型学歴社会のピラミッドの頂点に位置した。その構造は今日にまで及んでいる。

初代総長としての渡邉は、まさにこの帝国大学体制の造形者だったと考えられる。国家学会を通じて帝国大学と官界、政界、実業界といった外部社会をつなぎ合わせようとしていた渡邉は、帝国大学を国家体制の一環として構想していたのだといえる。(44) 渡邉の一次史料を今後さらに精密に検討することは、帝国大学体制の形成と実相を跡づけられることに寄与するであろう。そうすると、渡邉洪基研究は、大学史のみならず、教育社会史、学問史、国制史の分野においても重要な知見を提供する可能性を秘めているといえるのである。

最後に、渡邉の見た「夢」について触れて、稿を閉じたい。渡邉は帝国大学体制のデザイナーと目しうる。彼はそれまでの私立法律学校による政治的青年の産出としての政治教育のあり方を刷新し、また帝国大学に一元化された中央集権的なテクノクラートの社会的供給のシステムを構想し、その現場で陣頭指揮をとった。これだけで論じるならば、渡邉は知の国民国家的集権化のイデオローグにとどまるということになろう。

しかし、渡邉が最初に立ち上げた万年会の中には、当初それとは異質な要素も含まれていた。すなわち、そこでは地方で創発される様々な技術や知識を中央にすくい上げ、海外の最先端の知識と突き合せることで、真に有用な知を編み出し日本全域に循環させていくことが掲げられていた。だが、じきに彼の関心は、圧倒的な西洋の技術力を前にして、むしろ中央経由でそれを国の隅々に浸透させていくトップダウンの一方通行な知の階層構造へとシフトする。知を媒介とする水平的ネットワークの構想は時期尚早として断念され、国民国家的安定を保障する凝縮度の高い一元的な知のピラミッドが構築されたのである。

しかし、いまやグローバリズムの波は高等教育や人材養成の場にも押し寄せ、今日にまで続く帝国大学体制は大きく動揺している。そのような中、帝国大学体制のイデオローグであった帝国大学初代総長が当初思い描いていた地方と中央と世界の間に水平的な知の循環を作るという「夢」は、いまむしろ現実的な選択肢として考慮されるべき時を迎えているといえるかもしれない。

※本章は、平成二八年度科学研究費助成事業（学術研究助成基金助成金（挑戦的萌芽研究））課題番号26590003による研究成果の一部である。

(43) 前掲拙著『ドイツ国家学と明治国制』序論を参照。そこでは、「国制知」を「国家の構成と諸制度—国制—を構想し、そしてそのような国制の支柱となってそれを運営していく知的営み、ないしそれに携わる学識集団」と定義した（二頁）。

(44) この点は、前掲拙著『ドイツ国家学と明治国制』第三部において詳論してある。

第三章

東アジア「新外交」の開始

第一次世界大戦後の新四国借款団交渉と「旧制度」の解体

中谷直司

◉東アジアは第一次世界大戦の主戦場ではなかったが、その影響は東アジアにも深く及んだ。その媒介者として第一に挙げられるのはアメリカの「新外交」であるが、その影響のありかたを決定する上で日本外交が与えた影響は大きかった。本章では、中国での勢力範囲解消を目指した新四国借款団の結成交渉の分析を通じてこの点を明らかにする。(1)

新借款團と滿蒙
借款目標の範圍外に置くは勿論なり

新四国借款団の課題を解説した大阪毎日新聞（1919年５月28日付）

一　大戦後の国際政治と日本

（一）講和会議を越えて

第一次世界大戦が国際政治史上の大変化（a sea change）をもたらしたことに、大きな異論はないだろう。しかし同様のことは、どこまで割引なしに、東アジアの国際関係に当てはまるだろうか。

大戦は、ヨーロッパ中心の国際政治に明確な終止符を打った。大戦が勃発するまで国際秩序のセンターピースであったヨーロッパ大陸の勢力均衡は崩壊し、その主要な構成要素であったドイツ、オーストリア＝ハンガリー、ロシア、オスマンの四つの「帝国」は敗戦や革命で世界地図から姿を消す。その他の諸国も勝敗に関係なく大きく疲弊し、結果ヨーロッパは自らの力だけでは国際秩序を再建することができなかった。

もちろん以上の議論は、大戦後の和平交渉でヨーロッパ諸国が担った役割を無視するものではない。一九一九年一月から一九二〇年の末までの二年間をかけて、対独講和条約のヴェルサイユ条約を皮切りに、対オーストリアのサン＝ジェルマン、対ブルガリアのヌイイ、対ハンガリーのトリアノン、そして対オスマンのセーブルと、五つの講和条約が断続的に成立した。調印場所名を冠した各条約の名前からもわかるように（いずれもフランスの都市もしくは宮殿・城塞の名称で、講和会議が開催されたパリの近郊に位置する）、交渉の舞台は長らくヨーロッパ外交の中心地であったパリであり、大多数の参加国もヨーロッパ諸国であった。さらに講和条約だけでは対処しきれなかった国際問題の処理でも、ヨーロッパ諸国は主導権を発揮した。まず一九二二年のローザンヌ条約では、オスマン帝国にかわって成立したトルコ共和国の国境線を確定し、さらに一九二四年のロカルノ条約で、国際社会へのドイツの再統合を可能にしたのである。

国際政治全体で見ても、ヨーロッパの大きな影響力はその後も継続した。まず、ロカルノ条約を受けて一九二五年に加わったドイツをあわせて、国際連盟の五つの常任理事国のうち四つをヨーロッパの大国が占めた。ヴェルサイユ条約に基づき一九二〇年に設立された連盟は、国際史上初の集団安全保障を確立する試みであり、総力戦後の新たな国際秩序の中核と期待されていた。同時に戦勝したヨーロッパ諸国は、アジア・アフリカの多くの地域で、何事もなかったかのように植民地支配を継続したのである。

だがやはり、大戦によって地球大の国際政治とヨーロッパのそれとがほとんど同義であった時代は明確に終わった。総力戦後の新たな平和と秩序を構築するに当たって、非欧州大国のアメリカ合衆国と日本が文字通り決定的な役割を果たしたからである。

アメリカについては、異論を挟む余地はないだろう。戦争の帰趨の決定は――少なくとも我々が知るようなタイミングと過程での戦争の終結は――アメリカの参戦によってもたらされた。参戦前を見ても、アメリカの巨大な産業量と金融力は英仏露の協商国側の戦争継続に不可欠であった。何よりも、一九一九年のパリ講和会議を中心とする戦後秩序の構築過程で、最大の影響力を持ったのはアメリカである。特に国際連盟構想の実現に当たっては、イギリス由来のアイディアの貢献も無視はできないが、ウィルソン大統領に率いられたアメリカ代表団が主導的な役割を果たした(2)。

ひるがえって、日本はどうか。非西洋世界で唯一のこの大国は、大戦後の平和と国際秩序のあり方に何か影響を与えることができたのだろうか。一九一九年のパリ講和会議に関していえば、答えは明確にノーである。講和会議における日本は、大多数のルール受容者（rule takers）の一国にすぎなかったというしかない。まず国際連盟規約の形成過程で、日本は積極的な行動を何も見せなかった。中国・山東半島の旧ドイツ権益の継承のために、講和条約への調印拒否を仄めかし、要求を確保した場面はあったが、とても建設的なものとはいえない。さらに、講和会議の個別具体的な問題の多くがヨーロッパ問題や西アジア問題であったため、定期的に開催された大国の首脳会議に日本は日常的に参加しなかった。アメリカ大統領のウィルソンに、イギリス首相のデイビッド・ロイド＝ジョージ、フランス首相のジョルジュ・クレマンソー、そしてイタリア首相のヴィットリオ・オランドによって構成されたこの首脳会議は「四首脳会議」（the Council of Four）と呼ばれ、講和会議の事実上の意思決定機関となった。しかし日本は、山東の旧ドイツ権益の処理のように、自国の利害に関わる問題に限って、しかも四首脳会議が当事者の意見聴取を望んだ場合のみ参加できたのである。[3] もちろんよく知られるように、日本全権は連盟規約に人種平等の条項を挿入するように提案した。この外交努力は間違いなく、日本が講和の根幹部分に建設的な影響を与えようとした唯一の例だが、挫折した。この問題のために設置された特別委員会での採択を目指して、日本代表は挿入場所

(1) 筆者は新四国借款団の結成交渉について既発表論文で分析した（拙稿「勢力圏外交秩序の溶解―新四国借款団設立交渉（一九一九―一九二〇）と中国をめぐる列強間関係の変容―」『同志社法学』五九巻四号、二〇〇七年一一月）八五〜一七四頁。その後、拙稿『強いアメリカと弱いアメリカの狭間で』（千倉書房、二〇一六年）に加筆・修正の上、第四・五章として再録）。本章は、その分析を踏まえつつ、旧秩序の解体の側面に改めて着目して、制度論の枠組みを導入し、イギリス側に関する新たな資料や、論文公表後に公表された関連研究を参照して再検討したものである。特に、前掲論文公表時には、原敬の政治指導を例外なく日米協調を重視するものと理解していたのに対して、本章では、原の政治指導を、新四国借款団をめぐる日米交渉にとっての「最大の障害」と位置づけた点で筆者の見解は変化している。その上で、個別の国際協定や一そろえの公文書ではなく、新四国借款団をめぐる交渉過程そのものが、旧秩序の解体をもたらす日本・アメリカ・イギリス間の合意内容を形成し、かつ原がその意義を大きく誤解していたことを主張する。本章の前提となる、ウィルソン政権が新四国借款団の結成提議にいたった詳細な背景、日本・アメリカ間の交渉の具体的な経緯、そして日本政府およびアメリカ政府内の政策決定過程の分析については、前掲書、第四・五章を参照されたい。また新四国借款団問題をめぐる日本政府内、特に外務省内の政策過程に関する近年のすぐれた業績として、熊本史雄「大戦間期外務省の情報管理と意思決定」（『日本史研究』第六五三号、二〇一七年）がある。同論文は、外交史で一般的な政策過程分析に、著者独自の文書処理過程分析を融合した注目すべき考察を行っている。あわせて参照されたい。

(2) イギリスと連盟との関係に関する外交史研究のうち、最近のものとしては Peter Yearwood, *Guarantee of Peace: The League of Nations in British Policy, 1914-1925* (Oxford: Oxford University Press, 2009).

(3) ただし、特に山東をめぐる日米交渉の戦後国際政治へのインパクトは、本章が新四国借款団問題でも強調するように、公式の交渉と取り決めを見るだけでは理解できない。この点については、前掲、拙著『強いアメリカと弱いアメリカの狭間で』第三章を参照のこと。

を本文から前文に、かつ表現もかなり弱いものに修正し、欧米諸国の委員が多数を占める中でも過半数の賛成を得た。しかし、大英帝国、特にオーストラリアなどの自治領の強力な反対が主因となって、修正案でも採択に至らなかったのである。最終的には、国内に深刻な人種問題を抱えるウィルソン大統領が、当該特別委員会の議長として、こうしたデリケートな問題には全会一致が必要だとして不採択を決めている(4)。講和会議における日本の役割は周辺的なものにとどまったのである。

しかし、パリ講和会議での交渉とその結果成立した講和条約の文言だけが、大戦後の平和と秩序の性格を決定したのではない。ヨーロッパでもそうであったように、東アジアでも、講和会議だけでは大戦の処理も戦後秩序の構築も完成しなかったからである。以下の議論が示すように、講和会議にとどまらない国際政治過程を視野に入れて、特に大戦後の東アジアの国際関係にどのような変化が生じたのかに焦点をあわせれば、アメリカに加えて日本の役割を決定的なものとして考慮することは不可欠となる。

だがこの点に関して本章は、多くの先行研究がそうしてきたように、東アジアにも新たな外交理念を導入しようとするアメリカと、既得権益の固守を目的にそれに抵抗する日本の対立がもたらした均衡点として大戦後東アジアの国際政治を描こうとするのではない。国際関係の「変化」という言葉を用いたように、本章の議論は、大戦前から続く東アジアの旧秩序に終止符を打ったアメリカ外交と日本外交の協働関係を提示するのである。

(二) 新四国借款団交渉の意義――日本・アメリカの「協働」

より具体的にいえば、本章の議論の中心は、まず、第一次世界大戦後のアメリカ外交が、東アジアで意識的に国際政治上の古い「制度」を解体することを目指したと主張することである。「制度」とは、近年の社会科学で一般的な定義を引けば「ゲームがいかにプレイされるかにかんして、集団的に共有された予想の自己維持的なシステム」である。もう少し平易な言葉で言い換えれば、「制度」とは、主要アクター間の相互作用の結果として(主観的

に）形成される、いわばゲームのルールである。(5)

ウィルソン政権が、大戦後の東アジアで解体を望んだ古い「制度」とは、本章が「勢力圏外交秩序」と呼ぶ大国間政治の「ゲームのルール」である。アメリカを除く主要大国は、一九世紀末から中国の各地にそれぞれの経済的な優越権を主張する「勢力範囲」を設定していた。たとえば長江（揚子江）流域はイギリス、広東と雲南はフランス、山東半島はドイツ、南満洲は日本、北満洲はロシアの勢力範囲であった。ただし、こうした勢力範囲をめぐる国際政治で、日露戦争のような剥き出しのパワーゲームが行われることはまれで、むしろ互いに相手が勢力範囲内で持つ「特殊権益」を尊重することが、「国際協調」の定義として大国間に共有されていた。(6)ウィルソンの「新外交」は、この大国間政治のルールを中国に課せられた「鎖」だと見なして、その撤廃を追求したのである。(7)その最初の舞台となったのが、本章が具体的な叙述の対象とする、一九一八年八月から一九二〇年の五月までのアメリ

（4）人種平等案をめぐる日本外交については、Naoko Shimazu, *Japan, Race and Equality* (London and New York: Routledge, 1998) が最も包括的な研究。他に、池井優「パリ講和会議と人種差別撤廃問題」（『国際政治』第二三号、一九六三年）四四〜五八頁、Naoko Shimazu, "The Japanese Attempt to Secure Racial Equality in 1919," *Japan Forum* 1 (April 1989), pp. 93-100; 永田幸久「第一次世界大戦後における戦後構想と外交展開―パリ講和会議における人種差別撤廃案を中心として―」（『中京大学大学院生法学研究論集』第二三巻、二〇〇三年三月）、島津直子「人種差別撤廃案―パリ講和外交の一幕―」（坂野潤治、新藤宗幸、小林正弥編『憲政の政治学』東京大学出版会、二〇〇六年）二一七〜二三八頁も参照。アメリカ側の対応を扱った研究として、高原『ウィルソン外交と日本』第四章第四節。

（5）「制度」については、青木昌彦（滝沢弘和、谷口一弘訳）（『比較制度分析に向けて』ＮＴＴ出版、二〇〇一年）と盛山和夫『制度論の構図』（創文社、一九九五年）を主に参照。引用は前者の三三頁。

（6）入江昭『極東新秩序の模索』（原書房、一九六八年）五〜六頁。飯倉章『イエロー・ペリルの神話―帝国日本と「黄禍」の逆説―』（彩流社、二〇〇四年）第一章。中谷「第一次世界大戦後の日米英関係―中国をめぐる大国間関係の変容―」小林道彦・中西寛編著『歴史の桎梏を越えて―二〇世紀日中関係への新視点―』（千倉書房、二〇一一年）。

（7）Arthur S. Link (ed.), *The Deliberations of the Council of Four (March 24-June 28, 1919): Note of the Official Interpreter Paul Mantoux* (Princeton, NJ: Princeton University Press, 1992), Vol. 1, pp. 379（以下 *Council of Four* と略記）.

カ・イギリス・フランス・日本による新四国借款団の結成交渉であり、実質的な討議は一九一九年五月から始まった。

以上のようにウィルソン大統領の「新外交」構想を背景に始まった新借款団の結成交渉だが、実際の交渉過程でアメリカ外交の指揮をとったのは、大統領ではなく国務省である。ウィルソンが、アメリカの連盟加盟問題に忙殺されたことと、その過程で健康を決定的に崩し、執務が不可能になったことからである。ただし、国務省は、ウィルソンの理想を忠実に受け継ぐ。より正確にいえば、国務省の首脳陣や極東専門家にとって、新借款団交渉は、東アジアでアメリカの「新外交」にめぐってきた、二度目のチャンスだった。彼らは、ドイツから日本への山東権益の無条件譲渡を認めたヴェルサイユ条約の内容を、ウィルソンの外交的「敗北」と見なしていた[8]。そして、講和条約の批准をめぐる国内政治で大統領が敗退していくのを目の当たりにしながら、アメリカ国務省は、新借款団交渉を利用して、ウィルソンが「失敗」した東アジアへの「新外交」原則の適用を再び試みるのである。つまりアメリカ国務省にとって新借款団交渉は、パリ講和会議の雪辱戦であった[9]。

この雪辱戦は、南満洲や長江流域の「開放」に反対する日本やイギリスの抵抗で、あまりうまくいかなかったというのがこれまでの研究の評価である[10]。しかし、本章は、国務省の試みが基本的には成功したのだという立場をとる。つまり新借款団の結成交渉によって、大戦前から継続してきた東アジア国際政治の「旧制度」は解体されたのである。その過程で日本外交は、新借款団問題で最大の抵抗勢力であったが、同時にアメリカが目指す「旧制度」解体の支持者でもあった。そして、最終的に日本外交は、アメリカのイニシアティブによる旧秩序の終焉を確定する役割をこの国際交渉で果たすのである。結果日本外交は、その後一〇年間の日米協調の基盤を手に入れる。

ただし日本外交は、以上の対米協調の成果と表裏一体の形で、過去二〇年間に中国大陸で獲得した権利・特権を保持するための国際協調の枠組みを喪失した。つまり、一九二〇年に新四国借款団が結成されたことで、日本の大陸政策、特に満蒙政策とその前提となるべき国際政治との関係を調整する制度が失われたことを、本章の結論として示す。

二　新四国借款団をめぐる二つの論点

（一）アメリカ外交が目指したもの

一九二〇年に結成された新四国借款団は、中国の近代化支援を目的とする国際借款団としては三度目だった。だが、一九二〇年の新四国借款団はこれまでの借款団と大きく異なる特徴を持っていた。それは、アメリカ主導による結成だったことである。

開国以来、アメリカの強力なイニシアティブ、あるいは「外圧」にさらされてきた我々にとっては容易に理解しがたいことだが、第二次世界大戦までのアメリカ外交の大きな特徴は、既存の国際秩序に対して理想主義的な反感を常に抱きながらも、その理想を実現するために必要な国際関与を行うことは、いつも驚くほど少なかったことに

（8）実際には、こうした国務省関係者の評価は一面的なものである。パリ講和会議をめぐる日米関係については、前掲、拙稿『強いアメリカと弱いアメリカの狭間で』第三章およびNakatani, "What Peace Meant to Japan?: The Changeover at Paris in 1919" in Tosh Minohara, Tze-ki Hon and Evan Dawley (eds.), *The Decade of the Great War: Japan and The Wider World in the 1910s* (Amsterdam: Brill, 2014).

（9）前掲、拙著『強いアメリカと弱いアメリカの狭間で』一七六〜一七九頁、一九三〜一九五頁。

（10）注13、15、57参照。イギリスの抵抗を強調するのは、明石岩男『日中戦争についての歴史的考察』（思文閣出版、二〇〇七年）。外交史の視点に立つ主要な研究としては、Sadao Asada, "Japan and the United States, 1915–25," (Ph. D. dissertation, Yale University, 1962); Clarence B. Davis, *Partners and Rivals: Britain's Imprial Diplomacy conerning the United States and Japan in China, 1915–1922* (New York & London: Garland Publishing, Inc., 1987).

ある。こうした性格は、ピューリタンの入植以来、自らを「丘の上の町」に位置づけるアメリカ例外主義の延長線上に、欧州の汚れた国際政治からの孤立を正当化した一九世紀のモンロー主義はいうに及ばず、二〇世紀に入ってからも、自身が主唱した国際連盟への不参加や、一九三〇年代の数次の中立法に典型的にみられる。ただし、戦争終結直後を含めた第一次世界大戦期は例外である。一九一七年の参戦は、ウィルソンがモンロー主義の拡張としていくら正当化しようとも、明確に建国以来の「孤立主義」の伝統を破るものであった[11]。さらに、戦後国際秩序の性格を定めた一九一九年のパリ講和会議を主導したのも、すでに述べたように、国際連盟を中心に国際政治の抜本的な改革を目指すウィルソンの「新外交」構想だったのである。

よって、大戦後の新国際秩序の構築の中心舞台となったのはヨーロッパ・大西洋地域であって、東アジアではない。だがヨーロッパ国際政治の改革に、ウィルソンは比較的楽観的であった。その旧秩序は総力戦で大きく破壊されており、講和会議によって大幅に改革されると期待したからである。こうしてウィルソンは、自らが大戦の原因として非難した、軍事同盟網や植民地の獲得競争に代表される「勢力均衡」という「旧制度」にかえて、開放的な世界経済システムに支えられた国際連盟の「集団安全保障」が、国際政治のルールとして定着するのはスムーズだと期待したのである。

しかし、そのウィルソンにとっても、東アジアでまず目指さねばならなかったのは古い制度の解体であった。革命でロシアが、敗戦でドイツが大国間政治の枠組みから脱落したが、イギリス、フランス、日本と、アメリカが解体を望んだルールをこれまで支え再生産してきた中心的なプレイヤーの過半は健在で、かついずれも戦勝国だったからである。つまり大戦後の東アジアでは、ヨーロッパのように「勝者」が「敗者」に対して新しい秩序を押しつけることは不可能であった。東アジアの国際政治の主要プレイヤーはいずれも「勝者」だったからである。このため、ウィルソンの認識では、次の大戦につながる危機が発生するとすれば、東アジアである可能性が高かった。主戦場でなかったにもかかわらず、大戦後のウィルソン外交が、東アジア問題を極めて重視したのはこのためである。[12]「新外交」に即した新借款団の結成提議も、こうした問題意識を背景とする東アジア政策の一環であった。

（二）　国際金融家の役割

新四国借款団の結成交渉に関する代表的な研究は、三谷太一郎によるものである。三谷は、この結成交渉を「ワシントン体制の経済的部分の先取り」と評価する。特定国による中国への内政干渉を抑止し、日清戦争以来続いた中国の分割に一定の歯止めをかけたからである。つまり新四国借款団の東アジアの国際政治への影響は「中国に対する現状維持的なもの」であった。

ワシントン体制とは、一九二一～二二年のワシントン会議で成立したと考えられている、第一次世界大戦後の東アジア・太平洋地域の「新秩序」である。日本・アメリカ・イギリスをはじめとした主要海軍国の軍縮を定めた五国条約、日本・アメリカ・イギリス・フランスが太平洋の現状維持を約した四国条約、そして不平等条約に苦しむ中国の待遇改善を取り決めた九国条約が、その主要な内容である。つまり三谷の議論は、一方で新四国借款団の結成が、より包括的な日米協力と中国の国際的な地位向上につながる条件を整備したことを重視する。だが他方で、旧来の借款団の運営にも携わっていた国際金融家の役割に焦点を当てたこともあり、「中国に対する現状維持」が、ウィルソンの「新外交」が目指した旧秩序の解体とどのような関係にあるのかは明確ではない。

もう少し具体的にみれば、新四国借款団の設立交渉に関する三谷の議論のポイントは、以下の三点に整理でき

（11）　ウィルソン主義をモンロー主義の拡張として理解する議論に、篠田英朗「ウッドロー・ウィルソン―介入主義、国家主権、国際連盟―」（遠藤乾編『グローバルガバナンスの歴史と思想』有斐閣、二〇一〇年）八一～一〇八頁。同様の視点は、花井等「アメリカ外交―その文化的要因からみる―」（川上忠雄編『アメリカ文化を学ぶ人のために』世界思想社、一九九九年）にも見られる。

（12）　Memorandum by Vi Kyuin Wellingtion Koo, 26 November 1918, Arthur S. Link (ed.), *The Papers of Woodrow Wilson*, vol. 57 (Princeton, NJ: Princeton University Press, 1987), pp. 634-635; *Council of Four*, Vol. 1, pp. 250-251.

る[13]。

①「新外交」原則の適用を目指すアメリカと、日露戦争以来の満蒙特殊権益の固守にこだわる日本は、通常の外交交渉で妥協点を見出せず、国際金融家の手になる「満蒙問題を政治問題としてではなく、経済問題として処理しようとする方式を受けいれた」。

②その交渉過程で、アメリカ銀行団を代表したモルガン商会のトーマス・ラモントは、日本の「満蒙特殊権益論」を正式に認めはしなかったが、投資対象としての満蒙の価値を消極的に評価して、日本への挑戦の可能性を事実上否定し、その優先権に「暗黙の承認」を与えた。これを三谷は「経済の論理」による決着と呼ぶ。

③以上の結果を確認したのが、一九二〇年五月一一日に日本・アメリカの銀行団間で交換された往復書簡である。その中で、日本側は他の銀行団と「同一条件の下」で、つまり無条件で新借款団に参加することを表明したが、それに対してアメリカ銀行団は、鉄道の予定線などの、共同範囲から除外される日本の個別権益を列挙して応えた[14]（ただし東部内モンゴル関係は含まれず、列挙除外されたのは、満蒙権益というよりも南満洲権益である[15]）。

以上の政府間外交の機能不全と「国際金融家」――少なくとも東アジア方面における各国の最有力銀行の経営者――の役割を重視する議論は、三谷以降の先行研究に大きな影響を与え、特に日本側の研究者の間では、新四国借款団交渉に関する視角をほぼ決定づけた。ただし三谷の議論がすぐれた説得力を持つのは、全体の交渉の中で、ラモントら国際金融家が担った役割に焦点を絞った場合に限られる。

新四国借款団の結成交渉で、国際金融家が一応は表舞台に立った最大の理由は、旧来のものを含め、対中国際借款団が一応は民間主体の銀行団間の非政府組織として運営されていたからである。一九世紀以来の「レッセ・フェール」を原則とする国際経済のルールを尊重したのである。しかし、組織の性格や共同範囲を決定したのは加盟国政府の意向と政府間の「外交」であった。何よりも借款団が共同化したのは、地方を含む中国政府が借り手となる借款に限られる。同じく自由主義経済の原則から、民間主体の借款を共同化することは不可能だったからである。

その上で借款団が共同化の対象とした政府を借り手とする借款は、二種類に大別される。一つは行政借款で、政府の人件費や軍隊の維持費などの「経常費」はもとより、通貨改革や行政整理（特に軍閥系の軍隊の解散費）などの中国の統治システムの近代化に使われた。もう一つは実業借款で、中国政府が事業主体となるインフラ整備や産業運営、つまり経済システムの近代化を促進するための公共事業を対象とした。[16] しかし新四国借款団以前に共同化されたのは、一部を除いて、前者の行政借款に限られる。実業借款を共同化するためには、各国が条約上――場合によっては暗黙裡に――各勢力範囲で保持している「概括的な投資優先権」を借款団に提供する必要があったからである。そして、以上の事実こそが、アメリカ政府が新四国借款団の結成を望んだ理由に直結していた。

まず実業借款の共同化によって新四国借款団が回収しようとした「概括的な投資優先権」とは、以下のような中国政府とある大国との「約束」を意味した。それは、当該大国が勢力範囲を設定している中国の一地域で、政府主体の実業借款を外国資本から募集する際には、まずその大国の銀行団が引き受けを要請されるべしとする優先権で

(13) 三谷太一郎『ウォール・ストリートと極東―政治における国際金融資本―』（東京大学出版会、二〇〇九年）七八～八五頁、八七～九〇頁。同『増補　日本政党政治の形成―原敬の政治指導の展開―』（東京大学出版会、一九九五年）三四二～三四三頁。他に、酒井一臣「近代日本外交とアジア太平洋秩序」（昭和堂、二〇〇九年）第八章。于乃明「新四国借款団と中国―小田切万寿之助を中心に（一九一八～一九二一）―」（『筑波大学地域研究』二二号、二〇〇四年）。

(14) 「対華借款団組織に関する梶原ラモント往復書簡」（外務省編『日本外交年表並主要文書』上、同省、一九六五年）五一一～五一二頁。

(15) 以上の指摘は三谷ではなく、臼井勝美『日本と中国―大正時代―』（原書房、一九七二年）一七一頁と加藤陽子『満州事変から日中戦争へ』（岩波新書、二〇〇七年）五〇～五一頁。他に平野健一郎「西原借款から新四国借款団へ」（細谷千博、斉藤真編『ワシントン体制と日米関係』東京大学出版会、一九七八年）も参照。加藤前掲書、三六～四八頁。日本外交の「満蒙」概念については、鈴木仁麗『満州国と内モンゴル―満蒙政策から興安省統治へ―』（明石書店、二〇一二年）が参照されるべきである。

(16) ただし、当時の中国では発券銀行が統一されていなかったため、中央銀行ではないが、有力な金融機関に対する借款が行政借款に当たるのか、実業借款にあたるのかは必ずしも明確ではなかった。このあたりの事情は、たとえば、寺内内閣期の中国銀行（中央銀行）および交通銀行に対する借款をめぐる日本政府内の議論を参照のこと。前掲、拙著『強いアメリカと弱いアメリカの狭間で』八一～八二頁。

ある。[17]より正確にいえば、各大国の勢力範囲を「確認」する最も有力な指標が条約上の投資優先権であり、その意味で実業借款の共同化は、その実行方法によっては勢力範囲システムの解体を意味した。よって第一次世界大戦前の関係大国は、結局は実業借款の共同化に踏み込まず、対して勢力範囲の解体を望むアメリカ政府は新四国借款団での包含を企図したのである。[18]

新四国借款団以前にさかのぼってより詳しい事情を述べれば、対中国際借款団は三つ存在した。最も歴史が古いのは中国の南北を縦貫する湖広鉄道（湖北省―湖南省―広東省間）の建設を目的とするイギリス・フランス・ドイツによる三国借款団で、一九一〇年にアメリカが加わり四国借款団となった。よってその主目的は実業借款であったが、個別具体的な事業が対象であった。それに符合する形で行政借款を対象とする四国借款団も翌年に結成された。この借款団も、同じくイギリス・フランス・ドイツ・アメリカによって構成された四国借款団である。このため区別しないことも多いが、少なくとも権利関係において別組織である。後者の一九一一年四国借款団の目的は中国の通貨制度改革であり、まさに行政借款である。ただし、同時に「東三省〔満洲〕における実業」も共同範囲とした。このため満洲を勢力範囲と主張する日露の参加を得られず、さらに一九一一〜一二年の清朝崩壊（辛亥革命）の政治的混乱で、実効的なものにはならなかった。

大戦前に最後に結成されたのが、新四国借款団結成まで存続した六国借款団で、上記の四国に日露の参加を得て一九一二年に発足した。だが共同化できたのは行政借款のみである。さらに個別ながら大規模な実業借款（湖広鉄道）の優先権を持つ一九一〇年四国借款団はもとより、一九一一年四国借款団の優先権も吸収せず、少なくとも権利関係では三つの借款団が併存した。[19]ただしそれでも六国借款団の活動開始は重要な意味を持った。辛亥革命で誕生した新生中華民国の統治機構の近代化・安定を主な目的としたからである。その活動は改革借款あるいは善後借款として知られる。しかしその翌年、誕生したばかりのウィルソン政権が六国借款団への支持を撤回したことから、アメリカ銀行団が脱退している。六国借款団の借款供与の条件が、中国の行政上の独立を損なう恐れがあることが理由であった。つまりウィルソン政権は、国際借款団が中国の利益を犠牲にして、大国の利益を確保するための「トラスト」になっていると考えたのである。その後世界大戦の勃発でドイツを、ロシア革命の発生でロシアを欠いた借款団は、日本の影響力の突出を恐れたイギリスを中心に、アメリカの復帰を慫慂《しょうよう》した。しかしアメリカ政府は、イギリスと同様の問題意識を強く持ちながら、勢力圏外交の枠組を前提とする既存の借款団への復帰を是としなかったのである。[20]

以上の経緯から、一九一八年八月にアメリカが新借款団の設立を提案した目的は以下の通りである。まず対中国際借款事業への自国の関与を回復すると同時に、これまで併存してきた三つの借款団の優先権を新たな借款団にす

---

(17) さらに、当該大国の銀行や共同事業体が中国政府と結んだ特定事業の投資優先権契約が、政府間の概括的・地理的な投資優先権の上に積み重なっていたことが常態であった。

(18) ただし長江流域のイギリスの「勢力範囲」は、最も代表的な勢力範囲でありながら、不割譲約定を除いて明確な条約上の根拠がなかった。しかし不割譲約定さえあれば、勢力範囲といえるわけではない（当該期の福建省と日本の関係を見よ）。つまり最終的に勢力範囲の存在を確認するのは、主要プレイヤーの「共同主観性」（間主観性）である。共同主観性については、盛山前掲書、第一〇章、特に二五五～二六六頁。この枠組に基づいた勢力圏外交秩序の説明については、前掲、拙著『強いアメリカと弱いアメリカの狭間で』二五～三四頁。

(19) 対中国借款の国際的な枠組の変遷・併存については、久保田裕次『対中借款の政治経済史―「開発」から二十一ヵ条要求へ―』（名古屋大学出版会、二〇一六年）九～一〇頁が明快に整理している（特に九頁の図序-1）。

(20) 六国借款団による行政借款の共同化に当たって、日露が満蒙に対する留保を宣言している。ただし実態は、日露の銀行団代表の同趣旨の発言が、銀行団会議の議事録に記載されただけである。旧四国借款団と六国借款団の結成をめぐる交渉の経緯および日本の政策判断の背景については、塚本英樹「満蒙特殊権益をめぐる日本外交―対中国借款問題を中心に―」（『法政史学』第七七号、二〇一二年三月）が詳しい。北岡伸一『日本陸軍と大陸政策一九〇六―一九一八』（東京大学出版会、一九七八年）八九～一〇〇頁も参照。六国借款団とアメリカの関係、特に脱退の背景については、Warren I. Cohen, *America's Response to China: A History of Sino-American Relations*, Fourth Edition (New York: Columbia University Press, 2000), pp. 71-72. 三谷前掲書、七六頁。他に、Takeshi Matsuda, "Woodrow Wilson's Dollar Diplomacy in the Far East: The New Chinise Cosortium, 1917-1921," (Ph. D. dissertaion, University of Wisconsin, 1979); Roerta Allbert Dayer, *Bankers and Diplomats in China 1917-1925: The Anglo-American Relationship* (London: Frank Cass, 1981) も参照。

べて統合する。その上で、各国が個別に持つ地理的な優先権も提供させ、実業借款の完全な共同化を実現することである。対して提案を受けた日英仏の三国は、ウィルソン政権の「新外交」を踏まえて、そのねらいが各国の勢力範囲の「開放」にあることを正しく理解した。

よって新四国借款団交渉での国際金融家の立場をより正確に表現すれば、交渉の強い政治性にもかかわらず、結果的に彼らは表舞台に立たざるをえなかったのである。このことには、まずアメリカの国内政治上の事情と外交上の原則がともに影響していた。本章が明らかにするように、新四国借款問題で主導権を握ったのは銀行界ではなく国務省だが、アメリカ政府は自由主義経済の原則に、他の関係国以上に忠実であろうとした。加えて、新しい借款団の結成が、アメリカの旧借款団への復帰と見なされてはいけなかった。このため、①自身が国際的な「トラスト」と批判して脱退した六国借款団の継続とならないように政治指導は行うが、②アメリカが標榜する政治的・経済的な原則を守るために、交渉の主体は民間の銀行家に委ねる姿勢を堅持しようとした。こうした態度は、交渉の膠着状態が続いたことで、別の動機によって一層補強される。日本への「不正義」を伴う譲歩を、政府ではなく銀行家に行わせようとしたのである。そうでなければ国務省は、パリ講和会議におけるウィルソン大統領の二の舞を演じる恐れがあった。

このため、確かにラモントは交渉のクライマックスといえる段階で東アジアに派遣された。一九二〇年三月はじめにラモントが横浜港に到着した時、日本・アメリカ政府間の交渉は一年近く膠着状態で、イギリスの仲介努力も効果を発揮していなかった。加えて、銀行団に非加盟のアメリカ投資機関による借款契約や、イギリスの応急借款の提案、そして事実上の日本単独による応急借款の実施など、結成交渉でのアメリカ政府の主導権を揺るがしかねない事態が複数生じていた[21]。

しかし、交渉過程で国際金融家が実質的な役割を担ったのは、ラモントの訪日以外では、その約一年前の一九一九年五月から六月に、実業借款の共同化を含む新借款団規約を策定したパリの銀行団会議だけである。英仏銀行団の提案で「既に顕著なる実行（substantial progress）を経た」各国の個別事業が、共同化の範囲から除外されることになったが、国際金融家同士の交渉はスムーズに進んだ[22]。唯一の争点は、日本政府が自国銀行団の加盟条件とした「満蒙除外」であり、特にアメリカ・イギリスの銀行団が厳しい批判を浴びせた。だが同時にラモントらは、この種の問題が銀行団会議の「直接の権限」を越えるとして、政府間交渉による解決を求めたのである[23]。

よってラモントの訪日は、交渉の表舞台への久しぶりの国際金融家の登場であった。ただし、パリで見せた政治問題への関与を嫌う態度を考えれば驚異的なほど、本来は政治指導が引き受けるべき「外交交渉」にラモントは熱心に取り組んだ。政府間交渉の膠着状態は彼のよく知るところであった。また表向きは政府と無関係の訪日だったが、国務省首脳の完全な支持を受けて、銀行団だけでなく国家を代表して交渉に当たっているとの自負がラモントにはあった。国務省もできるだけの便宜を図るように駐日大使館に指示している[24]。

ラモントは、そのカウンターパートとなった日本銀行総裁の井上準之助とよく馬が合ったようである。交渉後に日本を「三等国」とこき下ろしたラモントだったが、井上については「近代日本の自由主義グループのすばらしい人物」だと絶賛している。確かに井上や、パリで交渉相手だった横浜正金銀行の重役たちは、満蒙の除外要求には極めて批判的で、こうした個人的な感想を交渉の過程でラモントに漏らしている。さらにアメリカ大使館の紹介で面会した、原首相を含む政財界の要人が口々に、個人的には本来の新借款団案に賛成だと打ち明けてくれた。よって元凶はまだ見ぬ「軍閥」に違いなく、それと勇敢に政治ゲームを戦っている井上を支援するのが、自らの役目だ

(21) 詳細な経緯については前掲、拙著『強いアメリカと弱いアメリカの狭間で』二二九～二三六、二四三～二四五頁。
(22) 同右、一九五～一九五、二一五～二一六頁。
(23) Lamont to Odagiri, Paris, 23 June 1919, E. L. Woodward and Rohan Butler, (ed.), *Documents on British Foreign Policy, 1919–1939, First Series*, Vol. 6 (London: Her Marjesty's Office, 1956), p. 628 (Enclosure 5 in No. 433).（以下 *DBFP* と略記）
(24) 前掲、拙著『強いアメリカと弱いアメリカの狭間で』二二九～二三六、二四三～二四五頁。

とラモントは興奮気味に想像していた。個々の軍人には会えたが、もちろん「軍閥」には会えなかったわけである[25]。

ただし交渉結果を見ると、こうした強烈な使命感とは裏腹に、ラモントは井上の人柄と、原首相をはじめとした要人のリップサービスに説得されてしまった感が強い。二人が当初一致に達した日本・アメリカ銀行団間の往復書簡案は、国務省にとって受け入れ不可能であった。実際の表現はかなり回りくどいが、その意味をまとめると①満洲およびモンゴル地域に対して日本が経済的な特殊関係を持つという日本の主張は認められること、②南満洲での鉄道路線網の新たな発展は、日本の国防上極めて重要な朝鮮の軍事戦略上の地位に大きな影響を及ぼさずにはおかないという日本の主張も肯定されること、③よって南満洲に、日本経営の南満洲鉄道とは異なる新たな新鉄道路線を新借款団が敷設する場合は、日本の同意なしには行わないことを、アメリカ銀行団として確かに認めていた。決定的だったのは、この内容に対して、イギリス・フランスの銀行団、「従て、米、英及仏政府の同意」を前もって得ていると明記されていたことである[26]。

つまりラモントは、アメリカ政府の承認つきで、南満洲での新借款団の行動に対して、日本が概括的な拒否権を持つことを認めようとした。井上の説得が決定的だったろうが、確かにラモントの「経済の論理」に基づいても満洲はアメリカの金融資本にとって有望な投資先ではなく、この決着方法は「合理的」だっただろう[27]。しかしこの書簡内容は、国務省がラモントの訪日に托した二つの期待、つまり①勢力範囲、あるいは概括的な何らかの権利の承認にならない形で日本の主張と折り合いをつける、②それでも、「新外交」原則から考えれば不正義に違いないこの対日譲歩を、決して政府には行わせないことのどちらも裏切っていた。

政府による「譲歩」を避けるために、これ以後もラモントと井上の交渉は続いたが、交渉の中心は国際金融家から再び政府間に移る。事実、新借款団問題をめぐる日本・アメリカ間――より正確にいえば日本・アメリカ・イギリス間――の懸案に最終的な解決をもたらしたのは政治指導であった。ただしそれは為政者個人の強力なリーダーシップではない。

三　日本外交は旧秩序を守ろうとしたのか

満蒙の地理的な除外を求めた日本政府の主張はアメリカとの激しい対立を生んだ。だが、少なくとも政策立案を担った外務省の担当官は、新借款団に関するアメリカ外交の最重要の目標が、勢力範囲システムの解体にあることを完全に理解していた。政策決定者レベルの討議を見ても、日本の個別利益だけでなく、中国をめぐる大国間ゲーム全体に及ぼす影響が意識されていたことは明らかである。こうした「秩序観」を最もよく説明したのが、外務省では芳澤謙吉（参事官、政務局長代理）であり、政策決定レベルでは、枢密顧問官の伊東巳代治である。伊東は明治憲法の起草者の一人としてよく知られている。(28) ただし、両者の議論の「動機」は大きく異なる。

一九一九年五月に銀行団会議が始まった時点で外務省の担当官たちが頭を悩ましたのは、勢力範囲システムの解

(25) Alston to Curzon, 29 March 1920, *DBFP*, First Series, Vol. 6, 1060; Thomas W. Lamont, *Across World Frontiers* (New York: Harcourt, Brace and Company, 1951), p. 232; 前掲、拙著『強いアメリカと弱いアメリカの狭間で』二四五頁。小林道彦「高橋是清『東亜経済力樹立ニ関スル意見』と井上準之助」（『北九州市立大学法政論集』第二九巻一・二号、二〇〇一年一〇月）一一八～一一九頁。

(26) 「日本銀行団ヨリノ書信ニ対スル米国銀行団ノ承認案」（『日本外交文書』大正九年第二冊上巻）二二九～二三〇頁（以下、『外文』⑨—二—上のように略記）。日本の予定書簡は同右、二二八～二二九頁。なお、パリで合意された規約案では、ある銀行団が反対しても他の銀行団が出資すれば事業可能とされていた。

(27) Morris to Polk, 8 March 1920, U.S. Department State (eds.), *Papers Relating to the Foreign Relations of the United States, 1920*, Vol. 1 (Washington, D. C.: United States Government Printing Office, 1930), p. 506. (以下 *FRUS* と略記); Morris to Polk, 11 March 1920, *FRUS, 1920*, Vol. 1, pp. 508-509.

(28) ここでいう「秩序観」とは、盛山前掲書、一七七～一八四頁がいう制度の「一次理論」のことである。注18も参照。

体への賛否ではなく、この大きな目標を受け入れた上で、いかにして満蒙権益を例外扱いさせるかであった。ただし省内でこの両立への見通しは立っていなかった。同時に、こうした満蒙権益の「危機」がアメリカ外交への反発につながることも決してなかった。後者の一つの到達点は、芳澤が一九一九年三月頃に外相の内田康哉と次官の幣原喜重郎に提出した意見書である。

新借款団による実業借款の共同化の先にアメリカ・イギリスが目指しているのは、既存鉄道を含めた中国鉄道の経営統一とその国際管理であるというのが外務省内の共通認識であった。芳澤意見書は、当時流布していた「アメリカ案」に基づけば、中国鉄道の「国際管理」は、日本にとって「有利」と結論し新借款団案への積極賛同を説いた。日本関係の鉄道権益は中国全体でみれば小規模でしかなく、日本独自の資金力も極めて限られていた。しかし「アメリカ案」では、既存の勢力範囲に関係なく、中国鉄道の監督委員会に関係大国と中国が平等に一名ずつ代表を派遣する。[29]よって、中国「本土」への投資に限ってみれば後発国であるアメリカに積極的に歩調をあわせることで、先進国たるイギリス・フランスと「当然平等の発言権を有する」ことが可能になるのである。[30]

満蒙権益の固守よりも中国全体の経済的な開放を重視する発想は、外務省の政務局に限られたものではなく、アメリカとヨーロッパで交渉に従事した外交官と国際金融家も共有していた。特に日本政府の満蒙除外要求が銀行団会議で激しい反発を呼んだ後は、交渉の最前線に立つ彼らから、その撤回要請が公然と政府に届けられた。その中で共通して強調されたことは、①「支那富源の中心である揚子江流域」をイギリスに開放させることで得られる大きな利益と、②帝政ロシアの崩壊と英仏の勢力の退潮で「共通の利害関係により我と提携すべき国なく」、特定の地域を囲い込む「割拠主義」はすでに時代遅れであることであった。上で見た芳澤意見書とあわせれば、新借款団交渉の目指すところを、古い大国間システムの解体として、外交当局者も国際金融家も観察していたのは明らかである。その再生産に日本がコミットすべき理由を、満蒙権益の保持を考慮に入れても、彼らが見出すことは困難であった。それよりも時機を見て満蒙除外要求を撤回し、その交換条件として「英仏をして斉《ひと》しく勢力範囲撤廃を確約せしめ」ると同時に、「関係国、殊に米国の感情を和げ」ることで、新借款団の実際の運営で主導権を確保する方が得策だったのである(31)。

以上のアメリカの経済的な「開放主義」への日本の期待は、新借款団問題に限られたものではない。研究者の間では、ウィルソン主義への日本外交の反発ばかりが強調されてきたが、大戦後の世界経済秩序のあり方として、日本外交にとっての最悪のシナリオはウィルソン流の「自由主義的資本主義的国際秩序(32)」ではなく、広大な市場を持つ欧米大国の「保護貿易政策」であり、特定の国家・植民地間の「特殊利己的の経済聯合」であった。総力戦の経験が、経済的な自由主義への回帰ではなく経済運営の国家管理を強める教訓となることを、日本側は強く恐れた。加えて、中国の勢力範囲システムがそうであったように、第一次世界大戦前の世界経済秩序も、移民や人種問題を別にしても、少なくとも日本にとっては十分に「開放的」だったとは思われなかった。芳澤はもちろん、出淵やパリの日本銀行団が、以上の問題意識を共有していたことは明らかであろう(33)。

政策決定過程で、旧秩序の解体という視点を最も正確に説明したのは伊東巳代治である。ただしこの枢密顧問官

(29) 小幡より内田、一九一九年二月二日「支那鉄道国際管理問題一件」外務省記録1.7.3-96／アジア歴史資料センター歴B04011004800（以下アジ歴と略記）。

(30) 「意見書」一九一九年三月頃?「支那政権雑纂」第三巻、外務省記録1.1.2-77／アジ歴B03030279100。小幡より内田、一九一九年二月一日『外文』⑧—二—上、六一五～六一六頁も参照。芳澤が「アメリカ案」と呼ぶのは、北京政府交通部顧問のベーカー（John Earl Baker）が作成したもの。日本の長江流域に対する経済進出については、たとえば、久保田前掲書、第三章。

(31) ①の内容は、中村より内田、一九一九年七月二日、『外交』⑧—二—上、三二一～三二二頁。②以下は、出淵より内田、同年六月二九日、同右、二九七～三〇一頁。引用文中の傍点は筆者、以下同じ。

(32) N. Gordon Levin, Jr. *Woodrow Wilson and World Politics: America's Response to War and Revolution* (NY: Oxford University Press, 1968).

(33) 以上の整理はNakatani, op.cit., pp. 171-174. を参照。引用部分は「講和ノ基礎条件ノ東洋ニ於ケル帝国ノ地位ニ及ボス影響ニ就テ」日付不明「支那政見雑纂」第三巻、外務省記録1.1.2-77／アジ歴B03030277800。こうしたウィルソン主義への呼応という構想を最も体系的に打ち出したのは、外務官僚の小村欣一である。前掲、拙著『強いアメリカと弱いアメリカの狭間で』五五～七六頁。

の第一の希望は、特殊利益の相互尊重を基本とする旧来の大国間政治への復帰であった。このため伊東は、英銀行団が実業借款の共同化に同意し、日本の満蒙除外要求を厳しく批判したことを知って大きな衝撃を受けた。相互尊重のパートナーを失った日本が、満蒙権益の除外を実現することは困難だと考えたのである。よって、アメリカ・イギリスの反発を緩和するために、個別権益の列挙による除外を外交調査会に提案した内田外相を厳しく批判している。同盟国イギリスの支持が失われたいま、地理的除外案と列挙除外案の間に、本質的な違いなど何もなかったからである(34)。

だがその後も日本政府は、概括的な除外（留保）要求を、翌年の三月下旬まで保持し続けた。その最大の原動力となったのは、首相・原敬の政治指導である。

ウィルソン流「新外交」に対する日本外交の対照的キーパーソン、外務官僚の小村欣一（上）と首相原敬（下）

四　首相・原敬の強硬論

対米協調主義者としての一般的な評価とは異なって、新借款団交渉での原の政策判断は、明らかに日米協調の最大の障害として働いた。なぜなら、外務省の担当官や伊東巳代治と違って、原は、アメリカ提案による大国間政治の「制度変更」という目的を、交渉の最初から最後まで、ほとんど理解しなかったからである。

確かに、首相についた原は、大戦中に行われた他の大国の既得権益を無視した大陸拡張政策の見直しを対外政策の基本方針とした。このことが、特に原の暗殺直後のワシントン体制の成立に大きく貢献したことは確かである[35]。だが満蒙問題の理解でいえば、原のそれは明らかに旧来の勢力圏外交のもので、当初の伊東と同じく日本の除外要求を当然視していた。日本の満蒙権益が、自身が批判した大戦中の大陸政策の結果、強化されたにもかかわらずである。パリ講和会議での山東権益をめぐる交渉でも、条約上の権利に関しては、中国に対する一切の譲歩を拒んでいる[36]。

しかし、伝統的な日本外交のフレームワークとは異なって、対英協調よりも対米協調を重視したために、同盟国イギリスの「変節」から伊東が受けた衝撃を、原はほとんど理解しなかったし重視もしなかった[37]。大戦前の訪米

(34)　小林龍夫編『翠雨荘日記—伊東家文書 臨時外交調査委員会会議筆記等—』（原書房、一九六六年）六一一～六一二頁。
(35)　主に三谷、前掲『増補　日本政党政治の形成』および川田稔『原敬　転換期の構想—国際社会と日本—』（未來社、一九九五年）を参照。最近の成果としては、伊藤之雄「理想を持った現実主義者—序にかえて—」および奈良岡聰智「第一次世界大戦と原敬の外交指導一九一四～二一年」（伊藤編著『原敬と政党政治の確立』千倉書房、二〇一四年）。伊藤之雄『原敬—外交と政治の理想—』下（講談社、二〇一五年）。
(36)　前掲、拙著『強いアメリカと弱いアメリカの狭間で』一三一～一三二頁。
(37)　原奎一郎編『原敬日記』第五巻（福村出版、一九八一年）一九一九年八月七日。以下『原敬日記』⑤と略記。

で、アメリカの産業力はもとより、社会的・文化的な活力にも強い印象を受けた原は、次代の中心国はアメリカだと考えていた。加えて、大戦後の東アジアの国際政治が、日本の動向によって大きく左右されると考えていた原は、伊東のように、同盟国イギリスを特別視することはなかったのである[38]。

同時に、政策過程では外務省の強力な庇護者であったことから、外務省内の「新外交」呼応派にとって、原は主たる説得対象にならなかった。外交官出身の原は、外務省への外交一元化を重視して、伊東巳代治が牛耳る臨時外交調査委員会（外交調査会）の無力化を進めていた。外交調査会は、先の寺内内閣が一九一七年に設置したもので、当初の目的は外交限定で、戦時のいわば「挙国一致内閣」を組織することにあった。しかし寺内内閣末期から、伊東をはじめとした閣僚以外の委員は内閣と外務省批判を強め、この頃には、もっぱら伊東が外務省の稚拙さをやり玉に挙げる場に成り下がっていた。外務省をしつこく批判する伊東と、その立場を擁護する原が、議論の応酬を行うのは、外交調査会の日常風景であった。よって、いつもは外務省のよき理解者である原が、満蒙の概括的な除外要求の継続という強硬な政策を主張した時、外務省はそれに従う以外にほとんど選択肢を持たなかったのである。

満蒙除外要求を一貫して主張した原の判断を三谷太一郎は、満蒙権益の「のりこえがたい歴史的制約」として説明したが、この言葉から受ける印象ほど、対米協調と満蒙除外の矛盾に原が苦悶した形跡は見られない[39]。一九一九年八月の外交調査会で原は、すでにアメリカ政府から満蒙除外要求の取り下げを求める通知が届いていたにもかかわらず、政府間交渉ではじめて日本政府の立場を表明することを根拠に、外務省が押していた列挙主義も退け、地理的除外の内容を少し修正した「概括留保」を政府訓令とした。訓令後に、行き違いで届いたイギリス政府の正式な反対を根拠に、指示内容の見直しを求めるロンドンとワシントンの日本大使からの意見具申も「申し入れを躊躇すべき」理由にならないと、原はまったく受け入れなかった。わずかに外務省が訓令の内容を独自に解釈して、交渉担当者の余地を広げた[40]。しかしこのことも、原や外務省が最も重視したアメリカとの歩み寄りにはまったく寄与しなかった。むしろアメリカ国務省は三国借款団案の真剣な検討を始める。だが、原は問題の決着をまったく急がなかったし、交渉の膠着状態に危機感を抱いたようにも見えない。

もちろんこうした判断の背景には、満蒙権益の「開放」に反対する陸軍への配慮もあった(41)。だがそれは補完的なもので、原自身の強気の交渉姿勢が、日本の譲歩による交渉の決着を困難にした最たる要因である。もしアメリカ外交を取り巻く状況が異なっていれば、原内閣は日本を除外した三国借款団の成立を目にしたかもしれず、そうなれば原外交を「対米協調主義」と表現することは難しくなっただろう。しかし、アメリカ国務省は、結局は三国借款団の結成に踏み切ることができず、次節以降で見るように、原をして、アメリカ・イギリスが彼の期待以上に日本の満蒙権益を「具体的に保證」したといわしめる決着を行わざるをえなかった。ただし、それは原の外交指導が直接にもたらした結果ではない。すでに確認したように、むしろ原は問題を作り出したのである。

五　イギリスの政策――「旧外交」のチャンピオンが目指したもの

アメリカが確信を持ってイギリスの助力を期待できたなら、交渉の展開は大きく異なっていただろう。日本銀行

(38)『原敬日記』②、一九〇八年一〇月八日、一一月一日。『原敬日記』④、一九一四年九月二一日。川田前掲書、一五〇頁。パリ講和会議時の原内閣の「対米協調」方針については、前掲、拙著『強いアメリカと弱いアメリカの狭間で』一〇六～一一一頁。

(39)三谷前掲『増補　日本政党政治の形成』三四三頁。

(40)『原敬日記』⑤、一九一九年八月二六日。内田より松井、一九一九年八月二六日、『外文』⑧―二―上、三五七～三五八頁。内田より永井、同年同月二九日、同右、三六三～三六四頁。

(41)三谷前掲『増補　日本政党政治の形成』三四三頁。『原敬日記』⑤、一九一九年八月一三日。

団の無条件加入を国務省はもっと率直に要求することができただろうし、日本との協調行動を防ぐために、イギリス・フランスとの意見の調整に費やした日時も大幅に節約できただろうからである。しかし実際にはアメリカ外交は最後までイギリスの協力を確信できず、日本に対する強硬姿勢も大きく抑制しなければならなかった。

ただし、イギリスが日本の要求を擁護したわけではない。イギリスの新借款団政策を総じて見れば、①実業借款の共同化を全面的に支持しており、かつ②その対日姿勢はとても強硬で、日本との交渉でも率直な対日批判を繰り返したからである。特に東部内モンゴルに関しては、アメリカが受け入れるつもりでいた日本の個別権益の除外も認めようとしなかった。よって、純粋に日本・アメリカ間の合意であれば、除外された事業は「満蒙権益」だったはずである。

こうした旧秩序の否定と対日強硬姿勢を、一つの政策構想として最も声高に主張したのが、駐華公使のジョン・ジョーダンである。ジョーダンの提示した「グランド・デザイン」は、イギリス人を総税務司とする海関システムをいわば拡張し、勢力範囲システムはもとより、各軍閥が中央・地方政府で果たしていた役割にもかえようとするものであった。

ジョーダンがいう「海関」とは、正確には一八五九年に組織された「洋関」を指す。外国人を総税務司として、全条約港に設けられた外国貿易の関税徴収機構である。歴代の総税務司は全員がイギリス人であった。しかし機構上はもちろん、運営の実態を見ても、総税務司は中国の中央政府に直属し、本国からは独立していた。だが、この外国人管理の仕組みは極めて有効に機能し、財政的にはほとんど破綻状態の中国政府が抱える外国債の毎年の償還と、内債による信用創造を可能にしたのである。前者に関していえば、最大の受益者はもちろんイギリスであった[42]。

ジョーダンにとって、勢力範囲システムは、イギリス外交の志向からいえばあからさまにすぎた。しかし外国人の関与なき中国は、腐敗した軍閥による非効率な分割統治を意味する。それに対して拡張された「海関」は、中国の国内秩序に対する大国の関与をより間接的にすると同時に、中国の統治・経済システムを統一的で、信頼できるものにするであろう。つまりジョーダンは、日本とは違い、借款によって現行の北京政府を救うつもりはなかった[43]。

このため、既存の優先権を取り消すのではなく共同化するアメリカの新借款団案は、ジョーダンにとって好ましかった。①提供する優先権の大きさを理由に、資金の大半を担うだろうアメリカとともに運営の主導権を確保でき、かつ②腐敗した北京政府に自由な借款を許さず、実質的な外国人管理の下に中国財政と鉄道システムを置くことができるからである。こうしたジョーダンの構想が、そのまま本国政府の政策だったわけではないが、その内容は、大戦の終結を受けて極東政策の見直しを進める英外務省が求めたものとよく一致していた[44]。

しかし、極めて批判的な対日姿勢と勢力範囲システムの修正という目標を、少なくとも表面上は共有していたアメリカ・イギリスの協調は、日本の態度を変更させるという意味では、うまく機能しなかった。

まず大きな問題だったのは、アメリカの要請前から、イギリスが日本の満蒙除外要求の見直しを強く求めたにもかかわらず、日本政府内の政策過程にほとんどインパクトを持たなかったことである。その最たる障害だったのは、すでに見たように首相の原敬だったが、勢力範囲システムの解体に賛成する外務省内の勢力にも、イギリス流の「新外交」呼応論は支持されることがなかった。既存の勢力範囲（優先権）の多寡を、「中国国際管理」の発言権の軽重に結びつけようとするイギリスの構想は、「支那富源の中心」であるイギリス権益の「開放」をもくろむ日本外交の基本目標と相容れなかったからである[45]。イギリス側の主張がどうであれ、日本にとってその内容は、ヨー

(42)「洋関」について岡本隆司『近代中国と海関』（名古屋大学出版会、一九九九年）特に緒論、第四、五、七章を参照。
(43) Jordan to Balfour, 24 February 1919 and Jordan to Curzon, 25 October 1919, *DBFP, First Series*, Vol. 6, pp. 566–583, 705–709.
(44) Davis, *op. cit.*, pp. 271–272, 303–305; Letter from Jordan to Tilley, 24 September 1919, *DBFP, First Series*, Vol. 6, pp. 732–734.
(45) 注30および小幡より内田「支那鉄道国際投資及管理ニ関スル件」一九一九年二月一八日接受「支那鉄道国際管理問題一件」外務省記録1.

ロッパ大国優位の「勢力圏外交秩序」の温存と映った。

しかし、もしアメリカ・イギリスの協調がジョーダンが望んだような形で進展し始めれば、日本の選択肢は急速に狭まっただろう。だが、一方でアメリカは中国をめぐる日英の利害対立をよく理解できず、パリ講和会議の教訓から両者の協力を強く恐れた(46)。他方で英外務省も、日本との直接対立に陥りかねないアメリカの協調要請には、極めて慎重であった。特にアメリカから打診のあった三国借款団案については、それが基本的には日本の参加を取りつけるための「ブラフ（こけおどし）」だとわかっていても同意しなかった。むしろ交渉妥結の最終手段として、南満洲に限って日本の主張を認める覚悟をアメリカ政府に求めたのである(47)。同時に、東部内モンゴルに関しては、妥協を認めようとせず、アメリカの対日交渉の材料を厳しく制限した。東京でラモントが多くの譲歩を行おうとしたのも、イギリスの要請に基づき、東部内モンゴル関係の日本権益の共同化を取り付けるためであった(48)。

以上のイギリス外交の主張は、日本側に度々披露したその「新外交」のレトリックとは裏腹に、明らかに「勢力圏外交秩序」のルールに基づいたものであった。英外務省の調査では、少なくとも同国が東部内モンゴルを「日本の特殊権益範囲」として承認した例は一度もなく、日本の勢力圏といえるのは南満洲だけだったからである。加えて北京に近い東部内モンゴルに日本が実質的な権益を持つことを、イギリス側は非常に嫌った(49)。「最終手段」と強調したように、勢力範囲システムの肯定を積極的に望んだわけではないが、日本の単独行動を許すリスクに比べれば、旧秩序のチャンピオンであったイギリス外交にとって、それは合理的な取り引きであった。

ただし、勢力圏外交の発想がイギリス外交に強く残っていたことが、米英協調の不調の最たる原因ではない。最も深刻だったのは、対米協調を最重視しながら、ついにイギリス外交が中国問題に対するアメリカの永続的な関与（コミットメント）を確信できなかったことである。一九一三年の六国借款団からのアメリカの一方的な脱退は、いまだ鮮明な記憶として残っていた。さらに新借款団の交渉と同時並行で、アメリカの連盟参加が不透明となりつつあったことが、イギリスに東アジア政策の「転換」を躊躇させたのである。アメリカの求めに応じてイギリスが日本との対決の道を選んだ後に、三国借款団案をアメリカ外交が投げ出さないという確実な保証は、その「経歴」を考えればどこにもなかった[50]。

こうして、アメリカ政府が最も重視した、米英協調による対日圧力の枠組みもうまく機能せず、最終決着は日本・アメリカ政府間の交渉に持ち越されたのである。

六　決着――何が保証されたのか

一九一九年六月にパリの銀行団会議が膠着状態に陥って以来、交渉の主導権は政府に移っていたが、日本・アメリカ政府間のコミュニケーションは頻度の上では極めて低調だった。同年一〇月二八日付でアメリカ政府が送付した「対日通告」は、八月の日本の満蒙留保要求に対する、アメリカ政府のはじめての公式の態度表明であった。さ

7.3-96／アジ歴B04011004800。

(46) パリ講和会議の日米英関係については前掲、拙稿「第一次世界大戦後の中国をめぐる日米英関係」九五～九九頁および前掲、拙著『強いアメリカと弱いアメリカの狭間で』第三章。

(47) The British Embassy to the Department of State, 29 October 1919, *FRUS, 1919*, Vol. 1, 499; Davis, *op. cit.*, pp. 323-329.

(48) Curzon to Alston, 1 September 1919, Ann Trotter (eds.), *British Documents on Foreign Affairs: Reports and Papers from the Foreign Office Confidential Print, Part II, Series E, ASIA*, Vol. 2 (Bethesda?: University Publications of Ameirca, 1991), pp. 322-323; Morris to Polk, 11 March 1920, *FRUS*, 1920, Vol. 1, pp. 508-509.

(49) Curzon to Grey, 24 October 1919, *DBFP, First Series*, Vol. 6, pp. 797-799. ただし、南満州のみが日本の伝統的な「特殊権益範囲」だとするこの対日批判は、史上最も明確なイギリス外交による日本の勢力範囲の確認である。塚本前掲論文が論じる旧四国および六国借款団結成の際と比較せよ。

(50) 前掲、拙著『強いアメリカと弱いアメリカの狭間で』二三三～二三四頁、三一〇～三一二頁。

らに、日本政府がこの通告に対して返答したのは、翌年の三月に入ってからである。

ただし一九一九年の一〇月末から翌年の三月まで「外交」がまったく不在だったわけではない。その間に、三国借款団案をめぐるアメリカ・イギリス政府間の対立、国務省によるシカゴ銀行の単独借款の承認と頓挫、応急借款の実施方法をめぐる北京での日英公使の対立などがあり、結果としてアメリカ国務省は、本格的な対日交渉を待たずに、大幅な対日譲歩を決心していた。つまりラモントは対日譲歩の実行役だったのである。

一〇月末の対日通告は、地理的留保の取り下げを求める一方で「日本の正当な権利あるいは利益が犯されることがないとの完全な保障の下で、新借款団への日本銀行団の加入を日本政府が許可することが可能」であることを強調していた。[51] この内容は原敬をはじめとした政治指導者にとって好印象で、日本側が交渉の決着を楽観する根拠になった。

もう一つ重要な契機となったのは、ラモントの訪日直前に、以上の「対日通告」への返答（三月二日付）と同時に、日本政府が通知した「フォーミュラ」である。これは、地理的留保にかわる権益保護の「方式」（formula）を求めたイギリス政府の要請に応じたもので、日本の対米回答の主要部分ではなかったが、文言が概括的な留保とほとんど変わらなかったために、アメリカ政府をいたく落胆させた。フォーミュラは、日本の安全保障に大きな影響を及ぼす借款に対する自由行動の留保を要求していた。[52] この「フォーミュラ」をめぐるやりとりの中で日本政府は、相手に交渉の決裂を覚悟させ、さらに東部内モンゴル関係の唯一の個別権益＝洮熱《とうねつ》予定線を失う。しかし、結果的に交渉の妥結を決心するに十分なアメリカ・イギリス政府の「保証」を手に入れるのである。

洮熱予定線は、一九一八年に日本興業銀行、台湾銀行、朝鮮銀行が共同で獲得した鉄道権益の一つで、満洲・吉林省の洮南と熱河省[53]を結ぶと同時に、同線の一地点から海港に至る鉄道もあわせて建設できる優先権であった。[54] 熱河省の省都・承徳と北京は、大陸の尺度でいえば至近である。同時に海港線によって日本は、渤海湾を通じた満蒙関係の海上交易にも大きな影響力を持つはずであった。なお、イギリスは満鉄から内モンゴル方面にのびる三つの予定線についても、洮熱線と同じく従来の日本の「特殊権益範囲」と異なると提供を求めたが、対日譲歩の材料を必要としたアメリカ側に拒否されている(55)。

フォーミュラの取り下げと洮熱線の提供を求めた三月一六日付の覚書の中でアメリカ政府は、フォーミュラで表明された「主義」については諒認可能なことを認めた。そして、この種の留保を行わずとも、「日本の緊切なる利益」に影響する借款の実施には、アメリカとイギリスが支援を拒否することを請け合ったのである(56)。並行していたラモント・井上会談で最終的な往復書簡案が完成したのは、この直後である。

以上のように、一方では、日本政府によるフォーミュラの取り下げと銀行団間の往復書簡からの概括的な留保の一切削除、他方では、フォーミュラの「主義」に対するアメリカ政府の諒認が、日本・アメリカ間で合意した「取り引き」であった。「日本の緊切なる利益」の存在を認めたアメリカ政府の通告内容を原は、従来の日本の漠然とした主張よりも、満蒙が日本の勢力範囲であることを「寧ろ具体的に保證する事なるが如き返答」と評価した。ただし地理的範囲について、アメリカ側は一切言及していない(57)。対して決裂の交渉を覚悟していた国務省の責任者で

---

(51) The Department State to the Japanese Embassy, 28 October 1919, *FRUS, 1919*, Vol. 1, pp. 498-499.

(52) 内田より珍田および幣原、一九一九年二月二七日、二八日『外文』⑨―二―上、一九三～一九五、一九七～二〇二頁。

(53) 現在は河北省、内蒙古自治区、遼寧省などに分割。

(54) 「満蒙四鉄道借款予備契約」一九一八年九月二八日、外務省、前掲『日本外交年表並主要文書』上、四六六～四六七頁。

(55) この三つの鉄道は、日米銀行団間の往復書簡で列挙除外された「五鉄道」に含まれる長春・洮南線、四平街・鄭家屯線、鄭家屯・洮南線である。後の二つは、吉林・会寧線と開原・海龍・吉林線。前掲「対華借款団組織に関する梶原ラモント往復書簡」五一二頁。

(56) 幣原より内田、一九二〇年三月一七日『外文』⑨―二―上、二三〇～二三四頁。珍田大使より内田外相、同年同月二一日、同右、二三七～二四〇頁。

(57) 『原敬日記』⑤、一九二〇年三月二三日。種稲秀司『近代日本外交と「死活的利益」―第二次幣原外交と太平洋戦争への序曲―』芙蓉書房出版、二〇一四年は、「緊切なる利益」(死活的利益 vital interests)の概念整理を軸に戦間期の日本外交を再検討している。新四国借款団交渉の評価は三八～三九頁。

ある第三国務次官のブレッキンリッジ・ロングは、日本銀行団の「無条件加入」を取りつけた往復書簡案の完成を知り、「いまや留保なしに我々の提案を受け入れようとしている」ことを高く評価したのである[58]。

三月の後半に往復書簡案が完成しながら、その実際の「交換」が五月にずれ込んだのは、政府間交渉でもう一悶着あったためである。その後「フォーミュラ」の撤回に同意した日本政府は、新たに二つの条件を出した。一つは南満洲鉄道の並行線を新借款団が敷設しないか建設前に日本の許可を得ること、もう一つは新借款団に提供する洮熱線の建設に対して、イギリスが反対しないこと約束することであった。日本による「緊切なる利益」の例示といえる。ラモントはこの内容に激怒し、アメリカ・イギリスの両政府からも取り下げを求める通知が届いた。その内容は、大国間の「競争を排す」ことを目的とする新借款団の当事者に「一鉄道の建設を拒否する」ような権利を与えるのは「計画の根本原則に背反する」と勢力圏外交時代の終焉を強調する一方で、「米国〔英国〕政府は〔其の同盟国〕日本の緊切なる利益に背反する何らの挙措に出づる意図を有するものにあらず」と断言していた[59]。

この対日通告を日本政府が確認した五月四日、原は外務省に交渉の決着を指示し、「我に於ては満蒙は我勢力範囲なりと漠然主張し居たるに過ぎざりしものが、今回の借款団解決にて具体的に列国の承認を得たる事にて将来の為め我利益多しと思う」と日記に記した[60]。すでにこの一節は研究者の間で有名だが、しばしば日本・アメリカ銀行団間の往復書簡（五月一一日）で保証された、南満洲の個別権益の除外に対する感想だと誤解されてきた。しかし実際に原が評価したのは、南満洲に限らない「日本の緊切なる利益」にアメリカ・イギリス政府が公文上で言及し、その尊重を約束したことであった。よって原は自らの認識に正しく従って「満蒙」と記したのである。

七　一九二〇年後——新四国借款団交渉がもたらしたもの

本章の議論が示したように、新借款団問題の決着をもたらした日本・アメリカ・イギリス三国間の「取り引き」は、一枚あるいは一組の国際協定として確認できるものではない。加えて政府間交渉では、外交官や政府代表同士の話し合いはほとんど行われず、まるでボードゲームを指すように、日本とアメリカ・イギリスの政府それぞれが、相手の提案や通告に対して、時には数ヶ月の「長考」を経て、自らの原則的な立場を徐々に変化させながら表明することを繰り返した。この結果、日本・アメリカ銀行団間の往復書簡案の大幅な修正、日本政府の概括留保およびフォーミュラの提示、そして、その取り下げを求めるアメリカ・イギリス政府の対日通告を中心とする交渉の過程そのものが、合意内容を構成したのである。

国際交渉過程から判断できる、満蒙をめぐる日本・アメリカ・イギリス三国間の合意内容は、主に以下の三つの要素から成り立っていた。

①日本政府は、満蒙の概括的な留保要求を取り下げ、「他の銀行団と同一の条件」での日本銀行団の新四国借款団への加盟を承認する。南満洲の個別の既得権益は共同化の範囲から除外されるが、その根拠は新借款団規約に基づいて他の銀行団も行使する権利と同じものである。よって概括的な投資優先権を保持する国は一切存在しなくなる。

（58）Long Diary, entry of March 30, 1920, Long Papers, the Library of Congress, Washington D.C.; Asada, op. cit., p. 106; 前掲、拙著『強いアメリカと弱いアメリカの狭間で』二五〇頁。

（59）幣原および珍田より内田、一九二〇年四月三〇日、五月三日『外文』⑨—二—上、二七九、二八五頁。〔　〕内は英国側文言。

（60）『原敬日記』⑤、一九二〇年五月四日。

②同時に、日本政府の満蒙除外要求が、国防および経済上の「生存」という自然な関心から出ていたことは否定できない。このため、交渉中の日本の説明――日本の要求は、地理的区画で政治・経済的な利益を壟断したり「所謂勢力範囲を確保増進」したりするものではない[61]――を前提に、こうしたものとは別種の「日本の緊切なる利益」が、満蒙を中心とした日本と中国との関係の中に存在することを認め、新借款団の活動では、こうした日本の利益を尊重すること、つまり満鉄並行線の建設に資金を提供せず、洮熱線の建設に資金を提供することを、アメリカ・イギリスの政府が請け合う。

③ただし、以上の保証を協定として確認することはしない。アメリカの理解では、「緊切なる利益」は、国際法上、地理的に近接している国家間に自然に生じる「状態」であって、国際条約で作り出されたり否定されたりするものではないからである。

以上の整理を踏まえれば、日本の「勢力範囲」が明確に承認されたとした原の評価は、明らかに間違っていた。この原の誤解は、あるいは交渉の妥結に必要であった。しかし交渉の当事者たちは、借款団が克服を目指した「勢力範囲」の容認とは異なるとの理解のもとで、日本の「緊切なる利益」の存在を認め、その尊重を約したのである。

もちろん、これらをレトリックの問題として、日本の「勢力範囲」だけは以前とかわらず残った、もしくは原が述べたように、強化されたのだと主張することは可能である。だが、そうであっても、問題点は変わらない。いったい日本は、その相互尊重のパートナーをどこに求めればよいのか。

実に日本が、南満洲の既得権益の除外と、アメリカ・イギリス政府による「緊切なる利益」の保証、そしてイギリスの勢力範囲の「開放」を獲得するに当たって払った最大の代償は、借款団に提供した満蒙および山東の投資優先権というよりも、勢力範囲の相互尊重を基本とする大国間関係の「ゲームのルール」であった。

主要大国間の協調を確保した国際交渉の意義を、同時に東アジアの大国間関係の不安定化の始まりと考えることは直観に反する。しかし、新四国借款団交渉の「制度解体」の側面に、大戦中から対米協調と満蒙権益の両立に頭を悩ませてきた外務省の担当官たちは、政治指導者よりもはるかに自覚的だった。彼らは「緊切なる利益」の保証による決着を、ただ満蒙除外要求の「事実上撤回」と見なした(62)。そして、確かな趨勢となった勢力圏外交秩序の解体と整合性を保つために、関東州租借地や南満洲鉄道の今後の扱いにまで踏み込み、一年半後に行われたワシントン会議で、その「ステータス」変更、つまり条約期限前の返還の「可能性」を認めることを主張したのである(63)。そうしなければ、勢力圏外交秩序を喪失した日本の満蒙権益は、国際秩序や中国の政治情勢の変容から完全に切り離され、文字通り孤立した「特殊権益」と化すことになろう。しかし日本の政治指導者は、新借款団の成立で「大部分自然に解決を見た」「経済上の勢力範囲問題」をこえて問題が拡大することを断固拒否したのである(64)。

もちろん、先行研究が指摘するように――あるいはそれ以上に――新四国借款団交渉が東アジアの国際政治で果たした秩序回復の効果を軽視すべきではない。まず、三谷太一郎が指摘するように、新四国借款団の成立は、中国における現状を越えた勢力圏外交への歯止めとなったからである。さらに三谷が注目した日本・アメリカ関係ではなく、イギリス・アメリカ関係の視点からも見ても同様である。なぜなら交渉の妥結は、三谷が指摘するように満蒙をめぐる日本・アメリカの対立をひとまず解消しただけでなく、おそらく大西洋地域を含めても、講和会議後にはじめて達成された英米協調の成果となったからである。「勢力範囲」としての公認を求めず、大戦中のように中

(61) 注52の内田より珍田および幣原(「フォーミュラ」および対米回答)。
(62) 「支那ニ於ケル勢力範囲撤廃問題ノ研究」「国際連盟第一回準備委員会調書」第二巻、外務省記録 2.4.2-51/アジ歴 B06150893200、一二頁。
(63) 「支那問題」一九二一年九月三〇日「華盛頓会議一件　準備」第一巻、外務省記録 2.4.3-3。
(64) 「支那問題訓令説明書」閣議提出案(未定稿)、同年一〇月四日「華盛頓会議一件　準備」第一巻、外務省記録 2.4.3-3。内田より原、同年一〇月一二日外交調査会決定『外文　ワシントン会議』上巻、一九二頁。

国で排他的な政治的・経済的権利も主張しなければ、日本と満蒙の特別な関係が了認されるとした政府間「合意」は、ワシントン会議で締結された中国をめぐる九国条約に、よりあいまいな文言で受け継がれた[65]。同時に、結成交渉でのアメリカ外交の対英協調努力は、外相のジョージ・カーゾンを除くイギリス外務省の対米不信を相当程度緩和し、日英同盟の廃棄を含む日本・アメリカ・イギリス・フランスからなる四国条約の実現をもたらす重要な背景となったのである[66]。

しかし「勢力圏外交秩序」を失ったことで日本の政治・外交は、満蒙権益を相対化する視点を徐々に喪失していく。第一次世界大戦までの日本の満蒙権益は、どれほどその「特殊性」を声高に主張しようとも、他の大国の「特殊権益」と横並びの関係にあった。よってそれまでの日本の「国際協調」外交は、同盟や協商、そして時には暗黙の了解に基づいて、ヨーロッパ大国と日本双方の「特殊権益範囲」を擁護することを基本方針としていたのである[67]。それに対して一九二〇年以後の日本外交は、以上の「勢力範囲の相互尊重」の枠組みの中で、日本の満蒙権益を維持・強化するという「伝統」から決別した。この変化が「中国に対する現状維持なもの」に限らなかったことは明らかであろう。だがワシントン諸条約の下で進展するだろう国際秩序の一層の変化に連動した満蒙権益の「ステータス」変更の可能性を、原敬はもちろん、それ以降の政治指導者も否定した。この結果、日本の満蒙政策は「勢力圏外交秩序」にかわる安定した国際協調の枠組みをついに見出せないまま、満洲事変に至るのである。

※編者をはじめ、本論文集執筆者および研究会メンバーから直接・間接に多くの有益なコメントと知見をいただきました。本章の執筆にあたり筆者が参照したアメリカ側の未公刊資料は、博士論文の執筆時（二〇〇七年）に麻田貞雄同志社大学名誉教授から提供を受けたものです。また帝京大学法学部助教の山口航さんと同志社大学法学研究科博士後期課程の松本浩延さんが草稿をチェックして下さいました（肩書きは現在）。また本章草稿に基づいた発表を、国際シンポジウム Integration and Tension between Empire and Colonies（二〇一四年五月、韓国・梨花大学校）で行い、

有益な批判・コメントを得ました。あわせて深謝申し上げます。本研究はJSPS科研費12J00293、26780106の助成を受けたものです。

(65) 麻田貞雄『両大戦間の日米関係—海軍と政策決定過程—』(東京大学出版会、一九九三年)一二八～一三二頁。ただし、中国はついにこのゲームのルールを受け入れなかったといえる。

(66) 日英同盟の廃棄については、前掲、拙著『強いアメリカと弱いアメリカの狭間で』第六章。

(67) 前掲、拙稿「第一次世界大戦後の中国をめぐる日米英関係」九八頁、前掲、拙著『強いアメリカと弱いアメリカの狭間で』特に三三一～三四、七〇～七六、二九五～二九七頁。

◉第一次世界大戦後の日本では、世界の潮流に対抗する気運が生じた。大正デモクラシーと協調外交に反発した北昤吉は、そうした立場の典型的な思想家である。本章では北の戦間期の政治思想を分析し、北が独自のアジア主義論と戦争論を唱えた後、一時ファシズムへと傾倒したものの、その理解には限界があったことを明らかにする。

第四章

クリストファー・W・A・スピルマン

北昤吉の戦間期

日本的ファシズムへの道

ドイツ留学中の北昤吉。1921年、ハイデルベルク城にて。

北昤吉（一八八五〜一九六一）は、北一輝の実弟であり、戦間期に哲学者、思想家、政治家として活躍した。昤吉は、兄の目覚ましい活動の影に隠れ、知名度においては劣るが、保守派の思想家として戦間期の日本で大きな影響力を持ち、兄に負けないほど活発に政治活動を繰り広げた人物であった。本章はこうした北昤吉の思想を、第一次世界大戦の影響に焦点を当てながら考察し、大戦への反発からファシズムを支持するようになった遍歴を明らかにしていく。

北昤吉は様々な文献に登場するが、彼自身に関する研究は極めて少ない。彼の伝記としては、北の議員秘書を務めていた稲邊小二郎氏による『一輝と昤吉―北兄弟の相克―』がある。これは、北を直接知る人物の手による著作であり、貴重な記録であることは間違いない。しかし、稲邊氏が北と極めて親しい間柄にあったことから、客観的な研究であるとは言いがたい(1)。

また、竹内洋氏は『革新幻想の戦後史』の中の一章「悔恨共同体と無念共同体」で北昤吉を取り上げている(2)。竹内氏は、第二次世界大戦後の新日本憲法の制定過程において、佐渡出身の二人の政治家、すなわち北昤吉と有田八郎が果たした役割を分析している。しかし、同書では戦前からの北の思想的な変遷についてはまったく論じられていない。竹内氏は、戦後の北を次のように評価している。「北昤吉は再軍備と憲法改正を唱えたからといっても、ごりごりの国粋主義者ではなかった。ひたすら日本の優秀を説く国粋主義者については、神話的、孤立的、未来欠如的だとして『高天原《たかまがはら》右翼』と呼んで嫌っていた(3)。」こうした評価はおおむね正しく、北昤吉は国粋主義者では

（1） 稲邊小二郎『一輝と昤吉―北兄弟の相克―』新潟日報事業社、二〇〇二年。
（2） 竹内洋『革新幻想の戦後史』中央公論新社、二〇一一年、二〇〜五八頁。なお、大庭大輝氏の「北昤吉における「哲学」と「政治」―大正期の言説を中心として―」（『社会文化史学』（四八）二〇〇六年三月、一〇九〜一二四頁）や「雑誌『学苑』と北昤吉―学苑社の展開を軸として―」（『近代史料研究』（一四）二〇一四年、一〜二六頁）などがある。
（3） 同右、四五頁。

あったが、決して硬直的な思想を抱いていたわけではなかった。

本章では、こうした北昤吉に関する評価を踏まえた上で、第一次世界大戦が北の思想に与えた影響とその後の彼の思想的な変遷を考察していく。大正デモクラシーに対する北の反発はいかなる形で現れたのか、また、政党政治の失敗の原因を北がどのように捉えていたのか、さらに、彼がいかなる理由によりファシズムへ傾倒していったのか、といった点を中心に北の思想的な情況を追究していきたい。

以下では、まず第一節で、北の大正デモクラシー、とりわけ自由主義や民主主義への批判を分析し、北が考えていた理想的な日本とは何であったのかを検討する。続く第二節では、第一次世界大戦後の日本外交に対する北の批判を検討し、大戦の結果、生み出された国際情勢を北がどのように認識していたのかを取り上げる。さらに第三節では、彼が展開した独自のアジア主義論と戦争論を検討し、第四節で、北のファシズムへの傾倒について論じる。彼のファシズムに対する理解とイタリアやドイツのファシズムの実態に大きな乖離が見られたことが重要な論点となる。

一　大正デモクラシーへの批判

北昤吉は輝次郎こと、のちの北一輝の弟として一八八五年に佐渡で生まれた。祖父が市長を務めるなど、北家は地方の名望家であったが、父の代から家運が傾き始め、経済的には恵まれない幼少期を過ごした。昤吉は、新潟県立佐渡中学校（新制佐渡高校）を経て早稲田大学文学部哲学科に入学し、一九〇八年に卒業した。

卒業後は中学校の教員になったが、比較的早くからその才能が認められ、一九一四年に早稲田の哲学講師となった。哲学者としての昤吉は、ベルクソンやリッケルト、クローチェなどの影響を受け、ドイツ西南学派を専門とした。教鞭をとりながら、ヘフディング（Harald Høffding：一八四三〜一九三一）の『近世哲学史』の翻訳に専念し、一九二八年から翌年にかけてその訳書を出版した。

一九一四年八月に第一次世界大戦が勃発すると、日本は大きな転換期を迎えた。そうした中で、北は評論活動を開始した。北はすでにこの時点で、大戦のもたらした変化を警戒していた。また、早稲田の同僚であった大山郁夫（一八八〇〜一九五五）や永井柳太郎（一八八一〜一九四四）に推されて、社会学院大会で「哲人主義の政治教育」というテーマで講演し好評を得て、「後藤新平伯の後援になり、半澤玉城［一八八七〜一九五三］主宰の『国民評論』に載せられた」[4]。北は、『黒潮』、『新小説』、『新日本』にも論文を投稿し、蜷川新（一八七三〜一九五九）と共に、内藤民治（一八八五〜一九六五）が経営していた『中外』に論文執筆者として招聘された[5]。北は、大山のような大正デモクラシーの旗手とともに行動していたが、自身は、大正デモクラシーに懐疑的であった。

世界的な情勢をより深く学ぶ必要があると感じた北は、一九一八年九月に早稲田大学を辞めて、留学のためにアメリカへ向かった[6]。まず、ハーバード大学の博士課程に約一年半在籍し、勉学に専念した。ハーバードでは、日本語と日本史の講師として北を迎えるという話もあったが、彼は「アメリカの環境では哲学者などは出る訳はない」[7]と感じ、結局アメリカを後にした。その後、イギリスへ渡ったが、希望していたオックスフォード大学に入ることができず、転じてドイツへ行き、ベルリン大学とハイデルベルグ大学で学んだ[8]。

北は元来、保守的な性格であり、欧米のスポーツなどを好まなかった。少年時代から「私は剣道、角力などの日

（4）北昤吉『人心一転の途』教文社、一九三一年、三七四頁。
（5）同右、三七五頁。
（6）稲邊、二七八頁。戦後、北の回顧によれば、彼が海外へ出発したのは、米騒動が勃発してからのことである。「ハーバード大学時代」『日本及日本人』二巻五号（一九五一年五月）、七九頁。
（7）同右、八三頁。

本的武道、遊戯を愛し、テニスやベースボールは嫌ひ」であったと回顧している。[9]「中学生当時からテニス党を迫害したし、茨城県の土浦中学の教師時代柔道、撃剣派の総師として野球部の経費を削って先輩の教師と衝突し、我党の勝利なったものの、校長をはらはらさせたこと」もあるという。[10]こうした北の考え方は、欧米に留学し、哲学や政治学などの勉学を通じて、西欧文明に関する博学的な知識を身につけても基本的に変わらなかった。北は、欧米の学問やその方法を全面的に否定していたわけではなかったが、日常生活や習慣の欧米化に対しは、一貫して批判的な態度をとった。

北は、一九二二年の暮れにヨーロッパから帰国し、大東文化協会に出入りするようになった。一九二四年四月には、大東文化学院教授に就任したが、学問のかたわら、ジャーナリストや評論家としても活躍した。政友会の代議士小川平吉（一八七〇～一九四二）が創った日本新聞社に入社し、「日本新聞」の主筆となり、[11]一九二六年には『学苑』という哲学専門雑誌を発刊した。[12]

この頃の北は、日本文化の欧米化にことごとく反発した。北は、ひたすら古いものを崇拝するような反動的保守主義者ではなく、社会主義のような新しい思想に関心を寄せることもあったが、日本という国家を弱体化させるような外来の思想に対して否定的な姿勢を崩さなかった。とりわけ北は、啓蒙思想から生まれた自由主義、個人主義、平等主義、平和主義を嫌悪した。トルストイ（Lev Tolstoy：一八二八～一九一〇）やインドの詩人タゴール（Rabindranath Tagore：一八六一～一九四一）の国家観を「国家生活を離脱することにより最高生活に飛躍し得ると想像するは真空内に於ては一層自由に飛翔し得ると想像する鳩の類」[13]と見なした。また、個人主義に重きを置いたタゴールに対しても、「国家は文化の単なる条件であるのみならず、それ自体一の文化財でありと考へる時、吾人はタゴール氏の思想に背を向けざるを得ない」と批判した。[14]

北が最も憤怒を露わにしたのは、国家を弱体化させるような思想を伝播している日本の知識人であった。こうした態度は、キリスト教徒で人道主義者であった安部磯雄（一八六五～一九四九）への批判に端的に表れていた。「安部さんの思想や趣味が余りに英米的で日本的でないことは疑はれない。此の点からいへば、安部さんは紳士でも、日本的に見ると、英米流の紳士、寧ろ帰化的紳士であるといへよう。時代錯誤」と酷評している。[15] 北によると安部は、生粋な日本人ではなく、欧米の思想に汚染された外国人に等しい「帰化的紳士」であったというわけである。[16]

さらに北の批判の矛先は、大正デモクラシーの旗手であった吉野作造（一八七八〜一九三三）にも向けられた。北は、「基督教的人道主義の閃きと、常に民衆の代弁者たらんとする不羈独立の学者的良心とを発見し得たことは、余の大なる愉快であった[17]」と述べ、吉野の人格と学問を評価していたが、民本主義論には納得がいかないと主張した。北によれば、吉野が提唱した民本主義は思想として価値がなく、「時勢と博士の学者的良心とに依[18]」って多く

(8) 「ハーバード大学時代」『日本及日本人』二巻五号（一九五一年五月）、八一頁。旅費を出してくれたのは、三菱財閥の四代目総帥岩崎小彌太男爵（一八七九〜一九五〇）であった。岩崎は、「評論家を大成させる目的で、自分のポケット・マネーで」北を欧米に留学させた。同右、七九頁。
(9) 北昤吉『人心一転の途』教文社、一九三一年、三六五頁。
(10) 同右、三六五〜三六六頁。
(11) 同右、三五八頁。伊藤隆『昭和初期政治史研究』東京大学出版会、一九六九年、三九九頁。
(12) 稲邊、二八〇頁。北は、早稲田大学時代の教え子であった美術史家金原省吾（一八八八〜一九五八）に誘われて帝国美術学校（武蔵野美術大学前身）の創立にも関わり一九二八年に初代校長となった。その後、学校の運営と移転問題をめぐって学生と対立し、学生のストライキ事件を機に同校は分裂することになり、一九三五年、多摩美術専門学校（現在の多摩美術大学）が創立された。同右、二八〇〜二八一頁。
(13) 北昤吉『昭和維新』世界文庫刊行会、一九二七年、六三頁。
(14) 同右、六四頁。
(15) 北昤吉『人心一転の途』三六六頁。
(16) 同右、三六六頁。
(17) 北昤吉『排撃の歴史』大理書房、一九四一年、四八頁。
(18) 同右、四八頁。

の支持者を得ているにすぎないという。

北の解釈では、民本主義が当時、人気を博していたのは、第一次世界大戦がもたらした革命的な変化によるところが大きかった。大戦が日本の政治に大きな影響を及ぼし、「現代は政治の民衆化時代」になったのであり、政治の民衆化が「民本主義の流行」につながったという[19]。しかし、こうした民本主義の流行は危険である、なぜならば、民本主義には「幾多の矛盾と曖昧と不徹底と誤謬」が内在しているからだと北は考えていた[20]。

北は、民本主義が唯物論の産物であり、日本的でないことに加えて、民本主義の唯物論は平等論と重なり、精神主義の否定につながると見ていた。そうした観点から、「人間なりとの理由から質の等差を無視して数を以て一切を決定することは、之れ人間を物質的に取り扱ふことである」と論じ[21]、個人の間には資質の差があるという社会の本質を平等論は全く無視しており、それが民本主義の致命的な欠陥になっていると主張した。

北昤吉が論敵とした吉野作造

個人の資質の差を無視すれば、国家の政策や国益に悪影響が生じると北は見ており、「政治の運用に於て数を無視することは出来ないが、是れのみを絶対視することは有害である」と論じた[22]。北は民主主義が神聖化する多数決は、国民の真の意志と一致するとは限らないと見ており、「国家の各個人に要求する真の意志決定が国民の多数者に現はれずして、少数者に現はれる場合には、多数決の神聖は消滅する」と主張した[23]。

このように民主主義を基礎とする政治が、優秀な少数者の意志を無視する傾向があることを北は問題視したが、その一方で普通選挙を支持していた。これは一見矛盾している。しかし北は、少数派の意見を無視できないのと同様に、政治においては「数を無視することは出来ない[24]」と見ており、普選を肯定的に捉えていた。

だが北は、普選に賛成しても、国民が政策形成に積極的に参加することを決して認めてはいなかった。彼の普選に対する理解は独特なものであり、普選イコール民主主義ではなかった。北は「国民は多く近視眼的ある」と信じており、一般大衆の政治への無条件な参加を警戒した[25]。そして、「国民が合理的なりと保証されざる限り、国民の多数に依つて合理的政治を行はるることが出来ない」と考えていた[26]。

普選の実現が必然的であると判断した北は、こうした問題の解決を為政者の資質に求めて、次のように述べている。「既にプラトーン《ママ》の云った如く、人民は自己の真の要求を知らないものであるから、人民よりも人民を知って居る為政者が人民の誤解や反対を物ともせず、真に人民の為めに政治を為すならば、民本主義の政治と称せられないこともないが、此は民本主義なる今日の用語例に反してゐる[27]。」つまり国民を指導できるようなすぐれた政治家が登場すれば民本主義は機能するが、現在の国民の知的水準を考えると、平等論を前提とした民本主義を積極的に受け入れることはできないと北は見ていた。

北は、こうした現状を変える一つの手段として、貴族院の改革を提案した。「貴族院を改革して国民の優良なる

(19) 同右、四六頁～四七頁。
(20) 同右、四九頁。
(21) 北昤吉『哲学より政治へ』止善堂書店、一九一八年、一八七頁。
(22) 同右、一四四頁。
(23) 同右、一四四頁。
(24) 同右、一四四頁。
(25) 同右、一四五頁。
(26) 同右、一四五頁。
(27) 同右、一三九頁。

質の代表者を多く網羅しなければならぬ。今日の如き多額納税議員を排斥し、学者、政治家、実業家等の優秀なる者を貴族院議員とし、而も之を有期として新陳代謝を便ならしめなければならぬ」と主張した。[28]世襲的な特権を廃止し、「有爵議員の如きも、一代毎に逓減し、後継者にして国家社会的事業に努力する者のみを元の爵位に昇進せしめ、然らざる者は遂に無爵ならしめて貴族院に入らざらしめ、斯くして爵位議員の質の向上を図らなければならぬ」と北は考えていた。[29]衆議院が誤った方向に進んだ場合、貴族院に任命された議員が正しい方向に導くことが期待されるが、現在の貴族院は、普選で選ばれた代議士からなる衆議院を抑えられないことが最大の欠陥であった。

北が構想していた議会政治では、衆議院と貴族院の役割は大きく異なっていた。外交、軍事、経済は、官僚や軍人などの専門家に任せるべきであり、選挙で選ばれた衆議院議員は、そうした領域に関与すべきではないと北は考えていた。衆議院に選ばれた代議士たちは「国民各個の現実的要求を充実せしむべき社会政策の実施に依り多くの注意を注[30]」げば、十分であり、衆議院は世論のはけ口、安全弁にすぎないという。それに対し、貴族院議員はより大きな責任を負っており、「国家百年の大計の為めに国民各個の現実の要求を無視しても国家の統一的発展により多くの注意を注ぐべきものである[31]」と北は見ていた。貴族院は、政治闘争や人間の欲望などを超越した哲人政治を行う強い機関になるべきだというのが、北の改革の骨子であった。

このように北の貴族院改革構想は、哲人政治の思想と密接に関連していた。北が民本主義のアンチテーゼとして提唱した哲人政治とは、プラトンの政治哲学に影響された概念であり、正しい教育を受けた、豊富な知恵と経験のある偉大な人物の手による政治であった。それは、少数の知的エリートによる政治であるが、一人の独裁者による政治では決してなかった。北は、貴族院がエリートの牙城になり、一般国民によって選ばれた衆議院議員の意見を修正し、民主主義の不安定な要因を抑えるべきであると考えていた。北の哲人政治は保守的であったが、こうしたエリートによる政治は大川周明や鹿子木員信のような一部の革新思想家によっても提唱されており、そうした点において、北の思想には革新的な要素が見られた。[32]この段階で北はまだ、独裁政治について言及していなかったが、哲人政治は、必然的にエリートによる独裁政治に連なるものであった。

二　日本外交への批判と戦争論

北は、第一次世界大戦がもたらした新しい国際秩序に不満を抱き、日本外交の失敗を嘆いていた。一九二七（昭和二）年頃には、終わったばかりの大正時代を振り返って、大正期の日本外交政策を次のように酷評している。「大隈による誤った対独宣戦布告から、シベリア出兵や対ロ政策を含めて、その終わりまで、大正時代は「失敗と醜態との連続」であった。[33]」

北によると、大隈内閣の加藤高明外相は軽率に対独宣戦布告をせず、日本に有利な状況が作り出されてから参戦すべきであったという。戦争が長引くほど日本の立場は好転したのであり、同盟国の英国の誘いにより参戦すれば、英国からより良い条件を引き出すことができたと北は考えていた。

北によれば、日本外交の最大の失敗は、大戦中、日本に対する圧力が緩んだ際に、西欧諸国に対して出すべき要求を出し損ねた点にあった。戦時中、東アジアにおける勢力のバランスが崩れ、「日本はこの［日本の］主張に傾

（28）同右、一四七～一四八頁。
（29）同右、一四八頁。
（30）同右、一四八～一四九頁。
（31）同右、一四九頁。
（32）大川や鹿子木らの哲人政治については、拙稿 "Kanokogi Kazunobu: Pioneer of Platonic Fascism and Imperial Pan-Asianism," *Monumenta Nipponica*, 68: 2 (2013), p.239.
（33）『昭和維新』六頁。

聴する何れの国に対しても好意を寄せ、この主張を無視する国に対しては好意を撤回するまでである」[34]という恵まれた立場にあった。しかし、日本の外交官は、国益を拡大する絶好の機会を逃したと北は残念がった。

北は、次のような条件を列強に提示すべきであったと考えていた。

英国が白人豪洲主義を一擲して日本移民を歓迎すれば、英国は日本の良友たり得る。仏国がその虚栄を棄てて現に持て余しつつある印度支那を日本に譲渡するならば、仏国は日本を味方とし得る。若し露国が汎スラブ主義と汎ゲルマン主義との重大を思ふて、コンスタンチノープルに出口を求めんが為めに、西比利亜に大和民族の自由の天地を打開せしめんと欲するならば、彼は日本に真の與国を発見するであろう。もし独逸が機先を制して青島に於ける一切の利権と南洋に於ける一切の独領を挙げて日本に委ねるならば、或は日本の好意的中立を予期し得たるかも知れない[35]。

しかし、加藤外相が早まって対独宣戦布告を出し、稚拙な外交政策が日本の大陸への進出を妨げた。その後もこうした誤りは是正されることなく、さらなる失敗が重ねられていったと北は批判した。さらに北は、金融政策によるアジア大陸での影響力拡大にも失敗したと考えており、対中西原借款は結果的に資金の無駄使いとなり[36]、日本には一つもメリットがなかったと見ていた。借款で日本から得た資金で米国へ留学した中国人が親日どころか反日運動を行っているようなケースもあると北は憤慨していた。

日本政府の外交政策に対する北の批判は、その後も止むことはなかった。第一次世界大戦終結直後から国際的に平和主義が台頭し、それに応じて日本政府が協調外交政策をとるようになったことに対し、現実主義と社会進化論を標榜していた北は、平和主義は空想であると主張し反発した。平和主義に懐疑的であった彼は、平和そのものに対しても批判的だった。北は、大陸への進出は平和的な手段で実現できるならば、それに越したことはないが、それが不可能であれば戦争という手段も辞すべきではないと論じた。北によれば、平和は一見魅力的に見えるが、戦争よりも危険であった。

平和は戦争の如く急性的ならざるも、慢性的危険を包蔵する。平和に淫せる隣邦支那を見よ。平和に渇せる新露国の意気地なき「無併合無賠償」の叫びを聞け。吾人は戦争の叫びには却って多くのアイデアリズムが含まれ、平和の要求には唾棄すべき苟安と退嬰と廃頽とが宿ってゐることを忘れてならぬ。戦争が一国の経済を攪乱すべしとの単純なる理由よりして、戦争に反対する平和論の如きは黄金万能の声である。[37]

北は、ウッドロウ・ウィルソン米国大統領の「戦争の絶滅」論も「空想の最大級」であるとし、「ウイルソンとウイルソンの信条を信条とする徒は最大級の空想家であらねばならぬ」とその非現実性を嘲笑った。[38] 幣原喜重郎をはじめ、日本の協調外交の提唱者は、成功する見込みのない政策を展開していると厳しく批判した。

ウィルソンの平和主義を排撃した北は、当然のことながらウィルソンの唱えた国際連盟にも否定的であった。北に言わせれば、国際連盟の根本的な問題は、「強国、殊に先取特権を神聖視する英国の現状維持の機関」であることにあり、[39] それは、英米が日本を封じ込めるために悪意をもって設立した組織であると断じた。国際連盟は、「英米の世界的支配を合法化し、半永久化せんとする魂胆に出づるものに外なら[40]」ず、偽善的な英米にとって有利な現状維持の手段にすぎないとした。[41]

北にとって国際連盟は、日本の使命である列強支配からのアジアの解放を妨害する目的で作られたものにほかな

---

(34) 同右、一〇頁。
(35) 同右、一一頁。
(36) 西原借款に対する北の批判は的を射ていた。「西原借款は、殆ど何の成果も上げずに多額の国庫負担を招いた」という評価は通説となっている。伊藤之雄『政党政治と天皇―日本の歴史22―』講談社、二〇〇二年、八八頁。
(37)『戦争の哲学』大理書房、一九四三年、一九七頁。
(38)『人心一転の途』一九九頁。
(39)『昭和維新』一六頁。
(40)『人心一転の途』一七四頁。

らなかった。国際連盟は、「将来解放さるべき抑圧せられたる民族と国家とに取っては忌むべき鉄鎖である。亜細亜の諸民族を解放せしむべき大運動の第一線に立つべき日本に取っては、国際連盟は吾人の進行を滑かにならしむべき軌道はなく之を阻害する障礙物である」[42]。国際連盟は、無益有害であるばかりでなく、日本の発展やアジア解放という日本の使命を阻止する組織であった。

国際連盟が日本を封鎖させるための英米の魂胆だとすると、英米が提案していた軍縮も日本の発展を阻止しようとしていたアングロ・サクソンの魂胆にすぎないと北は見ていた。イギリスとアメリカは平等、自由、平和という美辞麗句を掲げながら、「国土狭小にして人口の過剰で」ある日本の発展を妨害し、日本に対して列国が「門戸を閉鎖」していたというのである[43]。

このような北の軍縮に対する反発は次第に強まり、ワシントン海軍軍縮条約とロンドン軍縮会議の批判へと連なっていった。北は、「倫敦会議は英国の米国に対する覇権を委譲すること、英米共謀して、戦はずして日本を屈服することとの二点を眼目とするものにして、列国の対等の立場に立って、世界の平和を確保せんとするものではない」と主張した[44]。英米は表向きには軍備競争を制限し、軍事予算を削減するために、建艦競争をなくしたいと公言しているが、北によれば、これは英米の偽善にすぎないという。軍縮の真の狙いは、「日本の海軍力を委縮せしめて、日本を島国に封鎖し、以て米国の積極的東洋政策を敢行せんとするのが、米国の本意である」という[45]。

北は戦争が必然的な現象であり、人間の社会に常に起きるものであると信じていた。また、北は戦争を容認するだけでなく、戦争が進歩を促すとして戦争に利点を見出し、積極的な戦争論を展開した。北の戦争論は、彼の国家論とも密接な関係にあった。国家政策上、最も重要な課題は経済問題と人口問題であり[46]、戦争はその問題を解決するため必要不可欠であると北は見ていた。戦争は「生物界一般の現象であるが、是が人間に於て殊に顕著に現はれて居ることは、ダーウィンかマルサスの人口論にヒントを得て生存競争の原則を発見し得た事実にも立証されてゐる」[47]。

戦争が必然的であると信じていた北は、いずれ勃発する「第二次世界戦[48]」についても、予測をしていた。英米の争覇の結果、英国は平和裏にアメリカに「覇権」を譲渡すると彼は考えていた[49]。第一次世界大戦後、英国の影響力が弱まったのに対し、米国が世界大国へと台頭すると、北はアメリカへと関心を移した。彼が恐れていたのは中国をめぐる日米関係の悪化であった。なぜならば、人口過剰と資源不足などの問題から、日本にとって中国は不可欠な市場であると北は考えており、「九千万に激増せる人口を有し、生産原料に乏しく、消費市場を求むる必要ある日本に取っては、支那に於ける日本の勢力の消長は直ちに日本の死活問題で」あった[50]。もし、日本が中国から引き揚げたら、「亡国の悲運に陥る」ことになり[51]、日本が一流国家として生き残るためには、さらに「満蒙、西比利亜に進出し」なければならないという。こうした大陸への発展をアメリカは「嫉視」し、妨害しようとしていると北は信じていた[52]。

(41) このような国際連盟に対する評価は、当時決して珍しくなかった。似たような考え方は、近衛文麿、鹿子木員信、兄一輝の思想にも窺える。
(42) 『昭和維新』一六～一七頁。
(43) 同右、一〇頁。
(44) 『人心一転の途』一七五頁。
(45) 同右、二〇二頁。
(46) 同右、一七二頁。
(47) 同右、一七六頁。
(48) たとえば同右、二〇一頁。
(49) 同右、二〇〇頁。
(50) 同右、二〇一頁。
(51) 同右、二〇一頁。
(52) 同右、二〇一頁。

北は、中国をめぐり、日本とアメリカの間に生じる対立が戦争の原因になりかねないと懸念していた。日米戦争の可能性は、日本の存在を脅かすだけでなく、東アジア全体を危うくするものであり、東洋文化の存亡、さらには世界の命運に関わる問題であると北は考えていた。この戦争では、米国を相手に戦う日本がアジア全体を代表することになるため、日本の勝敗が、有色人種全体の運命を決めることになると見ていた。

三　アジア主義論

アジア主義は、思想としては第一次世界大戦以前から存在していたが、大戦中に大きな流れとして結実しており、そうした意味において、アジア主義も大戦の産物であった。いうまでもなく、思想としてのアジア主義は一枚岩ではなかった。北のアジア主義は独特であり、他のアジア主義者のそれとは大きな違いを呈していた。彼はアジア主義という思想を分析し、次の四つのカテゴリーに分類した。

一、侵略的汎黄主義又は大亜細亜主義を提唱するもの
二、「単に欧米人の亜細亜に対する不当なる干渉を排除して亜細亜の自治権を目的として『亜細亜人の亜細亜』をモットーとする自衛的亜細亜主義を唱導するもの
三、西洋文明に対抗して東洋文明の復活と発展とを希求する文化的汎亜細亜主義を鼓吹するもの
四、日本の存立と拡大との要求より亜細亜に対する欧米の圧迫を除いて亜細亜に於ける日本の指導的位置を確立せんとする大日本主義の別名としてのアジア主義を呼号するもの(53)

北は最初の三つを危険な夢想として否定し、功利主義、政治的現実主義（realpolitik）と日本主義の立場から、四

点目にあげられているアジアにおける「日本の指導的位置［の］確立」を主張した。

北のアジア主義に対する理解は人種論に基づいており、他のアジア主義者が主張していたような、「黄白人種の大衝突を以て近き将来に於ける予定的事実と想像して、黄人連盟して白人閥を討滅せんとする攘夷的侵略的亜細亜主義を吟味するの必要がある」という見方にも一定の理解を示していた。[54] 北は欧米人の偽善を次のように指摘し、英米の動きを警戒した。

欧米人は博愛を事業とするが如き基督教徒の外皮を附けてゐるが、其の内心は寧ろマホメット教以上の折伏慾の結晶である。此の折伏慾は彼等の生存意志の強烈なるに基くことは勿論であるが、其の最も露骨にして無慈悲なる発現は異人種に対して認められる。彼等の猶太人に対する不断の執拗なる迫害の歴史を見よ。又英人の印度人に対する常習的殺戮を見よ。而して白人中最も寛容の徳に富めりと称せらるる米人のアメリカン・インデアンに対する非人道的死刑を見よ。[55]

こうした北の考えによると、日本人と他のアジア人との連帯が求められることになるはずだが、北は感情的な他のアジア人との連帯は無意味であり、かつ有害であると主張した。日本は、弱肉強食の世界に生き残るために、アジア大陸で領土を拡大すべきである。かつては英仏のような列強が強すぎて、このような領土拡大は不可能であったが、第一次世界大戦は日本にアジアへの進出の絶好の機会をもたらしたという。「亜細亜及び亜細亜人が欧米人の圧迫より解放」されなければならないが、[56] その前に「先づ［アジア人の］自己を自己自ら解放しなければならぬ」。[57]

---

(53) 「誤解せられたる亜細亜主義」（『東方時論』二巻七号、一九一七年九月、『排撃の歴史』所収）二八～二九頁。
(54) 同右、三〇頁。
(55) 同右、三〇～三一頁。
(56) 同右、三七頁。
(57) 同右、三七頁。

北によれば、「亜細亜人の政治的無力は遠き将来にまで継続するであらう。要は亜細亜人自身の人生観の革命[58]」をまず実現することが先決であった。

その一方で北は、一部のアジア主義者が論じていたような黄色人種と白人種の闘争といった見方には懐疑的であった。北は、「人種的競争よりの攘夷的亜細亜主義は之を実現する具体的方策を欠く限り、却て我国の前途を誤まる惧れがある[59]」と述べている。なぜならば、列強はアジア人が異人種であるから征服したのではなく、アジア人はそれに抵抗できるような能力がなかったから征服されたにすぎないと北は見ていた。白人同士でも抵抗しなければ、より強い国に支配されているのであり、「同一白人間にあっても、強国の小弱国に対する圧迫は異人種に対する夫れと異なるものでない」と述べている[60]。

北のアジア主義論は、日本文化の優越性を強調し、日本がアジアの代表として、アジアを白人の支配から解放する重要な使命を負っているという信念に基づいていた。そして、解放されたアジアは日本の支配下に置かれるべきであることを疑わなかった。北は、こうしたアジア人のためのアジアを実現するために、アジアモンロー主義という概念を提唱し、「日本の文化の発展と日本の存在とを確保する為めに、亜細亜に於ける欧米諸国の圧迫を防止せんとし、而して此の目的を果す為めに支那保全を根本の方針として日支両国間に於て一種の利益交換の打算より飽くまでも親善を計る」ものとした[61]。

北は、アジアモンロー主義を次のように規定した。「若し果して亜細亜モンロー主義が大日本主義であるとしたならば、日本の自衛の為めにも、亦日本の発展の為めにも、支那保全を以て対支政策の方針とな[62]」すべきである。要するにアメリカのモンロー主義の第一の目的は自国の国益の保護にあり、中南米諸国の国益は二の次とされたのと同様に、日本のアジア主義も、先ず大日本主義でなければならないと北は考えていた。こうしたことから、中国の保全が日本の国益にとって必要であれば、中国の保全を守るべきであるが、第一の目的は日本の国益であることを見落としてはいけないと北は主張した。結局、北が提唱したアジア主義は、彼自身も認めていたように大日本主義の同意語にすぎなかった[63]。

北は、大日本主義と軍国主義をあわせて、アジア主義というイデオロギーを確立し、将来的にイギリスなどの列強から豪州を含めたアジア全域を解放すべきであると考えていた。「英国の南支に於ける商業を奪ひ印度の関税を低減せしめ更に豪洲を開放して我が国の移民問題を解決せしむる」必要があるという[64]。しかし、彼がいう「豪洲の開放」はともかく、「日本の支那に於て優勢を占める」ことや「台湾海峡以南に国防の根拠地をしめ[65]」るという目的を日本が達成するならば、フィリピンを支配するアメリカとの衝突は必然的であるはずである。

そうした現実を無視して、北はアメリカとは協力的な関係を保たなければならないと考えており、次のように述べている。

唯米国を敵手とすることは欧洲の各民族の反感を惹起し人種問題の危険を生ずる惧れがあるのみならず、米国は領土的野心なく経済的活動を要求するに過ぎず、之をして支那に活動せしむるに依って、一は四国の政治借款を駆逐し、一は日支貿易を旺盛ならしめる利益があるから、米国とは飽くまでも親善なる関係を保たなければならぬ[66]。

---

(58) 同右、二三七頁。
(59) 同右、二三三頁。
(60) 同右、二三三頁。
(61) 「亜細亜主義の真諦を論ず」(『新小説』二二巻四号、一九一七年四月、『排撃の歴史』所収) 二二四頁。
(62) 同右、二二五頁。
(63) たとえば、「亜細亜モンロー主義は畢竟大日本主義に帰着する」同右、二二七頁。また、「日本主義は直ちに亜細亜モンロー主義となり、又実に軍国主義と提携しなければならぬ」。同右、二二六頁。
(64) 同右、二二六頁。
(65) 同右、二二七頁。
(66) 同右、二二六頁。

一九一七年に展開されたこのような北のアジア主義論には、一九三〇年代の革新派のアジア主義との共通点が見られ、その意味において先駆的な点を備えていた。アジア主義以外にも、膨張主義を提唱し、ヴェルサイユ体制や軍縮を厳しく批判し、また国家主義ないしは大日本主義を提唱した北には、日本の革新派との共通点が多く見られる。また、アメリカの経済力を中国の開発に利用すべきであるという北の主張には、松岡洋右の構想との類似性を見出せなくもない。ただ、一九一七年頃の段階でアメリカとの友好的な関係を重視していた北の見方は、後年の革新派のアジア主義とは大きく異なっていた。

四　ファシズムへの傾倒

一九二〇年代が終わりに近づいた頃、北は欧州の政治情勢の影響を受けて、ファシズムに傾倒するようになった。彼は、日本的な思想を中心に思想統一を理想とし、なおかつ強い国家、大国日本の実現を必要不可欠なものと見なしていたが、思想統一どころか、日本の世論は分裂し大局化が進むばかりであった。彼の政党政治に対する不信感や欧米の自由主義や個人主義に対する反発を考えると、こうしたファシズムへの傾倒は当然な結末であったと考えられる。

彼は一九三二年にアメリカの母校ハーバード大学を訪れた際に、自分が「指導的なファシスト」であると豪語している。このような発言が示すように、少なくともこの時期において、北は自身がファシストであることを認めていただけではなく、ファシストであることに一種の誇りすら感じていた(67)。

日本主義者であった北は、外国からファシズムを直輸入するつもりはなかったようである。日本へ導入すべきファシズムは、イタリアやドイツのファシズムの直訳ではなく、日本独自のファシズムでなければならないと考えていた。「露化思想と米化趣味とに精神的に分割せられたる日本の保全には、民族主義の高唱に依るの外はない。斯くしてイタリーの翻訳ならぬ日本的ファシズムの創造が愁眉の急である」と述べている。(68)

ファシストを自称した北は、果たしてどのような意味でファシストであったのだろうか。ファシズムの定義は複雑であり、それに対する見解も分かれているが、その特徴としては、独裁政治、強硬な外交、膨張主義、軍国主義、民族としての使命感、反議会政治、反既成政党政治、反自由主義、統制経済、大衆(国民)運動の存在などが挙げられる。北の主張はおおむねそれに合致しており、そうした意味において、一九三〇年代の北をファシストと見なしても差し支えない。この時期において、彼は新思想であるファシズムをもとに、日本の行き詰り(行き詰りが存在したかどうかはまた別問題である)を打開しなければならないと考えるようになった。とはいえ、北はファシズムを一種のエリートによる政治と見ており、イタリアやドイツのようなファシズムの恐ろしい実態を理解すらしていなかったと思われる。

一九二八年の月刊誌『祖国』の創刊は、その打開策の一つであった。『祖国』はその二年前に北が発刊した哲学専門雑誌『学苑』の後身であるが、『学苑』と異なり、一般向けの総合雑誌として発刊された。有力な支援者として首相田中義一男爵や小川平吉がおり、北の回顧によれば、田中が創刊準備に当たり、一万円を寄付したという。(69)こうした支援から考えても、『祖国』は決して革新的な思想を全面的に標榜する雑誌ではなく、政友会に近い、保守的な雑誌であったと言っても誤りではない。『祖国』の保守的な性格は、雑誌の母体である祖国同志会の理事や

(67) "Active Japanese Fascist Closes Cambridge Visit," *Crimson Harvard*, 1 October 1932.
(68) 『排撃の歴史』三四九頁(『祖国』一九三一年三月)。
(69) 「田中さんは小川平吉、三土忠造両氏から僕のことを聞いて……僕の主宰してゐた雑誌『祖国』の為めに、帰京後金一万円をぽんと寄附して呉れ」たと北は回顧している。北昤吉「政界回顧二十年―満洲事変と国際連盟脱退其の二―」『日本及日本人』二巻七号(一九五一年七月)五五頁。

評議員らの名簿からもうかがうことができる。[70]

『祖国』は、民族主義と大日本主義を大正デモクラシーのアンチテーゼとして掲げた。『祖国』の日本主義には、反自由主義、反個人主義、反デカダンが含まれており、積極的な大陸政策や軍国主義を提唱していた。『祖国』の編集方針は北の政治思想を反映しており、時に革新的な様相を呈したが、概して保守的な色彩が強かった。

北は、根本的に保守主義者の領域を逸脱することはなかった。たとえば彼は産業の国有化を、日本には基本的に馴染まないものとし、[71] 国有化はケースバイケースで進めるべきであると主張した。土地政策については、自作農の保護を中心に、「土地所有の広狭に応じて累進税を課し大地主の土地兼併の弊を防ぎ、全国の耕地が自作農に均分されるに至ることを理想」とし、山林の国有化と一種の農地改革を唱えたが、[72] これも特に革新的ではなかった。

しかし、革新的な点がまったくなかったわけではない。たとえば、彼は一種の強制労働制度を導入すべきだと論じており、それを「住宅建設、道路改良、下水工事、鉄道の広軌改築等に利用すべきである」と主張した。[73] さらに、「軍備を縮小して軍人の不平を招くよりも、古への屯田兵制によって人力を強制的に徴発して、生産事業に当たらしむべき」であるとも論じている。[74]

北昤吉が発刊した雑誌『祖国』

欧米の自由主義を批判してやまなかった北は、ムッソリーニのファシズムを高く評価していた。「今日の伊太利に於てムッソリーニは異常の能率を挙げてゐる」とムッソリーニの政治的な手腕を礼賛した。[75] 彼はムッソリーニが「イタリアの救世主である」と考えていた。[76] しかし、彼はファシズムの利点を認めながらも、直ちに日本にファシズムを導入すべきであると主張していたわけではない。北はムッソリーニの言葉を引用し、「伊太利のファシズムも、露西亜のレーニズム（ママ）も、その何れも、他の国に移植さるることも出来ず、また生育することも出来ない[77]」と考えていた。

彼は、ムッソリーニによる独裁に対し疑問を感じる点もあった。ファシズムの欠点は、個人による独裁主義にあり、「偉大の支配不可避に持つ欠点は、現在の伊太利のムッソリーニの独裁にも認められる[78]」と述べている。政治のすべてが一人の独裁者の手に集中していることがファシズムを不安定にさせており、ムッソリーニのような偉大な指導者が健在である限り問題は生じないが、ムッソリーニが死去すれば、イタリアは必然的に危機に陥るであろうと北は分析していた。北は、一人の政治家による独裁政治より、少数のエリートによる独裁政治の方が望ましいとしており、これはすでに言及した哲人政治を意味していた。

北はファシズムを革新的ないしは革命的な運動ではなく、比較的穏健で保守的な体制であると見ていた。二・二

---

(70) 北は一九二九年四月に祖国同志会（後祖国会）を結成した。この団体の理事には革新派（大川周明、一八八六〜一九五七、高須芳次郎、一八八〇〜一九四八、杉森孝次郎、一八八一〜一九六八、室伏高信、一八九二〜一八七〇、など）や保守主義者（井上哲次郎、一八五六〜一九四四、大島正徳、一八八〇〜一九四七、紀平正美、一八七四〜一九四九、井上準之助、一八六九〜一九三二、團琢磨、一八五八〜一九三二、など）もいた。「祖国同志会創立」『祖国』二巻三号（一九二九年三月）六七〜六八頁。

(71) 「惟ふに日本の社会は決して単純ではない。封建時代の現象も呈してゐれば、近代の資本主義的社会の面目をも呈してゐる。随って政治の正道によって合法的に日本を改造するには、社会の多様相に応じて、各種の主義及び政策を併用する必要がある。」（『昭和維新』）二二四頁。なお二三二〜二三四頁。

(72) 『昭和維新』二三〇頁。

(73) 同右、二四二頁。

(74) 同右、二四二頁。

(75) 同右、三九頁。

(76) 例えば同右、四〇頁。

(77) 北「天才論」『祖国』三巻一〇号（一九三〇年一〇月）四頁。

(78) 『昭和維新』世界文庫刊行会、一九二七年、三九頁。

六事件の直後から、北のこの保守主義としてのファシズム論はさらに顕在化した。北は自らが提唱するファシズムと国家社会主義を明確に区別していた。北は、しばしばファシズムと同一視されていた国家社会主義は、共産主義とほとんど変らない代物として絶対に容認できないとした。なお、北はナチスの国家社会主義は、日本で一般的に国家社会主義と理解されていたものとは異なり、ファシズムの一種であると見ていた。「ヒットラー主義は資本主義と社会主義との何れにも偏せざる統制経済主義乃至はファッシズムであ」り[79]、「日本にて流布せらるる国家社会主義乃至一国社会主義と」はまったく異なると北は主張した[80]。

しかし、国家社会主義を仮装共産主義として排斥し、日本主義を標榜した北はファシズムやドイツのナチズムの影響を知らず知らずのうちに受けていた。一九三〇年代後半に書かれた北の著述にはこうした影響が顕著に表われている。とりわけ、一九三三年に、ヒトラーがドイツで政権を握るとヒトラーとその政策の理想化、美化が目立つ。かつて北は、独裁政治に警鐘を鳴らしていたが、この時期になると少なくともヒトラーに対する疑問を捨てたようである。北は、ヒトラーとナチス党が「マルキストと猶太人の跳梁[81]」からドイツを救ったのであり、その点を高く評価していた。また、この時点で彼は、ナチスの人種政策を支持しており、ユダヤ人の迫害を「大英断」と評価した[82]。

その後、北は、一九三六年二月に行われた総選挙において無所属で新潟一区（佐渡）から立候補して当選を果たし[83]、立憲民政党に入党した。自らが政党政治に携わるようになったことで、従来の立場を修正せざるをえない状況に置かれ、一九四〇年に政党政治を崩壊させようとしていた近衛新体制と対立した。皮肉なことに、このかつての自称ファシストは、近衛の新体制を外国からの「直訳全体主義[84]」であると批判した。北に言わせれば、最大の問題は、近衛新体制が日本の国体に合わないという点にあった。「近衛公の構想と表現とは自由主義の傾向を蝉脱せんとしつつ、ドイツ流全体主義の後塵を拝し、英米の多数決主義ともドイツ流の全体主義とも異なる、我が上御一人主義に徹底せざる罪を犯して居る。[85]」ここで注目すべきことは、北は決して全体主義そのものに反対していないという点である。日本には天皇を中心に立派な「全体主義的な」制度があるため、外国の体制を導入すべきではないというのが、北の主張であった。

五　おわりに

本章では、北昤吉の思想的な遍歴を検討し、それを第一次世界大戦後の政治思想史に位置づけることを試みた。北は、第一次世界大戦以前から、保守的な思想を持った国家主義者であり、強硬外交を標榜し、大陸への進出や領土拡大を日本の使命と見なしていた。その北に対し、第一次世界大戦がもたらした諸変化は非常に大きな衝撃を与えた。大戦の結果、アメリカが大国として台頭し、世界初の共産主義国家が誕生する中で、民族自決が唱えられ、講和会議を経て国際連盟が設立された。こうした状況の下で生まれた新しい世界秩序であるヴェルサイユ＝ワシントン体制に、北は強く反発した。彼がかねてから掲げていた日本の使命、すなわち大国日本への道が、この体制に

(79)　北昤吉「ナチスと国家社会主義」（北昤吉編『ファッショと国家社会主義』日本書荘、一九三七年）一六二頁。
(80)　同右、一六二頁。また、「ヒットラー主義はマルキシズムの一変形たる国家社会主義とは何らの関係なきものである。」一六六頁。
(81)　北「序説」（『再革命の独逸』平凡社、一九三三年）一頁。
(82)　同右、一八六頁。
(83)　一九二九年の総選挙の時には、兄一輝をはじめ「知人、友人に」に説得されて、立候補を断念したようである。また、一九三一年一二月の第二次若槻礼次郎内閣瓦解直後、北は中野正剛に招待され、安達謙蔵から選挙資金を提供されたが、北はそれを拒否した。稲邊『一輝と昤吉』一七四頁。
(84)　『排撃の歴史』三五一頁。
(85)　「新體制の根本理念を検討す」『祖国』一三巻一〇号（一九四〇年一〇月）（『排撃の歴史』所収）三五四頁。

よって実現を阻まれたと考えたからである。

大戦中に日本を大国たらしめる機会が生まれていたにもかかわらず、日本政府がその機会を逸し、さらに戦後は協調外交路線をとったことに対し北は憤慨した。大陸への進出によって日本は偉大な国家になると信じていた北は、現状打破が必要であると考えるようになった。

大戦の結果、雪崩のように日本へ流れ込んだ自由主義、個人主義、平和主義、民主主義などの思想が、強い国家の実現を阻止したことを北は強く批判していた。彼はとりわけ政党政治の台頭や民主主義の普及を懸念し、それに代わるものとして、知恵と経験の豊富な人間が政治をつかさどる哲人政治を唱えた。北は選挙によって一般国民に選ばれた政治家からなる衆議院を危険視しており、その権限を最低限に抑えるために、より強い貴族院を実現するための改革が必要であると考えていた。

北は、ヨーロッパで、ヴェルサイユ＝ワシントン体制と自由主義の打破を提唱するファシズム運動が成功を収めると、同時代の多くの人々と同様、ファシズムに魅惑された。しかし、彼は常に日本独特の事情にこだわり、直接的にファシズムを日本に導入することはできないという結論に達した。ファシズムを日本で成功させるには、日本の状況に合うように、調整しなければならないと彼は信じていた。

北は、ファシズムを比較的穏健で保守的な思想と見なしていた。北は、国家社会主義を日本の状況には絶対に合わないイデオロギーとして批判しており、国家社会主義とファシズムを明確に区別した。一般的にヒトラーは国家社会主義者と見なされているが、北の判断では、ヒトラーは国家社会主義者ではなく、健全なファシストであった。だがその一方で、一人の偉大な独裁者に頼ることが、ファシズムの欠点であるとも考えていた。

近衛文麿の新体制への動きに対して、北は「直訳全体主義」であると見て批判的であった。結局北は、日本の天皇を頂点とした政治制度は一種のファシズムであり、全体主義であるため、外国からファシズムや全体主義を導入するのは有害であると見ていた。北が近衛新体制を批判したのは、それがドイツのファシズムに倣ったものであったからである。

保守主義者として北は第一次世界大戦がもたらした様々な変化に強く反発し、革新派とさほど変わらない立場をとるようになり、ファシズムに魅惑された。北は、単にファシズムを国際秩序に挑戦し、自由主義、民主主義と共産主義を敵視する思想としてのみ理解し、ファシズムを哲人政治のエリート主義と見なしていた。彼はその革命的な様相を無視し、その暴力性やその反エリート主義には見向きもしなかった。日本の価値観で物事を分析していた北は、ドイツとイタリアのファシズムの本質を誤解した保守主義者であったということができる。

戦後、北は一九四七の総選挙に立候補して当選したが、二ヶ月後に「超国家主義と軍国主義を標榜した」として、GHQによる公職追放という目に会った。彼はそれに対して数回控訴したが、却下された（一九五一年八月解除）[86]。控訴文でも、その後も自分がファシズムに魅了されていた過去については一言も触れず、自分が全体主義や軍国主義を支持していたことを否定した。このように、北は、自分の過去に蓋をし、保守的な政党政治家として活動した。彼の言動を見る限り、一九三〇年代の彼のファシズム肯定論と戦後の思想との間に大きな隔たりがあったといえる。

（86）"Memorandum for Major Napier: subject Kita Reikichi" 30 June 1950, GHQ/SCAP Records（RG 331）, Box 2275 G, Folder 35, "Kita Reikichi," p.23.

◉「満洲国」とイラクはともに一九三二年に独立した。前者はほとんどの国から承認されず、建国を推進した日本は国際連盟から脱退し、日本の敗戦とともに消滅した。後者は国際的に広く承認され、連盟に加入し、現存する。国際協調体制に挑戦して誕生した「満洲国」と国際連盟の委任統治制度の枠内で生まれたイラクを対比しつつ、戦間期における国家建設の条件を考察する。

第五章

等松春夫

戦間期における国家建設

「満洲国」とイラク

柳条湖事件の現場を調査するリットン調査団

一　はじめに

日本国際連盟協会が発行する『国際知識』の一九三二年七月号は三つの問題を取り上げていた。日本の対満洲政策、大恐慌以後の世界経済問題、そしてイラク委任統治の終了である。(1)確かにこの年の特筆すべき国際的な事件の一つは三月における「満洲国」(以下、満洲国と記す)の独立宣言と一〇月のイラクの独立であった。この年、日本とイギリスはそれぞれ満洲国とイラク独立の産婆役を果たしたのである。いずれも既存の国際秩序と地域秩序に少なからぬ変化を与えた転換点であった。本章においてはどのような過程を経てイラクと満洲国が建国され、それが戦間期の国際秩序の変遷の中における国家建設の事例として、いかなる意味を持ったかを考察したい。

イラクは一九一四～一八年の第一次世界大戦の結果、オスマン帝国の支配を離れ、イギリスを受任国とする国際連盟の委任統治下に置かれた。(2)それに先立って、一九〇四～五年の日露戦争により満洲の南部地域は日本の影響下に入っていた。(3)戦間期においてイギリスはイラク支配を中東政策の要と位置づけた。(4)同様に日本は満洲を大日本帝国の生命線と見なすに至った。(5)そして一九三二年に日英両国は共に満洲国とイラクを独立させる決定を行った。続

(1)『国際知識』第一二巻七号(一九三二年七月)。イラク委任統治終了への言及は一二一～一二八頁。
(2) イギリス委任統治下のイラク全般については以下を参照。Ernest Main, *Iraq from Mandate to Independence* (London: G.Allen & Unwin, 1935) および Peter Sluglett, *Britain in Iraq: Contriving King and Country* (London: I.B. Tauris, 2007).
(3) 満洲地域がどのような過程を経て日本の勢力圏に入ったかは以下を参照。Yoshihisa Tak Matsusaka, *The making of Japanese Manchuria, 1904-1932* (Cambridge, Mass: Harvard University Asia Center, 2001).
(4) 第一次世界大戦後のイギリスの中東政策については David Fromkin, *A Peace to End All Peace: The Fall of the Ottoman Empire and the Creation of the Modern Middle East* (New York: Avon Books, 1990), Part X 'Storm over Asia' および Margaret MacMillan, *Peacemakers: The Paris Peace Conference of 1919 and Its Attempt to End War* (London: John Murray, 2001), Part VII 'Setting the Middle East Alight'を参照。

く激動の時代にイラクはイギリス帝国の没落にもかかわらず存続し、二〇一八年の現在でも国家として存在している。[6]これとは対照的に満洲国は建国から一三年五ヵ月しか存続せず、一九四五年の日本帝国の敗戦とともに消滅した。[7]このようにイラクと満洲国は戦間期における国家建設の際立った成功例と失敗例になった。

ではなぜ満洲国は滅亡し、イラクは生き残ったのか。本章ではイギリス委任統治下のイラクと日本の影響下にあった満洲における二つの国家の建国の比較を通して、戦間期の国際秩序と国家建設の関係を分析する。

二　戦間期の国際秩序と国家建設

第一次世界大戦終結の頃、旧来の帝国主義的な「旧外交」はアメリカのウィルソン大統領が提唱する「新外交」の諸原則により厳しく批判されるに至った。事実、一九一九年のパリ講和会議において「新外交」の諸原則は少なくとも原理的には会議に参加した諸国によって承認された。その結果、戦勝国による敗戦国領土の併合の禁止、民族自決、軍備縮小、公海の自由などの諸原則が新たに設置された国際連盟の規約に盛り込まれた。[8]とりわけはじめの二つの原則は、戦勝諸国の領土獲得と勢力圏の拡大に対する姿勢に大きな変化を与えた。端的にいえば大国による露骨な領土併合や内政干渉は容易に行えなくなったのである。[9]

では、このような諸原則のもとで、いかにして新しい国家は建設されたのであろうか。まず、民族自決の原則に基づいて、かつてオーストリア＝ハンガリー帝国、ドイツ帝国、ロシア帝国が支配していた中欧と東欧にはポーランド、チェコスロヴァキア、ユーゴスラヴィア、フィンランド、バルト諸国などの新国家が誕生した。ただし、これらの例に見られるように、民族自決の原則が認められたのは、白人キリスト教文明に属する諸民族に限られた。

一方、植民地問題も「新外交」の原則が設定する基準に則して処理されねばならなくなった。敗戦国から分離された領域の戦勝国による併合や、領域への即時の独立付与が不可能であれば、新原則と複雑な政治的現実を架橋する何らかの仕組みが必要となる。こうして妥協の産物として作られたのが国際連盟の委任統治制度である。[10] この制度を規定した国際連盟規約の第二二条では、当該地域の将来における独立が示唆されてはいたが、独立に至る明確な日程はあいまいなままであった。

以上を概観すると、戦間期における国家建設には三つのパターンがあったといえよう。すなわち、①民族自決原則に基づいてパリ講和会議で独立が認められたもの、②委任統治制度の枠内で将来の独立を目指すもの、そして③パリ講和会議起源の国際秩序の枠外において、マルクス主義イデオロギーに基づいて建国されたソ連（一九二二年）

---

(5) 「満洲は日本の生命線」という語はとりわけ、満州事変前後に広く使用された。Sandra Wilson, *The Manchurian Crisis and Japanese Society, 1931-33* (London: Routledge, 2002), pp. 56-57.

(6) イラクの建国から現在までの歩みについては以下を参照。Samira Haj, *The Making of Iraq, 1900-1963: Capital, Power, and Ideology* (New York: State University of New York Press, 1997), Aeed Dawisha, *Iraq: a Political History from Independence to Occupation* (Princeton: Princeton University Press, 2009), Phoebe Marr, *The Modern History of Iraq* (Boulder: Westview Press, 2011).

(7) 満洲国の興亡については山室信一『キメラ―満洲国の肖像―（増補版）』（中央公論社、二〇〇四年）を参照。一九四五年のソ連軍の侵攻と満洲国の終焉に関してはDavid M. Glantz, *The Soviet Strategic Offensive in Manchuria, 1945 'August Storm'* (London: Frank Cass, 2003) を参照。

(8) パリ講和会議で導入された新原則についてはErez Manela, *The Wilsonian Moment: Self-Determination and the International Origins of Anticolonial Nationalism* (Oxford: Oxford University Press, 2007) およびMacmillan, *Peacemakers*, Part II 'A New World Order' を参照。

(9) パリ講和会議までは戦勝国が敗戦国の領土を併合することはめずらしくなく、この行為は「征服の権利」(the right of conquest) により正当化された。Sharon Korman, *The Right of Conquest: The Acquisition of Territory by Force in International Law and Practice* (Oxford: Clarendon Press, 1996) を参照。

(10) 委任統治制度の全般的説明についてはQuincy Wright, *Mandate under the League of Nations* (Chicago: Chicago University Press, 1930) を参照。委任統治制度の設計時の政治的背景についてはF. S. Northedge, *The League of Nations: Its Life and Times 1920-1946* (Leicester: Leicester University Press, 1986), Chapter 9 'The mandate system' pp. 192-220を参照。日本の委任統治制度への関与については、田岡良一

とモンゴル人民共和国（一九二四年）である。ここで問題となるのは、戦間期の国際秩序のもとで非キリスト教文明圏の有色民族が国家建設を目指す場合、これら以外にいかなる方法があるのかということであった。

以上が、イギリスが中東の旧オスマン帝国領土に対する政策を形成する際に考慮せねばならなかった状況であり、日本もまた一〇年後に同様の問題に満洲において直面したのであった。

三　イギリスとイラクの建国（一九一九～三二年）

（一）イラク建国（一九一九～二二年）

一九一八年一〇月三〇日にイギリス軍とオスマン帝国軍が休戦した段階で、中東のオスマン帝国領の大部分がイギリス軍の占領下に置かれていた。翌年のパリ講和会議開催の頃には、「インドへの道」の只中にあるメソポタミアとパレスチナを戦略的に制することがイギリスの中東政策の根幹となっていた[11]。メソポタミアに関しては地政学的な位置のみならず、油田の宝庫であることも重要であった。第一次世界大戦では燃料の主流が石炭から石油に転換し、将来の戦争における艦艇や機械化部隊や航空機の運用には石油資源の確保が死活的と受け止められた。

この目的を達成すべくイギリスは当初は中東地域に親英的な衛星国家群を作り、それらを通じてイギリスの政治的・軍事的・経済的利益の確保を目指した。このような間接支配は経済的にも統治コストを軽減するものと考えられた。世界大戦における国力消耗の結果、大幅な軍事予算の削減を余儀なくされていた状況のイギリスが中東に大規模な地上部隊を駐留させることは困難であった[12]。

しかしながら大戦直後の混沌とした情勢の中東に友好的な衛星国家を作ることは容易ではなかった。イギリスが戦時中にオスマン帝国に対する「アラブの反乱」で支持してきた、フサインを家長とするヒジャーズ（メッカとメディナを含むアラビア半島の西岸一帯地域）の名門ハシム家は、アラビア半島で急速に勃興してきたイブン・サウドの勢力に圧迫され、かつての力を失う。一方、イギリスの同盟国フランスは一九一六年のサイクス・ピコ協定に基づき中東における勝者の分け前を要求する。また、ムスタファ・ケマルが指導する再生したトルコ共和国は、オスマン帝国の中東の版図の大部分を放棄したとはいえ、油田のあるモースルを中心としたメソポタミア北部への領土要求を取り下げなかった。さらには新たに成立したソ連が、中東へ共産主義イデオロギーの浸透を図っていた。(13)

　このような切迫した危機と潜在的な脅威に対応するためにイギリスの行ったことがイラク国家の建設であった。カイロのアラブ局とバグダードの英占領軍当局が急いで新国家の国境の画定を行い、ロンドンの政府はフランスやトルコと交渉を進めた。しかしながら、地理的に多様で、複雑な民族・文化構成を持つ地域を単一の政治共同体にまとめるのは至難の業であった。イラクはその国境内にスンナ派、シーア派、クルド人という三大集団を抱え、こ

『委任統治の本質』（有斐閣、一九四一年）および等松春夫『日本帝国と委任統治』（名古屋大学出版会、二〇一一年）を参照。

（11）イギリス軍による第一次世界大戦中のイラク征服についてはMohammad Gholi Majd, *Iraq in World War I: From Ottoman Rule to British Conquest* (Lanham: University Press of America, 2006) を参照。中東におけるイギリスの戦略的計算に関してはMarian Kent ed. *The Great Powers and the End of the Ottoman Empire* (London: Frank Cass, 1996), pp. 189-192を参照。

（12）イギリスがイラクの石油資源をいかに重要視していたかについてGeorge E. Gruen, 'The Oil Resources of Iraq: Their Role in the Policies of the Great Powers' in Reeva Spector Simon and Eleanor H. Tejirian eds., *The Creation of Iraq 1914-1921* (New York: Columbia University Press, 2004), pp. 110-124を参照。イギリスは第一次世界大戦を経て戦車、車輌、航空機、軍艦などの近代兵器の運用に石油が死活的重要性を持つことを痛感していた。

（13）イギリスをはじめとする列強の中東における二〇世紀前半の角逐についてはD. K. Fieldhouse, *Western Imperialism in the Middle East 1914-1958* (Oxford: Oxford University Press, 2006) を参照。特にモースルをめぐる紛争はSarah Shields, 'Mosul Question: Economy, Identity and Annexation' in Simon and Tejirian, *The Creation of Iraq*, pp. 144-145が詳しい。ソ連の中東への関心と共産主義の浸透についてはFromkin, *A Peace to End All Peace*, Part XI 'Russia Returns to the Middle East'を参照。

れに加えてアッシリア人（ネストリウス派キリスト教徒）、トルクメン人、ユダヤ人、バハイ教徒等の雑多な少数派が散在して居住していた[14]。

さらに、新国家の最も不可思議な特徴は政体と国家元首の選択であった。最終的には王制となりハシム家のフサインの嗣子ファイサルがイラク国王に即位したのである。前述したようにイギリスは世界大戦中にはハシム家のオスマン帝国に対する反乱を支援していた。ハシム家は起源を預言者マホメットにさかのぼるイスラーム世界の名門ではあるが、その根拠地はメッカとメディナを擁するアラビア半島の西岸ヒジャーズ地方であり、イラクの位置する内陸部のメソポタミアではなかった[15]。

(二) イギリスのイラク委任統治（一九二二〜三一年）

以上のような過程を経て一九二二年にイラクは建国されたが、新国家はほどなく正統性の問題に直面する。第一に、イギリスが外部から移入して据えた国王は地域住民の反発を買った[16]。第二に、イギリスのイラク内政への介入は王家、地域住民、国際社会から軍事占領の継続という批判を受けた[17]。これらの批判をかわし、イギリスがイラク統治に関与する正統性を獲得するために行ったのはイラクを国際連盟のA式委任統治下に置くことであった。国際連盟規約第二二条によれば、A式委任統治の原理は後見である。すなわち、連盟理事会に指名された先進国が当該地域の「自立できる」（stand by themselves：委任統治制度を規定した国際連盟規約第二二条に使用された文言）条件が整うまで現地の暫定政権を指導するのである。連盟規約第二二条に規定された委任統治制度の三形式の中で、B・C式が従来の植民地統治と本質的に大差なかったのに比べ、A式は最も高度の自治性を有していた[18]。このA式の規定を援用することによって、イギリスは一九二二年にイラク王国と条約を結び、国際連盟の承認のもとでイラク政府に対する監督を継続した。この時イギリスがイラクと締結した条約の骨子は以下の通りである。すなわち、イギリス政府はイラク政府に対して政治的助言をする権利を有する、イラク国内におけるイギリスの通商上の利益が保証される、イラク政府がイギリス人官僚や専門家を枢要な地位に雇用する、イギリス軍の国内駐留を認める、イギリス人顧問がイラクの軍と警察を指導する[19]。要するに、この条約によりイギリスは国際連盟の委任統治制度に基づいて既存の国際秩序内でイラクを実質上の保護国として管理する権利の獲得に成功したのであった。

しかしながら、その後イギリスはイラクをこの形態で支配することの政治的・経済的負担が当初の想定よりも高いことに気づき、代替案を模索した。その結果、一九二〇年代末にはイギリス政府はイラクに対するA式委任統治の終了を考えるに至った。果たしてこの時点でイラクの住民が真に「自立できる」状態に達していたかは疑問であったが、「後見」という委任統治の原理から、イギリスは委任統治終了の決定を正当化しやすかったのである[20]。

（14）イラクにおける少数民族問題全般についてはGareth Stansfield, *Iraq: People, History, Politics* (Cambridge: Polity Press, 2009), pp. 57–73を参照。クルド人についてはKhaled Salih, 'Demonizing a Minority: The Case of the Kurds' in Simon and Tejirian, *The Creation of Iraq*, pp. 81–94を、ユダヤ人についてはDaphne Tsimhoni, 'Jewish-Muslim Relations in Modern Turkey', in Simon and Tejirian, *The Creation of Iraq 1914–1921*, pp. 95–116を参照。

（15）ハシム家についてはAlbert Hourani, *A History of the Arab People* (New York: Warner Books, 1991), pp. 316–317およびFieldhouse, *Western Imperialism in the Middle East*, pp. 27, 31, 63を参照。

（16）ハシム家の「移植」に対するイラク現地民の抵抗についてはDawisha, *Iraq: a Political History*, pp. 19–26およびFieldhouse, *Western Imperialism in the Middle East*, pp. 89–91を参照。

（17）イラクをはじめとする中東において戦間期にイギリスは様々な反帝国主義運動への対応に苦慮した。Michael Cohen and Martin Kolinsky eds., *Britain and the Middle East in the 1930s: Security Problems, 1935–39* (Basingstoke: Macmillan, 1992), pp. 117–120を参照。

（18）三種類の委任統治制度の区別についてはWright, *Mandate under the League of Nations*, Chapter II 'Establishment of the Institutions'を参照。なお'stand by themselves'とは、委任統治制度を規定した国際連盟規約第二二条の前言に使用された表現である。

（19）一九二二年のイギリス・イラク条約の内容についてはWright, *Mandate under the League of Nations*, pp. 59–61を参照。

（20）イラク委任統治終了の過程についてはLuther Harris Evans, 'Emancipation of Iraq from mandate' in *American Journal of International Law*, Vol. 26, no. 6 (December 1932), pp. 1025–1049を参照。

（三） イラク独立（一九三二年）

結果的にイラクは国際連盟の存在中に完全に独立して連盟に加盟した唯一の委任統治地域となった[21]。一九二九年一一月、イギリス政府はジュネーヴの連盟理事会にイラク委任統治の終了と独立の付与を提案した。これを受けて連盟理事会は一九三〇年一月、常設委任統治委員会に対して委任統治終了の条件を諮問した。調査検討の結果、委員会は以下の五つの条件を提示した。①政府機関の基本的機能を遂行可能な安定した政府と行政能力、②領土保全と独立の維持、③通常の統治業務を可能にする財政的基盤、④領土全体における治安維持能力、⑤公平な裁判が可能な法と司法制度。これに加えて常設委任統治委員会は七つの保証が必要であると報告したが、その中で最も重要な項目は民族的・文化的な少数派の保護であった[22]。

詳細な審査の後、一九三一年一一月に常設委任統治委員会は連盟理事会に対して報告書を提出し、イラクの委任統治終了を支持した。この報告に基づき一九三二年一〇月三日にイギリスのイラク委任統治は終了し、イラクは完全な主権国家として連盟に加盟が認められた。当時においてイラク独立は委任統治終了の模範的事例と受けとめられた。しかしながら、実際には少数派の保護の保証などが十分に実現されていたかは怪しく、その後様々な紛争の要因となるのである[23]。

（四） 一九三〇年のイギリス・イラク条約

ジュネーヴにおいて委任統治終了の諸手続きが進められている間、イギリス政府はイラク政府との間に新しい条約を締結した。この一九三〇年のイギリス・イラク条約は実質的に一九二二年のイギリス・イラク条約と変わらず、独立後もイラクをイギリスの影響下につなぎとめておく内容であった。一九三〇年の条約によってイギリスはイラク政府の省庁の大半に相当数のイギリス人顧問を配置でき、イラク領土内に軍事基地と航空基地を確保した。

イラクの軍隊と警察の幹部はイギリス内で訓練されるかイギリス人顧問のもとで養成された。そしてイギリスはイラクから最恵国待遇を保証された。一九一九年に一部で論じられたように、国際連盟がイギリス帝国の代替物として考案された面があったと考えるならば、それはイラクの委任統治終了と独立付与に端的に示されているといえよう。実際のところ一九三二年以降もイラクは実質的にはイギリス帝国の自治領または保護国に等しかったのである。(24)

四　日本と満洲国の建国（一九〇五〜三二年）

（一）日本の満洲関与（一九〇五〜三〇年）

日露戦争の結果、遼東半島の旅順と大連は日本の租借地となり、地域は関東州と命名され関東庁が置かれた。(25) 依然清朝が名目的な領土主権は有していたが、隣接する南満洲でも日本は鉄道経営、港湾使用、鉱山開発など種々の

(21) イラクの連盟への加盟についてはRupert Emerson, 'Iraq: The End of the Mandate', *Foreign Affairs*, Vol. 11, no.2 (February 1933), pp. 355-360を参照。

(22) *League of Nations Official Journal*, 12th Year, no. 11 (November 1931), Minutes of 64th session of the Council, Annex 1317, C. 422, M. 176, 1931, VI, p. 2176.

(23) Liam Anderson and Gareth Starfields eds., *The Future of Iraq: Dictatorship, Democracy, or Division* (New York: Palgrave MacMillan, 2004), pp. 232-236.

(24) フィールドハウスによれば「イギリスは約四〇年にわたり必要なものをイラクで確保し続け、そしてイラクを放棄した。以後のイラクは他の中東諸国と同様の軍事独裁体制下の革命国家となり、あたかも委任統治などまったくなかったかのようである」。Fieldhouse, *Western Imperialism in the Middle East*, p. 11.

(25) Matsusaka, *Making of Japanese Manchuria*, pp. 88-89.

経済権益を取得した[26]。日本が獲得した権益は列強によって承認され、一九〇五年から一九〇七年にかけて日本政府がロシア、フランス、イギリス、アメリカ、清朝各国政府と締結した諸条約や協定により確認された[27]。

その後一九一一年の辛亥革命を経て清朝が滅亡し中華民国が誕生するが、内政は混沌を極めていた。そのような状況で一九一五年に日本政府が中華民国（北京政権）に突きつけた二十一箇条要求は、これら南満洲の既得権益を再確認し、さらに長城以南の中国においても権益を拡大し、とりわけ第一次世界大戦で奪取した山東省のドイツ権益の譲渡を確実にしようと狙うものであった[28]。折からの中国ナショナリズムの高揚に直面して日本の要求は抵抗を受けたが、最後通牒を発することで要求の大部分を受諾させた。しかしながら、二十一箇条要求で日本が獲得した権益の多くは、一九二一～二二年のワシントン会議で放棄を余儀なくされた。これは中国が第一次世界大戦において敗戦国ではなく、名目的ではあれ戦勝国の一員であったためである[29]。

その後一九二〇年代半ばに中国ナショナリズムが蔣介石率いる国民革命軍による北伐という形をとって南満洲に迫るや、日本は既得権益を喪失する危機に見舞われた[30]。事実、一九二八年一二月には満洲を支配する軍閥、張学良は易幟を行い、南京の国民政府に合流する。この結果、法形式上満洲は中華民国政府の管轄下に入った。しかしながら、その後も満洲は実質的には張学良政権が支配する独立国家に等しく、南京の中央政府の主権は名目的にすぎなかった。このような満洲の地位の変化に伴って南満洲の日本権益は中国ナショナリズムの絶好の攻撃目標となる。こうして張学良政権と関東州に駐留する日本の関東軍の対立が深まり、一九三一年九月の満洲事変の勃発に至った[31]。

一九三一年九月一八日の柳条湖事件に引き続く一連の軍事作戦により南満洲のみならず満洲全域が比較的短期間で関東軍の制圧下に置かれた。翌一九三二年三月、関東軍の主導により新国家「満洲国」が建国され、日本陸軍の特務機関の助力で天津から脱出した清朝最後の皇帝、愛新覚羅溥儀が新国家の元首（執政）に据えられた[32]。

満洲国の建国において日本が用いた論理は以下のようなものであった。第一に、満洲はかつての中華帝国の辺境に位置しており、近代的な主権国家の意味では必ずしも中国の不可分の領土とは言い切れない。満洲は一七世紀前半に満洲の故地から発した女真族が長城以南の中国本土を制圧して清帝国を築いた時はじめて中国本土と連結されたにすぎない。第二に、満洲は中国、モンゴル人民共和国（ソ連の衛星国）、ソ連との間の緩衝地帯として日本の安全保障上重要な地域である。第三に、多種多様な民族構成は中国が一方的に満洲への主権を主張する根拠にならない。たしかに一九三〇年代初頭までに満洲地域の住民の八〇％以上が漢族になっていたとはいえ、この地域は元来女真族（満洲族）の故地であり、満洲人、モンゴル人、朝鮮人、ロシア人、日本人が相当な期間にわたって居住してきた。また、漢族の大量移入は一九世紀末期以降の比較的最近に始まったにすぎない。これらの現実が日本に「五族協和をめざす満洲国」を主張する一定の根拠を与えていた。第四に満洲の住民の多くが張学良政権の圧政を

（26）満洲における日本の権益については W. G. Beasley, *Japanese Imperialism 1894–1945* (Oxford: Clarendon Press, 1987), pp. 90–100 および信夫淳平『満蒙特殊権益論』（日本評論社、一九三二年）を参照。

（27）一九〇五年の日露ポーツマス講和条約、一九〇五年の日本・アメリカ間の桂タフト協定、一九〇七年の日仏協約、一九〇七年の日露協約。また、日英同盟はすでに一九〇四年に第一回の更新が行われ延長されていた。

（28）二一カ条要求の内容と性格については Matsusaka, *The Making of Japanese Manchuria*, pp. 188–198, Beasley, *Japanese Imperialism*, pp. 108–115 および奈良岡聰智『対華二十一カ条要求とは何だったのか―第一次世界大戦と日中対立の原点―』（名古屋大学出版会、二〇一五年）を参照。

（29）第一次世界大戦における中国の地位については David Armstrong, 'China's Place in the New Pacific Order,' in Erik Goldstein and John Maurer, *The Washington Conference, 1921–22: Naval Rivalry, East Asian Stability and the Road to Pearl Harbor* (London: Frank Cass, 1994), pp. 249–266.

（30）北伐が日本の満洲政策に与えた影響については Matsusaka, *The Making of Japanese Manchuria*, pp. 322–323, 340–342 を参照。

（31）満洲事変勃発の経緯については臼井勝美『満洲事変―戦争と外交と―』（中央公論新社、一九七四年）、Christopher Thorne, *The Limit of Foreign Policy: The West, the League of Nations and the Far Eastern Crisis of 1931–1933* (London: Hamish Hamilton, 1972) および拙稿「満洲事変から国際連盟脱退へ」（筒井清忠編『昭和史講義』筑摩書房、二〇一五年）第五章を参照。

（32）溥儀は明らかに清朝を満洲に復壁する野心を持っていた。溥儀と満州事変の関わりについては臼井勝美『満洲国と国際連盟』（吉川弘文館、一九九五年）二九～三一頁を参照。なお、溥儀は一九三四年三月以降、満洲国執政にかわって満洲帝国皇帝の称号を用いた。

嫌う一方、南京の中華民国の中央政府に対する不信感もあり、そして関東軍の満洲制圧にも反感を抱いていた。このような状況下において、様々な性質と規模の自治運動が生じていたのである。[33]

(二) リットン報告書をめぐる日本の学界と言論界における論議

満洲国の建国が日本にとって既成事実となりつつある頃、国際連盟は別の動きを示した。連盟加盟国である中華民国政府からの要請を受けて、イギリスの元植民地行政官リットン卿を長とする調査団を派遣してきたのである。中国、満洲、日本における三ヵ月にわたる詳細な調査を経て、リットン調査団は報告書を連盟理事会に提出した。一九三二年一〇月に公表された「リットン報告書」は、満洲の主権は中国にあり日本は地域を不法に占拠しているとして、満洲における日本の自衛権発動の主張を却下し、満洲国の合法性を否定した。とはいえ、報告書は日本が南満洲において持つ合法的な権益が暴力的な中国ナショナリズムによって侵害されてきたことを認め、現実的な解決策として満洲を国際連盟が主導する国際管理下に置くことを提言した。しかしながら、具体的な国際管理の形式にまでは触れず、そのためリットン報告書の提言をめぐり多くの論議が生じた。[34]

この間、満洲紛争に関して日本の朝野は百家争鳴の観を呈した。[35] 著名な国際政治学者であった神川彦松・東京帝国大学教授は、満洲紛争の解決に対する日本国内の反応について以下のような要約を行っている。[36] すなわち満洲をめぐる日中紛争の解決には①帝国主義的②民族主義的③国際主義的な方法が存在する。①を支持するのは国粋主義的な勢力で、彼らは満洲国の建国を正当化し、状況によっては国際連盟からの脱退をも辞さないと主張している。この主張は関東軍と在満日本人のみならず好戦的なメディアに扇動された日本国内の多くの一般人の間に見られた。[37] ②は少数の知識人が支持した。彼らによれば、非欧米世界全般、とりわけ中国におけるナショナリズムの台頭は歴史的な趨勢であり、日本の満洲国建国の強行は最悪の場合中国との全面的な軍事衝突および中国に少なからぬ経済権益を有する欧米列強との深刻な対立を招来する。[38] ③は中国ナショナリズムと日本の既得権益を既存の国際秩序内で両立させようとする主張であり、(39) 具体的には民族自決の原則を国際連盟のA式委任統治制度内で実現する方式である。神川自身はこの方式を推奨し、イギリスのイラク委任統治をモデルにした満洲問題の解決を唱えた。(40) すなわち、日本が受任国として連盟規約第二二条に規定されたA式委任統治を満洲に施行するのである。

---

(33) 日本が満洲事変を正当化する論理については Thomas W. Burkman, *Japan and the League of Nations: Empire and World Order, 1914-1938* (Honolulu: University of Hawai'i Press, 2008), pp. 173-177 を参照。「保境安民」「連省自治」が当時よく用いられたスローガンであるが、これらは各地の軍閥政権が既得権益を守るための方便でもあった。軍閥政権の動向については Jerome Chen, *The Military-Gentry Coalition: China under the Warlords* (Toronto: University of Toronto-York and Joint Centre on Modern East Asia, 1979) を参照。なお「五族協和」の思想については塚瀬進『満洲国―民族協和の実像―』(吉川弘文館、一九九八年) を参照。

(34) 満洲の「多国籍行政」と「国際管理」の多様性については等松春夫「満洲国際管理論の系譜―リットン報告書の背後にあるもの―」『国際法外交雑誌』第九九巻六号 (二〇〇一年六月) 三〇～三一頁を参照。リットン報告書の作成過程については臼井勝美『満洲事変と国際連盟』八六～一一三頁を参照。

(35) Ian Nish, *Japan's Struggle with Internationalism: Japan, China, and the League of Nations 1931-3* (London: Kegan Paul International, 1993) および Wilson, *The Manchurian Crisis and Japanese Society*, Part II 'National perspectives', pp. 75-121 を参照。なお、国際連盟協会を中心とする同種の日本国内の議論については、岩本聖光「日本国際連盟協会―30年代における国際協調主義の展開―」(『立命館大学人文科学研究所紀要』第八五号、二〇〇五年三月) 一三〇～一三三頁を参照。

(36) 神川彦松「満洲問題の国際政治学的考察」(『外交時報』第六四五号、一九三一年一〇月一五日) 一～一四頁。

(37) この種の典型的な強硬論は満洲国の国家承認を主張する職業外交官にも見られた。堀口熊一「満洲新政府承認論」(『外交時報』第六四六号、一九三一年一一月一日) 五〇～五八頁。堀口はまた、国家承認と同時に日本政府と満洲国政府の間で相互安全保障条約を締結すべきであると述べ、イギリスとイラクの条約やアメリカとパナマの条約の先例を挙げている。「満洲新政府承認論」五四頁。

(38) 土方成美「満洲国成立批判」(『中央公論』第四七巻四号、一九三二年四月) 二〇～三二頁、矢内原忠雄「満蒙新国家論」(『改造』、一九三二年四月) 一八～二九頁、泉哲「国際法上より満洲国を論ず」(『国際知識』第四二巻四号、一九三二年四月) 二六～三三頁などはこの立場であった。

(39) 神川の他に同様の主張をした主要な人物は蠟山政道である。蠟山政道「世界の再認識と地方的国際連盟」(『国際知識』第一二巻一号、一九三二年一月) 二二～三〇頁、同「聯盟と共に解決せよ」(『国際知識』第一二巻八号、一九三二年八月) 二～一〇頁。

(40) 神川彦松「満洲委任統治論」(『外交時報』第六五〇号、一九三二年一月) 六四～六五頁。

しかしながら、元来国際連盟の委任統治制度は第一次世界大戦の結果、敗戦国ドイツとオスマン帝国から分離された地域の管理を行うことを目的に作られた制度であった。中華民国は敗戦国ではないため、もし神川が提案するような「国際主義的」解決が行われるとすれば、委任統治制度とは別個の仕組みまたは合意が中華民国、日本および国際連盟の間で作られる必要があった。この点で神川には委任統治制度に対する誤解があったといわざるをえない[41]が、満洲問題についてこの種の国際主義的解決が内外の国際協調派的な人々の間では支持されていたのである。

（三）外務省および陸軍内部における論議

満洲国建国からリットン報告書が公表されるまでの半年間、外務省は近い過去における国家の建設と承認の事例を調査していた。こうして一九三二年四月から七月にかけて条約局は複数の調査報告を作成した。これらの報告は後に調書「満洲問題資料―列強ノ帝国主義政策―」として纏められ、副題が示すように日本の満洲国建国の正当化に資するような他地域における事例を探索していた。調書に収められた第六文書は「英国〈イラク〉国間ノ関係」と題され、国際連盟委任統治の終了とイラクの独立に焦点を当てていた。英軍によるイラクの軍事占領からA式委任統治終了に至る過程を要約した後、概略以下のような結論を述べている。すなわち、イギリスのイラク統治は当初の軍政から内政指導へと移行している。国際連盟のイラクにおける委任統治を終了させるに当たり、イギリスは各段階において慎重な施策を行い、イラクにおける既得権益の保護を図っている。このイギリスの政策は詳細な分析に価する[42]。満洲国の建国は宣言されたがリットン報告書は公表されていないという、同書が作成された当時の政治的状況を考えると、この結論はイラクにおけるイギリスの政策が進行中の満洲問題の解決モデルになり得ることを示唆している。また調書の第七文書と第九文書ではそれぞれアメリカがパナマとニカラグアへ介入した事例が分析され、国益が脅威にさらされた場合の他国への介入の正当性を強調している[43]。

同じ頃、外務省の法律顧問であった斎藤良衛も同様の調査を行い、調書「連盟支那調査委員ノ満蒙問題解決方法腹案予想ニ就テ」として提出した[44]。この中で満洲問題の五つの解決可能策の一つとして、斎藤は満洲地域を国際連盟に対して責任を有するある種の国際管理制度下に置く構想を分析している[45]。具体的には①連盟の監督下における多国籍行政、または②連盟の委任統治制度の満洲への適用である。しかし、斎藤自身は満洲をこの種の国際管理下に置くことについて懐疑的であった。

斎藤によれば、満洲への国際連盟監督下の多国籍行政の適用には原理的に四つの困難が予想される。第一に、国際連盟は満洲に対して何らの領土的管轄権を有していない。第二に、多国籍行政の適用は住民の意志に反する。第三に、この方式では日本の満洲地域への歴史的関与が考慮されない。第四に、アメリカとソビエト連邦という満洲問題への重要な関与国が連盟に加盟していない一方で、満洲に直接的関心の少ない中小国が多く関与する[46]。これら四つの原理的な困難に加えて、斎藤は「国際主義的解決策」を満洲に適用する上での実際的な困難を五つ挙げる。すなわち関与する国々の間の相互不信、利害の衝突、行政をめぐる官僚主義的対立、中国政府の威信の失墜、財政の不安定である。結論として斎藤は満洲国の独立が最も望ましい解決策であると述べる。残されている史料群から

(41) たとえば宮田修「新満洲國政策私見」(浮田和民編『満洲國獨立と國際聯盟』早稲田大学出版、一九三二年)二八四〜二八九頁は満洲地域への多国籍委任統治の計画を示唆している。岩本聖光「日本国際連盟協会—30年代における国際協調主義の展開—」一三〇〜一三六頁。
(42) 外務省調書A—18「列強の帝国主義政策」(一九三二年四〜七月)、亜細亜局「満洲問題資料」四頁、外務省外交史料館。
(43) 外務省調書A—18「列強の帝国主義政策」、亜細亜局「満洲問題資料」第七部および第九部。実際、アメリカは一八九五年と一九〇一〜一四年にパナマに、一八九四年、一八九八年、一九〇七年、一九一〇年、一九一二〜三三年にニカラグアに介入している。アメリカのカリブ海地域への介入の背景についてはWhitney T. Perkins, *Constraints of Power: The United States and Caribbean Interventions* (Westport: Greenwood Press, 1981) およびFrank Ninkovich, *The United Sates and Imperialism* (Malden, Mass: Blackwell Publishers, 2001), Chapter 3 'America's Caribbean Empire', pp. 91-152を参照。
(44) 外務省調書、官扱153、斎藤良衛「聯盟支那調査員の満蒙問題解決方法腹案予想ニ就テ」日付なし、外務省外交史料館。
(45) 同右、日付と頁なし。
(46) 同右、日付と頁なし。

は、この他にも同様の議論が外務省内で行われたことがうかがえるが、その内容は条約局や斎藤の分析と大同小異であった[47]。

では満洲事変を引き起こした当の日本陸軍はいかなる姿勢であったのか。満洲国建国を強引に推進する出先の関東軍とは対照的に、陸軍中央は当初は満洲国の建国に慎重であった。たとえば、陸軍省は早くも事変勃発直後から、満洲問題をめぐる国際連盟との関係悪化が日本の地位にいかなる影響を与えうるかを調査していた[48]。

しかしながら、張学良軍を満洲から駆逐し、危惧されていたソ連軍の介入の可能性もなくなった段階では、陸軍中央も満洲国の建国育成に急速に傾斜していった。たとえば、陸軍省調査班が作成した「満洲国ノ承認ニ就テ」は、外務省調書とほぼ同内容の分析を行った後、満洲国政府に不自然に多数の日本人が雇用されているとの批判に対しては、近代的な国家の建設には先進国の専門家による指導が不可欠であると反論した。その根拠の一つとして、日本自身も近代国家建設の過程では欧米先進国から多数の専門家を「お雇い外国人」とし招聘し、一八七六（明治九）年にはその数は五〇〇名にも達していたことを挙げている[49]。直接、イラク政府に雇用されているイギリス人専門家への言及はないが、建設途上の新国家に先進国から多数の専門家が雇用されるのは国際的な常識に反するものではないとの主張には、明らかに独立後のイラクにおけるイギリス人顧問の存在が意識されていた。

（四）満洲国の成立

以上のように、満洲問題全般およびリットン報告書をめぐり日本の内外で多様な意見が出され、満洲問題の解決をめぐる議論は多岐にわたったが、一九三二年末までに日本政府の対満洲政策は、齊藤實内閣の内田外相による「焦土外交」発言に象徴されるように、満洲国の維持育成に固まっていった[50]。一九三二年九月の日満議定書の締結後は、リットン報告書に基づく国際主義的解決を模索することは日本の威信と国益に反するという風潮が日本国内全体に浸透していたのである。事実、日満議定書において日本政府は満洲国政府に日本の既得権益を承認させるとともに、満洲国防衛のため関東軍を領土内に常駐させる権利を獲得した。関東軍の駐留経費は日本政府のみならず満洲国も負担し、満洲国政府は多数の日本人を事実上政府の全機構に雇用した(51)。これらの点で日満議定書の内容は一九三〇年のイギリス・イラク条約と類似していた。

その後、満洲国の正統性を否定する国際連盟と対立した日本は、一九三三年三月に連盟からの脱退を通告する。しかしながら、列強の間では、日本の満洲国経営は資金や資源の不足、国内の治安維持に失敗して頓挫する可能性が高いと見られ、そのため満洲国の育成が行き詰った場合、日本が連盟に復帰して満洲問題の解決にリットン報告書の提案をある程度受け入れるのではないかとの憶測もなされた。日本の脱退が発効するのは二年後の一九三五年三月であり、この間の二年、日本国外では満洲問題の「国際主義的」解決に関する議論が続いたのである(52)。

しかしながら予測に反して、満洲国の治安は比較的短期間で確立され、一九三六年頃までに抗日活動の大半が鎮圧された(53)。ソ連の五ヵ年計画に倣った経済建設の四ヵ年計画が日系実務官僚たちによって精力的に推進され、一九

(47) 外務省「諸外国内政関係雑纂一九二九年～四一年」、「イラク國ノ部」、外務省外交史料館A―8―0―0―1―2―6。外務省調書、条―3―97、条約局第三課「委任統治制度」(石川作成)一九三七年一二月、八二～九三頁、外務省外交史料館。
(48) 陸軍省調査班「満洲事変に対する学者の意見」(一九三一年一〇月二日)(『みすず現代史資料』第一一巻「続・満洲事変」、みすず書房、一九六五年)五三四～五三六頁。国際問題の専門家として著名であった米田實から意見を聴取し、満洲問題をめぐる連盟との関係悪化が日本の南洋群島委任統治の資格要件に波及していく危険を指摘している。
(49) 陸軍省調査班「満洲国承認に就て」(一九三二年九月二〇日)、アジア歴史資料センターC－51204625００、一六頁。
(50) 一九三二年八月二五日、帝国議会において内田康哉外務大臣は、たとえ国土を焦土としても満洲国建設について日本国民は一歩も譲る意志はない、と演説した。小林道彦他編『内田康哉関係資料集成』第二巻(柏書房、二〇一二年)八七～九四頁。
(51) 日満議定書の内容と性格については臼井勝美『満洲国と国際連盟』一二六～一三〇頁を参照。
(52) 一例を挙げれば、イギリス外務省は満洲の状況を継続的に観察してかなり詳細な報告書を作成しており、一九三三～三五年頃の満洲国が内政外交ともに安定していないことを指摘している。梶居佳広「イギリスからみた日本の満洲支配(2・完)―戦間期外交報告(Annual Report)を中心に―」(『立命館法学』第二〇一号、二〇〇五年五月)三九一～四〇一頁。

四三年頃までに日本本土を除けば満洲国は東アジアにおいて、おそらく最も工業化が進んだ地域になっていた[54]。政治的安定と経済発展を国家成立の重要な条件とするならば、明らかに満洲国はそれらの要件を充たすに至った。もっとも「五族協和」を国是としていた満洲国の国民統合が、実際にどれほど進展していたかは非常に疑わしかった。それでも一九四一年までに一六の国家が満洲国を承認した[55]。もし一九四五年八月のソ連軍の満洲侵攻と日本の降伏がなければ、満洲国は現在でも独立国家として存在していたかもしれない。

五　分析的な結論

満洲国は七三年前に滅び去ったが、イラクは二〇一八年現在も国家として存在している。この二つの国の命運を分けたものは何だったのだろうか。むろん、ソ連軍の侵攻と日本の降伏という軍事的・政治的大変動が満洲国滅亡の直接的な原因ではあるが、それだけでは両国の消滅と存続の違いを説明できない。これについては以下の四つの点が考察に価しよう。①新国家に対する旧宗主国の姿勢、②新国家に挑戦するナショナリズムの存在、③国家の民族的・文化的な構成、そして④国家形成に与えられた時間、である。

第一の点については、第一次世界大戦の敗北によるオスマン帝国の崩壊後、ケマル率いる新生トルコ共和国がオスマン帝国の継承国家となったが、その政策はアナトリアを中心にトルコ民族の国民国家を建設することにあり、かつてのオスマン帝国の版図に多民族帝国を再建することではなかった。豊富な油田の存在が確認されたモースル周辺を除いてはトルコはイラクに対する領土的要求を持たず、中東地域の旧オスマン帝国領土への権利を一九二三年のローザンヌ条約で正式に放棄した[56]。これとは対照的に中華民国は名目的とはいえ第一次世界大戦の戦勝国であった。中華民国は一九三三年五月の関東軍との間の塘沽停戦協定によって満洲国の存在を黙認したが、これは国家間の正式条約ではなく、華北へのさらなる日本軍の侵攻を食い止めるための暫定的措置にすぎなかった。つまり、中華民国は満洲地域への領土主権を決して放棄しなかったのである。[57]

第二の点については、前述したようにトルコ共和国はアナトリアを中心にトルコ民族の国民国家建設を目標に掲げた。そのため、一九二三年にトルコは、国際連盟の斡旋によりギリシアとの間でアナトリア南部沿岸のギリシア系住民とエーゲ海のギリシア領のトルコ系住民の交換まで行っている。[58] このようにトルコのナショナリズムはオス

（53） 満洲国内の秩序は一九三六年頃までにほぼ確立され、これ以降は治安維持活動が関東軍から満洲国警察に徐々に移譲されていった。一九三八年には辺境における「抗日匪賊」の活動も鎮圧された。山田朗「軍事支配（2）日中戦争太平洋戦争期」（浅田喬二・小林英夫編『日本帝国主義の満洲支配』時潮社、一九八六年）一八五頁。

（54） 満洲国の経済発展については Ramon H. Mayers, *The Japanese Economic Development of Manchuria, 1932-1945* (New York: Garland. 1982）を参照。満洲国時代に建設された工業設備の多くを撤退に際しソ連軍は解体して持ち去り、中国・ソ連間の大きな対立の原因となった。Ronald Spector, *In the Ruins of Empire: The Japanese Surrender and the Battle for Postwar Asia* (New York: Random House, 2007), pp. 34-35.

（55） 結局、最終的には20カ国（政権）が満洲国を国家承認した。これらの国々と政権は、日本、エルサルバドル、コスタリカ、イタリア、スペイン、ドイツ、ポーランド、ハンガリー、デンマーク、クロアチア、スロバキア、ルーマニア、ブルガリア、フィンランド、中華民国（南京政権）、タイ、ビルマ、フィリピン、蒙古聯合自治政府、自由インド仮政府（ボース政権）である。ローマ教皇庁（バチカン）は一九三四年以降、教皇使節（大使に相当）を満洲国に派遣した。また、ソ連、ドミニカ、エストニア、リトアニアは正式の国家承認は行わなかったが、領事館設置などを通じて満洲国と事実上の外交関係を有していた。

（56） ローザンヌ条約の内容と性格については A. L. Macfie, *The End of the Ottoman Empire 1908-1923* (Harlow, Essex: Longman, 1998), pp. 207-211 を参照。興味深いことにローザンヌ会議においてイギリス代表は、ウィルソン的な領土非併合の新原則とは異なり、征服の権利を根拠にしてモースルをイラク領に含めることを主張している。Korman, *The Right of Conquest*, pp. 156-157.

（57） 塘沽停戦協定の内容と性格は、臼井勝美『満洲国と国際連盟』一八四～一八八頁を参照。

（58） ギリシア系住民とトルコ系住民の交換については Renée Hirschon ed. *Crossing the Aegean: An Appraisal of the 1923 Compulsory Population Exchange between Greece and Turkey* (New York: Berghahn Books, 2003) を参照。強制性のため、この住民交換は多くの悲劇を生み、その後同種の住民交換が行われることはなかった。

マン帝国の旧中東領域の回復を目指すものではなかった。一方、一九二〇年代半ばの北伐の進展に伴って中国ナショナリズムが高揚し、満洲地域の喪失はその傾向をさらに促進した。満洲事変と満洲国の建国は中国人の間に領土奪還の意識を高めたのである。孫文の唱えた「三民主義」の第一原則が「民族」であることを考えれば当然のことといえよう。[59] こうして満洲の回復が中国ナショナリストの悲願となり、主な攻撃対象はかつての西欧列強から日本へと変わっていった。中華民国は満洲のみならず、ソ連の衛星国となった外蒙古（モンゴル人民共和国）も国家承認しなかったように、清王朝の旧版図の回復を目指していた。この点がトルコのイラクに対する姿勢とは根本的に異なっていたのである。

第三に、領土内の民族的・文化的な構成も国家の存立に深く関わっていた。イラクにおいてはスンナ派、シーア派、クルド人という三大勢力間の人口がほぼ拮抗しており、このことが外部勢力による領土要求を抑止していた。シーア派が多数を占めるイランがイラクに対する潜在的な要求を有したが、イラク国内のシーア派人口はイランの要求を正当化するほどの圧倒的多数ではなかった。[60] これに対し、満洲国人口の八〇パーセント以上が漢族であり、彼らは長城以南における中国ナショナリズムに親和性を有していた。このことが中華民国の満洲回復要求に強力な根拠を与えた。

第四に、国家形成に与えられた時間も重要な要素である。イラクが現在も独立国家として存続しているのに対し、満洲国は一三年あまりの生命しかなかった。常識的に考えて、これは民族的・文化的に多様な住民の間に国民意識が芽生えるには短すぎる時間である。もっとも、国家建設において国民意識の形成にどれだけの時間が必要かについて理論的定説があるわけではない。しかし、一三年が十分ではないことは、建国から八六年を経たイラクが今日でも国内の多様な住民の統合に苦慮し、国民国家として必ずしも安定していないことを見れば明らかである。

とはいえ、一定の時間の経過が国家アイデンティティを形成する可能性があることは一般に認められている。その点で興味深い議論が一九四二年三月にニューヨークの米国外交問題評議会で行われていた。同評議会は政府機関ではないが、アメリカ各界の有力者を会員に擁し、政府の政策形成にも多大な影響力を持つ団体である。一九四二年三月といえば真珠湾攻撃からまだ三カ月後であり、満洲国の建国宣言からちょうど一〇年後であった。この時の評議会では日本敗戦後の満洲の扱いについて議論された。ある委員は満洲国を解体した上で何らかの国際管理下に置くことを主張し、また別の委員は中華民国の主権下に自治的な地位を与えることを唱えた。さらには、満洲国を独立国として維持させておく方が適切であるとの意見まで見られた。これらの主張の根拠となったのは、「新しい政治的機構が作られて一〇年も経てば、民族意識とは言わないまでも何らかの新しい政治的一体感が生まれているかもしれない」という考えであった[61]。このように、一九四二年春の時点では、満洲国の解体と、満洲地域への中華民国への返還が唯一の解決策とはまだ考えられていなかったのである[62]。

今日から見れば満洲国の建国は、国際連盟規約、九カ国条約と不戦条約に体現されていた既存の国際秩序に対する露骨な挑戦であった。満洲国は不正な方法で建国された大日本帝国の「私生児」であり、したがって養育者である日本の没落とともに滅び去る運命にあった。対照的に、イラクは国際連盟規約をその一部にしたヴェルサイユ体制という既存の国際秩序の「嫡出子」であった。すなわち、ヴェルサイユ体制を支える主柱の一つである国際連盟

---

(59) 孫文の三民主義の中におけるナショナリズムの位置づけについてはRana Mitter, *A Bitter Revolution: China's Struggle with the Modern World* (Oxford: Oxford University Press, 2004), pp. 141-142を参照。

(60) とはいえ、イラン・イラク両国の間には深刻な境界紛争が存在し続けた。国境をめぐる両国の複雑な歴史についてはLawrence G. Potter, 'The Evolution of the Iran-Iraq Border,' Simon and Tejirian, *The Creation of Iraq*, pp. 61-79を参照。

(61) Study Group Reports, 'Do Bases for a Real Peace Exist between the United states and Japan? Fifth Meeting: Concrete Issues in a Post-War Settlement with Japan, Digest of Discussions,' (March 176, 1942), File No. 5, Box 3 Blakeslee Papers, Clark University Library, Worcester, Mass.

(62) しかしながら、一九四三年一一月のカイロ会談以降は、戦争終結後には台湾および付属島嶼と並んで満洲の中華民国への返還がイギリス・アメリカ・中国の間の合意となっていった。William Roger Louis, *Imperialism at Bay: The United States and the Decolonization of the British Empire, 1941-1945* (Oxford: Clarendon Press, 1977), p. 282.

の委任統治制度がイラクという新国家の「後見人」となったのである。このことが、どの程度国家としての内実があったか否かにかかわらず、イラクを存続させたのであった。建国から八六年を経た現在でも、イラクは真の意味での国民意識の確立に苦闘している。[63] もし、サダム・フセイン独裁下のイラクが張学良支配下の満洲と類似の存在であったと考えるならば、現在のイラクを、日本が内面指導する満洲国と同様の、アメリカと国際連合を「後見人」とする建設途上の国民国家と見ることは穿ちすぎであろうか。

満洲国とイラクの対照的な事例は、二〇世紀において国家を建設し維持する上で、支配的な国際秩序の理念と制度に依拠するものと挑戦するものの命運について多くのことを示唆している。

(63) 現代のイラクにおける国民意識と国家形成についてはToby Dodge, *Inventing Iraq: The Failure of Nation-Building and a History Denied* (New York: Columbia University Press, 2003) およびStarsfield, *Iraq: People, History, Politics*, pp. 160-163を参照。

第六章

総力戦・衆民政・アメリカ

松井春生の国家総動員体制構想

森 靖夫

◉本章は、資源局を創設した内務官僚松井春生の国家総動員体制構想を扱う。松井はアメリカの革新主義運動にヒントを得て、一九二〇年代後半に文民主体の国家総動員体制構築を目指したが、満洲事変以降、独善的に軍事優先政策を推し進める陸軍の前に後退、敗北せざるをえなかった。本章はこの松井の軌跡を通じて戦間期日本の模索を示す。

近代戦が「国家総力戦」となるとイメージさせた第一次世界大戦。フランスのソンムにおける砲弾の山。(Imperial War Museum(大英戦争博物館)所蔵)

一　統帥権独立をいかに克服するか

シビリアンによる軍事への介入を阻んだ統帥権の独立は、明治憲法体制の一大欠陥といわれる。近代日本の政治体制が安定を欠いた理由を探ろうとすれば、必ずこの欠陥にたどり着くといってよい。ただし、統帥権の独立がすぐさま無謀な戦争への道に直結したわけではない。戦争への道を主導したといわれてきた日本陸軍ですら、統帥権独立の弊害を認識し、その改革をめぐって議論が交わされていたのである[1]。

陸軍に統帥権独立の改革を迫らせた契機の一つは、一九一四年八月に勃発した第一次世界大戦であった。ヨーロッパの参戦諸国は、次第に国家のあらゆる物的・人的資源を動員（国家総動員）して戦争を遂行するようになった。この戦争形態は国家総力戦と後に称される。この戦争形態に注目した日本陸軍の軍人たちは、もはや軍が主体となって戦う時代は過ぎ、将来戦は国民全体が主体となる「国民の戦争」になると予想した[2]。すなわち、国力の限りを尽くす戦争においては、彼らの専門領域を超えた国内産業力や国民の精神力といった国力の総合が勝敗を決するようになったと彼らは認識したのである。さらに、第一次世界大戦の参戦諸国の多くがそうであったように、シビリアン（政党、官僚、あるいは民間人）の指導者が戦争指導に参加することを想定するのであれば、広範囲にわたる軍事事項をシビリアンに関与させず自らの聖域とすることは、必然的に多くの弊害を生むこととなるであろう。こうして彼らは、第一次世界大戦後、軍・民の対立を引き起こしかねない統帥権独立の改革にも取り組まなければならなかったである。

（1）拙著『日本陸軍と日中戦争への道』（ミネルヴァ書房、二〇一〇年）。
（2）その代表的な陸軍軍人は永田鉄山である（拙著『永田鉄山』ミネルヴァ書房、二〇一一年）。

松井春生（1891～1966）
『銀行叢書』第28編『我国の資源と国家総動員準備』（東京銀行集会所、1936年）より

もっとも、陸軍がどれだけ改革姿勢を示したとしても、シビリアン側が総力戦を理解し、その準備に主体的に取り組まなければ、シビリアンによる総力戦体制は成り立たない。あくまで総力戦の主体は、軍人ではなく国民だからである。加えて、軍人が総力戦体制のために専門の軍事領域を超えた産業統制や国民動員の必要を唱えることは、ともすれば軍の政治介入と受けとめられかねなかった（実際そう批判されたように）。要するに、統帥権独立の弊害を克服し、シビリアンによる国家総動員体制を準備するためには、軍の改革姿勢以上に、シビリアンの主体的取り組みが求められたのである。

興味深いことに、日本にも国家総動員体制の構築に主体的に取り組んだシビリアンがいた。それが本章で取り上げる松井春生（一八九一～一九六六）である。三重県に生まれた松井は東京帝国大学法科大学でデモクラシー研究の先駆者・小野塚喜平次に師事し、衆民政（小野塚によるデモクラシーの訳語）の信奉者となった。一九一六年内務省入省後、大学等で衆民政の教育・普及活動に従事しながら、政治家を巻き込んでシビリアン主体の国家総動員体制の構築を目指した。国家総動員準備機関であった資源局の長官にまで上りつめたが、日中戦争が全面化する中で陸軍と対立し、一九三七年一〇月松井は総動員の任務から事実上放逐され、約二一年間のキャリア生活を終えることとなった。国家総動員準備に関わった官僚は枚挙にいとまがないが、彼ら多くの革新官僚といわれた親軍的官僚とは異なり、衆民政と総力戦との両立を目指し、軍と対決までして戦争準備をシビリアンの手で行おうとした人物は松井をおいて他には見当たらない。

一九世紀的秩序が第一次世界大戦で終わりを告げ、新たに創出された「普遍的」国際秩序も先行き不透明な状況において、新たな安定した国家デザインを描くことはどの国にとっても容易ではなかった。実際、アメリカ、イギリス、フランスなどの民主的国家は、一方で政治的民主化をさらに進め、普遍主義的外交を推進しながら、他方ではより緻密な国家総動員の準備を進めていた。こうした事実を踏まえると、松井の目指したものは先行き不透明ではあったが、グローバルな潮流と連動したものとして理解することができよう。本章で示すように、実際に松井は世界を見据えて国家総動員を構想していたのである。[3]

もっとも、松井春生が既存の研究において等閑視されてきたわけではない。とりわけ、企画院の前身である資源局を作ったことや、有名な著作『経済参謀本部論』をひっさげ、政党衰退後の新たな権力核を形成しようとしたことは、すでに知られている（『経済参謀本部論』は、GHQの役人をして「民主主義の教科書」といわしめたものと松井は回顧している）。はじめて本格的に松井を取り上げたのは、御厨貴「国策統合機関設置の史的展開」であり、現在においても高い水準を示している。[4] しかしながら、視角の違いということもあり、御厨論文も松井が将来の国家総力戦をどのように捉え、備えたのかという点を十分に論じていない。他方で、国家総動員準備機関である資源局やその総動

（3）松井春生の略歴を紹介する。一八九一年三重県生、一九一六年東京帝国大学法科卒（政治学科）後、内務省入省、一九一九年六月法制局参事官、一九二七年五月資源局総務課長、一九三五年五月内閣調査局調査官、一九三六年四月資源局長官（〜一九三七年一〇月）、一九三八年日本商工会議所理事長、一九四六年一月大阪府知事、貴族院議員、一九四六年六月東京都長官、一九四六年九月〜一九五一年八月公職追放、一九六六年死去。

（4）御厨貴「国策統合機関設置の史的展開」（『年報・近代日本研究1　昭和期の軍部』山川出版社、一九七九年一〇月、後に御厨貴『政策の統合と権力　日本政治の戦前と戦後』東京大学出版会、一九九六年に所収）。他に、山口利昭「国家総動員研究序説」（『国家学会雑誌』九二（三・四）、一九七九年四月）、纐纈厚『総力戦体制研究』（三一書房、一九八一年）、古川隆久『昭和戦中期の総合国策機関』（吉川弘文館、一九九二年）、宮浦崇「総力戦体制下における『人の資源化』の考察―戦時厚生事業期の人的資源をめぐる動向を中心に―」（『政策科学』一四（二）、二〇〇七年二月）、下重直樹「内閣補助部局における記録管理の史的展開」（『北の丸』四六、二〇一四年一月）などがある。

員計画についても『戦史叢書　陸軍軍需動員』をはじめ先行研究は豊富である。[5] しかしながら、その中で松井の構想や行動を十分に政軍関係史の中に位置づけられているとはいえない。

本章は、すでに知られている松井の三冊の著作[6]や、三種の戦後の回想・聞き取り[7]だけでなく、先行研究でほとんど使用されてこなかった松井の諸論稿を素材にしながら、松井の構想とその展開を論じる。

二　松井春生の国家総動員体制構想

(一)　文官主導の国家総力戦準備

松井の国家総動員体制構想を見ていく前に、まず彼の政治観から紐解かねばならない。東京帝国大学法科に入学した松井は、吉野作造、南原繁、蝋山政道、矢部貞治ら多くの弟子を育てたデモクラシー研究の先駆者・小野塚喜平次から政治学を学び、小野塚から助手として大学に残るよう懇請されたほどの秀才だった。小野塚の誘いを断り内務省に入った松井だったが、その後も法政、日大、明治、海軍大学校等で、小野塚から学んだ憲法や政治学を講義した。[8]

法制局参事官として普通選挙法制定に主査として関わった松井は、一九二五年から毎年内閣統計局統計講習会で講義を行っていた。その講義録[9]を読むと、松井は巷間で唱えられている議会政治否認の思想を「一時の反動思想に過ぎない」と切り捨て、衆民政を支える要素として以下の五点を挙げている。すなわち、①真の輿論の存在、②輿論の聡明、③輿論を有機的に表現させる機関(=議会)の存在、④輿論による政治機関の監視、⑤能率の高い政府、である。①のためには言論の自由が確保され、報道の十分な提供が前提となるとした。②については政党の発達が重要な関係にあると述べている。また、③のためにはできる限り広範な衆民の政治参加と、自由公正な選挙が必要であるとした。要するに、松井は国民の意思を能率よく政治に反映させるシステムとして議会政治を高く評価したのである。

もっとも、松井が諸手を挙げて議会政治を終始礼賛していたわけではない。後年、自身の政策の背景にイギリスの政治理論家コール（G. D. H. Cole）の影響があったと語っていることからわかる通り、たしかに松井は国家学的政治学を批判する多元的国家論者であった[10]。しかし同じくコールの影響を受けたハロルド・ラスキが、一元主義的国

(5) 防衛庁防衛研修所戦史室『戦史叢書　陸軍軍需動員〈一〉計画編』（朝雲新聞社、一九六七年）『戦史叢書　陸軍軍需動員〈二〉実施編』（朝雲新聞社、一九七〇年）。石川準吉『国家総動員史』全一三冊（国家総動員史刊行会、一九七五～一九八七年）。荒川憲一『戦時経済体制の構想と展開』（岩波書店、二〇一一年）、山崎志郎『物資動員計画と共栄圏構想の形成』（日本経済評論社、二〇一二年）など。また、資源局の前身である軍需局も近年研究が進んでおり、諸橋英一によると、軍需工業動員法や軍需局がイギリス・アメリカ特にイギリスの法制を参考にして設置されており、当時の日本では文民優位の政軍関係が展開したという（諸橋英一「第一次世界大戦期における総動員機関設置過程にみる政軍関係―英国からの影響と文民優位体制の展開―」『法学政治学論究』二〇一三年三月）。

(6) 松井春生『経済参謀本部論』（日本評論社、一九三四年）、同『日本資源政策』（千倉書房、一九三八年）、同『経済共同体の進展』（日本評論社、一九四一年）。

(7) 座談会（松井春生他）「日本行政の回顧（その一～その七）」（『行政と経営』一九六一～一九六三年）、「商工行政史談会速記録3―資源局から企画院へ（松井春生氏を囲む）―」（産業政策史研究所『商工行政史談会速記録・第一分冊』一九七五年）、松井春生「資源問題の回顧と展望」（『資源』九〇、一九六〇年七月号）。

(8) 前掲「日本行政の回顧（その三）」。

(9) 松井春生「憲法及行政法」（『内閣統計局統計講習会講演録』一九二五～一九二八年）。松井は毎年内容を変えていたというが、毎年の講義録は初年度のものが掲載されている（前掲「日本行政の回顧（その三）」）。

(10) 前掲「日本行政の回顧（その四）」。しばしば松井は、一九三〇年代半ばに台頭した、親軍的で政党の従属を拒む「新官僚」「新々官僚（革新官僚）」などといわれる（こうした区分について略述したものとして、水谷三公『日本の近代13　官僚の風貌』中央公論新社、一九九九年、が参考になる）が、本章で検討する通り、そうしたレッテル張りは的確とはいえない。

家論の批判から出発しつつも、大衆の多様な利益を反映できない議会政治を批判するに至ったように[11]、松井にも議会政治改革論に転ずる契機は存在していた（後述する松井『経済参謀本部』を参照）。

松井はむしろ国家の役割を軽視するどころか、限定的ながらその役割を重視していた。松井いわく、「正義の樹立は自由の確保と相伴ふ観念であって国権と民権とは合致せられるべきもの」であり、「実際そうなる様に有する利害関係をば宜しく整斉するということが即ち正義」なのであった。すなわち、「思ふ通りに行動することが国の公益と一致する範囲に於て自由」であり、「法治制といふものは、一般利益の特殊利益に対する優越を維持するの具たるを得べきもの」であると、松井は考えていたのである。松井は、公益実現のために必要な国家権力として、警察権（秩序維持）、国防権（国防の備え）、福利権（一般幸福の増進）を挙げる。それらは、国家の目的である正義・自由の実現のための手段であり、自由を制限するものではなかった。また国家の命令について、「原則として矢張り輿論を表現する議会の協賛を経たる法律に依らなければならぬといふことに動きはない」と松井はいう。ただし戦争が始まれば、「元来無制限であることが願はしい」が、「其国の統一を害し全体の秩序を紊る」言論は制限されるべきである、と一定の留保を付した。

以上のような政治観を公にしていた松井は、一九二六年四月に第一次若槻礼次郎内閣の下で設置された国家総動員準備機関設置委員会の幹事に選任された。政党内閣が総力戦のための準備に取り組み始めたことは興味深い。これがきっかけで松井は政党側を巻き込み、陸軍側を説得することで、資源局の設置にこぎつけた。松井の回想によれば、松井が、山川端夫（法制局長官、国家総動員準備機関設置委員会委員長）、江木翼（前内閣書記官長、法相）、塚本清治（内閣書記官長）のラインに資源局の設置を働きかけて、松木直亮陸軍省整備局長、永田鉄山整備局動員課長の賛同を得たようである[12]。

資源局は国家総動員準備機関であることは間違いなかったが、設立の趣旨は資源の保育（保持と育成）にあった。松井は、論稿「資源保育施設の切要」の中で、「農産、水産、畜産の生活資源は固より、鉄、綿色、羊毛等の原材料資源、石炭、石油、水力電気等の動力資源の類を如何にして保持し、如何にして豊富ならしめ、如何にして利用すべきか。資源の保育宜しきを得て、商工業の大発展を促し、産業立国は成就する。資源の保育を基調として、産業政策、社会政策、国防、外交、教育各般の国策は組織的系統的に樹立されるべき」と述べている[13]。すなわち、燃料や鉱物をはじめとするあらゆる資源を調査・把握し、それを有効活用できるように計画するという資源局の役割を国防目的に限定するのではなく、国力発展や国民福利をも目的とするというのである。この場合の資源は、物的資源だけでなく人的資源をも含んでいた。すなわち、国家や社会が繁栄するためには、国民の身体（体力）や心意（集団精神）が必要であると松井は考えていた。すなわち、衆民政が機能するために個別利益だけでなく公益を重視しなければならないのと同様、資源の保育も公益を実現しようという集団精神＝公共心が重要な成立要件なのであった。要するに、松井からすれば国家総動員と衆民政は不即不離の関係にあったのである。

陸軍側は当初、国家総動員を国防の整備という点で捉えていたが、松木や永田らと「激論を戦わすというようなことは一度もありませんでした」と松井は回想しており、「冗談みたいな形で、これでは総動員準備機関ではなくなったということを言われたことはありましたが、そんな程度で極めて和気あいあいで、それがいいのですよということ」になったという[14]。資源局は、決して総動員準備の役割を失ったわけではなく、戦時の際の軍需動員の計画立案を担っていた。おそらく松井のねらいは、国家総動員が軍主導（戦争目的に限定）となることを阻止することにあったのだろう。「肺病患者に甲冑を着せることは困るので国利と民福との調和を図らなければならん。……どちらが勝ってしまってもいかん。これが資源保育政策の根本ではないか」と松井が永田を説得する際に語ったという

(11) H・J・ラスキ『近代国家における自由』（岩波文庫、一九七四年、原著は一九三〇年）。
(12) 前掲「商工行政史談会速記録3」。
(13) 松井春生「資源保育施設の切要」（『補習教育』五四、一九二七年八月）。
(14) 同右。

のは、そのことをよく示している[15]。要するに、総動員準備機関設置は、松井を含む文民リードのもと、しかも陸軍側が松井らに協調する形で、進められたということである。資源局は武官に文官と同様に背広での出勤を義務づけるほどの徹底ぶりだったという。

(二) 陸軍との協調

陸軍で総動員業務を主管していた陸軍省整備局の局長松木直亮少将と動員課長永田鉄山中佐らと松井が協調関係にあったことは、次の諸事実からも裏づけられる。第一に、資源局設置をいよいよ閣議決定するという段階で、資源局設置の経緯とその意義を閣僚に説明するために閣議に出席したのが松井ではなく永田だったことである。大づめの段階で政権が交代し、田中義一政友会内閣が成立したため閣議で説明する必要があったのだが、発案者は松井であったし、そもそも内閣の事案であったため、説明は本来法制局がなすべきものであった[16]。

第二に、資源局総務課長に内定した松井は、永田も資源局に来るのか直接尋ねたところ、永田は転出が決まっていたため、部下の安井籐治(動員課課員)の名前を挙げたという。上司である局長・課長の意向がこの人事に強く働いたことは間違いない。安井も資源局の趣旨に同調していた一人であり、「当時平和的な関係の宇垣さんの幕下にいた「所謂軍備拡張論でない非常に穏やかな実に練れた人物」と安井のことを松井は回想している[17]。結局、安井は本職との兼任となり、松井によれば「平和的な考えも相当に深い人」だった横山勇が、ドイツから帰国直後、専任で資源局事務官に就任した。

第三に、松井は一九二七年一〇月から六ヶ月間、欧米に視察に行くことになった際、陸軍から旅費二〇〇〇円の援助を受けていることである。八〇〇〇円では十分な視察が行えないという理由で、宇佐美勝夫資源局長官が直々に松木整備局長に依頼し、陸軍省の事務を嘱託する条件で大臣の承認を得た[18]。永田は、局長の命を受けて松井に直接旅費を手渡しに行ったばかりか[19]、出発の日にはわざわざ見送りに出向いている[20]。

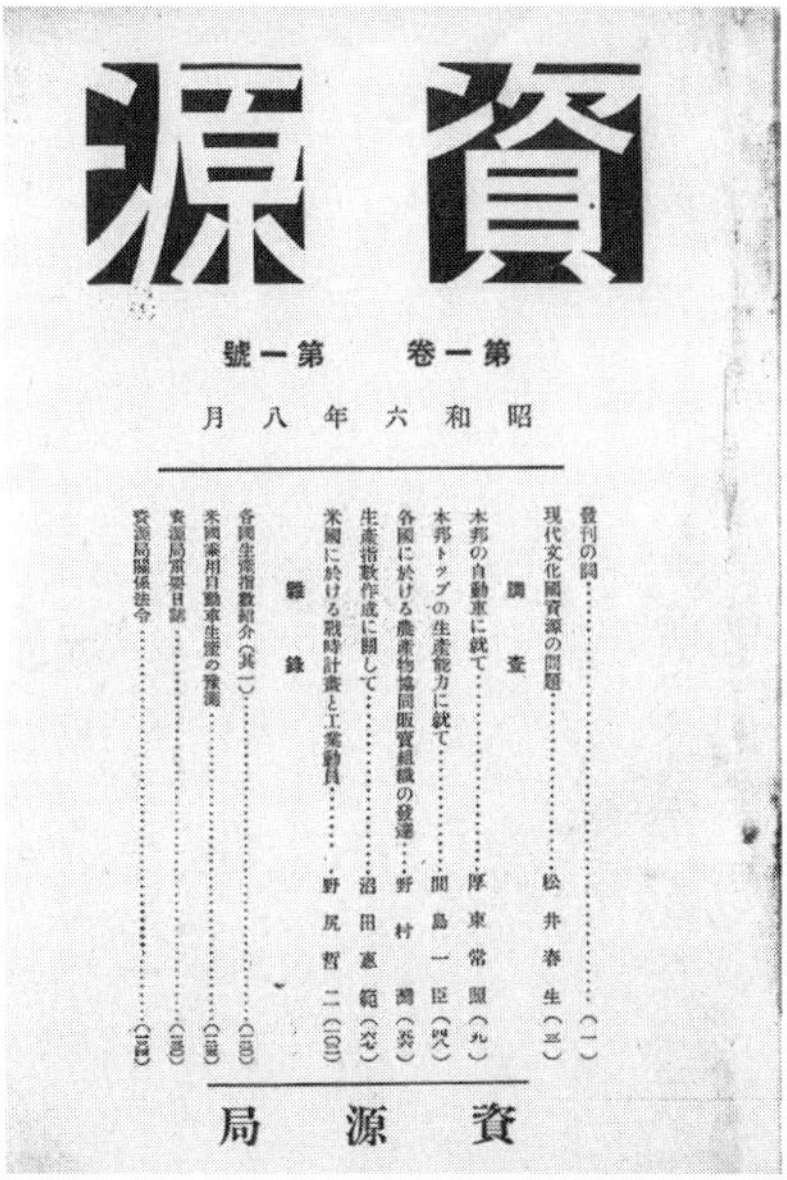

『資源』創刊号

そもそも永田は、すでに一九二〇年にまとめた『国家総動員に関する意見』の中で、大正デモクラシーの潮流に配慮し、国民の権利や政党との協調にも目配りした国家総動員論を展開していた。それは軍需と民需のバランスに配慮することや、できるだけ立法の手続きにより政府の権力を律すべき、といった文言に現れていた[21]。また、物的資源だけでなく、国民の体力や精神力といった人的資源を重視していた点も松井の資源論と共通していた。以上から、永田らが松井の資源保育論に同調したことは、決して不自然でないことがわかる。

(15) 同右。

(16) 「松木直亮日記」一九二七年五月六、七日（防衛省防衛研究所図書館所蔵）。五月一八日の枢密院会議でも石黒忠悳顧問官から、「資源局名を何故軍需等とせすして単に資源となせしやとの質問」があり、これに白川義則陸相が応え、可決している（同上、五月一八日）。

(17) 前掲「商工行政史談会速記録3」。安井は、永田を高く評価していた（拙著『永田鉄山』一一一頁）。

(18) 前掲「松木直亮日記」一九二七年九月二、三日。なお、GDPデフレーターと戦前基準の企業物価指数を用いて現在の価値に換算すると当時の二〇〇〇円は約三二〇万円相当である。

(19) 同右、一九二七年九月一二日。

(20) 松井春生発永田鉄山宛書簡。内容は以下の通り。「この度は非常なる御高配を辱うし、重て御礼申上候。御見送りをも頂き恐縮仕候。何卒御機嫌宜しく御祈り申上候」一九二七年一〇月一四日。

(21) 拙著『永田鉄山』六六～六八頁。

（三）　政党と軍を架橋する松井の資源保育論

松井の資源保育論は、民政党の掲げる産業の合理化と軍の国家総動員準備を結びつけることとなった。ドイツの産業合理化とアメリカの工業生産力拡充の実態を見てきた松井は、帰国後、政治と経済の両面における「能率」化を訴えた。一九三〇年に行った講演録「資源ノ保育ト産業能率」によると、政治においては世論を反映する「政党」がその能率を担い、行政を執行すべきであり、経済においては産業の合理化を推進すべきである、と松井は訴えている。この場合、産業の合理化が目指すのは、資本家・生産者・労働者・消費者の協力をモットーにした、国民経済の繁栄、「終極には国民生活の向上」（たとえば賃金アップ）であった。[22]この点で、浜口首相の産業合理化論と軌を一にしていた。[23]より重要なのは、産業の合理化は政党の主導する行政により実現すべきもので、官僚が中心になって行うべきものではないと松井が考えていた点である。この点では、ドイツをよき模範例として挙げている。

ところで松井は国家総動員という言葉を避けていたわけではない。それは、同時期に「国家総動員準備」と題する論稿を松井が著していることからもわかる。[24]すなわち松井は、国家総動員を「有事に際し、国力の要素たり厳選たるもの、即ち国家社会一切の資源を最も有効適切に統制運用する」こととしつつ、その目的を「軍備の外に其の軍需の充足を確保すると共に、動々もすれば危殆に瀕する国民生活を保障し、爾後に於ける国力の回復を迅速有効ならしめる」ことと説明している。そして「総動員準備の根幹であり前提たるもの」こそ、資源保育であるという。

要するに松井によれば、国家総動員も産業合理化も国民利福の保護・増進という接面を有しており、国民（あるいはその代表たる政党）が主体となるべきものだったのである。また、その二つは衆民政と同様に、「社会心意の発達」「集団精神の発揚」（＝人的資源）がなければ効果を期することができないのであった。[25]国家総力戦が「国民の戦争」となる以上、国民の堅忍不抜の精神が最も重要であると松井は述べており、永田の語り口と酷似していた。

もっとも松井は、国民の集団精神を楽観視していたが、永田は国民の精神に対して、熱しやすく冷めやすいとして懐疑的であった。また、永田は有事の際、東アジアにアウタルキー（自給自足）を形成し、そこで自給自足するという選択肢も想定していたが、松井は資源が貧弱であるという消極的理由からくる海外進出論、海外発展論とは距離をとっていた。[26]

（四）資源保育論の起源

松井は資源保育論を打ち立てるにあたり、セオドア・ルーズベルトとアメリカの経済学者リチャード・T・エリーを参照したと後年語っている。[27] 革新主義運動が進展する中で、行政の合理化・能率化を訴えて登場したのが、セオドア・ルーズベルト大統領であった。革新主義運動とは、政治腐敗や行政の無駄、企業規制といった、既存の政党政治や経済体制の不公正を改革し、公益の確保を求める運動である。ルーズベルトは、フロンティアの消滅を受けて、自然資源の浪費を防ぎ、合理的な開発を主張し、広大な森林や資源を国家の下に管理した。[28] アメリカ経済学会を立ち上げたウィスコンシン大学のエリーも名うての革新主義運動家として知られ、州政改革に協力し、政治腐敗禁止法、累進所得税、銀行規制と並んで天然資源の保存を推進した。資源保存政策に関するエリーの著作が刊

(22) 松井春生「資源ノ保育ト産業能率」（『産業能率』三（九）、一九三〇年九月）、同「資源ノ保育ト産業能率（承前）」（『産業能率』三（一一）、一九三〇年）。
(23) 川田稔『浜口雄幸』（ミネルヴァ書房、二〇〇七年）。
(24) 松井春生「国家総動員準備」（『祖国』三、一九三〇年六月号）。
(25) 松井春生「現代文化国資源の問題」（『資源』一（一）、一九三一年八月）。
(26) 松井春生「国外進出是乎、国内共喰非乎」（『工政』一一五、一九二九年六月）。
(27) 前掲「日本行政の回顧（その四）」、前掲「商工行政史談会速記録3―資源局から企画院へ（松井春生氏を囲む）―」。
(28) 志邨晃佑「革新主義改革と対外進出」（『世界歴史体系・アメリカ史2』山川出版社、一九九三年）。

アメリカの経済学者リチャード・T・エリー
Wisconsin Historical Society の HP（https://www.wisconsinhistory.org/Records/Image/IM4763）より

行されたのが、アメリカが第一次世界大戦参戦を決定した数ヶ月後であったことから、エリーが資源政策を国家総動員と結びつけて考えていたことがうかがえる[29]。松井も間接的ながら第一次世界大戦の影響から国家総動員論を組み立てており、しかもその源流がアメリカの革新主義運動にあったことが確認できる。

松井が資源の中で物的資源とともに人的資源を挙げているが、これもエリーの議論を引いたものであった。人的資源という用語は、しばしば人間をも戦争の資源として動員する、日本の総力戦の非情さを象徴するものとされてきた[30]が、もとをたどればアメリカの革新主義にたどり着くのである。

さらに、松井がアメリカを訪れた一九二七年秋から二八年春のアメリカで、幅広い情報の収集と産業界における生産の合理化を推進したハーバート・フーヴァー商務長官も、第一次世界大戦前の革新主義の系譜に連なっていたといわれる。フーヴァーの目指すアメリカ社会とは、不公正に行われる無制限の個人主義を規制し、機会の均等という価値に基づき、社会と企業が相互に協力し、国民全体の生活水準の向上を実現するそれであったという[31]。松井が訪米中に自身の資源保育論に自信を深めたことが想像できる。

しかし、社会福祉や社会集団の利害調整に政治権力が直接介入することを嫌ったフーヴァー共和党政権は、利益集団が多様化する現実に対応しきれなくなっていた。フーヴァーの革新主義は世界恐慌で完全に行きづまった。その結果アメリカは、フランクリン・D・ルーズベルト民主党政権の下で、連邦政府がテクノクラートを通じて経済・社会に直接介入するニューディール政策へと大転換を遂げた。それと軌を一にするように、松井の資源の保育論や産業の合理化も、その担い手であった議会が不公正、非能率との批判にさらされる中で、修正を迫られることになる。(32)

三　構想の修正――政党内閣制の崩壊と永田鉄山の死

(一)　資源保育論から経済参謀本部論へ

松井が狙ったように国家総動員準備を文民が主導するためには、松井自身が局内を主導するだけでなく、軍側の協力のもと、政党内閣が資源局の計画をオーソライズすることが不可欠であった。しかしながら、議会の正統性が問われたことに加え、一九三一年九月一八日に関東軍が起こした満洲事変によって、松井の構想は大きく軌道修正することを余儀なくされるのであった。

(29)　Richard T. Ely, 'Conservation and Economic Theory', "*The Foundation of National Prosperity*", New York: Johnson Reprint Corp., 1971. 刊行は一九一八年だが、序文は一九一七年一〇月に執筆されていることがわかる。なお、エリーの革新主義については Luigi Bradizza "*Richard T. Ely's Critique of Capitalism*", Palgrave Macmillan, 2013 を参照。

(30)　前掲、纐纈厚『総力戦体制研究』。

(31)　高橋章「コーポリット・リベラリズムの展開とハーバート・フーヴァー」(関西アメリカ史研究会『アメリカの歴史』下巻、柳原書店、一九八二年)。

(32)　財界で提唱されたアメリカモデルの民間主導の統制経済論については松浦政孝『日中戦争期における経済と政治』(東京大学出版会、一九九五年)を参照。

武力をもって中国の主権から満洲を切り離し、満洲全土を日本の支配下に置こうとする関東軍の計画は、政府どころか陸軍中央の同意すら得ていなかった。国民の同意は後からついてくる、というのが石原莞爾関東軍参謀ら首謀者の算段であった。だが、軍主導で武力行動を起こして強引に状況を打開するというのは、松井だけでなく、漸進的に政党内閣の下で国家総動員準備を進めてきた陸軍省のスタッフにとっても、納得のいくものではなかった[33]。前述した永田は軍事課長として陸軍省に戻っており、関東軍の計画に反対した陸軍軍人の一人だった[34]。

第二次若槻礼次郎内閣は、不拡大方針を声明しながら関東軍が積み上げる既成事実を承認していった。それゆえ松井は、現状を踏まえた上で構想を修正していかなければならなかった。一九三二年三月の満洲国建国後、松井は、満洲の資源の開発・利用（石炭、鉄、大豆および大豆油）が資源保育論の前提となり、「将来日本内地と満蒙とを一つの大きい経済ブロックとして考へる」ことが必要と考えるようになった[35]。

また若槻内閣にかわって政権についた犬養毅政友会内閣も、犬養首相が海軍青年将校により首相官邸で暗殺されるという衝撃的幕引きを迎えた（五・一五事件）。既成政党の明らかな求心力低下を前に、後任首相推薦を任されていた元老西園寺公望は、穏健派海軍長老の斎藤実を後任に推薦した。松井は一九三四年一月、政党の凋落という現実を前に、持論であった議会政治擁護論を後退させ、「経済問題などの如き複雑なる問題に対して選挙民をして其の是非の判断を為さしむる」ことに鑑み、「議会制度に何等かの修正を施すか、或は其の欠くる処を補ふ各個の機関を樹立する」必要があると考えるようになっていた[36]。

こうして松井の構想の修正作業は『経済参謀本部論』（一九三四年四月）へと結実する。経済参謀本部論とはすなわち、経済の専門知識と能力を有する人士を集めて方策を調査審議させる常設機関を作り、政府や議会の機能を補うという主張である。満洲事変以来発言力を増した軍部に対して、首相直属の文民ブレーン集団を置き、統制の回復を図るという意図が隠されていたと見て間違いないだろう。

他方で『経済参謀本部論』において松井は統制経済の必要を説いた。一見すると、松井が国防の急務を叫ぶ軍部に迎合し、それに見合う戦時経済体制を構築しているかのようである。しかし松井が主張したのは、「フロム・アップ・ダウン」の統制ではなく、「フロム・ビロウ・アップ」の統制経済、すなわち「民」が主体となった国家コーポラティズムの形態を想定していたのである。(37) この主張は、前述した松井の産業合理化論、すなわち「資本家・生産者・労働者・消費者の協力」そのものであった。ここでも主体はやはり国家や官僚ではなかった。それは、松井が、イタリアのファシズムが同様の形態をとっていることを認めつつも、ムッソリーニによる強権独裁に陥っている点について批判的だったことからも明らかである。

また松井は、統制経済が「国民経済の見地に立ち社会利益の調和的増進を期する」のでなければ、利益よりも却って弊害をもたらすと警告することも忘れなかった。この点も事変前後で一貫していたことがわかる。要するに、松井は現状を肯定しつつも、軍主導の国家総動員体制構築に協力するほど心を許してはいなかったのである。

（二）内閣調査局と国家総動員

松井の主張は、完全な形ではなかったものの、一九三五年五月に岡田啓介内閣の下で内閣調査局の設置として実現した。吉田茂長官の懇請により、松井も内閣調査局の調査官として迎え入れられた。(38) ここで、松井が内閣調査局

（33）前掲、拙著『日本陸軍と日中戦争への道』、小林道彦『政党内閣の崩壊と満洲事変　1918～1932』（ミネルヴァ書房、二〇一〇年）。
（34）前掲、拙著『永田鉄山』。
（35）松井春生「満蒙資源に對する期待」（『工業評論』一八（三）、一九三二年三月）。
（36）松井春生「統制経済に就て」（『経営経済研究』一九三四年一月号）。
（37）こうした考えも、アメリカの政治学者、フォレット（M. P. Follet）の"The New State"（邦題『新しい国家　民主的政治の解決としての集団組織論』）からヒントを得たという（前掲「日本行政の回顧（その三）」）。
（38）吉田茂についてはRoger H. Brown, "(The Other) Yoshida Shigeru and the Expansion of Bureaucratic Power in Prewar Japan," *Monumenta Nipponica*, 67/2, pp. 283-327を参照。

設置にあたり、どのようにその役割を説明していたかを見てみよう[39]。まず設置の動機は、「最上の制度」であった政党政治の機能不全、そして「各省分立より生ずる弊」を克服するためであった。

次に調査局の職能だが、首相の管理の下で重要政策に関する調査や審査を掌るものと説明する。これは官制通りの説明だが、松井は最も留意すべき職能として、各省の予算調整を挙げている。興味深いことに、ここでもモデルはアメリカの予算局であった。同局は大統領に直属し、各行政機関が無駄を省き、効率的な業務を行うために設置され、各行政機関の政策評価・査定も担った。

首相を補佐する機関としてすでに内閣書記官長と法制局長官が存在していたが、両者を調査局常任委員として迎え入れることで、三者が一体となって首相のリーダーシップを補強することが期待されていた。その他にも、関係各省の勅任官や学識経験者を調査局参与や専門委員として迎え、各社会各分野の専門知識を結集することが目指されていた。

だが、ここへきて松井をさらなる苦境へと追いやる出来事が起こる。松井の構想に同調していた永田鉄山軍務局長が、相沢三郎中佐に軍務局長室で殺害されたのである（相沢事件）。内閣調査局設置からわずか三ヶ月のことであった。陸軍側の協力者を失ったことは、松井にとって相当な打撃だっただろう。もっとも派閥抗争などで永田もすでに十分な統制がとれなくなっており、相沢事件は満洲事変以来の陸軍無統制を象徴する事件であった[40]。内閣審議会は岡田内閣限りで廃止となった。松井も、一九三六年四月に資源局に長官として戻った。

二・二六事件後の陸軍は、粛軍をうたい、陸相が一元的に政治的要求を内閣に行う組織作りが徹底された。軍部大臣現役武官制復活もその一環であった。しかし、事件を生んだ責任は現状維持勢力の政治腐敗にあるという口実のもと、現役武官制を楯に自由主義者の入閣を拒絶するなど組閣を妨害し、軍備充実要求を強く押し出してきた。その背景には、軍内統制力の著しい低下があった。陸相の一元的統制も、その実態は課長以下佐官級の突き上げ（下剋上）であった[41]。

中でも影響力をふるったのが石原莞爾であった。一九三五年八月、奇しくも永田が殺害された日に参謀本部の作戦課長に就任した石原は、国防環境の劣勢と軍備増強の遅れを痛感し、軍備充実計画を推進することとなった[42]。

松井は資源局長官として国家総動員準備に対する考えを再び活発に発信し始めた（『我国の資源と国家総動員準備』一九三六年八～一一月）[43]。松井は、物的資源についても人的資源についても一貫して悲観的になるどころかむしろ楽観的とすらいえた。それは陸軍とは違い、国防本位で国家総動員を考えていなかったことの表れといえるかもしれない。しかし、国際平和が保障されない状況で、一層の軍備増強が必要であることを松井は同時に認めていた。そして松井は、戦争が「如何に長くなりましても、所謂立上りの初めが一番大事でありまして、長くなる危険を少なからしむる為めにも当初の立上りが最も鋭ければ、それで死命を制する」という速戦即決主義に基づき、「なるべく短期間に実施せられるやうに、出来得れば、立上れば直ぐ利用できるやうに」国家総動員計画を進めなければならない、とも述べていた。これは陸軍の速戦即決方針そのものであった[44]。

他方で松井は、平時における国運の進展、国民の福祉を無視した国家総動員には明確に反対していたし、ブロック経済や自給自足を理想とせず、通商の自由を訴えることにも変わりはなかった。

以上から、政治的に台頭した陸軍の国防要求に沿いながらも、決して戦争準備を軍の手に明け渡さないという松

(39) 松井春生「内閣調査局の機能」（『警察講習所第一期短期本科講習録抄』、一九三五年）。
(40) 前掲、拙著『永田鉄山』。
(41) 前掲、拙著『日本陸軍と日中戦争への道』。
(42) マーク・R・ピーティ『「日米対決」と石原莞爾』（たまいらぼ、一九九三年）第三部、堀田慎一郎「二・二六事件後の陸軍―広田・林内閣期の政治―」（『日本史研究』四一三、一九九七年一月）。
(43) 松井春生『我国の資源と国家総動員準備』（銀行叢書、一九三六年）。これは『銀行通信録』一〇二（六〇七、六〇九、六一〇）で連載された講演録をまとめたものである。
(44) 拙著「国家総力戦への道程」（小林道彦・黒沢文貴編『日本政治史のなかの陸海軍』ミネルヴァ書房、二〇一三年）。

井の信念をこの時点でも見出すことができよう。

ところで松井は、これまでと同様に国民の集団精神を国家総動員の要諦としている。ここで改めて、この集団精神について考えてみたい。もし戦争が起こり、世論や議会が熱狂をもって戦争を支持したならば、松井はどのような行動をとるのだろうか。松井が衆民政の要件として挙げた「真の輿論」あるいは「聡明な輿論」が日本にあるのだとしたら、松井はたとえその戦争は望ましくないと考えていたとしても「衆民政の戦争」に殉じるのだろうか。その答えは、やがて起こる日中全面戦争で松井自身が身をもって示すことになるだろう。

四　松井春生と日中戦争――国家総動員法制定へ

(一)　資源局スタッフの本音

資源局は、一九三六年末までに「暫定総動員期間計画」(一九三三年七月)、「応急総動員計画」(一九三四年五月)、「第二次総動員期間計画」(一九三六年一二月)と、着実に国家総動員計画をまとめ、閣議決定までこぎつけていた。この期間計画は戦時の軍需と民需、あるいは陸軍と海軍の配分について詳細に規定されており、軍の戦時動員を法的に拘束するものであったため、十分な資料が陸海軍からも出され、資源局の中で立案された(45)。

しかしながら、陸海軍は資源を最大限に確保するため、独自の戦争計画に基づく資源を要求した。その結果、国防方針と同様、陸軍と海軍の折り合いがつかず、対ソ戦争と対米戦争を同時発動するという、およそ非現実的な想定の下で計画が立案されていたと、食糧と木材の計画を担当した岡田菊三郎(当時整備局動員班長、陸軍中佐)が回想している(46)。おそらく、総力戦を闘える状況ではないことを最もリアルに理解していた軍人は、資源局に勤務した者たちであったといえよう。

農商務省出身で松井とともに資源局創設以来のキャリアを持つ植村甲午郎調査課長は、陸軍の篠塚義男少佐（当時、資源局企画部長）を「お互に心を許した相談相手」であったと回想し、「彼もただの陸軍の利益代表として役所に来ているつもりはないので、われわれ資源局で研究した意見が陸軍の反対にあった場合は、篠塚氏の立場は苦しいものになったが、誠意をもってそれを捌いていった有能な軍人であった」という(47)。松井が資源局に引き入れた内田源兵衛も、資源局専任事務官だった陸軍の横山勇や海軍の原清らを主戦論ではなかった軍人とし、「戦争をすべきでないというのが、この諸般の情況から戦争はできるものじゃないと、むしろ、そういう戦争否定論のほうが腹の底にあったのじゃないか」と回想している(48)。

海軍出身の星埜守一（少将）企画部長は、総動員計画を「悲惨なる戦争を回避し、真の平和を維持する確実なる保障である」と定義し、戦争になった場合も、「独り軍の需要に応ずるの計画に止らず、他方国民生活上戦時に確保すべきものに付ても周到なる留意を要する」と、民需とのバランスについても意識していた(49)。このように、資源局の文武官の間は融和的で、現段階で無謀な戦争はすべきでないという感覚をある程度共有していたものと思われる。

一九三七年一月に広田弘毅内閣が総辞職し、宇垣一成元陸相が後継首相に推薦された。宇垣は、内閣書記官長兼法制局長官に松井を指名した。宇垣は松井の『経済参謀本部』を読んでいたらしい(50)が、おそらく松井の構想力を

(45) 前掲『戦史叢書　陸軍軍需動員（一）計画編』一二一～一四章。
(46) 同右、五二四頁。
(47) 日本工業倶楽部五十年史編纂委員会編『財界回顧録』上巻（日本工業倶楽部、一九六七年）五二一頁。
(48) 『内田源兵衛氏談話速記録』（内政史研究会、一九七〇年）一九頁。
(49) 星埜守一「総動員計画と資源確保」（『資源』七（五）、一九三七年五月号）。

買っての人選だったと思われる。ところが、陸軍の強い反対にあい、後継陸相を得られなかった宇垣は組閣を断念したため、松井内閣書記官長兼法制局長官は実現しなかった。

ところで、他の政治家たちは松井にどのような印象を持っていたのだろうか。たとえば西園寺公望の私設秘書であった原田熊雄は、調査局にいた松井のことを行政や経済の機構改革をしようとしていると警戒しており、近衛文麿にもそのような印象を語っていた[51]。松井のことを熟知した上での判断なのか判然としないが、近衛が原田の意見を参考にして松井と距離をとっていたとすれば、松井にとっては決定的な意味を持つことになる。

(二) 日中戦争が国家総力戦となる時

一九三七年に入ると、対中国外交の行きづまりが明らかとなり、国民政府を提携相手として見直そうとする中国再認識論がにわかに台頭した。他方で、中国の空軍を中心とする飛躍的な軍備増強が、中ソ二正面戦争の危機感を日本陸軍に募らせることとなった[52]。しかしながら、陸軍が宇垣内閣を倒したことや、林銑十郎陸軍大将率いる内閣が強行した食い逃げ解散は、国民の陸軍不信を強めることとなった。戦争の危機が高まっているにもかかわらず、国民の陸軍離れが進行していることに陸軍首脳も危惧していたのである[53]。

こうした状況を受けて松井は、従来の資源保育論を放棄したわけではなかったが、陸軍にも引けをとらない国家総動員論者として、その主張を展開した。五月二五日、資源局創設一〇周年を記念して「国家総動員の要諦」と題する講演を全国へ放送し、国家総動員は国民全体の協力一致という意味を含んでおり、「国民各位の一層の理解と協力」が必要であると訴えた[54]。

そのわずか二ヶ月後に、盧溝橋事件が発生した。樺太出張に出ていた松井は、急遽出張を中止し、一三日に帰京した。一度は交渉が成立した現地協定も、廊坊事件、広安門事件を受けて、かねて保留していた一部内地師団の動員令を陸相が伝達した。二八日に近衛文麿内閣は、閣議で総動員計画の一部を実施することに決定し[55]、松井に北支事変総動員業務委員会の委員長を命じた。しかしながら松井は、委員長の立場にありながら「戦争事務に入るべきでない」と述べて、戦時体制に入ることに反対したという[56]。

陸軍省では杉山元陸相、梅津美治郎次官ら首脳が、事変勃発以来不拡大方針を堅持し、内地師団こそ派遣したものの、総力戦体制に入ることには躊躇していた。というのも、彼らは日本の国民が熱しやすく冷めやすいことを危惧しており、長期戦になれば陸軍不信の強い国民に戻ってしまい、戦争を継続できないと考えていたからであった[57]。

だが状況は悪化の一途をたどる。八月九日に上海で起こった大山中尉殺害事件を機に、事変は華中に波及した。一五日に近衛内閣は不拡大方針を放棄し、「暴支膺懲」声明を発した。新聞は中国への武力行使を煽り、国民も熱狂をもって迎えた。八月二四日には、「国民精神総動員運動実施要綱」を閣議決定し、情報委員会、内務省、文部省が中心となって、戦争に国民を動員する体制を整えることとなった[58]。そして、九月四日から五日間開催された第七二臨時議会で、一般会計の歳出総額に匹敵する総額二五億円を超える臨時軍事費を含む予算と、軍需工業動員法の改正（事変にも適用）とそれに関連する立法が成立した。

(50) 前掲「日本行政の回顧（その四）」。
(51) 原田熊雄述『西園寺公と政局』第五巻（岩波書店、一九五一年）。
(52) 前掲、拙著『日本陸軍と日中戦争への道』第五章。
(53) 前掲、拙著「国家総力戦への道程」。
(54) 『東京朝日新聞』一九三七年五月二六日。
(55) 前掲『戦史叢書　陸軍軍需動員（一）計画編』六一六頁。
(56) 前掲「日本の行政（その四）」。
(57) 前掲、拙著「国家総力戦への道程」。
(58) 『東京朝日新聞』一九三七年九月一二日。

松井は、上海事変がターニングポイントであったと回想する通り、それまでの不拡大論を放棄し、戦争の遂行を後押しするようになった。国民が戦争に熱狂をもって迎え、議会が積極的に「暴支膺懲」を支持している以上、松井にとってとりうる選択肢は限られていた。松井は、「国力戦は必ず軍需、民需を問わず、凡そ、国力の源泉たる一切の物的資源運用を考へねばなりませぬ」と断った上で、現況を国力戦、すなわち「国家総動員時に入った」と見なした。そして、国力戦遂行のために国民の自発的協力、すなわち集団精神の発揚を求めた。いうまでもなく、国家総動員は国民が主体とならなければならないからである。ゆえに、国民に国家総動員への理解を求め、「適正なる方向に、其の各々の国家社会の一員としての任務」を尽くすよう呼びかけなければならなかったのである。(59)

(三) 企画院の成立と松井の辞職

ところが、企画庁と資源局が企画院へ統合される過程で、松井は自然廃官という形でポストを追われることとなった。この経緯についてはすでに御厨論文が詳細を明らかにしている。すなわち、強力な国家総動員実施機関を設置すべく企画庁と資源局を統合する問題について陸軍と海軍、そして資源局の縄張り争いが展開したのである。結果、統合主体として期待され設置されたはずの企画院は、総動員に関係する各省（陸海軍省・大蔵省・商工省）の出先機関にとどまることとなった。(60)

松井は陸軍が提案した統合案には反対した。その理由は「政治行政上からいえばナンセンスである。恐るべき大変なことだ。そうなれば国政という内閣の本当の実体を握るものが軍によって指導されるということになるであろうということ」を案じたからだったと松井は回想する。(61) しかし、松井が「平和的な考えも相当に深い人であった」と評価していた陸軍出身の横山勇資源局企画部長から、「陸軍及び参謀本部を代表して」陸軍の主張する統合官庁の初代総裁に就任を要請されていた。(62) 横山は資源局文官と融和的な関係を築いてきたが、総動員を軍が主導すべきという陸軍全体の意向に背くことはできなかったのだろう。松井は「冗談じゃない、内閣の統轄官庁を陸軍に作られてたまるもんか」といって断ったという。このエピソードは、松井が陸軍のロボットにされることを拒み、あくまで文官主導の国家総動員という信念を守り通そうとしたことを示していよう。だが、だからといって松井が国家総動員体制に入ることを拒んでいたことにはならない。

資源局はすでに七二臨時議会前に国家総動員法の一案をまとめていたとされる。議会閉会直後に書かれた松井の論稿「軍需工業動員法の適用と国家総動員法制定の要」（一九三七年一一月号）を見てみよう。[63] 松井は、日中戦争遂行に軍需工業動員法が必要であることを力説する。しかし、軍需工業動員法は「専ら軍需の充足に存するのであって、総動員の二大目標の一たる国民生活の確保の為には適用することを得ない」と解説する。すなわち、「事変の進展に応じて、事態が色々と変化する場合を考慮するならば、此等の法律の存在のみを以ては、到底満足する訳に行かない」のであり、「生産、配給其の他一般の経済活動」における軍需と民需の調整、「交通、通信方面」、「衛生、保健の方面」、さらに「保安、警備、教育」等のあらゆる分野にわたって、「国民各自が、其の能力地位に応じて、戦勝の目的に向って、最善の貢献を為し得る様」規定を作り、揺るぎのない基準となるような「完全な国家総動員法を速やかに制定することは、正に現下に於ける、朝野の重大なる務め」なのであるという。要するに松井は、国家総動員法制定に「国民生活の確保」という積極的意義を見出しており、それゆえに同法を必要としていたのであった。また、松井は国家総動員法を日中戦争に適用することを考えていた。[64]

（59）松井春生「国家総動員の秋」『日本に呼びかける』（今日の問題社、一九三七年）。本書は九月二二日に印刷、二五日に発行された。よって脱稿は軍需工業動員法改正が成立した後であると推測できる。
（60）前掲、御厨貴「国策統合機関設置の史的展開」。
（61）前掲「商工行政史談会速記録3」。
（62）前掲「日本行政の回顧（その四）」。
（63）松井春生「軍事工業動員法の適用と国家総動員法制定の要」（『警察研究』八（一一）、一九三七年）。

だが近衛文麿首相は、国家総動員の主導権をめぐる対立をまとめようとしなかった。軍の制御を最優先するのならば、松井は強力なカードだったはずである。だが他方で松井は、『経済参謀本部』で表明した通り、大蔵省から予算権を奪おうとするなど、各省の上に立つ強力な執行機関を構想していた。それゆえ、松井を重用すれば他省との軋轢は避けられなかっただろう。さらに、松井が積極的な国家総動員法制定論者であったことは、慎重な議会運営を目指す近衛にとって、頼れる存在とはならなかった。近衛が国家総動員法は現在の「支那事変」には適用されないことで議会と妥協したことは、近衛が最終的に松井の国家総動員案を回避したことを物語っていよう。だとすれば、松井が資源局長官に残ったとしても、松井が十分な役割を果たせたかどうかは疑わしい。

もっとも、松井の部下は、国家総動員法制定を松井の「とむらい合戦」と位置付けており、松井の構想は彼らによって引き継がれていった。(66)

(四) 戦局に飲み込まれていく資源保育論

松井は退官後も執筆を続け、一九三八年三月に『日本資源政策』を上梓した。ここでも松井は、国家総動員が「出来得る限り自治的に統制せらるべきこと」が肝要であると述べている。だが、その協同自治の精神は言い換えれば、「万古不動の忠君愛国の観念」に基づく日本精神(「やまとこゝろ」)なのであった(一二章「総動員下の『かて』と『こゝろ』の総動員」)。また、「世界の中心となるべき太平洋」において「世界の最大多数の民族たる支那印度等の東洋諸民族は、其の経済的、文化的意味に於て、我が大日本帝国を盟主とせざるを得ない運命に在る」と松井は説いた。(67)

さらに四月二七日に行った講演「我国資源政策の要諦」の中で、松井は歩を進めて、新しい文化体系の下に画期的の一大転換」が成就されなければならない時期に立ち至っていると述べた。すなわち、「今や世界の指導的地歩を占むるに至った有数の日本民族がそれら封鎖ブロック(日満支経済ブロック——筆者注)運動と共に運命を致してはならぬ」のであり、「日本の正義心の発露から寧ろ進んでこの封鎖的な経済ブロックの打破を強調し」、「更に進んでシヤムとか仏領印度等に、別に国際の平和を脅威するといふことなくして進まなければならぬ」という。[68] 国の繁栄と国民福祉のための資源政策（＝国家総動員）は、世界資源の利用の合理化・公正な利用を目指すことで、もはや日満支ブロックを越え、ボーダーレスに世界の繁栄、世界の福祉の増進を追求するものとなったのである。[69]

松井の提言は、一一月の第二次近衛声明（東亜新秩序声明）を結果的に補強する形となった。それは、大正期にデモクラシーを謳歌しながら、日中全面戦争の現状肯定・正当化とそれを支える国内体制＝近衛新体制を作り出していった、同じ東京帝国大学法科（政治学科）卒の蝋山政道や矢部貞治らの足跡を想起させる。[70] 松井が蝋山や矢部らも在籍した、近衛文麿のブレーン集団である昭和研究会の主要メンバーであったことを考えると、あながち的外れな着眼とはいえないだろう。松井は一高時代の親友であった後藤隆之助の呼びかけに応じ、昭和研究会創設から関わり、常任委員、世界政策研究会委員、東亜経済ブロック研究会委員、外交問題研究会委員、昭和同人会幹事、昭和塾理事などを務めた。[71] しかし、大政翼賛会の創立には関わらなかった。[72]

松井は、軍事作戦が進展するたびに「少しでも提灯持ちのようなことを言わねばならぬことは、たえられないと

---

(64) 文官武官を問わず資源局では、イギリスやアメリカの国家総動員法を参考に国家総動員法を立案しており、天皇大権や緊急勅令に頼らず、議会に通して法案成立を図った点でより立憲的だと考えていた。国家総動員法制定と企画院（資源局）の構想については、拙稿「誰が為の国家総動員法」（『軍事史学』第五三巻第二号、二〇一七年九月）。

(65) ゴードン・M・バーガー（坂野潤治訳）『大政翼賛会　国民動員をめぐる相克』（山川出版社、二〇〇〇年）。

(66) 内田源兵衛「立案十年『国家総動員法』（三国一郎編『昭和史探訪3』番町書房、一九七〇年）。

(67) 松井春生『日本資源政策』（千倉書房、一九三八年）七頁。

(68) 松井春生「我国資源政策の要諦」（『工業評論』二四（七）、一九三八年七月号）。

(69) 酒井哲哉氏は、社会民主主義が広域秩序論につながることをすでに指摘している（酒井哲哉「国際関係思想における社会民主主義―戦後日本政治に対するその含意―」山口次郎・石川真澄編『日本社会党』日本経済評論社、二〇〇三年）。

思っていた」らしく、結城豊太郎や池田成彬らの懇請によって就任していた日本商工会議所理事長の職も一九三九年四月に辞すことになった。

日中戦争の長期化と欧州大戦勃発の中で、松井の提言はもはや現実に対応しきれなくなっていた。「欧米列強のいはゆるブロックよりも遥に広大深遠なる」日・満・支の東亜経済ブロックは、物資の需給に支障をきたし、「国民生活の全般に相当甚だしい圧迫を加へることを覚悟」しなければならない状況となった。円ブロック内の貿易は外貨の獲得とならず、かえって国際収支を悪化させたため、円ブロック向けの輸出を制限するという、「東亜共同体の完成に逆行」することとなった。(73) また、統制経済は国家総力を発揮するため国社会が一体となって遂行すべきはずが、都市と農村、あるいは各府県の小ブロックにおいて割拠的、利己的な傾向に進行しており、「未だ国民の時局に対する認識に欠けるものがある」と、松井は苦言を呈した。(74) こうして松井は、太平洋戦争を待つことなく、実質的に政治の表舞台から姿を消すこととなった。

五　松井春生の国家総動員体制構想とは何だったのか

統帥権の独立をどう克服するか。この課題は、政党政治を実現するため軍閥と戦ってきた政治勢力が憲法制定以来取り組んできたものであった。しかし、第一次世界大戦が国力のすべてを動員して戦う総力戦となり、これまでの軍中心の戦争から国民の戦争となったことで、統帥権の独立は陸軍にとっても軍民一致を妨げる「足かせ」となっていた。

衆民政（デモクラシー）を日本の政治の理想と信じていた松井春生が、国家総動員準備機関である資源局の設置を主導したことは、画期的なことだった。そしてさらに重要なことは、陸軍側主任者たちが松井に協力して任務に当たったことである。彼らは、将来戦を政党内閣の下で戦うことを前提としていた。確かに、資源局内において、文官が統帥事項（たとえば、陸海軍の仮想敵、戦略等について）に介入することは制度上できなかった。だが、資源局内の文武官は協調関係にあり、少なくとも文官側は武官たちを敵とは見なしていなかった。加えて、資源局の武官ポスト（陸軍）は陸軍省整備局スタッフで固められており、彼らは当時陸軍を強力に統制し、総力戦に理解のあった宇垣一成の部下だった。国家総力戦を政党が主導する、少なくとも文武の対立を克服して戦う体制を構築する、換言すれば統帥権の独立を克服して戦争に臨む可能性は十分にあったと考えられる。

松井の国家総動員論がユニークなのは、国家総動員の目的を国防にとどまらず、「資源の保育」と定めた点にあった。すなわち、物的・人的を問わず戦時に動員すべきあらゆる資源を保育することによって、有事に備えるだけでなく、平時においては国力の発展を促し国民の福祉へと還元されるという点である。資源保育論は、文官が国家総動員準備に主体的に関わることを可能にする理論的根拠を用意したのである。

(70) 蝋山政道については、松沢弘陽「民主社会主義の人々」（思想の科学研究会編『共同研究　転向』下、平凡社、一九六二年、のち松沢『日本社会主義の思想』筑摩書房、一九七三年に所収）、三谷太一郎「日本の政治学のアイデンティティを求めて　蝋山政道の政治学の模索」（『成蹊法学』四九、一九九九年三月、のち『学問はいかに現実に関わるか』東京大学出版会、二〇一三年に所収）、酒井哲哉『近代日本の国際秩序論』（岩波書店、二〇〇七年）、マイルズ・フレッチャー（竹内洋、井上義和訳）『知識人とファシズム　近衛新体制と昭和研究会』（柏書房、二〇一一年）、矢部貞治については源川真希『近衛新体制の思想と政治―自由主義克服の時代―』（有志舎、二〇〇九年）、波田永実「矢部貞治における『共同体的衆民政』論の形成（一）・（二）」（『流経法学』第一巻第一号、第二巻第一号、二〇〇二年三月、一〇月）、同右「矢部貞治における『共同的衆民政』論の展開（一）（二）」（『流経法学』第二巻第一号、第四巻第一号、二〇〇三年三月、二〇〇四年六月）を参照。

(71) 酒井三郎『昭和研究会』（ティビーエス・ブリタニカ、一九七九年）。

(72) 前掲「日本行政の回顧（その五）」。

(73) 松井春生「協同体完成の道」東京日日新聞社經濟部編『興亜経済を描く』（一元社、一九三九年）。

(74) 松井春生「時局下の都市と農村関係」（『蠶業新報』四八（六）、一九四〇年六月号）。後、前掲、松井春生『経済共同体の進展』に所収。

しばしば松井は、「革新官僚」として扱われる。確かに松井に革新主義的要素を見出すことはできる。しかし軍に抵抗した松井は、革新官僚のように親軍的で戦争を主導した官僚と位置づけることはできないだろう。また松井の資源保育論は、官僚万能をうたうものでも、政党の凋落をもたらすものでもなかった。資源の保育は、行政だけでなく企業経営の無駄をなくすことが掲げられていたし、国家主導で行われるべきものではなく、国民の集団精神に基づく官民協力により進められるべきだと松井は考えていた。国民の福利実現が政党政治の目指すものならば、資源保育論は本来的に政党が主導すべき政策なのであった。

松井は東京帝国大学法科（政治学科）でアメリカ政治学を学修し、それが松井の国家総動員論の源流となっていた。第一次世界大戦前後のアメリカでは、既存の政党政治や自由主義・個人主義的経済体制が招いた社会的不公正を正すべく、行政の合理化や能率化が唱えられていた（革新主義運動）。松井が影響を受けたのは革新主義を代表するセオドア・ルーズベルト大統領や、革新主義に基づいて資源保存を唱え、第一次世界大戦のアメリカ参戦を熱烈に支持した経済学者リチャード・T・エリーであった。このことからも、松井の政策が、官僚主導を目指したものでなかったことがわかるのである。

しかしながら、関東軍の謀略により始まった満洲事変により、松井の目指す文民主導の国家総動員構想は、成立を可能にするための二つの前提を同時に失うこととなった。一つは、軍の統制の動揺である。それまで陸相が中心となって陸軍を統制していたが、関東軍や朝鮮軍の独断行動を許した結果、陸相の権威は失墜し、その後頻発する軍の独断専行の呼び水となった。一九三五年八月に松井とともに一九二〇年代から総力戦準備に当たった永田鉄山が殺害されたことは象徴的な事件だった。いま一つは、政党政治の崩壊である。世界恐慌への対応に失敗した民政党内閣は、満洲事変収拾にも失敗し、政友会へ政権を明け渡すこととなった。しかし、事変の収拾は困難を極め、既成政党への不信は政友会内閣をもってしても克服できず、政党政治の終焉を招いた。

松井は、政党内閣崩壊以降も、議会制を否定するのではなく、それを補強するための専門知識集団を擁する機関を設置し、首相の権力を補おうとした（経済参謀本部論）。これは陸軍の政治的台頭に対抗する、松井なりの知恵であった。またここで主張した統制経済も国家統制によるそれではなく、企業・労働者・消費者の協調による「フロム・ビロウ・アップ」の統制であった。資源保育論はここにも貫徹されていたのである。

二・二六事件後、陸軍は国防国家完成の障害となる既成政党勢力や自由主義勢力の排除を要求するなど、勢いを増しつつあった。盧溝橋事件は、こうした国内状況で偶発的に起こった日中武力衝突であった。松井は、七月末まで戦争拡大に反対していた。しかし、国民の熱狂と議会の積極的支持の中、上海事変が勃発すると政府も不拡大方針を放棄したため、松井も不拡大方針を放棄し、即時総力戦体制に入ることを主張した。同時に企画庁（調査局の後身）と資源局を資源局拡充という形で合併し、勢いを増す陸軍を掣肘し、国家総動員の主導権を確立しようと試みた。それは国家総動員体制に入ることで一致していた陸軍や、権限を奪われることを嫌った各省を敵に回すことになった。結果、近衛文麿首相は松井を資源局の自然廃官という形で総動員業務から外すことを決定した。統帥権独立を克服し、文民主導の国家総動員体制を構築するという松井の構想はこうして潰えた。

もっとも松井は退官後も、構想の核心にあった資源保育論を完全に放棄していない。国家総動員は国民の協同自治が最も重要であると考えていたし、それどころか資源政策の根底にあった不公正の防止や利用の合理化といった理念は、いまや普遍的な価値となり、日満支経済ブロックのみならず世界へ波及しようとしていた。しかし、現実には日本政府の東亜新秩序声明の後追いでしかなく、影響力を持つことはなかった。

※本章は、二〇一四年三月一日に開催された「二〇世紀と日本」研究会で行った研究報告をもとにしたものである。報告に際し、参加者各位から有意義な質問やコメントを頂いた。記して謝意を表する次第である。

◉実業家高碕達之助は、戦後初期にアメリカの資金と日本の技術、機械を結びつけ、かつて満洲で目指した大規模な製鉄事業をインドで興そうとした。国境を越えたアジア域内での鉄鋼業の分業体制の確立を図った日印鉄鋼提携構想は、最終的にインドのナショナリズムによって挫折したが、本章はこの過程を通して戦間期日本の秩序構想の戦後期への遺産を示す。

第七章

井上正也

高碕達之助と日印鉄鋼提携構想

アジア・シューマン・プランの夢

高碕達之助（前列右から５人目）。ブラジル・サンパウロ市制400周年祭祝典親善使節団代表として（1954年　提供：東洋食品研究所）。

一　朝鮮戦争と東南アジア開発

一九五〇年六月二五日に勃発した朝鮮戦争は、敗戦国日本の運命を大きく転換させた。アメリカ軍を主体とする国連軍が朝鮮半島の戦線を維持するために、後方基地としての日本は不可欠な存在となった。また、東西両陣営によるアジアでの対決構図が鮮明になる中で、日本の戦略上の価値は急速に高まりを見せた(1)。朝鮮戦争の勃発は、その政治的帰結として、サンフランシスコ平和条約と日米安全保障条約の成立をもたらしたのである。

朝鮮戦争は日本経済にも大きな転機となった。占領下の日本経済は、アメリカの経済援助に依存しながら、段階的な復興を模索していた。だが、一九四九年二月、アメリカ政府特使として来日したドッヂ（Joseph M. Dodge）は、日本経済を一挙に自立させるべく、超均衡予算による緊縮財政を推進する。そのため、日本経済は、デフレの進行による「安定不況」に陥っていたのである。然るに朝鮮戦争は、アメリカ軍の軍需調達による「特需」を日本にもたらした。この「特需」による臨時の外貨収入は、一九五一年から一九五三年にかけて、日本の輸出額の五割から七割にも達するものであった。外貨収入の多くは、日本に不足していた原材料の輸入に振り向けられ、生産増加の原動力となり、高度成長への重要な契機となったのである(2)。

しかしながら、朝鮮戦争の勃発当時、日本経済の見通しは決して明るいものでなかった。この当時、日本の経済成長の制約となっていたのは国際収支問題であった。戦後日本は有望な輸出産業を持てない中、慢性的なドル不足が経済成長を抑制する「国際収支の天井」に苦しんでいた。貿易赤字はアメリカの援助や「特需」によって埋め合

(1)　坂元一哉『日米同盟の絆』（有斐閣、二〇〇〇年）二三～二四頁。

(2)　中村隆英「日米『経済協力』関係の形成」（『年報・近代日本研究』四号、一九八二年）二八五頁、森武麿・浅井良夫・西成田豊・春日豊・伊藤正直『現代日本経済史　新版』（有斐閣、二〇〇二年）一〇〇～一〇二、一一二～一一三頁。

わされていたが、戦争による「特需」は一時的なものと予想されており、恒常的な外貨収入源を確保する必要があったのである。[3] こうしたドル不足は、国際的な貿易決済システムの機能不全や、国際金融市場の回復の遅れによっても拍車が駆けられた。世界経済への明確な見通しが立たない一九五〇年代初頭、GATT・IMF体制による国際自由貿易は、未だ自明のものとは見なされていなかったのである。[4]

日本経済にさらに暗い影を落としたのが、朝鮮戦争による中国市場とのアクセス遮断である。一九五〇年一〇月の中華人民共和国による朝鮮参戦後、アメリカは対中全面禁輸を決定し、日中貿易に関しても、香港経由による間接貿易を残して禁止措置がとられた。中国大陸は、戦前の日本にとって最大の輸出市場であり、繊維製品や機械類を主力品目としていた。また、原料供給源としても中国は重要な位置を占めていた。とりわけ、大量の原材料を必要とする鉄鋼業にとって、中国産の鉄鉱石と原料炭（強粘結炭）は重要であった。戦前型の貿易構造の復活が困難となった日本は、中国の代替となる経済的後背地の確保を必要としていたのである。[5]

これらの問題を解決すべく、日本の政財界が大きな期待を寄せたのが、日米「経済協力」に基づく東南アジア開発であった。一九五一年一月に来日したダレス（John F. Dulles）国務省顧問によってはじめて輪郭が示された「経済協力」構想は、軍需発注を視野に入れた日本の工業生産能力を最大限に引き出すことを目的に、アメリカの援助を通じて、日本の原料供給源として有望な東南アジア地域の開発を図ることにあった。[6]

日本を「アジアの工場」と位置づけ、東南アジアとの経済的統合を目指す構想は、それ以前からもアメリカ政府内で存在していた。[7] だが、一九五一年五月にアメリカ政府が対日援助費の削減を発表したこともあって、日本の財界は、事実上の援助の継続として東南アジア開発にこれまで以上の強い期待を寄せるようになったのである。

この日米「経済協力」による東南アジア開発の有力な対象地域として注目されたのはインドであった。当時の東南アジアの地理的定義は、ビルマ以東を示す今日とは異なり、インドやパキスタンといった南アジアを包摂していた。[8] 朝鮮戦争によって中国からの鉄鉱石や原料炭の輸入が完全に途絶する中、距離的に近く、豊富な鉱物資源を有するインドはこれまで以上に注目されるようになった。また日本のポンド過剰対策の観点からも、ドル地域輸入からポンド地域輸入への切り替えが求められており、その点からも、インドの重要性が強調されるようになったのである。[9]

本章は、高碕達之助（一八八五～一九六四）がインドで推進しようとした日印鉄鋼提携構想（以下、高碕構想）について論じる。高碕構想は、インドに日印合弁会社を設立し、銑鋼一貫製鉄所並びに鉄鉱資源輸出のための鉄道や港湾施設を建設する計画であった。その事業費は、アメリカに本部を置く世界銀行からの借款を含め総額一〇〇億円ともいわれ、当時の東南アジア開発計画の中でも最大規模を誇った。[10]

従来、日米「経済協力」に基づく東南アジア開発は、アメリカ政府による具体的な資金計画の欠如に加え、原料供給地に押しとどめられるアジア各国の反発を理由に挫折に終わったと論じられてきた。そのため、高碕構想も失敗の一事例として簡潔に触れられるにとどまってきた。[11] しかし、高碕構想は、鉄鉱資源の輸入のみを目的とした融

（3）浅井良夫『戦後改革と民主主義』（吉川弘文館、二〇〇一年）二七一～二七二頁。
（4）浅井良夫「一九五〇年代における経済自立と開発」（『年報日本現代史』一三巻、二〇〇八年）五四～五八頁。
（5）大蔵省通関統計による日本の輸出入における中国（満洲を含む）の割合は、一九三〇年から一九三九年までの平均で輸出二一・六%、輸入一二・四%であった。谷敷寛『日中貿易案内』（日本経済新聞社、一九六四年）一五五～一五八頁。
（6）William S. Borden, *The Pacific Alliance*, Madison: University of Wisconsin Press, 1984, 191-7. 鄭敬娥「一九五〇年代初頭における『日米経済協力』と東南アジア開発」（『法政研究』七〇巻四号、二〇〇四年）一一五九～一一六三頁。
（7）Borden, *The Pacific Alliance*, 115-120. マイケル・シャラー（五味俊樹監訳）『アジアにおける冷戦の起源』（木鐸社、一九九六年）第八章、柴田茂紀「アメリカによる日本・アジア間貿易構想」（『同志社アメリカ研究』四二巻、二〇〇六年）、李鍾元「戦後米国の極東政策と韓国の脱植民地化」（『岩波講座　近代日本と植民地八　アジアの冷戦と脱植民地化』岩波書店、一九九三年）三～一五頁。
（8）前掲、鄭敬娥「一九五〇年代初頭における『日米経済協力』と東南アジア開発」七〇頁。
（9）加藤友治「東南アジア開発とインド鐵鋼資源」（『経済連合』五二号、一九五二年）一二二頁。
（10）坂本徳松「日・印合弁製鉄会社の特殊性」（『東邦経済』一三巻七号、一九五二年）一二頁。

資買鉱とは一線を画しており、世界銀行の融資を足がかりに、インド鉄鋼業の発展と日本機械工業の育成の両立を視野に入れた壮大な計画であった。

本章は、鉄鋼業という観点から、満洲からインドへと連なる高碕達之助のアジア経済開発構想の軌跡を明らかにすることによって、民間主導で進められた講和直後の経済外交の実態を理解する一助としたい。

二　高碕達之助と鉄鋼業

高碕達之助といえば、一般的には日中友好や尽力した「親中派」のイメージが強い。一九五五年に政府代表として参加したバンドン会議で、戦後の現職閣僚としてはじめて周恩来と会談し、一九六二年の日中ＬＴ貿易協定の成立に重要な役割を果たしたことはよく知られている。しかし、高碕が日中関係に本格的に関わるのは最晩年であり、それ以前は知米派の実業家として認知されていたことはあまり知られていない。

高碕はその生涯を通じて鉄鋼業と深い関わりがあった。一八八五年に大阪で生まれた高碕は、水産技師としてアメリカ大陸に渡って最新の缶詰技術を取得し、帰国後の一九一七年に東洋製罐を設立した。アメリカ製の自動製缶機械を導入した東洋製罐を、高碕はその後の約二〇年間で国内最大の製缶会社に育てた。しかし、一九三七年に日中戦争が勃発すると、缶詰用機械や、主要材料であるブリキの調達が徐々に困難となる。高碕の東洋製罐は、東洋鋼鈑や東洋機械といった関連会社を創設して自給体制を整えようとするが、国内産業の戦時体制への移行によって、ブリキ製造に必要な鋼材が供給途絶に陥りつつあったのである(12)。

鋼材の入手先を求めていた高碕を満洲に誘ったのが鮎川義介であった。当時、鮎川は日産財閥を率いて満洲に移駐していた。一九四一年三月、高碕は渡満し、「満洲国」の鉱工業・機械工業を一元的に管理する満洲重工業開発

（以下、満業）の副総裁として経営に携わるようになる。鮎川とともに高碕が目指したのは、日本や欧米から資金や技術を導入して、満洲の重化学工業化を進め、満洲経済の自給自足体制を実現することにあった。だが、高碕の果たしうる役割は限られていた。対米英関係の悪化によって期待された外資導入は行きづまり、さらに総力戦体制への移行によって、満洲は対日資源供給地の色彩を強めつつあった(13)。

満業の中核たる鉄鋼業も、操業規模を拡大し続けたが、鉄鋼の増産に対する原料炭並びに鉄鉱石の供給が追いつかず、流通の非効率性もあって伸び悩みを見せた。一九四二年一二月、鮎川の退任を受けて総裁に就任した高碕は、鉄鋼業と石炭業の合理化を進め、昭和製鋼所、本渓湖煤鉄公司、東辺道開発会社を合併して、満洲製鐵会社を設立した。だが、一九四四年以降、戦局悪化による製鉄所の疎開が開始されたことで生産高は急落する。高碕はこれに対する有効な対策を打てないまま、長春で敗戦を迎えたのである(14)。

敗戦によって「満洲国」が消滅し、ソ連軍、中共軍と目まぐるしく統治者が変化する中、長春に残留した高碕は日本人会を結成し、現地邦人の保護と引揚に奔走した。一九四六年五月、国府軍が長春に進駐すると、高碕は国民党政権の経済顧問に就任した。またソ連軍が接収した設備の調査を行うためにポーレー使節団が満洲に到着する

(11) 保城広至『アジア地域主義外交の行方　一九五二―一九六六』（木鐸社、二〇〇八年）三七～三八頁、波多野澄雄・佐藤晋『現代日本の東南アジア政策　一九五〇―二〇〇五』（早稲田大学出版部、二〇〇七年）九頁。

(12) 高碕達之助『満州の終焉』（実業之日本社、一九五三年）一一～一九頁。高碕達之助に関する近年の研究として以下を参照、松岡信之「高碕達之助の政治観」上・下（『政治学研究論集』三三・三四巻、二〇一〇～一一年）、村上友章「『国境の海』とナショナリズム」（『国際政治』一七〇号、二〇一二年）、加藤聖文「高碕達之助と戦後日中関係」（劉傑・川島真編『対立と共存の歴史認識』東京大学出版会、二〇一三年）、牧村健一郎『日中をひらいた男 高碕達之助』（朝日新聞出版、二〇一三年）。

(13) 山本有造『「満洲国」経済史研究』（名古屋大学出版会、二〇〇三年）第二章、鮎川と高碕の関係については以下を参照、井口治夫『鮎川義介と経済的国際主義』（名古屋大学出版会、二〇一二年）。

(14) 前掲、高碕達之助『満州の終焉』九三～一〇〇頁。

と、高碕はこの調査に協力している[15]。

高碕が再び日本の土を踏んだのは一九四七年一一月であった。高碕の帰国名目は、国府が対日賠償として大陸への移設を予定していた姫路の広畑製鐵所と呉の火力発電所の調査を国府から依頼されたためである。このうち広畑製鐵所は、日本製鐵が一九三九年に建設した、当時最新鋭の銑鋼一貫製鉄所であり、連合国軍により賠償指定がなされたことから操業を休止していた。だが、製鉄所の現物賠償は移設費用の面から現実的ではなかった。また、国共内戦の激化によって、中国へ戻ることが困難になったため、高碕はそのまま日本にとどまることとなったのである[16]。

帰国した高碕が取り組んだのは満洲引揚者の再雇用であった。高碕は国内の鉄鋼メーカーに引揚者の受け入れを求めていたが、それだけにとどまらず、賠償指定されていた広畑製鐵所を譲り受け、昭和製鋼所の引揚技術者を率いて、自身も製鉄所の経営に乗り出そうとした。この広畑問題は、高碕の他に、吉田側近の白洲次郎が推進する外資売却案、関西系平炉メーカー（川崎製鉄、神戸製鋼所、住友金属工業）への売却案が競合しており、高碕の帰国前後から水面下での駆け引きが開始されていた。高碕が鉄鋼業への参入をいかなる形で計画していたかは不明であるが、最終的に高碕案は実現することはなかった。当時、日本製鐵常務であった永野重雄の回想によれば、高碕は昭和製鋼所の引揚技術者の再雇用を条件に計画を取り下げたようである[17]。

広畑問題の後も高碕と鉄鋼業界との関係は続いた。一九五〇年七月、高碕はアメリカのエトナ・スタンダード・エンジニアリング社（以下、アメリカ・エトナ社）と提携して日本エトナを設立した。日本エトナの事業目的は、欧米の機械メーカーから特許権と技術を導入して、日本の鉄鋼メーカー向けに製鉄機械の供給を行うことにあった。高碕は日本エトナを通じて日本の機械工業の育成を目指しており、将来的には南アジアや南アメリカに製鉄機械を輸出することを視野に入れていたのである。

日本エトナの社長には高碕が就任し、取締役には八幡製鐵社長の三鬼隆や富士製鐵社長の永野重雄といった日本製鐵解体後の有力高炉メーカーが名を連ねた[18]。当時、日本の輸出産業では、かつての主力産業たる繊維業がアジア諸国の追い上げもあって斜陽になりつつあり、成長の見込みがあるのは労働集約的な機械工業だけと考えられていた[19]。高碕は、戦前からの国内外の人脈を駆使して、海外市場に進出が可能な機械工業の育成を目指したのである。

アメリカ・エトナ社との合弁事業が示すように、高碕は、外資導入についても積極的に持論を展開している。外資導入への高碕の姿勢をよく示すのが、一九五一年一月のダレス特使訪日に際して、彼が作成した「日米防共経済提携案」である[20]。同文書において、高碕は、日本の産業復興のためにはアメリカの資金と技術が不可欠であるとして、「日本産業開発株式会社」の設立を提案している。彼が構想したのは、日本政府とアメリカ資本による資本金二億ドルの合弁会社を設立し、電力、製鉄、石炭、造船、機械工業といった分野に投資と技術的援助を行わせる計画であった[21]。高碕が執筆した提携案は、一九五一年二月八日に行われたダレス・鳩山一郎会談に際して、ダレスに手渡された「要望書」に反映されている[22]。高碕は前述した日米「経済協力」への期待の高まりを背景に、外資導入による合弁事業を大規模に展開しようと考えていたのである。

(15) 同右、第八～九章、二八九～二九五頁。
(16) 同右、三三四～三三九頁。
(17) 永野重雄『君は夜逃げしたことがあるか』(にっかん書房、一九七九年) 七五～八七頁。
(18) 「エトナ・ジャパン株式会社経歴書」[作成日不明]「高碕達之助文書」(三四) 公益財団法人東洋食品研究所、兵庫県川西市 (括弧内は文書整理番号)、「日本エトナ社」[作成日不明]「高碕達之助文書」(三〇)。
(19) 前掲、浅井良夫「一九五〇年代における経済自立と開発」五七頁。
(20) 「日米防共経済提携案」一九五〇年 [作成日不明]「高碕達之助文書」(三)。
(21) 「J・I・D・Cの構想第二案」一九五〇年 [作成日不明]「高碕達之助文書」(三)。
(22) 「日本経済の再建方策」『エコノミスト』二九巻二二号 (一九五一年)、「要望書」の作成経緯については以下を参照、筒井清忠『石橋湛山』(中央公論社、一九八六年) 第一章。

三　インド鉄鋼開発計画の浮上

高碕がインドの鉄鋼開発に関わる契機は、一九五一年四月にアメリカ・エトナ社のシュワルツウェルター（Ernest E. Swartwelter）社長からの助言であった。当時、アメリカ輸出入銀行がインドにおける製鉄設備を増設する構想を進めていた。シュワルツウェルターは、アメリカの業界ではこの受注にまで手が回らないことから、かわりに日本が建設を引き受けることを高碕に勧めたのである[23]。その後、五月末に高碕は、シュワルツウェルターから、パリで開催予定であった主要な製鉄機械会社が一堂に会する国際会議に招待される[24]。当時、高碕は公職追放指定を受けており、海外渡航を制限されていたが、吉田茂首相の配慮によって渡航が許可された[25]。

七月六日に日本を出発した高碕は、パリに到着して五日間の会議に参加した。この会談で、高碕は、日本の製鉄機械工業は、資金や資材の面では劣るものの、熟練工の供給では優位にあるという感触を得た。そして、インド重工業の現状から、長期にわたり相当の技術者が指導に当たらねばならないことから、日本がインド向けの製鉄機械を製造販売するのが合理的であるという結論に至ったのである[26]。

高碕にとって、インド進出は、日本の機械工業の輸出市場開拓と、引揚技術者の再雇用の双方を実現できる絶好の機会であった。また高碕は、自らの満洲体験をインドに重ねあわせていた。「曽て自分が関係した日満一体の鉄鋼製作の経験から見て、寧ろ此の際印度の鉄鋼を日本の手に依って開発し、之と密接に結び付くるが得策だと考える[27]」という高碕の発言からは、満洲での「見果てぬ夢」を、インドで追い求めようとする意気込みが感じられる。

当時、インド開発の最大の出資者として期待されたのはアメリカ資本であった。一九四九年一月、トルーマン（Harry S. Truman）大統領は、ポイント・フォア計画を発表し、植民地支配から脱した第三世界の新興国への共産主義の浸透を防止するために、低開発地域援助構想を打ち出していた[28]。一九五〇年一二月にアメリカ・インド両国で調印されたポイント・フォア協定は技術援助を中心としたものであり、製鉄機械メーカーのインドへの期待は、このアメリカのインド開発支援によって裏づけられていたのである。(29)

しかし、当初、インドへの参入に際して、高碕はイギリスの役割を重視していた。高碕はインド開発のためには旧宗主国であったイギリスの影響力が無視できないと見ており、国際金融市場の中心であったロンドンを拠点に活動する必要があると考えていたのである。パリ会議の後、高碕はロンドンに向かい、セール商会のジョージ・セール（George S. Sale）に協力を要請した。セール商会は、明治初期から横浜や神戸など日本各地に支店を展開していた貿易会社である。戦前、大手漁業会社への食塩の輸入代理を手がけていたことから、製缶業界の高碕とはつながりがあった。(30)高碕は、インド製鉄事業への参入に際して、セール商会の情報網と資金調達力に期待をかけていたのである。

(23)「高碕達之助」「印度鉄鋼開発に関する工作の経緯」［作成日不明］「高碕達之助文書」（二一七）。
(24)Letter, Swartwelter to Takasaki, May 28, 1951,「高碕達之助文書」（三〇）。
(25)高碕達之助集刊行委員会『高碕達之助集』上（東洋製罐株式会社、一九六五年）一七二頁。
(26)吉田茂宛高碕達之助書簡、一九五一年七月一五日、「高碕達之助文書」（三四）、高碕達之助「日印合辨製鉄会社建設計画の交渉経緯」一九五三年四月、「高碕達之助文書」（二八四）。なお、「日印合辨製鉄会社建設計画の交渉経緯」にはパリでの会議が六月と記されているが、吉田宛高碕書簡や渡航書類から見て誤りである。
(27)前掲「印度鉄鋼開発に関する工作の経緯」。
(28)ポイント・フォア計画については以下を参照。菅英輝『米ソ冷戦とアメリカのアジア政策』（ミネルヴァ書房、一九九二年）二〇六～二一〇頁、李錫敏「トルーマンのポイント・フォア計画」（『法学政治学論究』九一号、二〇一一年）。
(29)高碕文書には、米印ポイント・フォア協定の覚書並びに協定文の和訳が含まれている。「印度政府と締結したるポイント・フォア協定文」「高碕達之助文書」（二一七）。
(30)山口晋一編『諸官省御用達商人名鑑』前編（運輸日報社、一九一〇年）七八～八〇頁（「国立国会図書館デジタルコレクション」［http://dl.ndl.go.jp/info:ndljp/pid/779752 : 2017/4/22］で閲覧）。

このセールの仲介によって、高碕と結びついたのは、インド南東部に位置するオリッサ州での開発計画であった。当時、世界最大の鉄鋼資源を有するといわれたインドにおいて、「アイアン・ベルト」と呼ばれる東部ビハール州とオリッサ州には、露天掘可採鉱量八〇億トンと推計される高品位の鉄鉱資源が存在すると見られていた[31]。このオリッサ州での鉄鉱資源開発と製鉄事業の設立を目指して、同地の実業家で政治活動家でもあったパトナイク（Biju Patnaik）が、カリンガ産業開発会社を設立し、スイス金融資本からの資金調達を模索していたのである。パトナイクの構想は、オリッサ州に銑鋼一貫製鉄所を建設することを目標に、まず高炉一本を建設することにあった。そして、資金面については、インド政府から、五年間で五〇万トンのマンガン、二五〇万トンの鉄鉱石、二五〇万トンの石炭、二〇〇万トンの銑鉄、三〇万トンのジュート製品の輸出許可権を得ることで、高炉建設資金の返済に充当する計画であった[32]。

高碕は、この高炉建設計画に対して、広畑製鐵所の一千トン高炉と同型のものがインドに供給可能であり、日本側が、設計から据えつけ、試運転まですべての責任を負うことが可能であると応えた[33]。さらに高碕の依頼で現地を視察したアメリカ人実業家ブレーデン（William Braden）の情報を基に、鉄鋼業を興すための鉱山開発、積み出しを行うための鉄道、港湾施設の建設もあわせて行う計画を提示した。高碕は、製鉄技術者に加えて「満洲鉄道及朝鮮鉄道に従事して居った港湾及鉄道の経験者」も「進んで印度の開発に従事することと信じます」と述べて、インド政府に日本からの技術団の訪印を受け入れるよう要請したのである[34]。

しかしながら、セールはいまだ状況を楽観視していなかった。一一月一六日付の高碕宛書簡で、セールは、インドの鉄鋼開発が、高碕がかつて満洲で取り組んだ事業に比べてはるかに複雑で巨大なものになると述べ、インド政府の意向のみならず、もし世界銀行の支援を望むのであれば、アメリカ政府の考えとも歩調をあわせる必要があると説明した。そして、実業家としての実績に乏しいパトナイクでは資金調達が難しいとして、最終的にはネール（Jawaharlal Nehru）首相から計画の大綱について同意を得る必要があると述べたのである[35]。

ここでセールが期待をかけたのが、ネールの信任が厚いメノン（V. K. Krishna Menon）駐英インド高等弁務官であった。一二月二一日、高碕からロンドンでの交渉を委ねられた第一物産（旧三井物産）社員の藤瀬清は、セールを通じて、メノンと会見した。メノンは、「来春選挙で経済問題処ではなくなるから至急第一物産の意図をネール首相に伝え何とかして同首相の裁可を得て如何なる印度の筋と更に話を進める可きか同首相のアドヴァイスも得たい」と述べ、日本側の計画を書簡の形で届けるように伝えた。藤瀬が、「何故メノン卿迄熱心なるかの理由は印度製鉄事業の成績期待に反し居りネール首相焦慮し居る際、之を物にしてメノン卿自身の業績を挙げ度いのだらう」と推測したように、メノンは、自身の政治的影響力にも関わる問題と見たためか、明らかにその姿勢は好意的であった[36]。

ところが、メノン経由での対インド政府工作はその後停滞する。インドでの総選挙の実施に加え、彼自身が多忙を極めたためであった[37]。インド政府の感触がつかめない中、一九五二年一月末、コルカタの日本政府在外事務所を通じて、タタ鉄鋼会社やインディアン鉄鋼会社といったインドでの既存鉄鋼メーカーによる設備増強計画の情報がもたらされた。それによれば、タタ鉄鋼会社がアメリカの技術と設備を導入して高炉を新設する計画が存在しており、ドイツの工作機械メーカーがすでに訪印して技術相談に応じていることが明らかとなった[38]。

（31）八幡製鐵総務部調査課「印度鉄鋼業の現状」（『鉄鋼界』一九五二年七月号）一九頁。
（32）Notes of a meeting held between A. Mirles, Mr. T. Maeda and Mr. G. S. Sale, in Hamburg on Germany, 13th October, 1951, Regarding the supply of steel machinery from Japan to India,「高碕達之助文書」（四九）。
（33）Letter, Takasaki to Sale, October 25, 1951,「高碕達之助文書」（四九）。
（34）G. Sale 宛高碕達之助書翰、一九五一年一一月二三日、「高碕達之助文書」（四九）。
（35）Letter, Takasaki to Sale, November 16, 1951,「高碕達之助文書」（四九）。
（36）前田常務宛藤瀬清書簡「一、印度オリッサ州開發事業ノ件」一九五一年一二月二二日、「高碕達之助文書」（二七）。
（37）Letter, Sale to Takasaki, 5 January, 1952,「高碕達之助文書」（四九）。

焦慮に駆られた高碕は、セールに対して、パトナイクに頼らずにタタ鉄鋼会社とも交渉を開始することを示唆した[39]。その一方で、自らの人脈を通じて、インド政府上層部につながる別のルートを模索し始める。ここで高碕とインド政府を新たに結びつけたのは、チェトール（Krishna Chettur）駐日インド代表団長である。

二月一九日、チェトールと会見した高碕は、満洲時代の部下である三万五千名の技術者をインド製鉄拡張計画に利用することは非常に有益な仕事であると持論を展開した。そして、高炉建設の見積書の複写を手渡し、仮にパトナイクが力不足であれば、他の事業者を見出すと語った。これに対してチェトールは、高碕構想を支持することを伝え、本件はインド政府が取り上げるべき事柄であるから、政府幹部に必要な助言を行うと前向きに返答したのである[40]。

ここに高碕のインド鉄鋼開発構想は大きな転換点を迎えた。第一に、高碕構想は、当初想定された民間合弁事業から、インド政府による国家プロジェクトの一部として進められることになった。第二に、高碕構想におけるイギリスの後退とアメリカの浮上である。高碕構想は当初、インド政府工作や資金調達をセール商会に依存していたが、インド政府にルートが直接つながったことでロンドンの役割は後退していく。そして、二月に世界銀行のブラック（Eugene Black）総裁がインドを訪問し、インド鉄鋼開発の借款交渉を開始したという情報がもたらされると[41]、この世界銀行の対インド借款計画に高碕構想がいかに組み込まれるかが議論の焦点となっていくのである。

四　高炉建設と鉄鉱資源開発

日印鉄鋼提携を実現するため、高碕は相反する二方面からの合意を取り付ける必要があった。一方はインド政府であり、もう一方は、高碕構想に不可欠な資金と技術を供与する日本国内の大手鉄鋼メーカーである。

高碕構想が具体化へ動き始める中、インド政府と高碕構想にはなお重大なギャップが存在した。前述したように、高碕は高炉建設に加え、鉄鉱石を輸出する鉄道や港湾施設の整備も想定していた。ところが、インド政府は、高炉のみの建設を考えており、高碕が考える港湾などの地質調査は不要と判断していたのである。(42)

しかし、鉄道・港湾の輸送設備の充実は、大手鉄鋼メーカーである高炉三社（八幡製鐵、富士製鐵、日本鋼管）の協力を得るために不可欠であった。元来、高碕構想は、安価なインド銑鉄の輸入拡大を希望する関西系平炉メーカーから支持される反面、輸入銑鉄との競合を恐れる高炉三社は消極的であった。(43) 高炉三社が最も重視していたのは、インド産鉄鉱石の安定供給であった。当時、インド産鉄鉱石輸出の隘路は鉄道輸送にあり、滞貨の頻繁な発生から輸送コストの上昇を招いていた。(44) そのため、高炉三社は、インド政府が「アイアン・ベルト」とコルカタを結ぶ鉄道の複線化や、コルカタ港の港湾設備の増強に乗り出すことを求めていたのである。(45)

(38) 西山昭在カルカッタ日本政府在外事務所発吉田茂外務大臣宛電報「製鉄設備増強に関する件」一九五二年一月二七日、「高碕達之助文書」(二七)。
(39) Letter, Takasaki to Sale, February 12, 1952, 「高碕達之助文書」(四九)。
(40) Letter, Takasaki to Sale, February 21, 1952, 「高碕達之助文書」(四九)。
(41) Letter, Takasaki to Sale, February 15, 1952, 「高碕達之助文書」(四九)。
(42) 関守三郎在ニューデリー日本政府在外事務所長発外務大臣宛電報、一九五二年四月六日、行政機関情報公開法に基づく開示請求によって公開された外務省文書（2010-00069）（以下、外務省情報公開、（　）内は開示番号）。以下、本章で用いた情報公開文書は村上友章氏の開示請求によるものである。氏のご厚意に感謝する。
(43) 「印度製鉄所建設計画に関する件」一九五二年［月日不明］外務省情報公開（2010-00069）。
(44) 「鉄鉱石買付増進に関する件」一九五二年一月一〇日、戦後期外務省記録「本邦対インド貿易関係雑件鉱産物取引関係」第三巻（E'2.4.3.2-4）外務省外交史料館。
(45) 関守三郎在外事務所長発吉田茂宛電報、一九五二年二月一四日、前掲「本邦対インド貿易関係雑件鉱産物取引関係」第三巻、加藤友治「東南アジア開発とインド鉄鋼資源」（『経済連合』五二号、一九五二年）一二二〜一二三頁。

高碕は、高炉三社の鉄鉱資源開発計画が、高碕構想とは別ルートでインド政府に提案されることを恐れた。四月二一日、高碕は高橋龍太郎通産大臣宛の書簡で、「我方の方針一致せずバラ々々に交渉することは甚だ遺憾に有之、巨額の投資を必要とする本件の如きは日本政府としての一貫せる方針を定むるの要有之事を痛感致候」と書き送っている。

高碕は、あくまで日本政府の支持の下で、自らがインド鉄鋼開発の中心的存在たらんとしていた。同じ書簡で彼は、「當方構想は印度の殆ど無盡蔵と稱せらるる製鐵資源開発により東南アジヤに於けるシューマン・プランを現出せしめんとするものに有之」と述べ、自身の構想が、日印が一体となって、製鉄製鋼から電力、鉄道、港湾施設に関する一連の設備を建設する一大計画であることを強調している(46)。

フランスとドイツの石炭と鉄鋼生産を共通の高等機関の管理下に置くシューマン・プランが発表されたのは一九五〇年五月である。高碕が高橋通産大臣へ書簡を送付する三日前の四月一八日には、欧州石炭鉄鋼共同体（ＥＣＳＣ）設立を決めたパリ条約が調印されていた(47)。このシューマン・プランを、高碕は、経済に関する主権を国家がはじめて放棄しようする「偉大の思想」の現れと評価していた(48)。また、後に雑誌の対談で高碕は、鉄と石炭を国際プール方式にして事業を営むことを主張し、「東洋民族がお互いにシューマン・プランのように各自の国境を捨てて、各自の経済に関する限り、有無相通ずるという考え方でゆけば、日本の経済は立ってゆける」とも述べている(49)。高碕が目指したのは、アジア諸国が、経済に関する主権の一部を委譲して地域的結合を図ることにあった。工業設備が不足するインドと、鉄鋼原料を必要とする日本との経済的相互補完を実現すべく、高碕は自らの構想をシューマン・プランになぞらえたのである。

高炉建設と鉄鉱資源開発という二つの計画の調整が図られたのは、三月一〇日から五週間に及んだ工業技術団（石坂泰三団長）のインド訪問であった。高碕は、永野重雄富士製鐵社長の許可を得て、使節団に同行予定であった富士製鐵技術部副長の浅田譲をオリッサ州の関係者に面会させるよう手配していた。浅田は満洲時代に昭和製鋼所で技術者を務め、高炉建設の豊富な経験を有していた[50]。

インドを訪問した浅田ら技術団は、インド政府関係者と鉄鉱石の輸入拡大について協議を行った。インド政府側は、鉄道や港湾設備を改良するには一億五千万ルピーは必要であり、インド政府の予算から鉄道建設に充てる総額は限られていると述べて、「日本側が外国若しくは印度資本家と共同で捻出するより方法がない」という意見を示すにとどめた[51]。工業技術団の訪印で鉄鉱石輸出拡大に向けた具体的な進展は見られなかったのである。

しかし、使節団の解散後、単独でオリッサ州に赴いた浅田は、四月二八日にオリッサ州政府関係者から鉄鉱石開発案を提示された。前述したように、オリッサ州政府は、カリンガ産業開発会社を支援して銑鋼一貫工場を建設する予定であった。だが、高碕構想がインド政府の国家計画に取り上げられたため、州政府は鉱山開発と鉄道・港湾建設の推進に方針に転換し、日本側に提携を要請したのである。鉄鉱石の輸入拡大を目指す浅田にとって、同案は理想的であった。浅田は、州政府からフランス調査団の報告書を提供され、自らも小型飛行機に同乗して、港湾建設が予定されるベンガル湾に面したマハナディ河の河口附近を視察してきたのである[52]。

帰国した浅田から提案を受けた高碕は、高炉建設と鉱山開発を結合した新計画を策定し、五月二一日に通産省において、高炉三社幹部との会合を行って新計画への同意を取り付けた[53]。かくして、高碕構想は大幅に拡大された。

(46) 高橋龍太郎通産大臣宛高碕達之助書簡、一九五二年四月二一日、外務省情報公開(2010-00069)。
(47) 遠藤乾編『ヨーロッパ統合史』(名古屋大学出版会、二〇〇八年)一三五頁。
(48) 「経済についての主権捨てよ　日印経済協力の先陣役　高碕達之助氏」『外交時代』一九五二年六月一日、「高碕達之助文書」(三八八)。
(49) 芦田均・高碕達之助・伊藤忠兵衛「これからの政治これからの経済」(『ダイヤモンド』四一巻九号、一九五三年)。
(50) Letter, Takasaki to Sale, February 26, 1952, 「高碕達之助文書」(四九)。Letter, Takasaki to Sale, March 1, 1952, 「高碕達之助文書」(四九)。
(51) 関守三郎在外事務所長発吉田茂外務大臣宛電報、一九五二年三月二一日、前掲「本邦対インド貿易関係雑件鉱産物取引関係」第三巻。
(52) 浅田譲「印度に於ける製鉄提携問題」(鉄鋼新聞社『鉄鋼』四巻六号、一九五二年)二四～二五頁。「高碕達之助文書」(三八七)。

新計画は、新設される日印合弁製鉄会社が、オリッサ州ヒラクードに高炉二本を建設すると同時に、オリッサ州政府所有のポナイ地区の鉄鉱山を開発し、製鉄所の所要量を除いた鉄鉱石を日本に輸出する。さらに、鉄鉱石輸出を可能にするため、鉱山から港湾まで専用鉄道、マハナディ河口のパラディップに積出港を建設するというものであった[54]。

しかし、インド側は鉄鉱石輸出になお難色を示した。チェトールは、「インド政府は目下如何なる鉄鑛石開発計画に対しても同意出来ぬ立場にて、政府は何よりも先ず銑鉄計画に重点を置く建前」であると述べ、鉄鉱石開発は民間企業に委ねて価格競争を行わせる必要があり、国策たる高炉建設と鉄鉱石開発の結合は不可能であると強調した[55]。

高碕は、インド側の主張を「甚だ遺憾」としながらも、デサイ（C. C. Desai）生産次官を首席とする使節団を訪日させた上で、両国の専門家で事業計画を改めて検討することを求めた[56]。だが、インド政府は、六月一二日の内閣経済委員会で高炉問題を討議した結果、日本への使節団を当面延期することを決定したのである[57]。

インド政府が使節団派遣を延期した理由は、日本側がインド側の望まない鉄鉱石輸出計画を強要することへの不満もあったが、六月以降のドイツの本格的参入も背景にあった。ドイツのクルップ社は、デマーグ社の製鉄機械設備を現物で提供し、見返りに五年ないし一〇年の期間でジュートその他の原料品で返済するという計画をインド側に提案していた[58]。高炉建設計画において、ドイツは明らかに日本と競合するようになっていたのである。

窮地の高碕を救ったのは、彼がインドに関わる発端を作ったアメリカ・エトナ社のシュワルツウェルターであった。六月中旬からウッズ（George D. Woods）を団長とする世界銀行鉄鋼調査団がインドを訪問していたが、ウッズの招聘によって、偶然日本を訪問していたシュワルツウェルターもインドへ赴いたのである[59]。

七月八日から翌日にかけ、シュワルツウェルターは、デシュマク（C. D. Deshmukh）蔵相、メータ（G. L. Mehta）企画院委員、デサイ、バタチャリア（P. C. Bhattacharya）経済次官兼大蔵次官らインド政府高官と相次いで会見した。

会見で彼は、世界銀行の融資計画に基づき、総工費一億六千万ドルで、高炉三基からなる一貫作業工場を建設し、内一基分の生産銑鉄を日本に割り当てる条件で、日本側が五千万ドルを投資するという新提案を伝えた。これに対してデサイ次官は、「従来日本が鉄鉱石にのみ興味を有して居り銑鉄や一貫工場には関心を有たぬものと考へてゐた」と語り、日本が「パートナー（提携者）の形で印度への一貫作業工場に参劃することに関心を有することが分り、この提案は健全なるものである」と好意的に返答したのである。(60)

インド側の姿勢は、鉄鉱資源開発に対する不信感の根強さを示していた。七月九日、シュワルツウェルターと面会したボールズ（Chester Bowles）駐印米国大使は、「印度は長年英国に搾取されてゐて疑ひ深いので鉄鉱開発の面をあまり強調すると印度側は冷淡になる恐れがある」と忠告した。そして、細心の注意を払い「第一目標を印度生産能力の増加といふ点に置けば、日本に対する鉄鉱石輸出は自然とうまく行くようになると思う」と助言を与えている。(61)

インドでの交渉経緯を聞いた高碕は、鉄鉱資源開発を一旦構想から切り離して、高炉建設のみを進めることにした。七月二三日、高碕は高炉三社の幹部と会見して状況を説明した。高炉三社は、総工費一億六千万ドルの内、世

(53) チェトール宛高碕達之助書簡、一九五二年五月二三日、「高碕達之助文書」(二八二)、白石範平「夢破れた日印合辦製鐵會社」(『実業之日本』五六巻六号、一九五三年）四七頁。
(54) チェトール宛高碕達之助書簡、一九五二年五月一九日、「高碕達之助文書」(二八二)。
(55) 高碕達之助宛チェトール書簡、一九五二年五月二八日、「高碕達之助文書」(二八二)。
(56) チェトール宛高碕達之助書簡、一九五二年六月四日、「高碕達之助文書」(二八二)。
(57) 河崎臨時代理大使発岡崎外務大臣宛電報、一九五二年六月一四日、外務省情報公開（2010-00069)。
(58) 「印度製鉄所建設計画に関する件」一九五二年［月日不明］外務省情報公開（2010-00069)。
(59) 同右。
(60) 「印度事業に関する覚書」［作成日不明］「高碕達之助文書」(二一五)。
(61) 同右。

界銀行から一億ドルの借款が得られるなら、高炉建設に参画する姿勢を示したが、日本向け銑鉄輸入は阻止する立場から、三基目の高炉は不要であると主張し、なお意見の隔たりは大きかった[62]。

七月二八日、高碕はシュワルツウェルターへ書簡を認めた。書簡の中で高碕は、高炉三社の消極姿勢にもかかわらず、平炉メーカーや国民は銑鉄輸入に関心があり、外資の協力を通じた安価な銑鉄の輸入は、日本政府にとっても国益にかなうと強調した。また、池田勇人蔵相や吉田首相の側近である白洲次郎も計画に賛同していると付言している[63]。その上で自身のインド事業の将来は、世界銀行が日印合弁企業に一億ドルの借款を行うかにかかっており、もし他の方法で融資が行われるのであれば、「私は完全にこの分野から手を退くつもりである」と高碕は決意の程を綴っている。高碕は構想の将来をシュワルツウェルターの世界銀行工作に委ねたのである[64]。

五　日印交渉

高碕はインド製鉄事業を「一生の仕事（grand life-work）」と位置づけていた[65]。彼は以前から吉田首相や池田蔵相ら政府幹部に自らの構想を説明していた[66]。経済外交を重視し、財界人を大使に起用していた吉田首相は、池田を通じて、高碕を初代駐印大使に任命しようと働きかけていた。だが、高碕は日印合弁製鉄会社に専念するために固持している[67]。一九五二年八月末、高碕は電源開発の初代総裁に就任することを受諾するが、その際も日印交渉を従来通り関与し続けることを条件としている[68]。

シュワルツウェルターに託された日印製鉄事業は、九月一七日に新たな展開を迎えた。デサイ次官からチェトール大使を通じて連絡があり、インド政府が銑鉄計画に未だ関心を有していることから、高碕のインド訪問を要請してきたのである[69]。だが、この時高碕は電発総裁に就任した直後であったために自ら渡印することを断っている[70]。

その後、一〇月一〇日、シュワルツウェルターの工作が効を奏し、世界銀行からも日印合弁製鉄会社設立案が東京に送付されてきた。世界銀行の計画は、当初よりも縮小され、世界銀行五千万ドル、日印が二千五百万ドルずつを出資し、高炉二基を建設した上で、一基分の銑鉄を対日輸出に当てる予定であった(71)。

インド政府内でも世界銀行融資にあわせて高碕構想を進める考えが固まりつつあった。一〇月七日、デシュマク蔵相はネール首相宛の覚書において、自身とクリシュナマチャリ（T. T. Krishnamachari）商工大臣は、世界銀行融資を交渉するためにアメリカに部下を派遣することに同意していると報告している。そして、同じ覚書の中でデシュマクは、高碕率いる「日本グループ」との交渉についても、製鉄所建設は国家にとって基本的に重要な事柄であるとして、もし彼らがインドへ来られないようであれば、アメリカで交渉を行うべきであると提案したのである(72)。

かくして、世界銀行との折衝のためデサイ次官が訪米するのにあわせて、高碕もアメリカでインド側と交渉を行うことになった(73)。同じ頃、世界銀行のブラック総裁からも、新木栄吉駐米大使を通じて高碕の訪米を求めてきてい

---

(62) Letter, Takasaki to Swartswelter, July 28, 1952,「高碕達之助文書」（三三）。
(63) Ibid.
(64) Ibid.
(65) Ibid.
(66) 外務大臣発在ニューデリー日本政府在外事務所長宛電報、一九五二年四月一一日、外務省情報公開（2010-00069）。
(67)『朝日新聞』一九五二年五月二四日。
(68) 高橋龍太郎宛高碕達之助書簡、一九五二年八月二九日、「高碕達之助文書」（一一二）。
(69) K. K. Desai to Takasaki September 17, 1952,「高碕達之助文書」（二五）。
(70) 高碕達之助「日米合弁製鐵会社建設計画の交渉経緯」一九五三年四月、「高碕達之助文書」（二八四）。
(71)「日、米、印製鉄会社の件（経済局）」［日付不明］外務省情報公開（2010-00069）。
(72) Memorandum, C. D. Deshmukh to Jawaharlal Nehru, October, 7, 1952, Subject file 8A, The papers of T. T. Krishnamachari, Nehru Memorial Museum and Library, New Delhi, India（hereafter NMML）.

た[74]。高碕は電源開発事業への外資導入問題もあわせて協議すべく、一一月一六日にアメリカに向かったのである。

世界銀行の融資が具体化したことで、これまで資金拠出に明確な姿勢を示していなかった日本政府も高碕構想を支援する方針が固まった。政府は技術調査団の現地調査の結果、満足すべき結論が得られた場合は、最高二千五百万ドル相当の政府融資を行う用意があるとの見解を高碕に伝えている。また政府方針として、機械設備の購入については日本側の輸出を「好意的に考慮」すること、合弁会社の運営役員は日本側が当たること、鉄鉱資源開発構想については、インド側の「原則的承認」を取り付けるよう務めるが「必要条件」とはしない、などの項目が伝えられた[75]。

日印交渉は一一月二五日からワシントンで始まった。日本側は高碕、浅田、前田鐵三第一物産専務取締役、渡辺武駐米公使（前財務官）、インド側はデサイ、バタチャリアの両名に加えて、ネール首相の甥にあたり、インドでも数少ない国際金融の専門家であったネール（B. K. Nehru）駐米公使兼世界銀行理事が参加した。そして、この交渉の立役者といえるシュワルツウェルターも会談に陪席している[76]。

日印交渉を通じて取り決められたのは、以下の内容である。鋼鉄三五万トンと銑鉄四〇万トンを年産する高炉二基を備えた製鉄一貫工場の建設を目指し、日印合弁製鉄会社を設立する。資本構成としては、同会社の株式資本の五一％はインド政府、四九％は日本の関連企業によって応募される。会社の運営については、インド政府が合弁会社の取締役会長を指名し、常務取締役は日本会社によって指名され、計画の営業と技術的管理は常務取締役の責任によるものとされた。そして、計画を能率的に達成するため、経営および技術上の日本人専門家を雇用するとされた。なお、日本人職員の数は最小限に止め、漸次印度人によって置き換えられる点も合意された[77]。

一方、最大の争点となったのは日本向け銑鉄の売却価格であった。日本側は、生産原価に対して、世銀借款の利子と償還費に「適正利潤」を加えた価格を主張した[78]。日本側の主張は、高炉建設支援の交換条件に安価な銑鉄を入手するという考えに基づいていた。さらにパトナイクが最初に高炉建設計画を持ちかけた際、「原価に薄い利ざやを加えたもの」と提案していた経緯もあった[79]。しかし、インド側は、売却価格は国際標準価格で、日本側が全生産量を引き取ることを主張した。インド側は日本が特殊権益のような形で銑鉄を購入し、しかも、購入を「義務」ではなく「権利」と主張したことに強く反発したのである[80]。だが、高碕も価格問題では譲ることはなかった[81]。

また、日印製鐵合弁会社の株式代金の払い込みを、英ポンドで行うか米ドルで行うかについても争点となった。ドル支出を抑制したい日本側はポンド振り込みを求めたが、多額のポンド残高を抱えるインド側は、合弁会社の株式について、世銀借款の半額までを日本が米ドルで支払うことを求めた。これに関連して、インド側は、世銀借款に日本政府が保障を与えるのであれば、英ポンドでの払い込みを認めると提案した。だが、日本側は、日本政府が世銀借款に保証を与えることで、世界銀行の借入限度枠が減少することを恐れ、これに反対した[82]。

結局、これらの点で日印両国は最後まで合意に至らず、ワシントンでの交渉は、一一月二九日に一旦打ち切られた[83]。高碕は、今回の交渉はすべて「日本政府の承認」を前提としていると主張し、覚書は双方の合意点、不一致点

(73) 前掲、高碕達之助「日米合弁製鐵会社建設計画の交渉経緯」。
(74) 前掲「日、米、印製鉄会社の件（経済局）」。
(75)「日印製鐵の件」一九五二年一一月一五日、外務省情報公開（2010-00069）。
(76) 前掲、高碕達之助「日米合弁製鐵会社建設計画の交渉経緯」、ネールについては以下も参照、秋田茂『帝国から開発援助へ』（名古屋大学出版会、二〇一七年）七五～七六頁。
(77)「日印合弁製鐵会社設立に関するC・C・デサイ、高碕会談覚書」「高碕達之助文書」（二八五）。
(78) 渡辺武「日印製鉄会社問題」一九五二年一二月一日、外務省情報公開（2010-00070）。
(79) Letter, Sale to Takasaki, August 17, 1951,「高碕達之助文書」（四九）。
(80) 前掲、渡辺武「日印製鉄会社問題」。
(81) 新木駐米大使発外務大臣宛電報、一九五二年一一月二七日、外務省情報公開（2010-00069）。
(82) 前掲「日印合弁製鐵会社設立に関するC・C・デサイ、高碕会談覚書」、前掲「日印製鉄会社問題」。
(83) 高碕の米国での日程は以下を参照、堤清七「高碕達之助氏渡米旅行日誌」一九五二年一一月一六日、「高碕達之助文書」（二一九）。

を併記することを主張した[84]。高碕はニューヨークに移動し、最終的に一二月七日に同地で「高碕・デサイ覚書」が交わされた。

日印交渉のもう一つの成果は、高炉三社が希望していた鉄鉱資源開発について、製鉄所建設とは切り離した形でインド政府が取り上げる点を、覚書に付属する「往復書簡」としてインド側と確認したことである。高碕は、オリッサ州の製鉄所建設を端緒として、将来的な鉄鉱資源開発や鉄道・港湾設備といった大規模計画に発展させる希望をつなげることができたのである。

六　高碕構想の挫折

一二月二五日に帰国した高碕は、政府関係者や高炉三社と協議し、いよいよ本格的な技術調査団のインド派遣に向けて調整を開始した。翌一九五三年一月三日には、デサイ次官から書簡が届けられた。デサイは、世界銀行から鉄鋼使節団がインドに派遣される通知を受けたため、覚書の不一致点は後日協議することにして、日本からも早急に調査団を派遣するよう要請してきたのである[85]。

一月九日、高炉三社首脳と会談した高碕は、ワシントンでの覚書を拠り所に、日本鋼管会長の林甚之丞を団長とする官民合同調査団の派遣決定の合意を取り付けた[86]。日本鋼管の関連会社である鋼管鉱業は、一九五一年九月、ポルトガル領ゴアで、一五〇万ドル相当の機械設備を輸出し、代金の一部を鉄鉱石で償却する融資買鉱を実現していたが、これは林の推進によるものであった[87]。高炉三社幹部の中でも、林は高碕構想を評価しており、インド鉄鋼開発事業にも積極的であった[88]。

しかし、調査団の派遣準備が進む一月二五日、西山勉駐印大使から、デサイが「当方の接触を避けおる様」であり、インド政府が世界銀行との技術調査団の編成に際して、明らかに日本側の不参加を前提としている不審な点があり、調査団派遣の準備を見合わせるようにという公電がもたらされた[89]。敗戦時の満洲中央銀行総裁で、高碕の知己であった西山は、これに先立つ一月二〇日にも高碕へ私信を発しており、ニューデリーの現地紙で日印製鉄問題が二度報道されており、二度とも計画が駄目になるだろうという論調であったと報告している[90]。

果たして二月四日、インド政府は交渉の打ち切りを高碕に通告する[91]。実はインド側は製鉄所建設に関して日本とドイツを天秤にかけていた。ニューヨークで高碕と覚書を調印した帰路、デサイはドイツを訪問し、クルップ社とデマーグ社に日本側と同条件での交渉を持ちかけていたという[92]。高碕構想は当初から競合相手としてドイツの存在が見え隠れしていた。高碕との交渉打ち切りは、インド政府がドイツ案に乗り換えたことを示していた。

インド側が交渉打ち切りの理由としたのはナショナリズムであった。二月六日、高碕はラウフ（M. A. Rauf）駐日大使を通じて、インド政府に事情の説明を求めた。ラウフ大使の回答は、「多くの理由が存在しているが、最も主要な理由はインドの世論が、重要産業の総括経営を外国人の手に委ねることに反対した」というものであった[93]。同

(84) 新木大使発外務大臣宛電報、一九五二年一二月五日、外務省情報公開（2010-00070）。
(85) C. C. Desai to Takasaki, January 3, 1953,「高碕達之助文書」（一一六）。
(86) 前掲、白石範平「夢破れた日印合辨製鐵會社」四八頁。
(87)『朝日新聞』一九五一年九月一三日。
(88)「日印合弁製鉄所建設計画の件」（経済局）［日付不明］、外務省情報公開（2010-00070）、林甚之丞「好望されるインドの鐵鋼業」『経済批判』二巻三号（一九五二年）。
(89) 西山大使発岡崎大臣宛電報、一九五三年一月二五日、外務省情報公開（2010-00070）。
(90) 高碕達之助宛西山勉書簡、一九五三年一月二〇日、「高碕達之助文書」（一一八）。
(91) Letter, M. A. Rauf to Takasaki, February 4, 1953, 外務省情報公開（2010-00070）。
(92) 前掲『高碕達之助集』上、一七四頁。
(93) Letter, M. A. Rauf to Takasaki, February 23, 1953,「高碕達之助文書」（一一六）。

様の情報はニューデリーでも得られた。西山大使は、インド政府関係者から、「日本側が株式四九パーセントをもって経営の実権を握る点にして、この方式は議会の承認を得ること困難なるため」という国内政局の要因を示唆する内話を得ている。(94)

それでも高碕は納得できなかった。三月三日のラウフ宛書簡で、高碕は、合弁会社の会長はインド政府が指名する形になっており、日本側の常務は会長の指示の下で任務を遂行するだけであると反駁した。そして、日本はインド政府の国家政策に反する意図はないとして計画の再考を求めている。(95)また、高碕はネール首相に対しても、これまでの経緯を説明する書簡を送付した。(96)だが、インド政府はついに決定を覆さず、高碕も計画を断念せざるをえなかった。

日本との交渉打ち切り後、交渉窓口であったデサイは、生産次官から駐セイロン高等弁務官へと転じた。(97)その後、後任のチャンダ（A. K. Chanda）生産次官が訪独して交渉にあたり、八月一五日、インド政府はクルップ、デマーグ両社との間で、独印合弁製鉄会社を設立する協定が調印された。(98)この協定に基づいて一九五四年一月一九日、独印による合資会社ヒンドゥスターン製鉄が設立され、オリッサ州のルークラ（Rourkela）に製鉄所が建設されている。(99)

この独印協定と「高碕・デサイ覚書」ではどの点が異なっていたのであろうか。第一に、両案とも世界銀行借款が五千万ドルである点では同様であった。だが、大きく異なるのは、第一に資本金の出資比率である。資本金は独印対等ではなく、ドイツ側負担が二千万ドルに対してインド政府負担は八千万ドルとされ、インド側が多くの資金を負担する形となっていた。第二に、鉄鋼プラントの調達先は、ドイツに限定せず、国際入札とよるものとされ、第三に、経営権に関して、「全体にわたる管理、経営権はインド政府に保留される」という条件も付加されている。(100)

以上の点から見て、独印協定が「高碕・デサイ覚書」に比べて、インド側の主張を尊重したものであるのは明らかであった。インド政府は、日本人の経営参加や日印対等の出資比率に問題のあった「高碕・デサイ覚書」を反故にして、より有利な条件であり、国内のナショナリズムを刺激する可能性の低かったドイツ案に乗り換えたのである。

七　経済開発とナショナリズム

本章で明らかにしたように、高碕構想は、東南アジア開発をめぐる日米「経済協力」構想を背景に、アメリカから資金、日本から技術と機械を拠出し、インドの製鉄事業と鉄鉱資源開発を展開する計画であった。高碕にとって、インドは低廉な資源供給源にとどまらなかった。彼は、インド鉄鋼業の育成に協力することで、輸出産業としての機械工業の育成を図り、同時に満洲引揚技術者の雇用先を確保しようとした。高碕のねらいは、かつて満洲で夢見た大規模な鉄鋼業をインドで興し、アジア域内での国境を越えた鉄鋼業の分業体制を確立することにあった。

---

(94) 西山大使発外務大臣宛電報、一九五三年一月三〇日、外務省情報公開（2010-00070）。
(95) Letter, Takasaki to Rauf, March 3, 1953,「高碕達之助文書」(二六)。
(96) Letter, Takasaki to Jawaharlal Nehru, February 20, 1953, 外務省情報公開（2010-00070）。
(97) Oral History Interview with Shri C. C. Desai, New Delhi, India, April 14, 1969, Oral History Transcript 106, NMML. デサイは駐セイロン高等弁務官への転出理由を、在任期間が五年におよびネール首相から海外勤務を打診されたためと証言しており、日印交渉について触れていない。
(98) 波川昇「インド製鋼業の現状と将来」（『東洋経済新報』一九五四年四月一〇日号）五〇頁。
(99) G. C. Agrawal, *Public Sector Steel Industry in India*, Allahabad: University Road, 1976, 20-21.
(100) 前掲、波川昇「インド製鋼業の現状と将来」五〇頁。

シューマン・プランを引照したことが示すように、日印鉄鋼提携に際して、高碕はヨーロッパをモデルにした主権国家の壁を越えた水平的な経済統合を意識していた。高碕は、経営的観点から日印合弁会社は、日本側が運営責任を担うべきと考えており、日本の熟練技術者がインドで指導にあたることは当然と考えていた。

しかし、高碕構想の実現には多くの困難が存在した。高碕構想は、高炉三社の支持を取り付ける目的から鉄鉱資源開発を包摂していた。そのことは宗主国と旧植民地との間の垂直的な経済統合を想起させ、インド側の警戒心を惹起した。また、高碕構想の中核であった日本人技術者の雇用並びに経営参画は、第一次五ヶ年計画を策定し、鉄鋼業など重要産業の国営化を進めていたインド側のナショナリズムを刺激するものであった。

インドに限らず第三世界の新興独立国にとって、工業化による経済的自立と政治的独立は両立されるべき課題であった。高碕構想がインドの国家計画に組み込まれた段階で、経済開発とナショナリズムとの間に生じる矛盾は避けられなかったのである。実業家の高碕にとって、外国人の経営参画は経営効率を考えれば当然の判断であり、そのことが大きな問題になるとは予想だにしていなかった(101)。高碕は、満洲の開発モデルをインドに適用できるかの経済合理性のみに関心を向ける一方で、現地のナショナリズムに対してあまりにも無自覚であったといえよう。

日印交渉の挫折は、高碕にとって貴重な教訓となった。後に岸信介との対談で、高碕は「われわれが今までやっておった海外発展策、特にアジアに対する発展策というものは余程注意して相手国の意志を尊重してやらねばならんと思う」と語り、日印交渉を振り返りながら、「いかにナショナリズムが自分が想像しないような強いものであるかということが、自分にはわかった」と自省している(102)。

高碕がインドで直面したナショナリズムは、中立主義と結びついて大きな政治的気運となり、アジア・アフリカ地域各国の首脳が一同に会する国際会議へと結実する(103)。高碕構想の挫折から約二年後の一九五五年四月、インドネシアで開催されたバンドン会議に、経済審議庁長官となっていた高碕は日本政府首席代表として参加する。バンドン会議以後、高碕はアジア・アフリカ外交へと活躍の場を広げていくが、日印鉄鋼交渉の挫折は、彼のアジア・ナショナリズム理解の原点であったといえよう。

(101) 岸信介・高碕達之助「アジアの経済開発とナショナリズム」(『アジア問題』三巻一号、一九五四年)二三頁。
(102) 同右、二二〜二三頁。
(103) 宮城大蔵「戦後アジア国際政治史」(日本国際政治学会編『日本の国際政治学四　歴史の中の国際政治』有斐閣、二〇〇九年)一五七〜一六一頁。

第Ⅱ部

リーダーシップを見る視点

総論──伊藤之雄

一　近代日本のリーダー研究の意義──はじめに

近年、日本では、近代の歴史上の人物や事件を事例にリーダーシップを論じる著作がかなり多く出版されている。その多くは、陸・海軍人の戦争という特殊な状況におけるリーダーシップを論じたものである。[1] 戦時においてこそ、リーダーシップの可否が明確な結果として出るという面から、当然ともいえる。国や企業などの組織、また

(1) 太平洋戦争までの日本陸海軍人のリーダーシップを論じたものとして、戸部良一・野中郁次郎・寺本義也・鎌田伸一・杉之尾孝生・村井友秀『失敗の本質―日本軍の組織論的研究―』(ダイヤモンド社、一九八四年、中公文庫、一九九一年)、半藤一利・秦郁彦・保坂正康・黒野耐・戸高一成・福田和也『昭和陸海軍の失敗―彼らはなぜ国家を破滅の淵に追いやったのか―』(文春新書、二〇〇七年)がある。さらに最近、日本陸軍に絞って論文を再構成し、陸軍の組織と満州事変以降のリーダーシップ不在と戦略の欠如を論じた、戸部良一『自壊の病理―日本陸軍の組織分析―』(日本経済新聞社、二〇一七年)が出版された。また、日本の近代・現代の政治家・軍人を幅広く取り上げ、リーダーシップや時代の中でのリーダーのイメージを論じたものに、戸部良一編『近代日本のリーダーシップ―岐路に立つ指導者たち―』(千倉書房、二〇一四年)がある。

海外に関しても、戦争を通したリーダーシップへの関心は高い。野中郁次郎・戸部良一・鎌田伸一・寺本義也・杉之尾宜生・村井友秀『戦略の本質―戦史に学ぶ逆転のリーダーシップ―』(日本経済新聞社、二〇〇五年)は、一九三〇年代の毛沢東の戦いから、ベトナム戦争までを扱っている。第二次世界大戦後の「国家経営」をめぐるリーダーシップを論じたものに、戸部良一・寺本義也・野中郁次郎編著『国家経営の本質―大転換期の知略とリーダーシップ―』(日本経済新聞社、二〇一四年)がある。この著作は、戦後の世界に大きな影響を及ぼした、サッチャー・レーガン・ゴルバチョフ・鄧小平などを対象としている。

この他、政治家・外交官などの伝記や特定の政治事件を取り上げた著作も、広い意味でリーダーシップを論じているが、あまりにも多数になるので、ここでは省略する。

個人においても、危機（戦時）に際して対応を誤らないためには、事前に様々の準備や訓練をしておくことが重要である。その意味で、組織や個人の盛衰を決するのは、むしろ日常（平時）における長期的な営みである。私たちが政治家・官僚や企業経営者・幹部に期待し、また私たち自身にも求められるのは、むしろ長期的な、平時のリーダーシップといえよう。

第Ⅱ部では、秩序危機が起こって再編が課題となる状況下で、日本近代史の流れを大きく変えた五つの重要事件と、それらに強く関わったリーダーを一人ずつ取り上げ、彼らのリーダーシップについて論じる。そのリーダーと事件とは、木戸孝允と薩長同盟（一八六六〔慶応二〕年）、松田正久と第一次護憲運動（一九一二～一三年）、幣原喜重郎と北京関税会議・北伐（一九二五～二七年）、田中義一と山東出兵（一九二七～二八年）、平沼騏一郎と政権獲得運動（一九二四～三四年）である。

これらのリーダーたちは、いずれも長州藩・政友会・加藤高明内閣と若槻礼次郎内閣・田中義一内閣・国家主義的官僚政治家の最高実力者またはそれに次ぐ者である。ここで取り上げる時期は、海外出兵下や、満洲事変下という準戦時体制期も例外的に含まれるが、むしろ平時のリーダーシップといえよう。

ところで、人間は重大な事件すなわち危機に直面した時に、よきにつけ悪しきにつけ、その人物の特性が明るみに出てしまう。すなわち、日頃から常に学習し、公共性（この中味については本論の三―（一）―①で後述）を持ち、しかも実行可能なビジョンがあるか、また困難を乗り切っていく精神的強さがあるか、適切な人脈を有しそれを使いこなす能力があるか、等が問われるからである。

第Ⅱ部の五つの論文は、まず各リーダーの誕生から各論文が取り上げる重要事件に至るまでについて、人柄やリーダーシップ(2)の形成過程を簡単に論じる。次いで各々のリーダーが各事件にどのように対応したのかを論証し、彼らのリーダーシップを論じる。さらに、その成果あるいは失敗、体験が各人のその後の活動にどのような影響を及ぼしたのかについても、その死に至るまでを簡単に論じる。

第Ⅱ部に収録した五つの論文が論じる五人のリーダーたちは、日本の国政レベルを指導するまでに上昇したという意味で、その分野におけるすぐれたリーダーである。しかし、国政レベルを主導するのに必ずしも理想的なリーダーとはいえない者も多いことを、まず断っておきたい。逆に、国政レベルでの彼らの限界を検討することで、あるべきリーダーの像（リーダーシップ）がより明確に見えてくるであろう。

五人のリーダーの中には、現在でも著名な人物から、必ずしもそうでない者も含まれている。しかし、彼らの現在における知名度の差は、彼らのリーダーシップを比較して検討し、考えるという視角においては、大きな意味を持たないと考える。

なお、平時のリーダーとして、現代日本のリーダー研究も必要であるが、近代日本の方が、その人物に関する重要な史料が公開されており、より実像に近づくことができるといえよう。

さらに、五つの論文の五人のリーダーと、私が研究してきた伊藤博文・原敬・山県有朋・西園寺公望・明治天皇・昭和天皇という六人の政治家のリーダーシップとの比較も含めて、リーダーシップを検討してみたい。この六人のリーダーたちは、それぞれの個性や能力の違いがあるが、最終的に国政レベルにおけるすぐれたリーダーに成長している。第Ⅱ部の五人のリーダーたちと比べることにより、リーダーシップが、その限界も含めて、よりよく

(2) リーダーシップという用語は、日本では比較的新しく使われるようになった。たとえば一九九一年発行の『ジーニアス英和辞典』（四版）に leadership は掲載されているが、同年刊行された『広辞苑』四版には「リーダーシップ」は採録されていない。この語の定義として、『広辞苑』六版（二〇〇八年）は「①指導者としての地位または任務。指導権。②指導者としての資質・能力・力量。統率力。」としている。Oxford Advanced Learner's Dictionary, 8th edition (2010) によれば、「①指導者としての状態、地位。②指導者としての能力、良い指導者が持っているべき資質。③特定の組織の指導者集団」（伊藤による和訳）とされている。本書第Ⅱ部では、両辞書におけるリーダーシップの定義の②、すなわち良い指導者が持っているべき資質と指導者としての能力という意味で、リーダーシップの用語を用いる。ただし、国政レベルの困難な指導をしようとすると、多くのリーダーは能力の限界を見せる。本論では、限界の意味も含めてリーダーシップの用語を使う。これに加え、リーダーシップを形成するために必要な条件についても、適宜言及する。

わかるであろう。まず五人のリーダーたちのリーダーシップとその形成の要点を、以下に紹介していこう。

二　五論文（五人）のリーダーシップの概要

（一）幕末の秩序危機と明治新体制の形成

第一章の齊藤紅葉「木戸孝允と薩長同盟――慶応元年から慶応三年」は、幕末期の維新への過程で最も重要な事件の一つである薩長同盟における木戸のリーダーシップを取り上げる。それは薩長同盟が成立しなかったら、少なくとも討幕と維新への時期はもっと遅れ、西欧列強に対抗する近代国家の形成も必然的に遅れたからである。そうなっていれば、日本が列強から自立した近代国家に成長できたか否かにすら影響を及ぼす可能性もある。

齊藤論文は、まず同盟までの木戸の成長過程を述べる。木戸は上級藩士の家の養子となり、ペリー来航の前年に江戸に出て、二〇歳代から三〇歳代はじめまで、江戸や京都で日本や世界の動向について見聞を広め、坂本龍馬ら諸藩の藩士との交友を深める。

これらもあって、第一次長州征討・元治の内乱の後、三二歳で帰藩すると、木戸は長州藩政を主導するようになった。また、木戸は薩摩藩と連携し武力討幕して、外圧に耐える統一国家を作ろうと考えるようになる。そこでまず、長州藩内の合意を巧みに取り付けた。こうして、幕府の長州再征の動きの中で、一八六六（慶応二）年一月、薩長同盟を結ぶことに成功する。その際、木戸は西郷隆盛・大久保利通らとの面識はなく、坂本の仲介でようやく同盟交渉は成功したのである。なお、木戸は思うようにならないと癇癪を起すような性格の持主であったが、この交渉は長州が武力討幕を志し、薩摩がそこまでの決意がない中、木戸の短気と、坂本の仲介や薩摩藩の長州藩との連携志向とがうまく合わさって、成功した。

その後、この同盟は実体を増し、討幕から維新後の改革へと薩長の連携が展開する。しかし維新後に木戸は体調を崩したこともあり、短気が全面に出る行動をしばしば見せる。このため、一八七四（明治七）年の台湾出兵以降、木戸は実権を失っていく、とする。齊藤論文は、同盟交渉等での木戸のリーダーシップを、新しい史料も使い、木戸のビジョンや政治手法のみならず、性格をも含めて論じたことが特色である。

第二章の西山由理花「第一次護憲運動と松田正久――「松田内閣」への期待」は、近代日本史上の市民運動として最も重要なものの一つ、一九一二（大正元）年から一三年にかけての第一次護憲運動に対する松田正久のリーダーシップを取り上げる。それは、第一次護憲運動は松田の最晩年に起こった事件であり、「松田内閣」の声も出た、松田の生涯の花ともいえる事件であったからである。現在において、松田の名を知っている人は限られるが、松田は自由党で板垣退助・星亨に次ぐ幹部、政友会では原・西園寺に次ぐ幹部であった。

第一次護憲運動によって藩閥や元老の権力は相当削減されるが、まだ根強く残る中、西園寺総裁は引退を決意していた。政友会のリーダーである原や松田は、彼らとの関係に配慮しながら、政党主導で新しい秩序を作り、本格

（3）伊藤之雄『伊藤博文―近代日本を創った男―』（講談社、二〇〇九年〔文庫版、二〇一五年〕）、同『原敬―外交と政治の理想―』上・下巻（講談社選書メチエ、二〇一四年）、同『山県有朋―愚直な権力者の生涯―』（文春新書、二〇〇九年）、同『西園寺公望―古希からの挑戦―』、同『明治天皇―むら雲を吹く秋風にはれそめて―』（ミネルヴァ書房、二〇〇六年）、同『昭和天皇伝』（文藝春秋、二〇一一年、文庫版、二〇一四年）。本論で、この六人のリーダーシップに言及する際、上記の著書や、そこに引用した文献に拠っている場合は、煩雑さを避けるため、特に出典名を記述しない。なお、現代は国民の世論《せろん》が目まぐるしく変わり、それが政治に影響を及ぼす大衆社会状況といえる。現代の国政レベルのすぐれたリーダーの資質を考えると、公共性のあるビジョンとそれらを実現する現実的な手法を持ち、困難を乗り切って目標を達成する精神的な強さなどがあるだけでは不十分である。それらの資質に加えて、争点を単純化して世論に訴えて支持を獲得する、ポピュリズム的手法を使いこなせることも必要である。筆者は近日、ポピュリズム的手法も上手に使った大隈重信の伝記を刊行する予定であるが、この総論では、普通選挙による国会など民主主義的制度が整った現代日本のような社会において、ポピュリズム的手法も必要であることを指摘するにとどめる。

的な政党内閣への道を着実に敷くことを課題とした。松田は運動勢力にも配慮しながら、藩閥・元老勢力との妥協点を考慮し、最終的な着地点を探り、改革政策を進める山本権兵衛内閣（政友会が与党）の成立に貢献した。

西山論文はまず、それまでの松田の動向やリーダーシップ形成を、丁寧に紹介する。

松田は西周の家塾でフランス語や国際法を学んだ後、二六歳の一八七二（明治五）年九月から約二年半、フランス・スイスに留学した。松田は留学やフランス語を通して立憲国家のあり方を学び、初期議会から自由党や、その系譜を受け継ぐ政党に積極的に関わり、幹部となっていく。

松田はイギリスの二大政党制を理想とし、漸進的に政党政治を発展させようとした。また佐賀県農村部を選挙区としたにもかかわらず、都市を中心とした商工業の振興を、日本全体の発展の基軸として重視した。この商工業の市場として、特に中国を重視し、協調外交による自由貿易主義を支持した。原のように鉄道建設を強調せず、松田はむしろ「小さな政府」論者で、政友会の政策をめぐり原と潜在的な対立があったといえるが、政友会の大幹部の一人として、このことを積極的に主張できなかった。また、若い時代のわずか二年半の留学では、具体的な外交・経済政策等も含め、将来への総合的なビジョンを確信を持って打ち出すこともできない。性格の弱さも加わり、党のリーダーとして星や原に後れをとっていく。

この松田が最晩年の六六歳で迎えたのが、山県系官僚閥の陸軍による二個師団増設要求をきっかけとする第一次護憲運動である。日頃、原は山県閥と連携して彼らの動向についての情報を正確に把握することで、党内（組閣時は閣内）で松田を抑え込んでいたので、この山県閥への憤りから、松田は当初、運動に積極的に関わった。運動の側から「松田内閣」の声も出るが、政党の力が十二分でない中での秩序破壊を恐れ、松田は原と連携して運動を抑制する方針に転換した。西山論文は、自らの限界をわきまえ、政党政治の発展という理念に忠実な指導者の誠実なリーダーシップを示す。

（二）第一次世界大戦後の秩序危機と新体制の模索

第三章の西田敏宏「幣原喜重郎と国際協調――北京関税会議・北伐をめぐる外交再考」は、第一次世界大戦後に国際協調の新しい国際秩序が形成されることに対応して展開し、「幣原外交」の名まで冠せられた、幣原外相（前駐米大使）による一九二〇年代のリーダーシップを論じた。そして幣原外交とは、いわば自主的協調外交であったと結論づける。

西田論文はまず、幣原が並はずれた意志の強さと、自らが正しいと信じた考えは頑固なまでに変えない信念の強さを持っていたことを紹介する。このような幣原の人格形成には、八年もの間、外務省の政策形成ラインではなく、取調局長など調査・研究部門に勤務したことが関係している。幣原は外務省法律顧問のアメリカ人デニソン（Henry Willard Denison）の教示を得て、外交問題や国際法に関しての知識を深める。こうして、外交や国際法の確固たる見識を身につけているという自負を持つようになった。その後、第一次世界大戦中から戦後にかけて、幣原は外務次官、駐米大使を務める。

一九二〇年代に中国の統一への道が動揺し、さらに内戦が勃発する中でも、外相となった幣原は自らが妥当であると考える政策に基づき、中国において日本が主導権を取りながら積極的に欧米列強と協調を図る、自主的協調外交を追求した。この第一次幣原外交において、幣原が中国内政不干渉政策を貫徹しようとしたことは、よく知られている。幣原の政策は、大局的な視野に立って長期的な見通しに基づいて進められ、相当程度的確であった。

ところが、幣原は自らの政策の妥当性を確信するあまり、柔軟性に欠け、他者の理解や支持を得るための努力を軽視した。このため、アメリカとの連携は維持できたが、イギリスとの関係を悪化させた。加えて、国内で必ずしも十分な支持を得られず、日米英協調の体制を弱体化させていった。

その後、浜口雄幸内閣下で再び外相となった幣原は、第二次幣原外交を展開するが、満洲事変のため行きづまって終わる。第二次世界大戦後は、平和国家を作るため、ＧＨＱの権力にも支えられながら、幣原は首相として新憲法制定の方向性を確立した。

第四章の小山俊樹「田中義一と山東出兵——政治主導の対外派兵とリーダーシップ」は、田中が首相として内閣と与党政友会を率いて、一九二〇年代における中国の革命（北伐と統一）への動きにどのように対応したのかを通し、田中のリーダーシップを論じるものである。この対応は「田中外交」といわれ、その失敗によって、その後の日本の対中国外交の選択の幅を狭められた重大な事件である。

小山論文は、まず田中の成長過程を追う。長州出身の田中は、山県有朋系の陸軍軍人として順調に出世する一方、日露戦争でのロシアの敗北に鑑み、軍隊と国民の融合を目指し在郷軍人会を設立する中心となった。また田中は極めて状況主義的に動き、「軍部」は政治から独立すべきとしながら大隈重信に接近しようとしたり、原内閣の陸相として原首相と連携したりした。

田中は政友会総裁となり、念願がかなって一九二七（昭和二）年に政友会を与党として組閣し、蔣介石らの北伐に対応する。首相兼外相として田中は、満洲権益の擁護と日本経済の振興を追求し、総力戦に備えた国家総動員を目指す。他方、田中は列強や中国との関係維持を強く意識し、議会や政党勢力の協力を得て、国内外における安定した政治環境を作ろうとした。

ところが田中は山東出兵と、それに伴う張作霖爆殺事件を処理する過程で、政党からの不信を招いたのみならず、失策の責任を陸軍に転嫁しようとしたため、出身母体である陸軍からも見限られた。最後は昭和天皇の「問責」もあって、田中内閣は総辞職した。

田中はアメリカ・イギリスと中国、国内の様々な勢力との関係を構築して、満洲権益など日本の利益を追求しようとの壮大な構想を描いた。しかし、それをどのように実現するかのつめた計画がなかったため、そのことの困難さも理解できていなかった。また、リーダーとしての責任の自覚も不十分であった。このように、田中はリーダーとしての資質に問題があり、昭和の動乱のきっかけを作った、と本論文は論じている。

第五章の萩原淳「平沼騏一郎と政権獲得構想――平沼内閣の模索と挫折　一九二四～三四年」は、平沼の一九二四（大正一三）年から三四年の一〇年間の動向に焦点を当て、リーダーシップを論じる。それは、後の首相時代以上に、この時期の平沼は政治的影響力があり、軍部方面を中心に、首相候補として名前が挙がり続けたからである。満洲事変の拡大にも平沼は寄与している。

萩原論文は、平沼は幼少期から慎重で我慢強い性格を持ち、帝国大学法科大学（後の東京帝国大学法学部）を首席で卒業し、司法省に入った能吏であったとする。保守的な思想を持っていたが、藩閥の情実人事への不満を持ち、山県有朋系官僚閥に接近せず、政友会と連携して司法部改革を行い、検事総長にまで昇進した。

第一次世界大戦後、平沼は反国際協調主義、軍備拡張、政党の党利党略に対抗する国策を樹立すべきと考えるようになった。法相辞任後、一九二〇年代半ばに国本社を改組して政治運動に乗り出し、司法官僚・裁判官・軍人等に人脈を拡大させることに成功した。

しかし、国民の政党政治や協調外交への期待が高まっていく一九二〇年代において、平沼のビジョンは時勢に合致しないものであった。平沼は一九二四年から二六年までの間に、政権獲得を目指して策動するが、後継首相を天皇に推薦する実権を持つ元老西園寺公望の支持を得られず失敗した。その後、一九二七年に田中義一内閣が政友会を与党に成立すると、田中内閣に期待し、政権への策動をやめた。

満洲事変以降、平沼は抽象的な国家主義的言説を公言し、また政党政治・協調外交を批判する人物と連携することで、政権を得ようとした。これは平沼が、枢密院副議長の立場にいるので、具体的な外交政策批判を大衆に直接訴えることができないため、政策体系に一貫性のない批判を相手にすることで支持を集めるというポピュリズム的手法を、間接的に用いたといえよう。

しかし元老西園寺から嫌われ、また軍部への統制や彼らよりの支持も不十分で、平沼の政権獲得の動きは失敗した。このような空虚なビジョンしか持たない平沼に、一九三九（昭和一四）年に政権が来たが、ほとんどなすところなく、わずか八ヶ月で総辞職した。このように萩原論文はいう。

三　公共性のある日本独自のビジョンと現実性

（一）自ら外国語を身につけ西欧体験をする

①西欧でビジョンを磨く

第Ⅱ部の五人のリーダーたちを、私が研究してきた伊藤・原・山県・西園寺・明治天皇・昭和天皇や、彼らに関わった近代日本を代表する政治家たちと比較してみよう。リーダーを見る共通の視点が浮かび上がってくる。それは、公共性のある、時代の流れを見通した、しかも日本の歴史や現状に根づくような、独自のビジョンを持つということである。ここで詳細に述べることはできないが、伊藤も含めた維新の主要なリーダーたちや、伊藤の後継者である西園寺や原らは、単なる欧米のものまねではなく、西欧文明を取り入れながら、日本独自の制度や文化を発達させ、公共的な（当時の用語で「公利」「公益」とも）秩序を発達させるにはどうすれば良いのか、としだいに考えるようになった。その意味で、現在の日本の行き詰りを、維新以来現在に至るまで、日本は欧米に追いつくことを目標に、欧米をまねて成長してきたことに帰す近年の理解は皮相なものといえよう。

なお、ここでいう公共性は、第Ⅰ部総論の文明標準に比較的近い概念であるが、文明標準の方が西欧列強によって設定された特定の期間の基準で、時期が変われば変化していくニュアンスが強い。公共性は、西欧列強の文明標準に相当影響されながらも、日本など各地域の価値観との緊張の中で形成され、現代にもつながる各地域や世界の共通の利益に合致しているか否かが問われる概念である。もちろん、公共性とは何かが常に問われる。

さて、長州藩出身の伊藤・山県は、多感な二〇歳前後から幕末の動乱に関わった。二人は、幕末から維新への過程で倒れていった志士たちの志を受け継ぐという共通の意識を、最後まで持っていた。改革的で政党まで創立した伊藤と、保守的で陸軍など官僚組織を拠点とする山県は、政党への対応等をめぐり、一八九〇年代から対立することも少なくなかったが、正面からの根深い対立になることはなかった。

維新を一五歳で迎えた明治天皇や、二五歳で践祚《せんそ》（事実上の即位）した昭和天皇は、公的活動の場である表《おもて》では、天皇として個人の感情を極力抑え、日本の発展と国民の平安を願い、多くの人々の支持を集めるべく、活動した。清華家（上級の公家）出身で維新を一〇代後半で迎えた西園寺は、明治天皇と同時代の同じ空間に生きた。列強の脅威や、宮中の役割やあり方の変化も含めて、ともに体験し感覚を共有した。西園寺と昭和天皇は五〇歳ほど年齢差があり、西園寺と明治天皇との関係とは異なるものの、二人は国民や国家に対する感覚を共有することはできた。

原は南部藩時代の少年期に、東北地方を高圧的に制圧した薩長に怨念を持っていたが、一〇代後半には、それらをかなり克服した。このため、伊藤とともに改革的な井上馨（長州出身）に外務省で引き立てられたり、一九〇〇（明治三三）年には伊藤が創設した新政党、立憲政友会に入党したりした。日露戦争後には、公共空間を作る目標で伊藤と真にわかり合えるようになり、政友会のリーダーとして、実質的に伊藤の後継者といえる存在になった。

明治から大正期に活動した伊藤・原・西園寺・明治天皇に共通するビジョンは、列強や中国との協調外交と朝鮮国（韓国）も含めて東アジアに安定した公共的な国際秩序を作ることである。また日本の発展を、商工業を振興し、この秩序の中で、中国などと自由に貿易することに求めた。結局、韓国を近代化し安定した秩序を作るという伊藤の構想はうまくいかず、併合するが、併合は目的ではなく結果であった。

なお、伊藤は最晩年に、日露戦争での日露の兵士の犠牲を振り返り、当時の「武装の平和」を変えられないか、と公言している。これは八年と少し後にアメリカ大統領ウィルソンが提案する第一次世界大戦後の平和構築構想

（国際連盟に結実）につながる発想である。原はウィルソンの提案を、実現可能性について留保しつつも、好意的に捉えた。

伊藤・原・西園寺・明治天皇の国内政治でのビジョンは、日本の独自性を残しながら、漸進的にイギリス風の立憲君主制に近づけ、多くの国民を政治に参加させていくことである。

伊藤は、一八八九（明治二二）年に発布された大日本帝国憲法の基本的な制度設計を行った。この憲法は、伊藤が憲法調査に欧州を訪れた一八八〇年代前半において、欧州で最先端の考え方であった君主機関説に基づいていた。それは、君主は国家の最高の機関であるが、君主も他の機関（国会・行政・司法）によって制約されるという考えで、憲法によって君主権を制約するものであった。[4] 伊藤は君主に、やむを得ない場合に調停的に政治に介入することは認めたが、不必要な権力行使を抑制することを求め、明治天皇も理解した。この体制で、国会の権限を増大させる憲法運用を行えば、イギリス風の立憲政治（政党政治）に近づいていくのである。その後、伊藤の目指す「憲法政治」を支える政党が生まれないので、伊藤は一九〇〇年に自ら新政党、立憲政友会を創設した。

山県は、外交・内政のビジョンが伊藤らと少し異なったが、ドイツ風の陸軍を作りながら、ドイツとは異なり陸相が参謀総長よりも実権を持つ慣行を形成し、内閣による陸軍統制に協力した。また、晩年に原と同内閣に期待するようになったように、伊藤らのビジョンを少し遅れて理解していった。一九三〇年代以降、昭和天皇や西園寺は右のビジョンを守ろうと尽力するが、軍部に押されていく。

なお、すでに触れたように、伊藤らがビジョンの実現にあたり、自由民権派のように過度な理想に走らず、漸進主義を取ったことはいうまでもない。岩倉使節団が帰国した一八七三（明治六）年一一月に岩倉・大久保・木戸・伊藤らの主導で、イギリスの国制の調査を行うことになった。[5] 自由民権運動よりも早く、イギリス風政治への関心と深い理解が藩閥政府中枢で共有されており、これが伊藤を中心に漸進的に実現されていったのである。

それでは、伊藤・原・西園寺たちは、情報の面で制約された明治・大正期において、方向性としては現在にも通じるようなビジョンと現実的な感覚を、どのようにして持つことができたのであろうか。

②渡航前の実務・政治体験と外国語能力

この出発点となるのは、外国語の能力である。伊藤は英語が読め、会話もできた。会話は文法的に少しおかしい所があっても流暢で、十分に通じた。原はフランス語が読め、会話も堪能であり、英語を読むこともできた。当時は外交の場ではフランス語が中心だったので、原はフランス語で英語圏の人々とも意思疎通ができた。西園寺も青年期まではフランス語を読め、会話も得意であった。もっとも第一次世界大戦後のパリ講和会議に行った際は、約二〇年ぶりのフランス語圏で、会話ができなくなっている。

いずれにしても、彼らは日本国内の政治や官僚としての実務の幅広い経験があった上に、渡欧したことで、外国語を使って、外国語の書籍・雑誌・新聞等を通して、また直接に外国人と話すことにより、列強について学び、世界の新しい流れをつかんだのである。

もう一つ重要な点は、彼らが何度も長期間欧米に行き、彼らの知識を修正したり、深めたりしていることである。伊藤は、幕末のイギリスへの密航（一八六三〜六四年、約一年）に始まり、明治になってからは大蔵少輔《しょうゆう》（次官クラス）としてアメリカでの貨幣制度の調査など（一八七〇〜七一年、約半年）、岩倉使節団（一八七一〜七三年、一年弱）、憲法調査（一八八二〜八三年、約一年半）、イギリス・ヴィクトリア女王在位六〇年祝典参列（一八九七年、四ヶ月）、日露協商の交渉（一九〇一〜〇二年、約半年）と、六回に及ぶ。

原は、司法省法学校や中江兆民塾でフランス語を身につけ、天津領事として列強の外交官とフランス語で交渉す

（4）瀧井一博『ドイツ国家学と明治国制』（ミネルヴァ書房、一九九九年）第五章、補論。
（5）伊藤之雄「大隈重信と木戸孝允・木戸派」（『法学論叢』一八〇巻五・六号、二〇一七年三月）八〇頁。

る生活を送った後、パリ公使館勤務（一八八五〜八九年、三年半）、米欧周遊（一九〇八〜〇九年、約半年）の二回である。後者は短い期間ともいえるが、これからはアメリカが台頭するという新しい見通しを、日本の有力者の中で誰よりも早く得たという意味で、実り多き旅であった。

西園寺は、フランス留学（一八七〇〜八〇年、一〇年弱）、伊藤率いる憲法調査団に随行（約一年半）、オーストリア・ドイツ等公使（現在の大使、一八八五〜九一年、約六年半）、フランス周遊（一八九六〜九七年、約一〇ヶ月、ただし約五ヶ月間は重病）、パリ講和会議（約七ヶ月）の五回である。原や西園寺が外交を学んだ陸奥宗光も、欧州（一八八四〜八六年、一年九ヶ月）、駐米公使（一八八八〜九〇年、一年八ヶ月）の二回である。

これに加え、伊藤・原・西園寺は列強が主導する世界の流れがわかる欧米のみならず、中国や朝鮮国にも適宜訪れ、また原の場合は公使や領事としても赴任し、東アジアの動向を考えるための参考としている。

なお、欧米を訪れた回数や年数が多いことだけがリーダーのビジョン形成の優劣を決定づけるわけではない。むしろ重要なことは、渡欧前に国内で政治・行政などの経験を積み、また欧米事情をそれなりに理解し、何を学ぶべきかの要点をつかんでおり、また訪れる国の外国語を十分に習得していることである。

伊藤の場合、初回のイギリス密航はほとんど準備をしていなかったので、イギリスの物質的な強大さに圧倒され、簡単な英語を身につけて帰ってきただけであった。

二回目のアメリカ行きの前までには、密航から帰国後にイギリス人と接することでイギリスや世界の事情を耳学問し、英会話も身につけ、さらに長崎で日本人から英語の読解を学んでいた。さらに、木戸孝允の腹心として、幕末の志士として、また維新後に大蔵少輔まで昇進して、行政や政治の経験も積んだ。このため、アメリカでは大蔵省の貨幣制度などの調査のみならず、アメリカがイギリスから独立して憲法を作って国を作ったことに関心を持ち、アメリカの歴史や憲法の本などの洋書を多数買い込んで帰国した。

岩倉使節団では、これらの経験と英語力を活かして、アメリカから欧州を一通り回り、憲法も含めて国の形を本格的に作るための視察を行った。さらに憲法調査は、日本の政治の中心人物となった伊藤が、部下たちを引き連れての近代日本の大枠を作る最終的な学習をするための機会となった。そこで日本にいる時にどうしても解決できなかった、天皇（君主）を憲法上に位置づけるための、君主機関説に出会い、日本の伝統や現状と結びつけて憲法を作ったのである。その後の二回の渡欧米は、列強の変化を直接体感する、短くても極めて有益な旅であった。

原の場合も、フランス公使館勤務となるまでに、フランス語の能力と新聞記者・領事などの経験を積んでいた。したがって、フランスでは、外交官としての経験も積むのみならず、国際法や欧州の政治・外交に加え、欧州の歴史や文化まで、実りある学習をして帰国した。

西園寺の西欧での学習は、維新後の約九年のフランス留学から始まる。行く前にある程度フランス語を学び、若い公卿の知事としての行政経験もあったが、それらは伊藤や原の本格的渡欧前のものと比べると、見劣りがする。したがって、フランスにいた九年間、若者としてフランス語やフランス事情を十二分に身につけ、法律も学んで帰国するが、今後のあるべき日本の行政や政治への洞察は不十分であったといえる。それらを身につけていくのは、中堅官僚として経験を積んだ後、伊藤の憲法調査団に参加し、ついでオーストリア公使・ドイツ公使として渡欧して以降である。

（二）自ら学習し部下を見分ける

海外渡航をしたこともなく、ドイツ語学習も途中で放棄した明治天皇は、どのようにしてビジョンを身につけたのであろうか。それは、明治天皇が様々の政務報告を聞く中で、誰が最も信用できるかを適切に判断できるようになったからである。天皇は二八歳の一八八一（明治一四）年までに、有力者中で伊藤が最も信頼がおけると考えるようになり、大日本帝国憲法が制定された一八八九年以降にますますその確信を強めていった。伊藤から期待されて後継者とされた西園寺についても、「世界の大勢」を常に論じることを天皇は気に入っていた。明治天皇は自らの分析能力によって誰を信頼できるかを判断し、基本的に伊藤らのビジョンと現実的な実現の手法を受け入れていたといえる。

なお、一八七三年に征韓論が問題になった際に、天皇は朝鮮国や樺太などのことについて、すべての書類を早々と取り寄せ、詳細に知っていた。[6] このように、天皇は常に関係書類を熱心に読んでいたと推定される。また、憲法制定の際も、天皇は熱心に枢密院の審議に臨席し、終わった後に疑問点を伊藤枢密院議長に尋ねて理解しよう努めている。明治天皇は国政を理解しようという熱心な姿勢を持ち、誰が信頼できるかを見分ける能力を磨いたので、ビジョンの形成が可能になったのである。

昭和天皇もフランス語を学んだが、どこまで使えるようになったのかは定かでなく、第一次世界大戦後は英語が中心の時代となった。しかし、昭和天皇は誕生から青年期までの教育の中で、当時の時代潮流を代表する列強協調などの感覚や、立憲君主制（政党政治）の国イギリスへの憧れを身につけていった。一九二一（大正一〇）年三月から半年間のイギリスを中心とした渡欧は、それらを再確認する機会となった。なお、昭和天皇の場合は、ビジョンを現実的な手法で実現させる点では、張作霖爆殺事件の処理、ロンドン海軍軍縮条約問題での加藤寛治軍令部長の上奏への対応、満洲事変での日本軍の独断越境問題への対応等で失敗した。これは、政治経験豊富な有力な助言者が身近にいなかったからである。牧野伸顕内大臣や一木喜徳郎宮内大臣は首相を経験しておらず、明治天皇の助言者となった大久保利通・木戸孝允・岩倉具視らや、伊藤・西園寺に比べると見劣りした。また二度の首相を務めた西園寺は高齢で、天皇の身近にいて助言し宮中側近と内閣の間を調整することができなかった。

すなわち、時代に適合的な公共性のあるビジョンと現実的な手法の形成は、熱心に様々な報告を聞き、また関係書類を読んだ上で、良質な部下が身近におり、それを見分け、その助言を十分に聞くことによっても可能である。

(三) 第Ⅱ部の五人のリーダーたち

①幕末の秩序危機と明治新体制の形成

齊藤論文の論じる木戸孝允は、幕末段階で薩長連携して討幕し藩をなくすという卓越したビジョンを形成した。また内乱後の一八六五(慶応元)年から、少しずつ支藩や諸隊への統制も確保し、薩長同盟から倒幕に向けて現実的に進めていった。

これは木戸が二〇歳から三一歳の頃まで主に江戸・京都などで活動し、幕府や他藩の動向など日本国内の情勢、海外の事情を知り、また他藩の藩士と交流をしたから可能になった。また周布政之助に期待され、周布ら藩中枢の動向を、手紙などを通して身近に学んだ。こうして木戸は、人と交渉し説得する能力を育成し、ビジョンを現実化する力をつけた。

さらに、腹心となる伊藤博文と井上馨がイギリスの密航から戻り、拙いながらも英語力を活かしてイギリス人など列強の公使館員・商人と接触し、列強の動向や海外事情をつかみ木戸に伝えたことも大きい。これらの最新の情報は、木戸のビジョン形成や判断に、なくてはならないものとなった。このように齊藤論文はいう。

西山論文の主人公の松田正久は、二六歳から二年半フランスとスイスに留学し、政治学や民法・刑法・経済学を学んで帰国した。この間に、パリ・コミューンも体験した。松田は留学前に西周塾でフランス語や国際法を一年四ヶ月ほど学び、陸軍裁判所という下級のポストに就いていたが、留学前の外国語学習、官僚や政治活動の体験のいずれも十分とはいえなかった。この条件での二年半の西欧留学は、長崎県会や初期議会をリードするビジョンや知識としては十分であったが、その後に自由党・政友会という大政党をリードし、トップリーダーになるには不足

(6) 伊藤之雄「大隈重信と征韓論政変―政変再考―」(二)(『法学論叢』一八一巻二号、二〇一七年五月)一四頁。

していた。

松田は、協調外交や政党政治への漸進主義的な立憲政治の発展、「小さな政府」と民間の自発性による商工業の振興など、時勢に適合する一つの一貫したビジョンを持っていた。しかし、それらをどのように具体的に実現するのかについては、松田には十分な知識と自信がなかった。これに対して原敬は、政府が鉄道建設や土木事業等で産業基盤を効率よく整備することによって産業の発展を支えようと構想した。民間の自発性を重んじる点では両者は同じであったが、松田の「小さな政府」論は、原の積極政策と潜在的に矛盾するものであった。

そうした中で松田は、忘れかけている外国語や資金のハンディを克服して再度渡欧するほどの気力がなく、欧米に関する最新の良質な情報をもたらす優秀なブレーンも持っていなかった。加えて、星亨や原を圧倒して党を指導する政治力が不足していたため、星や原にリードを許していく。そこで、誠実な性格の松田は自分の限界をわきまえ、二番手に甘んじつつ彼らを補完せざるをえなかった、と西山論文はいう。

これに対し、星は英語を学び、イギリスで弁護士の資格を取って帰国、その後にも第一回帝国議会の開かれる前に欧米の議会政治を知るために一年間欧米を周遊。次いで一八九六年から駐米公使として二年間ワシントンに駐在して、アメリカの公共事業と産業や都市の発展を見聞した。さらに多数の英語文献を読んでいた。このように欧米理解において、星は松田を大きく引き離していた。松田はすでに述べたように、原の敵でもなかった。

第一次護憲運動の指導は、松田の欧米理解の不足がハンディになる性格のものではなかったが、松田は原ほど十分に政友会を掌握していなかった。また何よりも、万一「松田内閣」ができても、政権をリードする確固としたビジョンがなかった。このため、再び秩序ある政党政治への発展という本来の姿勢に戻って、むしろ運動を抑制し、「松田内閣」への芽を自ら断つのである。このようなことが西山論文から見えてくる。

語も極めて堪能である。

②第一次世界大戦後の秩序危機と新体制の模索

第三章の西田論文が対象とする幣原喜重郎は、外交官生活を続けたこともあり、一八九九年からロンドン総領事館・アメリカ大使館・イギリス大使館・駐オランダ公使・駐アメリカ大使など、一九二二年までに約八年間の欧米体験、また朝鮮国の仁川領事館・釜山領事館というアジア経験が約五年間ある。国際法に対する知識も豊富で、英語も極めて堪能である。

この上で、第一次世界大戦中に外務次官として、アメリカとの協調を中心とした、いわば自主的欧米協調外交のビジョンを中心となって作る。駐米大使として赴任した幣原は、第一次世界大戦後の新しい国際協調主義を積極的に受け入れつつも、東アジアにおいては、日本が欧米列強に対し主導する自主性を持つ外交を展開しようとした。また幣原は、一九二〇年代後半に外相として中国の動向についてもイギリス以上に的確に判断していた。

このようにしっかりとしたビジョンを持っていた幣原であるが、幣原外交の問題は「正しいこと」が持つ力を信じて疑わず、柔軟性を欠くところにあった。これは生来の意志の強さに、電信課長・取調局長など三〇歳代の本省勤務の八年近くの間調査・研究部門に所属し、外務省法律顧問のアメリカ人、デニソンから学んだことが影響している。幣原は組織間の調整よりも、「正義が最善の政略」だとの信念を持ったのであった。

したがって、幣原は自らの政策の妥当性について、他者の理解や支持を得るための努力を軽視するところがあり、中国問題でイギリスとの関係を悪化させた。第一次・二次の幣原外交が終わったのは、金融恐慌や満洲事変への対応の問題であるが、日本国内に幣原外交の有効性を十分に説明し、説得することができなかったことも関係している。このように西田論文は論じる。

すなわち、幣原は時代に適合したビジョンを持つことができたが、それを実現していく手段が未熟であったので、十分に成功しなかったリーダーの一人といえよう。

小山論文の扱う田中義一は、日清戦争を体験し、陸軍大尉に昇進、師団参謀や参謀本部員など陸軍軍人としての実務を十分経験した後、三三歳で一八九八年からロシアに四年間留学した。その体験と日露戦争におけるロシアの敗北から、軍隊と国民の融合を目指し、帝国在郷軍人会を設立する中心となった。田中は帝国主義の時代や総力戦の時代への軍としての対応のビジョンはそれなりに得た。その後、軍務局長等の要職を経て、一九一三年一一月から翌年八月まで欧米を周遊している。田中は、第一次世界大戦の直前までの欧米を直接に見聞したのである。

しかし、小山論文の叙述から推定できるように、第一次世界大戦後、アメリカ・イギリスがリードして展開する国際協調・植民地獲得の抑制と民族自決・政党政治への流れを、田中はロシア留学や欧米周遊からはまったく捉えることができなかった。すでに述べた原の一九〇八年から翌年にかけて半年の米欧周遊の成果と比べると、雲泥の差といえる。

田中は十分なビジョンがなく、権力バランスの状況適合的に、政友会入りしたり、列強との協調外交を主観的には目指したりする。このため、田中内閣で政治主導で実施した中国への派兵は成功せず、倒閣にもつながっていった。田中は状況主義的に動くのが特質である、と小山論文はいう。

田中の欧米体験は、ロシアという欧州の辺境を中心としたものであった。しかし、それを相対化して考えれば、欧米の大きな動向をある程度は理解できたと思われる。欧米体験があっても、せっかくの体験を陸軍軍人という狭い枠に引きつけすぎて十分に活かすことができず、しっかりとしたビジョンが持てなかったリーダーの失敗事例といえよう。

第五章の萩原論文は、平沼が三九歳の一九〇七年から翌年にかけて、一年近く欧州各地に司法制度調査に行ったのが唯一の西欧体験だという。この時、平沼はすでに民刑局長という司法省の要職に就いており、実務体験は十分であったが、幅広く西欧の政治外交をも学んできたのではない。指紋法などの法律と、治安政策という司法官僚としての職務に関係する部分に限定して研究してきたといってよい。

したがって、欧米に台頭するデモクラシーの潮流や政党政治、および協調外交への流れを、素直に受けとめられなかった。時期は少し古くロシアは欧州の辺境であるが、この点に関しては、ロシアに留学した田中義一と類似している。

こうして平沼は、第一次世界大戦後の日本国内の秩序の動揺を過度に重視し、汚職の増加から政党への反感を募らせていった。大戦後の列強の動向についても猜疑心を持ち、人種論の観点から日本が抑圧されることを心配した。一九二〇年代後半になると、平沼は政権獲得を意識するが、ビジョンがずれていたので、元老西園寺からは相手にされず、国民の支持も得られなかった。

一九三〇年代になると、平沼は再び政権獲得に乗り出す。しかし、抽象的な国家主義的言説を高唱するのみで、提携を期待した陸海軍からも確固とした支持が得られず、西園寺の拒否にもあって失敗した。

平沼は、司法官僚としてのリーダーシップはあり、検事総長にまで出世し、法相にも就任したが、首相として国家レベルのリーダーとしては、時代に適合的で具体性のある、外交・内政などの幅広いビジョンを打ち出せなかった。それのみならず、旧来の司法官僚から支持基盤を広げていく手段も、国民を十分に掌握しているとはいえない国本社しかなく、一九三〇年代半ばまでは政権獲得に失敗し続けた。

四　精神的強さ

（一）　大きな困難や挫折を克服した強い精神

①伊藤博文・山県有朋

リーダーシップを発揮するには、リーダーにこれまで述べて来たような時勢に的確なビジョンがあり、ビジョンの実現のための現実的で具体的な知識と手段があることは当然に必要なことである。しかしそれらを持っていても、精神的な強さがないと、強い反対などの困難に出会って挫折してしまう。本章では具体的に述べないが、首相を務めた近衛文麿（摂関家出身）はその典型的な一人といえよう。

　さて、伊藤の場合、幕末の二〇歳代に生死に関わるような体験を三回もしている。イギリスへ密航したこと、攘夷を止めるため攘夷論者から殺害される恐れがあるにもかかわらず井上馨と二人で帰国したこと（一緒に渡英した三人は残る）、元治の内乱のきっかけとなる高杉晋作の功山寺挙兵に真っ先に応じたこと（当初は八〇人ほどの少数派）である。

　維新後は、生死に関わることがわかっているような事件に関与せずに済む。しかし、一八八一年の明治十四年政変の結果、天皇の詔として九年後に国会を開設することを政府が約束したことは、四〇歳の若さで藩閥政府のトップとして一身に責任を負う伊藤にとって、青年期の生死に関わる事件への関与以上に不安でつらい体験だったと思われる。つまり、憲法を作った国会を開くといっても、伊藤も含め日本の誰一人として、どのような枠組みの憲法を作ればよいか、とりわけ天皇を憲法上どのように位置づけるかわかっていなかった。しかも、その問題の困難さを熟知していたのは伊藤のみだったからである。しかも、ドイツに調査に行くとしても、誰に学べばよいのかすら把握していなかった。伊藤は「神経衰弱」になり毎晩深酒するまで追いつめられた。

　しかし、渡欧後約三ヶ月でウィーン大学教授のシュタインに出会い、君主機関説的な憲法を作る根幹をつかむと、明るい気持ちになった。憲法制定には六年半ほどあり、数々の困難な課題はあっても、直感的に大枠をつかんだと判断すれば、このように楽天的な気持ちになって全力で努力できることも、伊藤のリーダーシップの特質といえよう。

　また憲法草案の策定作業において、一八八六年から八八年の二年間にわたり、藩閥トップの伊藤が、井上毅（宮内省図書頭《ずしょのかみ》、局長級）以下、金子堅太郎・伊東巳代治らと精力的に議論をした。必要ならプライドを捨てて、はるかに格下の人間と対等に議論できるところに、伊藤の自信とリーダーシップが見られる。憲法制定に成功し、伊藤はさらに強い精神を持つようになったと思われる。

このため、その後も、大隈の条約改正案を中止させて薩摩系の黒田清隆内閣を倒す（一八八九年）、品川弥二郎内相の選挙干渉（背後に山県がいる）を批判して最終的に薩摩系の松方正義内閣を倒す（一八九二年）、政権を大隈と板垣に譲るように主導する（一八九八年）、新政党立憲政友会を創設する（一九〇〇年）などの決断を、伊藤は行った。これは、イギリス風の立憲政治へ日本を誘導するためや、列強の中で日本が攻撃の対象にならないようにするためであった。他方、五〇歳を越えた伊藤にとっては、人生五〇年といわれた当時においては安住に向かいたい気持ちを抑えての決断であり、藩閥第一の権力者である伊藤の権力を衰えさせる可能性が強いものである。事実、伊藤の権力は衰えていった。

このように伊藤のリーダーシップの数少ない欠点の一つは、能力に伴う自負心がありすぎ、自らの体調の不調や老いを素直に受け入れられず、当時としては高齢の五〇歳代後半に入っても無理をしてしまうことであった。また同様の理由で、丁寧な調整をせずに強引に課題を解決しようとしたことである。これが一八九八年の第三次内閣と一九〇〇年から翌年の第四次内閣が半年前後しか続かずに倒れる原因となった。一九〇五年に自ら望んで統監となって行った韓国統治も、かなり性急で強引であり、高い理想との隔たりがあまりにも大きかったといえよう。

逆に山県は、伊藤に比べると能力的に劣り、長期的に通用する確固としたビジョンを持ちえなかったが、老いなど自分の能力の限界をわきまえていた。このため、六〇歳で組閣した第二次内閣では、首相として地租増徴などの重要課題を解決し、二年近く続けた後に自ら勇退した。なお、山県も四国連合艦隊下関砲撃事件や戊辰戦争などで、生死に関わる体験をしており、伊藤ほどではないが、強い精神力があった。

②原敬

原敬は、戊辰戦争で南部藩（盛岡藩）が「朝敵藩」となって没落し、原家も経済的に困窮、一〇代後半から東京へ出て、フランス人のキリスト教宣教師の下僕となるなど、苦難の中でフランス語を学んだ。その後もせっかく入学した司法省法学校を、自らの意思で賄い征伐に積極的に関わることで中退するなどの決断を重ねつつ、新聞記者を経て、ようやく二七歳で天津領事に任命され、年来の希望の道を歩んだ。

この間、長州の有力者井上馨外務卿（参議）に近づいて目をかけてもらうなど、藩閥への怨念を抑えて活動した。それが天津領事の後のフランス公使館書記官としての栄転につながり、すでに述べたように、原のビジョンを大きく広げることになる。こうして三〇歳に近づく頃には、原は確かなビジョンと苦難をくぐり抜けた自信からくる強い精神を持った人物に成長していた。

長州出身の伊藤が二七歳で大蔵少輔（次官クラス）、三二歳で参議（兼工部卿）として入閣という華やかな道を進んだのに対し、原は四五歳でようやく逓信大臣として初入閣する。それでも東北地方出身では初の大臣である。原は薩長中心の時代において戊辰戦争で敗北した藩の出身者というハンディキャップを感じながら、イギリス風の政党政治の実現に向けて、やるべきことを着実にこなしていった。

③西園寺公望

西園寺はどうであろうか。西園寺は九年半もフランスに留学している間に、他の者は日本で昇進しているというハンディがあったが、伊藤に気に入られ、憲法調査に同行した後、三六歳でオーストリア公使になる。四四歳で文相、四五歳で外相臨時代理を兼任し、四六歳で外相に就任（文相も兼任）した。こうして、主要閣僚をこなし、首相になれるような経歴を得た。

この間、一八九二年に民法・商法施行取調委員長（翌年、その組織を充実させた法典調査会副総裁〔総裁は伊藤首相〕）に就任し、民法・商法の整備を熱心に行った。この仕事は閣僚に比べ地味であるが、条約改正のために法典を整備する重要な仕事であった。ここに、虚栄を求めない西園寺の強い精神力が見られる。

おそらく、長いフランス留学での苦労によって、実父徳大寺公純《きんいと》譲りの頑固な性格が、よい意味でさらに強くなったのであろう。

一九〇三年に伊藤の後を継いで政友会総裁となり、その後二度の組閣をするが、原が政友会統制や内閣の政策をめぐってもかなり大きな影響力をふるったことは知られている。このことで、西園寺を気力・意欲に欠ける政治家と捉える見方もある。しかし、むしろ公家出身の西園寺は、地方代議士たちを統率する仕事が自分には向かないと感じ、体調がよくなかったこともあって、首相や総裁としてのプライドにこだわらず、原に権力を譲ったといえる。そこに精神的な強さを見るべきであろう。

事実、一九一六年から元老となると、西園寺は意欲的に活動し、元老間と首相候補者の間を巧みに調整し、少しずつイギリス風の立憲君主制（政党政治）に日本を導いていった。一人元老となった一九二〇年代半ば以降、とりわけ軍部が台頭する一九三〇年代においては、元老としての権力を最大限に使いながら、国際的孤立を防ごうと一人で奮闘した。八〇歳を超えた老人の粘りには、並々ならぬ精神力が見られる。

④明治天皇・昭和天皇

一五歳で維新を迎えた明治天皇は、藩閥政府の内に、征韓論政変など激しい政治対立がある状況をじっくりと観察し、自らの力で考え政治を学習した。軽率な言動をすれば、日本や皇統が危ういと考えたからであろう。明治天皇が表《おもて》の政治にはっきりと意思表示をし、影響力を及ぼすのは、三〇歳代半ばになってからである。じっくりと状況を見て政治を学び、調停が必要な機会を待って毅然と行動したところに、精神的な強さが確認される。

明治天皇は維新後に、岩倉具視・大久保利通・西郷隆盛・木戸孝允や少し後の世代の伊藤博文ら、それぞれのレベルは異なるが幕末の動乱をくぐり抜けてきた精神力の強いリーダーたちと接する機会が多かった。彼らと接して精神的な強さを学んだと思われるが、一般に強い精神を持ったリーダーに指導されても強くなれない人物も少なくないので、明治天皇が強い性格になった原因は十分にわからない。

昭和天皇（裕仁親王）の場合は、皇孫御殿《こうそんごてん》での生活や学習院初等科の特別クラスでの学び、東宮御学問所での学びなど、将来の天皇となるべく「良質」の教育を受けてきた。しかし、御学友が品行方正の者ばかりで、裕仁親王にはじめからリーダーとして対応したので、リーダーシップが育成されなかった。また東宮御学問所を修了する二〇歳まで、まったく政治に接することなく、政治教育も受けておらず、原首相が宮内省のこの方針を心配するほどであった。明治天皇が、特定の学校で体系的な教育を受けていないものの、一〇代後半から実際の政治を通しても学んでいたことと大きく異なっている。

このため、昭和天皇は二五歳で践祚してから数年で、すでに述べたように、張作霖爆殺事件の処理など大きな三つの問題の対応を誤り、威信をなくしていく。これは、維新後の明治天皇の場合のように有力なリーダーを助言者として身近に持てなかったことも、大きく作用している。

満洲事変の処理がうまくいかず、日本が国際的に孤立していく中で、天皇は精神的にも追いつめられていく。こうした軍部統制をめぐる幾多の困難を体験し、天皇は精神的にも強くなっていき、一九三六年、三四歳の時に二・二六事件を何とか解決し、少し自信を持つ。

しかし、軍部を抑えるまでには威信は回復できず、日中戦争から太平洋戦争へと日本は進んでしまう。この挫折の中で天皇はさらに学び、一九四四年七月のサイパン島陥落の頃には、精神的な強さも含めリーダーシップを持った天皇となっていた。

こうして、広島への原爆投下とソ連参戦で陸軍が戦意を衰えさせたのを見計らい、強い意志で日本をポツダム宣言受諾に導いたのである。また戦後においては、天皇は戦争に対する深い反省から、平和国家と日本の再建を目指して、GHQや政府の意向を考慮しながら、強い信念で皇室と国民との関係や皇室制度そのものの大きな改革を行った。

昭和天皇の例は、リーダーシップをとることができるすぐれた潜在的資質とヴィジョンがあっても、十分な政治教育と実際の体験や大物の助言者がいないと、それが発揮できないことを示す。

(二) 第二部の五人のリーダーたち

①木戸孝允・松田正久

齊藤論文の取り上げる木戸の精神的強さの程度は、木戸が江戸の剣術道場の練兵館《れんぺいかん》塾頭や、長州藩の江戸での若手育成の場である有備館《ゆうびかん》館長として、規則を厳格化しようとした際に、若手から強い反発を買った時の対応に表れている。木戸は前者では、道場主である齊藤弥九郎、後者では長州藩政府主導者の周布政之助《すふまさのすけ》に、自身の取り組みの正当性と支持を訴え、自身の進退を賭けて方針を押し通そうとした、と齊藤論文はいう。

困った立場になると、自分を評価してくれる上司の助力を求めて意思を強引に押し通そうとするところに、木戸の精神力の弱さの一面を見ることができる。日本のトップリーダーとして、木戸の精神力は伊藤などと比べるとそれほど強くなく、また潔癖でプライドが高すぎることがわかる。過度にプライドが高くなければ、若手と妥協してもよいからである。木戸がこのような人柄になったのは、上級藩士の養家を得、周布らに気に入られて順調に上昇し、苦労や屈辱をそれほど体験していなかったからであろう。

このような木戸の欠点は、すぐには大きな問題にならなかった。木戸が長州藩の他の有力者を圧倒するビジョンを持ち、木戸だけが伊藤博文・井上馨ら外国語ができて外国人と交渉できる腹心を持っていたからである。また持ち前の緻密さで、諸隊なども少しずつ配下に入れていくことに成功したからである。そして何よりも、倒幕、すなわち秩序を破壊するリーダーは、その後に新しい秩序を作るリーダーよりも、批判にさらされる度合いが少ないからである。

維新後も、木戸は一八六九（明治二）年頃から佐賀藩出身の大隈重信を腹心に加えて、地方行政も管轄する中枢官庁の大蔵省に木戸派を形成し、藩閥政府を改革に向けてリードした。大久保や岩倉らは、木戸派の改革を抑制する姿勢をとりつつも、改革の方向性自体は木戸派に従った。彼らに十分なビジョンがなく、それを実現していく腹心がいなかったからである。しかし木戸や木戸派は、改革に消極的な様々の勢力からの批判にさらされた。加えて財政状況など、日本の現状はあまりにも厳しかった。木戸は一八六九（明治二）年以降、体調不良や病気を訴えることが急速に増えていった。木戸の精神力は、最も困難な維新の改革を推進するリーダーとして耐えられるほど強くなかったと推定される。

その後、一八七一（明治四）年から六年の岩倉使節団によって、木戸や大久保・岩倉らは同じ体験をし、長期的にイギリス風の体制を目指すという方向性と、短期的には改革の速度を現実にあわせて少し緩め、日本のレベルに少しでも近いドイツ風を目指す、という合意が、伊藤も含めて共有できた。そのこと自体は木戸に望ましいことであるが、そうなると木戸の優位性は、長州系を掌握しているということだけになる。

また、使節団で渡欧中に、木戸は外国語ができないことで精神的に動揺してしまった。同じく外国語のできない岩倉や大久保はこのようなことはなく、堂々と視察を続け、日本の未来に考えをめぐらした。ここに、過度にプライドの高い木戸の精神的弱さが出てしまった。伊藤が心情的に木戸から少し距離を置き始め、大久保に接近していくのは、このような木戸の姿を見たからであろう。さらに木戸は、一八六九（明治二）年以来の体調不良・病気や、岩倉使節団でのストレスもあって、国内にいた財政の実力者井上馨（大蔵大輔〔次官〕）、徴兵制の創設など軍改革の中心人物山県有朋陸軍卿といった長州系の腹心との関係を悪化させる。

それにもかかわらず、長州系への十分な根回しをせず、一八七四年に木戸は台湾出兵に反対して参議を辞任し内閣を去った。この後、木戸のリーダーシップと権力は衰え始め、翌年の大阪会議後に参議就任（入閣）したものの再び下野すると、木戸は一八七六年に長州のリーダーとしての地位も伊藤に譲渡さざるをえなくなる。すなわち、木戸は大久保利通や伊藤博文ら藩閥の他の有力リーダーに比べ精神的に弱かったことと、おそらくそれに伴う体調不良・病気とによって、リーダーシップを失っていったのである。

すでに述べたように、西山論文が描く松田は、若い時期の準備も不十分な二年半だけの西欧留学しかしておらず、政党政治を目指す政治家として十分なビジョンが持てず、リーダーシップで後れをとった、と論じる。これには必要なら再度の留学を何としてでも実現する気迫に欠ける精神的弱さと、プライドの高さが災いしていると思われる。このように、西山論文は見る。木戸と松田は、時代や状況は異なるが、精神面での弱さがリーダーシップに影響した例といえよう。

②幣原喜重郎・田中義一・平沼騏一郎

西田論文の幣原喜重郎は、十二分にビジョンと精神的な強さを持っていた、とする。しかし、実現の手段においてかなり自己中心的であったため、リーダーシップを十分に発揮できなかった例として見ることができる。

小山論文の田中義一には、ビジョンが十分でないことはすでに述べられている。また、出兵の失敗を部下（陸軍）に帰する行動をとり、陸軍の支持を失ったと小山は述べている。これは自己の失敗を素直に受けとめて反省し、責任を認めることができない田中の精神的な弱さといい加減さの表れであるといえる。このような欠点は、田中の背後に山県有朋・寺内正毅などの陸軍の有力者、あるいは原敬首相（田中が陸相時代）がいれば、彼らの顔色をうかがいながら言動を考える田中の技術でカバーすることも可能であった。ところが、田中が首相として国政のトップに立った時、その欠点が明白になったといえよう。

萩原論文では、平沼を、幼少期から我慢強く、研究熱心で慎重な性格で、学業成績も優秀であったとする。この点では司法官僚としてトップに昇進するには十分な精神的強さを持っていたといえる。しかし、一九二〇年代半ばから三〇年代前半に、平沼が政権を獲得しようとするのに際し、十分な精神的強さを持っていたのであろうか。平沼は枢密顧問官、一九二六年からは枢密院副議長を務めながら、国本社を使って政権獲得の運動をした、と萩原はいう。

しかし枢密顧問官や枢密院副議長を務めている限り、枢密院は天皇が諮詢する機関であるので、直接国民に向かって訴える行動や内容には限界がある。また、全国を遊説するに当たっても、枢密院の本業を優先せざるをえず、日数的な制約もできる。他方、枢密顧問官は親任官待遇の終身ポストであり、親任官である大臣に準じる地位と収入が保証されている。

このように自分を安全圏に置き政権獲得運動をするところに、大物政治家の基準から見ると、平沼の中途半端さと精神の弱さが見られる。この時期の政権獲得運動が成功しなかった一因には、こうした面もあると思われる。

平沼がこうしたあいまいな行動をとった理由は、平沼が幼少期から大きな苦難に直面することなく、官僚として昇進してきたからであろう。平沼にとって多少の挫折は、司法省から給費を受けていたせいで、一流官庁である外務省や内務省ではなく二流官庁の司法省に入ったことである。また、司法省は山県系官僚閥が主流で、帝国大学法科大学首席卒業であるが津山藩（岡山県）出身の平沼は、遣外（海外派遣）法官として留学できなかったことくらいである。これとて、自ら山県系の大物である清浦奎吾法相（清浦は山県系であるが長州出身ではなく熊本出身）に近づいていけば状況は異なった可能性があるが、平沼はそういう行動をとっていない。首席卒業のプライドが高すぎたからであろう。

大きな困難を克服したり、挫折から立ち上がったりした経験がない平沼は、一九二〇年代以降においても、思い切った政治運動ができなかったといえよう。

五　人間関係と気配り

（一）　勇気ある決断ときめ細かな気配り

①伊藤博文

リーダーシップにとって、上の者からビジョンや行動の支持を得、また同輩や部下から同様の支持を受けることができるような人間性や能力を持っているかは重要である。また、同輩や部下の嫉妬や不満の気持ちを理解し、彼らを公平に評価することは、リーダーシップを発揮するために重要である。これは、時には上司の嫉妬を買わないよう言動に注意することも含まれている。

伊藤は、イギリスへの密航から帰国後、尊王開国（倒幕）という目標の下で、長州藩の実権者の木戸孝允や高杉晋作（一八六七年に死去）に引き立てられることで、藩内に重きをなしていった。これは持ち前の明るい性格も功を奏しており、同様に彼らの配下にある同輩の山県にはかなわないことであった。

維新後も伊藤は、引き続き木戸の腹心として、木戸を盟主とする木戸派において、大隈に次ぐ第二の実力者として台頭し、一八七三年一〇月には参議兼工部卿として入閣する。またその直前の征韓論政変の頃から、病気がちの木戸の代理的存在として活動する。この頃の伊藤の行動において、上司との関係で特筆すべき点が二つある。

一つは、すでに触れたように岩倉使節団で渡欧中に、薩摩藩出身で廃藩置県までは伊藤ら木戸派と対立する関係にあった大久保利通に接近し、木戸の軽い嫉妬すら受けるほどになったことである。これは、猜疑心が強く感情的になりがちな木戸の下で、伊藤が長く働いているうちに、そのリーダーシップに疑問を感じるようになったからである。たとえ恩人であっても、リーダーシップに疑問を感じたら、大きな目的のために、状況を見ながら距離をとる準備をするところに、伊藤の勇気と厳しさがある。

もう一つは、伊藤が木戸や大久保から嫉妬を受けないよう、常に注意していたことである。伊藤は頻繁に木戸を訪れ、政情を伝え、木戸の指示を仰いだ。また岩倉が征韓論政変後の新しい政治体制について伊藤（木戸の代理）に打診（相談）する気配を見せても、伊藤はあえて岩倉訪問を断った。まだ参議（閣員）でもない伊藤が、大久保に先立ってこのような重要な相談にあずかることで大久保から嫉妬されるかもしれず、その危険を避けたのであろう[7]。

なお、幕末以来の関係から、一般的に木戸と三条実美（右大臣から太政大臣）、大久保と岩倉（大納言から右大臣）の関係が密接であったが、岩倉使節団を終える頃には、伊藤は岩倉から強く信頼されるようになっていた。征韓論政変の過程でも、西郷隆盛の動向を気にして、岩倉でさえ征韓（朝鮮国への使節の派遣）反対の強行に躊躇していた中で、伊藤は一八七三年九月下旬に岩倉に強く迫って征韓反対に踏み切らせた[8]。

このように、伊藤は上司の嫉妬を買わないようにきめ細かな気配りができると同時に、大きなビジョンのもとでやるべきと信じることを行い、時には上司に対して厳しい評価を下す。また、能力があり尊敬し信頼できると判断した大物上司に対しては、難事を迫ったりすることができる。伊藤は、単に上司を気持ちよくさせるのが得意な如才ない人間ではないのだ。これが、伊藤が大物の上司から信頼を得たり、伊藤自身のリーダーシップをふるったりする際の重要な要素であった。

このような姿勢があるので、すでに述べたように一八八一年以降には伊藤は明治天皇から深い信頼を得ていることが確認され、伊藤の重要な政治権力基盤となっていった。

伊藤の同輩への態度も注目すべきである。嗣子となる男子が生まれない伊藤は、井上馨の兄の子勇吉を、一八七三年一月に養子とした。伊藤が岩倉使節団の一員として渡欧中のことである。勇吉の生母はすでに死去し、勇吉は井上の母（勇吉の祖母）に育てられていた。養子の話は、伊藤の夫人梅子が井上の母に気に入られ、孫を託されたのが始まりで、井上の母が死去したことから勇吉は伊藤家に来ることになった。

養子縁組が行われた時、井上は木戸から嫌われていて絶望するほど孤立した状況であったが、伊藤は予定通りそれを実施した。勇気のいることである。勇吉は、伊藤家で実子の生子《いくこ》（後に伊藤の腹心の末松謙澄〔内相など歴任〕の妻）と同様に可愛がられ、伊藤家の嗣子となる。

目前の打算ではできないこのような伊藤の友情に、井上も報いた。木戸にかわって伊藤が長州系を統率するようになる際にも、井上が木戸に引導を渡すという、危険で嫌な役を引き受けた。また外務卿（後に外相）・内相・蔵相として年下の伊藤の政権を支えた。薩長の対立、さらに一八九〇年代になると伊藤と山県の対立など同じ長州系内での対立も大きくなっていく中で、伊藤とビジョンを同じくし絶対に信用できる井上が、長州系有力者中にいることが、伊藤の大きな支えとなった。

また、陸奥宗光（和歌山藩出身）は、一旦木戸派（伊藤はその有力幹部）を離れ、西南戦争が起きると西郷隆盛の挙兵を支援しようとし、収監される。その後、伊藤と井上馨は、この陸奥を外務省に入れ、駐米公使（その後の駐米大使）に昇進させた。第二次伊藤内閣ができると外相とし、伊藤は首相として陸奥と連携して日清戦争を指導した。伊藤は木戸の精神を受け継ぎ、ビジョンを同じくして能力のある者を、出身藩に関係なく同志に加えて重用したのである。

伊藤の部下との関係も簡単に見よう。それは、才能のある者を選んで必要な時に重用し、終われば新たな課題に必要な部下を編成する、というのを基本とするものであった。憲法の草案作成が一例で、伊藤と井上毅・金子堅太郎・伊東巳代治の四人の集団を編成し、憲法制定後、その集団は解散する。その後、井上毅は法律解釈などのブレーンとして使われ、法制局長官から第二次内閣の文部大臣にまで昇進する。伊東巳代治は第二次内閣の内閣書記

（7） 前掲、伊藤之雄「大隈重信と征韓論政変」（二）、八〜九頁。
（8） 前掲、伊藤之雄「大隈重信と征韓論政変」（一）、一九〜二一頁。

官長（閣僚ではないが、現在の官房長官にあたる）となって、伊藤首相を支えて自由党の操縦など政党対策で権力をふるい、第三次内閣では農商務大臣に昇進した。しかし、井上毅も伊東巳代治も、日々進歩する伊藤のビジョンに十分についていけなくなると、伊藤から以前のように重んじられなくなり、伊藤から離れていく。

西園寺公望のみは、伊藤のビジョンについていくことができて、伊藤によって文相・外相に抜擢され、長期にわたって伊藤を支え、立憲政友会創設の頃には伊藤の後継者として期待されるようになった。

最後に、伊藤のリーダーシップを支えた重要な要素として、伊藤の天性の人柄の良さを挙げなければならない。木戸が没して三〇年ほど経っても、京都を訪れた際に木戸の墓に参ったように、伊藤は亡き木戸への恩義と心のつながりを生涯感じていたのである。また、日々進歩する伊藤のビジョンに十分についていけなくなりつつある部下の井上毅を文相に、伊東巳代治を農商相にまで引き上げた。しかし、二人はこのポストでの処遇に不満であった。伊藤はそれを知りつつも、たとえば伊東巳代治を政友会創設の際に星亨（旧自由党系を受け継ぐ憲政党の実権者）とともに、企画の中心人物にまで指名したように、立ち直りを期待した。それにもかかわらず、自負心が強すぎる井上毅と伊東は伊藤を恨み、彼のもとを去って行った。

大きな目的のためには、人間関係においても時には勇気を持って厳しい決断をすることはあるが、かつての恩義は忘れない誠実さが伊藤にはあった。これを明治天皇のようなすぐれたリーダーはよく理解し、伊藤に対して絶大な信頼を寄せた。もちろん伊藤が明治天皇をないがしろにすることはありえないが、天皇と伊藤という二人の大物リーダーは、晩年に至っても親しみの中にも緊張感を忘れずに付き合っていたと思われる。

②山県有朋

山県有朋は幕末期に高杉晋作に気に入られた。しかし、同じく高杉のお気に入りだった伊藤と異なり山県は、高杉の功山寺挙兵に直ちに応じず、決起を決断したのは半月以上後で、挙兵成功の見通しが出てきた時であった。山県の慎重な性格の表れともいえるが、奇兵隊の事実上の最高指揮官の山県が奇兵隊を率いて即座に馳せ参じなかったことで、高杉はかなり失望したことであろう。

維新後、山県は西郷隆盛と気が合い、長州と薩摩という出身藩の違いを越え関係を深め、戊辰戦争下で西郷に助けてもらい、山城屋和助事件で収賄が疑われた際にも、西郷の支持で窮地を脱した。

他方、維新後に、陸軍長州系の中心に据える人物として木戸孝允に期待され、一八六九(明治二)年に約一年強、日本の軍制改革の調査を目的に渡欧した。その後、徴兵令の導入など陸軍近代化の中心となり、兵部省(陸軍省)で中枢の地位を占めていった。このように、誠実な努力家の山県は、人柄や立場の異なる上司に期待される能力を持っていた。

ところが、山県は功山寺挙兵や征韓論政変のような、大きな決断を求められると弱さが出る。後者では、征韓反対の立場に立ってはっきり木戸を支持した言動をしなかった。心が通い、世話になった西郷にも配慮したためであろう。そのため木戸の怒りを買い、政変後は陸軍卿でありながら、参議となって入閣することができず、陸軍での地位も危うくなった。幸い木戸が台湾出兵に反対して下野したので、大久保利通・伊藤博文らが決断し、山県はようやく参議となること(入閣)ができた。

山県は伊藤ほど外交・内政の幅広いビジョンがなかったことに加え、思いきった決断ができなかったことも災いし、幕末から維新にかけて、高杉や木戸は山県よりも伊藤を評価し、可愛がった。一八八〇年以降も、明治天皇は山県よりも伊藤を評価した。天皇の伊藤評価はビジョンの問題もあるが、山県が、困難であるがすべきと思う行動を、勇気を持って実行できないことに対する不満があるのだろう。たとえば黒田内閣の時、外相の大隈重信が条約改正のため、条約廃棄論を持ち出してイギリスと交渉しようとした際、伊藤は一身の利益を考えずに、薩摩系の黒田内閣を倒す行動に出て、大隈の条約改正交渉を中止させた。この結果、伊藤は薩摩系の反感を買い、再び首相となって第一議会に臨むという栄誉を失ったのである。しかし、山県は伊藤の動きを傍観していただけであったので、黒田の後継首相になることができた。

次に、山県の部下との接し方を見よう。それは、陸軍や官僚の中で、政党嫌いで保守的な人物のうちで優秀な者を選んで昇進させていくことである。こうして伊藤の政党接近に反発する者が山県の下に集まり、一八九〇年代の後半には山県系官僚閥を形成した。山県閥は山県を中心に人事をコントロールすることで、陸軍・内務省・司法省・貴族院・枢密院などに影響力を及ぼした。その特色は、陸軍の長州出身者を中心とするが、熊本藩出身の清浦奎吾（後に首相）が山県閥の有力者になったように、山県の保守思想に共鳴し、山県や同閥に忠誠心があれば長州出身者以外の者でも一員となり相当出世できることである。

山県は閥を作り部下の面倒を見る一方で、政党に接近しようとするなど、山県の思想と異なる動きを見せた部下に対しては、徹底的に攻撃し潰そうとする。また、同様の理由で、部下に裏切られないかと、常に強い猜疑心を抱いていた。山県は、桂太郎（陸相から首相、長州出身）・岡市之助（大隈内閣の陸相、京都府出身）・寺内正毅（陸相から首相、長州出身）を、次々と潰していった。

もっとも山県は、権力を長期に握りたいために部下を潰していったのではない。日本の将来に対する責任感と、政治家としては潔癖すぎる性格から、山県の思想に合わない者を許さなかったのである。結局、第一次世界大戦後になると、頼るべき自らの部下はいなくなってしまった。ついに政党嫌いの山県が、政友会を背景に政党内閣を組織している原敬首相に、大きな期待をかけるようになるのである。

③原敬・西園寺公望

次に原敬を見てみよう。原は薩長への怨念を抑えて、長州系の改革派である井上馨に近づき、気に入られて藩閥政府内での地位を確保した。中井弘（薩摩出身だが、伊藤・井上馨ら長州系の有力者と親しい。滋賀県知事から京都府知事）の娘貞子と結婚したのも同様の役割を果たした。

しかし、一八八〇年代半ば、原は天津領事として、藩閥トップの伊藤に仕える機会を得た際に、さらに取り立てられようと接近を試みたが、伊藤は原に特に目をかけなかった。

原にとって非藩閥の陸奥宗光（農商相から外相）との出会いは大きな幸運となった。原は陸奥の下で、外務省の局長から次官へと昇進している。また裏で、陸奥が将来政党の総裁となって政党内閣を作るための土台作りの仕事も行った。ところが、陸奥は一八九七年に病死してしまう。原がすでに述べた伊藤と同様に天性の人柄のよさを持っていたことを示すエピソードの一例が、恩人陸奥宗光の死後相当年数を経ても追悼の年忌開催に家族以上に尽力し、また陸奥の銅像建設や墓地の管理の中心となったことである。

原は、しばらく接触のなかった井上馨との接触を再び増やすなど、陸奥死後は政界に入る手段を自ら模索する。また、西園寺が陸奥に心酔していたので、西園寺ともこれまで以上に親しくなっていった。一九〇〇年の伊藤の政友会創立に西園寺とともに参加した。

その後、政友会の幹部となった原は、日露戦争後に山県有朋や山県系官僚閥に対し、その勢力を削ごうと対決していく。しかし山県系官僚閥を背景とした山県の権力は強いので、山県や山県の第一の部下である桂太郎と接触したり妥協したりして、硬軟両用を使い分けて、少しずつ政友会の力を伸ばすとともに、原の党内への掌握を強めていった。

生まれた藩や家が薩長のために没落させられ、原は藩閥からの疎外感を持ちつつ、苦学し、困難を乗り越えて成長していった。したがって、原にはひ弱なプライドはなく、長期的なビジョンを実現する手段として、藩閥勢力と接近した。原は伊藤・井上馨のようなビジョンの近い藩閥改革派として接近して地位を固める一方で、ビジョンで敵対する山県らとも、少し下手《したて》に出ながら接触をし、彼らの動向を探った。

なお、詳しく述べる余裕はないが、原は同輩や部下との関係において、非藩閥の多くの友人がいた。これは原がフランス公使館に赴任する際に、外務省の上司も含めて多くの友人が新橋駅や横浜港まで見送りに来たことでもわかる。政友会の事実上の総裁、さらに総裁になると、官僚系の原は、党人系に対して、自らの指導する政友会のビジョンに沿って貢献した者を優先的に閣僚とした（たとえば第二次西園寺内閣の長谷場純孝〔文相に起用、鹿児島県選出〕、原内閣の野田卯太郎〔逓相に起用、福岡県選出〕）。これに対し、入閣を内示された省について不平を漏らすなど党の秩序を乱す者は、党人派のかなりの大物党員であってもいったん入閣を外すなど（たとえば元田肇〔前逓相、大分県選出〕）、信賞必罰の厳しい姿勢を貫いた。

他方、原は党の政策立案能力や行政運営能力を強化するため、有能な官僚中で政友会に好意を寄せる者を入党させ、閣僚として党の幹部とした。政友会を与党とした第一次山本権兵衛内閣で入閣させた高橋是清（蔵相）・奥田義人（法相）・山本達雄（農商相）らが、その例である。またおそらく、これらの人物の中から自然と自分の後継者が成長すればよい、とも考えていたのだろう。原は西園寺をこの時点で評価していなかったので、伊藤が後継者としての西園寺を育成しようとした方法をよいとは思わず、自分のように自力で後継者になる人物が生まれることを望んだと思われる。

いずれにしても、原の重要人事には、同郷の岩手県・東北地方出身といった情実は入らなかった。このため、政友会内には「原派」は形成されず、党全体がある意味で「原派」であったといえる。これが、非藩閥であるため能力があるにもかかわらず十分に認められない、と藩閥からの疎外感を常に感じながら上昇してきた原の行動様式であった。すなわち、人間関係において勇気ある厳しい決断ときめ細かな気配りをしていた点では、原も伊藤と同様だったといえる。

西園寺はどうであろうか。西園寺は共通のビジョンを持ち、それを実現する現実的手法を持つ伊藤や陸奥に心酔し、伊藤に引き立てられ、陸奥から外交など多くを学んだ。また、後輩として親しくなった原に対して、原の政友会入りや入党後の立場に関して、親身になって助けた。しかし、他の能力ある部下を選んで引き立てようとはしなかった。この面では淡泊といえ、原が西園寺総裁以上に政友会を掌握していく原因となった。

ところが元老になると、イギリス風の政党政治を目指す西園寺とはビジョンの異なる最有力元老山県有朋に対し、時勢の新しい流れをわからせるような言動をじっくりと行った。こうして、その信用を得、最後には元老として山県から後事を託されるまでになった。他の元老たちが死去して西園寺が一人元老となると、首相候補者や内大臣・宮相など宮中の有力ポストの候補者（ある意味で部下ともいえる）に対し、巧みな話術でポストの可能性を匂わせ、政党政治が発展し協調外交が展開するよう誘導した。

元老としての晩年の西園寺は、伊藤・原とは異なる形ではあるが、ポストを求める、いわば部下を巧みに誘導するきめ細かい気配りを行った。また、平沼のようにビジョンを異にする者に対しては、期待を持たせつつ、いつまでも排除し続ける厳しさと老獪さを持っていた。

④明治天皇・昭和天皇

明治天皇や昭和天皇の人間関係と気配りについても、簡単に見てみよう。明治天皇について特筆すべきは、すでに述べたように、一八八一年には伊藤博文が最も信頼できることを決断できたことである。また、一八九〇年代に山県有朋が伊藤と対立することが多くなっても山県に対しても期待していることを示す気配りを忘れず、山県がやる気を失なわないよう努めたことである。これは広い意味で、陸軍の天皇への忠誠心にもつながる。

この他、明治天皇は薩長の対立、藩閥政府と衆議院の対立など、様々な場面で公平な調停者としての役割を巧みに果たした。それと同時に、伊藤らのビジョンに基づいて日本が改革されていくことを支持した。

昭和天皇の場合、十分な政治教育を受けないまま一九二六年に二五歳で天皇になり、大物政治家の助言者がいなかった。このため、すでに述べたように、激動の時代の始まりといえる昭和初期において、上手に公平な調停者の役を演じることができず、威信を形成することができなかった。昭和天皇は失敗を重ねながら学習し、少しずつ威信を築き、一九四五年の八月にそれを活かして一気に終戦へと日本を導いた。

（二）　第Ⅱ部の五人のリーダーたち

①木戸孝允・松田正久

齊藤論文は、木戸が江戸滞在中、韮山《にらやま》代官江川太郎左衛門から西洋兵制を学び、吉田松陰や他藩士らの「梁山泊」の集まりに参加する他、剣術道場主の齊藤弥九郎に評価されて塾頭を務め、長州藩政を主導していた周布政之助に期待されたとする。このように木戸は、リーダーシップに必要な上司や同輩と柔軟に交際・交渉する能力を二〇歳代に身につけていた。土佐の坂本龍馬とも知り合う。これらを支えたのは、木戸が欧米列強の日本侵略を防ぐにはどうすればよいかを考え、幅広い学習や見聞を通して、確かなビジョンを身につけていったことであった。

部下との関係においても、木戸は能力ある者を引き立て、長期的な関係を結んでいった。伊藤博文・井上馨・山尾庸三（後に工部卿）らのイギリス密航組、御堀耕助《みほりこうすけ》（有力諸隊の御楯隊《みたてたい》総監、後に用所役や蔵元役という藩の要職に就く、一八七一〔明治四〕年に病死）らである。木戸は山県に対しても、諸隊の支持を固めるため、高杉晋作らを通してじっくりと説得し、薩長同盟への反対論を抑え込んでいった。木戸の用心深い、逆にいえば猜疑心の強い性格が、よい方向に出たといえよう。

また藩首脳の中で前原一誠（藩幹部の用所役）が薩長同盟に反対し、木戸が説得できない時、同盟に賛同していた中村誠一・国貞直人《くにさだなおと》（いずれも用所役）にそのことを伝える一方、長州滞在中の薩摩藩の使者黒田清隆に説明してほしい、と中村らに下駄を預けた。同時に木戸はいますぐには京都へ行かないことも告げた。このように巧みな手法で、木戸は藩首脳の同盟への支持を取り付けた、と齊藤論文はいう。

以上のように、木戸の短気な性格は薩長同盟の推進力となり、また用心深い（猜疑心の強い）性格も同盟に向けて慎重に人間関係を形成することに役立った。このように、倒幕に向けて木戸の性格はよい方向に働き、木戸のリーダーシップの重要な要素となっていた。ところが維新後、それらがうまく調和して働かなくなり、一八七四年以降には木戸のリーダーシップは色あせていく。これは、新体制形成に伴い、各方面から批判を受けるストレスもあって、木戸の生来の短気でプライドの高い、また用心深い（猜疑心の強い）性格が、体調不良・病気のために裏目に出るようになったからであろう。

西山論文は、松田正久は家塾「育英社」を開いていた西周に学び、フランス語と国際法を身につけ、官費での留学の機会を得たとする。成績優秀な松田は、西のような学者の上司の高評価を得るには苦労しなかったのである。

松田はフランス留学から帰り、第一回総選挙の行われる一八九〇年頃から本格的に政治活動に関わるようになる。自由党九州派の幹部として、関東派幹部の星亨や板垣退助自由党総理（土佐派）と連携しながら、イギリス風の立憲政治を理想とし、党を主義による一体性の強い統制のあるものに変革していった。この点で、同輩と交渉し、自分が少し下の立場で連携する能力はすぐれていたといえる。しかし必然的に松田は、四歳若いが気配りができる人柄でありかつ気が強い星に、常にリードされ気味であった。

星が駐米公使として渡米中に、自由党内で板垣ら土佐派の指導に対する批判が高まると、松田は陸奥宗光を自由党総理にして党を再建しようとする。しかし失敗した。また第一次大隈重信内閣で蔵相となるが、旧進歩党（改進党）の大隈にリードされがちであった。こうして松田は、自らが政局をリードできる可能性があった二度の機会を逸した。

結局、帰国した星の主導で同内閣は倒れた。さらに政友会においても、一九〇二年以降、政党活動歴の短い原敬にリードされるようになる。第一次護憲運動に際しても同様であった。このように、松田はトップに立って党をリードする能力には欠けると、西山論文はいう。

他の政党指導者と比較して、松田のリーダーシップを考える際に特徴的なことは、第一に、大きな権力を持っている藩閥有力者との連携や交渉がなく彼らから情報収集もできていないことである。松田が九州（佐賀県）出身なら、薩摩系の有力者で元老の黒田清隆や松方正義らとの連携が考えられるが、それはない。また、松田を支えて動く党内の有力者や松田に忠誠を誓う腹心もいない。原は九州出身の長谷場純孝や野田卯太郎すら配下とした。ビジョンとともに、これらも松田がトップリーダーとなるに当たっての限界であった。

②幣原喜重郎・田中義一・平沼騏一郎

すでに述べたように、西田論文は、幣原が外務省法律顧問のデニソンを通して、外交問題や国際法に関する知識を深め、それらについて確固たる見識を身につけているとの自負を持ったことを紹介する。デニソンとの関係は、むしろ学究的なものといえよう。また、幣原が次官となったのは、第二次大隈内閣改造に伴い外相に就任した石井菊次郎の抜擢による。石井は幣原が外交官となって最初に赴任した仁川領事館での上司で、それ以来、幣原の能力を買っていた。

石井を後任外相に推薦したのは加藤高明外相であり、加藤と幣原は義理の兄弟である（加藤と幣原の妻が岩崎弥太郎家の姉妹）。しかし、幣原はこのような人脈を中心に昇進していったのではない。彼のビジョンや政策は、特定の政党に適合的なものというより、第一次世界大戦後の新状況を見通したものである。したがって原内閣が成立しても、幣原は次官を続けた後、外相に次ぐ重要なポストとなっていた駐米大使に栄転し、ワシントン会議に臨んだ。また、この原内閣のアメリカを重視した協調外交は、一九二〇年代半ばに展開する幣原外交とも連続性が見られる。加えて、幣原は外務省で特定の人脈を作らず、英語など外国語が得意で欧米通の国際法に明るい者が外務省の主流派となり、彼らが幣原派的なものとなっていった。

この意味で、幣原のリーダーシップは、特定の人間関係によるというより、むしろ時勢に適合し将来にもつながる外交ビジョンを持ち、それらを提示することで得られたものといえよう。幣原は、小山論文で描かれた田中義一と好対照をなしている。

小山論文の田中義一は、長州出身の軍人として山県系官僚閥の中で昇進した。同閥の盟主である山県や最高幹部の寺内正毅（陸相から首相）に評価され、参謀次長にまでなった。この背景には、同閥の支配する陸軍の求めるものを提示して実行するという田中の言動が気に入られたこともあった。ロシア駐在武官（留学）中の四年で、ロシア上流社会に入り込んだという、小山が紹介するエピソードからも、田中が異なった環境にそれなりに適応し、人々と上手に人間関係を築く能力に長けていたことがわかる。

田中は首相となる直前の原にもうまく取り入り、原内閣の陸相となった。また山県との関係を維持しながら、原内閣の政策にも協力し、原が亡き後の政友会の総裁になる土台を作った。

一貫したビジョンで動き、そのための人間関係を構築するというより、田中はその時々の状況にあわせて動き、自らの影響力拡大を目指すタイプといえよう。田中のもとに集まって来た多くの者は、短期的な「利」を求めた者であると、小山論文はいう。田中はそれに応じて、ポストや利権を与えて歓心を買ったとも論じる。このような部下は、状況が悪くなると、すぐに田中を見限っていくものである。小山論文の主対象とする山東出兵をめぐって、田中が陸軍から見放され、張作霖爆殺事件の処理で陸軍を統制できずに失脚していくのも、右に述べたような田中のリーダーシップに起因しているといえよう。

萩原論文は、平沼騏一郎が山県系官僚閥優勢の司法省に入りながら、その司法省での有力者である清浦奎吾（司法次官から法相）らとの関係を構築しようとしないことを描く。これは後年の平沼回顧録によって藩閥の情実人事や専横に反感を持っていたから等とされるが、帝国大学法科大学首席卒業の自負心などからくる平沼のある種の潔癖さ、幅の狭さをも示していると見ることができよう。大物政治家となるためには、しっかりとしたビジョンとともに、伊藤や原・西園寺が見せたように、それとは異なる体質を持つ有力勢力とも関係を構築し、長期的には自分の主張を通していく能力が必要となる。

しかし、平沼にも運がめぐってくる。一九〇〇年に司法省内の山県系による司法官増俸要求運動が起こると、平沼は政友会内閣と連携して鎮圧した。これは、平沼の官僚としての決断能力を示す。この事件を契機とし、平沼は政友会から登用され、松田正久法相と良好な関係を構築し、司法制度改革などを行っていく。こうして検事総長にまで昇進する。また、腹心の鈴木喜三郎とともに、長期にわたって司法省・検察の実権を掌握する体制を築いた、と萩原論文は述べる。これらのことから、官僚としての平沼は上に向かっても下に向かっても人間関係構築能力がすぐれていたことがわかる。

問題は、政治家としてのそれがあるかどうかである。この点で、政党が台頭する時代を利用し、ビジョンの異なる政友会との関係を作って、司法・検察での権力を構築したことは、一九二〇年代半ば以降において政界に乗り出そうとすると、それほど役立たなかった。平沼は第一次世界大戦中には政党への反感を強めており、司法・検察を中心とした権力基盤は、それほど広がらなかったからである。

平沼は薩摩系への接近や、政友会に入党した鈴木を通して、改めて政友会への接近も図るが、強い権力基盤を築くことができなかった。これは陸軍や海軍軍人との関係も同様である。また一人元老となった西園寺との関係も、平沼は西園寺の期待を育成することができず、西園寺が平沼を嫌っていることも長い間察知できなかった。このように萩原論文はいう。

すなわち、司法・検察において、司法制度改革などの特定の専門の問題を扱うに際しては、平沼はビジョン・人間関係ともにすぐれた能力を発揮した。しかし平沼は、狭い体験しかできない司法・検察部門に長期にわたって在籍しすぎ、政党嫌いでもあり、新しい人間関係を作る努力を怠った。また、その後に政党入りして同僚の党員と政策などで競い合うこともなく、政権に関わって外交や内政の幅広い知識を深め体験を積み、公共性のあるビジョンを築くこともなかった。このため平沼は、大物政治家となる能力を拡大する機会を得られなかったといえよう。

人間は半ば偶然半ば意思によって、様々な職業に就き人生を経験するが、それを超える新しい目標を立てた際に、時には自分の好みをも抑え、勇気を持って新しい人間関係を作り、自分の弱点を克服していかなければならない。平沼を一般化すれば、それができなかったリーダーの一つの型といえよう。

◉薩長同盟の締結は、明治維新を早期に実現させ、近代国家を確立、発展させた重要な転機であった。長州藩主導者の木戸孝允は、豊富な人脈・情報に基づく、新国家ビジョンや交渉能力等を活かし、藩の軍事力を背景に締結を主導した。本章では、重要な同盟締結を可能にした、木戸のリーダーシップを弱点も含めて明らかにする。

第一章

齊藤紅葉

木戸孝允と薩長同盟

慶応元年から慶応三年

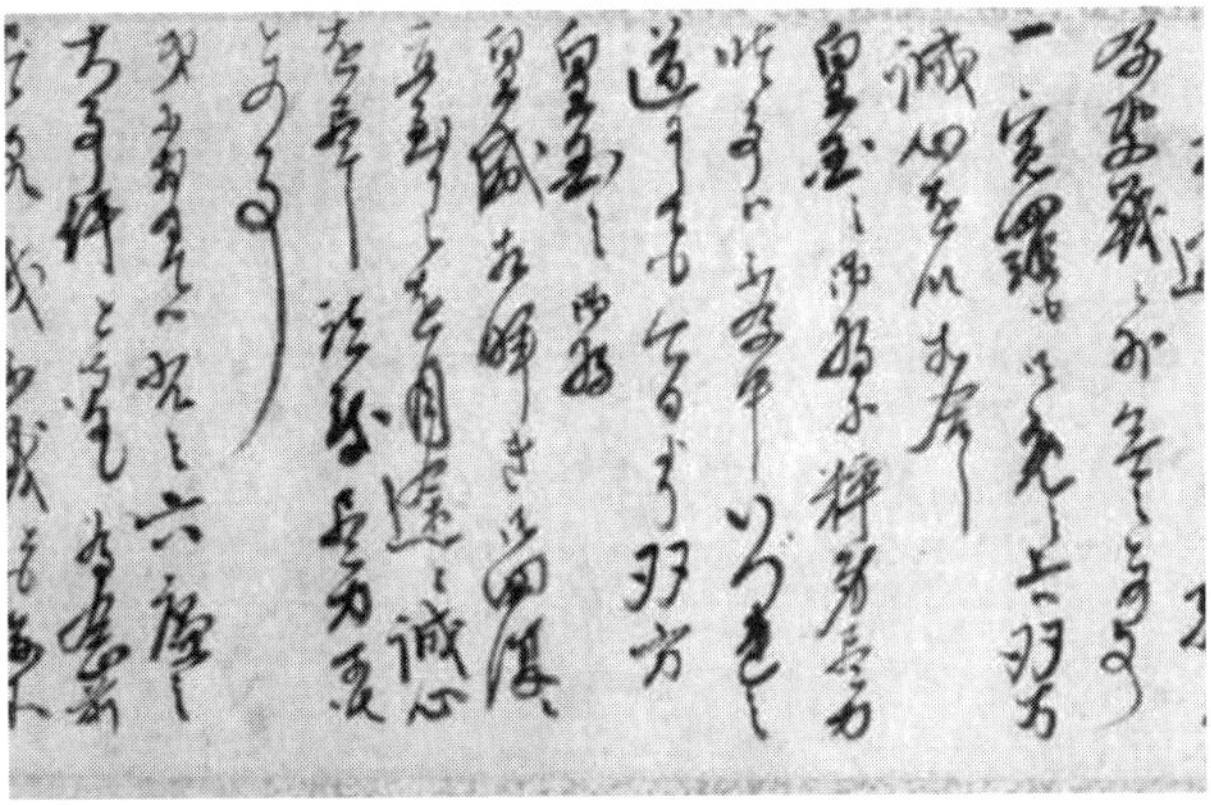

薩長同盟の六ヶ条を記した書状（本文参照）

一　薩長同盟と木戸孝允の関係――はじめに

木戸孝允（一八三三～七七）は、「維新の三傑」の一人として知られるように、明治維新において重要な役割を果たした。また、本章で焦点とする薩長同盟は幕末維新期の重要な一コマである。その同盟は、慶応二（一八六六）年一月、長州藩主導者の木戸と、薩摩藩首脳部の西郷隆盛らが京都で会合して締結した。それは、薩摩藩と長州藩が協力して、その後の国家改革に取り組むことを、幕府勢力に対して軍事力を行使する可能性も含めて認めたものであった。その後、紆余曲折を経たが、薩長の強大な軍事力を背景に武力討幕を早期に実現させるに当たり、この同盟は決定的なものとなった。それはさらに、明治政府成立後、薩長という強力な主導勢力によって政府を確立し、国家を発展させていく基礎を築くことにつながったのである。[1]

このように、明治維新における大きな転機となった薩長同盟の締結を、長州藩を代表して主導したのが木戸である。本章は、木戸が長州藩を主導した慶応年間に焦点を当てながら、中でも薩長同盟を通して木戸のリーダーシッ

（1）かつては、薩長同盟を契機に、薩長がともに武力討幕を目指し、実現させたとされてきた（田中彰『明治維新政治史研究』〔青木書店、一九六三年〕二五一～二五二頁、芝原拓自『明治維新の権力基盤』〔御茶の水書房、一九六五年〕二八二～二九〇頁等）。しかし、青山忠正氏が初めて指摘したように、薩長同盟の締結が、薩長がすぐに足並みをそろえ、武力討幕に向かうことに直結していたわけではない（青山忠正『明治維新と国家形成』Ⅲ―二―１〔吉川弘文館、二〇〇〇年〕、初出は同「薩長盟約の成立とその背景」〔『歴史学研究』第五五七号、一九八六年八月〕）。薩摩藩が、本当に武力討幕に踏み切ったのは、慶応三（一八六七）年一二月の王政復古後であることは近年の研究で明らかにされてきている通りである（高橋秀直『幕末維新の政治と天皇』第一一章〔吉川弘文館、二〇〇七年〕、初出は同「王政復古政府論」〔『史林』八六巻一号、二〇〇三年一月〕）。

本章では、これら近年の研究を踏まえながら、薩長同盟について、長州藩の木戸側から検討を加え、木戸のリーダーシップを考察し、薩長同盟の意義にも言及する。

西郷隆盛（西郷南洲顕彰館所蔵）
西郷南洲顕彰館ホームページ http://www.saigou.jp/ より

木戸孝允（国立歴史民俗博物館所蔵）
『企画展示　侯爵家のアルバム』（国立歴史民俗博物館、2011年）より

プを考えようとするものである。木戸のリーダーシップは、幕末維新期の複雑で流動的な情勢の中で、当時、一大勢力であった薩摩藩を相手に同盟締結を実現させることにも影響を与えた。

この時期の木戸について、高橋秀直氏は、木戸が藩のために存在する藩官僚から、藩を道具とする政治家へと脱皮していたことを指摘し、木戸が朝廷を中心とする新政体の樹立のために薩摩藩との軍事同盟締結を求めたことを明らかにした[2]。ここでは木戸のビジョンとともに、木戸が一藩に限らない国家を意識した政治家であることが示されている。ただし、薩長同盟を通してのリーダーシップの全体像が明確にされているわけではない。

また、木戸の先駆的な伝記研究である『松菊木戸公伝』は、木戸が藩主の命を尊重して、薩摩との会合を行うために京都に上ったとし[3]、木戸の意志やリーダーシップには言及していない。一方、大江志乃夫氏は、薩長同盟の交渉において、何事も筋を通さなければならないという木戸の性格が、大局の判断を誤りかねない弱点をさらけ出したとし、木戸への評価は低い。ただし、ここでは木戸が長州藩をどのように主導したのかは明確にされてはいない[4]。

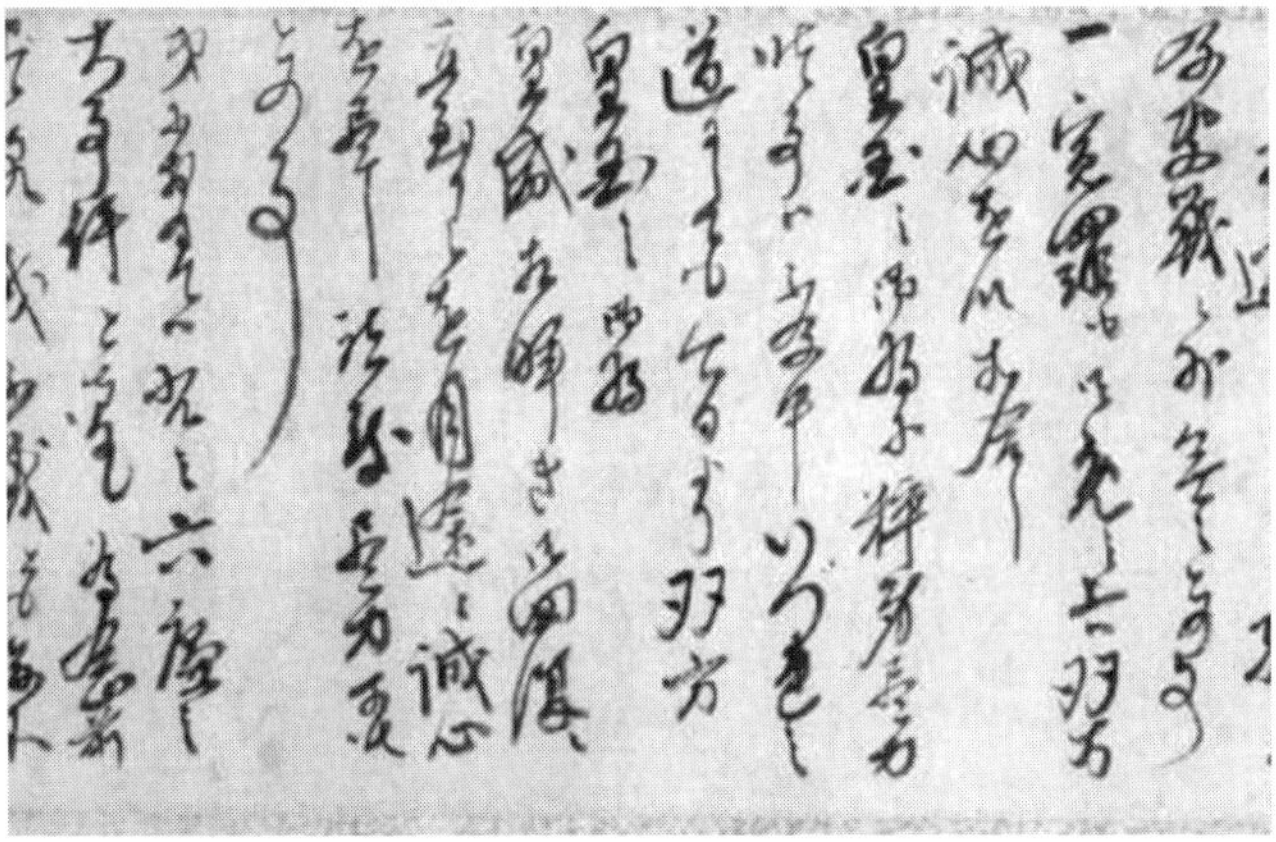

木戸が坂本龍馬に裏書を求めた薩長同盟の六ヶ条を記した書状（宮内庁書陵部所蔵）
宮内庁書陵部ホームページ http://toshoryo.kunaicho.go.jp/Viewer?contentId = 2183 より

この薩長同盟締結の一場面とされる慶応二（一八六六）年一月の薩長の会合について、薩摩藩側の視点から検討した研究で[5]は、木戸が薩摩藩との提携に積極的に取り組んだことが明らかにされているが、木戸のリーダーシップに焦点を当てたものではない。

このように薩長同盟を通して、木戸のリーダーシップの全体像は明確にされてはこなかったといえる。以下で詳細に述べるように、木戸は、明治維新の実現とその後の国家確立に重要な意義を持った薩長同盟を主導した一人である。木戸は幅広い人脈を持ち、情報収集能力に長け、それらを活かした交渉も巧みであった。自身の方針を定め、その実現のために粘り強く取り組む姿勢を持っていた。一方で、木戸は自負心も高く、成功させるために慎重を期し、最前線へ出るための決断に時間がかかるなど、状況によっては弱さに転ずる側面もみられる。

論者はすでに、慶応元（一八六五）年から慶応三（一八六七）年における木戸の国家構想について論じてきた。[6]本章では、それらで十分に言及しなかった木戸のリーダーシップを、薩長同盟を通して検討する。それは、変革期のリーダー

（2）前掲、高橋秀直『幕末維新の政治と天皇』第六章（初出は、同「薩長同盟の展開」（『史林』八八巻四号、二〇〇五年七月））。
（3）木戸公伝記編纂所編『松菊木戸公伝』上巻（明治書院、一九二七年）五五六～五六四、五九三～六〇七頁。
（4）大江志乃夫『木戸孝允』（中公新書、一九七九年）一六四～一六八頁。

シップのあり方を考える一端となるであろう。

なお、史料引用に当たっては句読点を付し、常用漢字に改めた。また、木戸は通称を、慶応元（一八六五）年九月までは桂小五郎、慶応二（一八六六）年九月までは木戸貫二、その後、木戸準一郎と変えるが、本章では木戸孝允で統一した。

二　ペリー来航による国家認識と薩長提携の意識

（一）江戸での国家改革意識の萌芽

ここでは、まず、薩長同盟に至るまでに木戸が長州藩においていかに頭角をあらわし、またリーダーシップを形成してきたのかを簡単に述べておきたい。

木戸は天保四（一八三三）年六月、長州藩医和田昌景の長男として生まれた。天保一一（一八四〇）年四月、満六歳で長州藩士桂九郎兵衛の養子となり、大組士（中級藩士、九〇石）となった。このことで、木戸は藩政の要職に就任できる身分を得た。その後、嘉永五（一八五二）年一一月、満二〇歳で江戸に出て、斎藤弥九郎の剣術道場の練兵館に入塾した。

国政の中心であった江戸へ出たことは、木戸が視野を広げる大きな転機となった。藩内だけにとどまらず、江戸もしくは京都や大阪などに出ることで、国内外の最新情報に接し、幅広い考えを持つ人々と関わり、さらに人脈を広げることができた。そして、このような経験は、広い視野で物事を判断し、適切な情勢判断を下すことにもつながるものであった。洋行を自由にできなかった当時において、江戸や京都、長崎などへ行くことは、後の海外留学に匹敵するほどの意義を持ったのである。
木戸は、この後、禁門の変によって藩外での活動が自由にできなくなるまでの一一年あまりの間、合計で約一年間しか帰藩していない。一〇年近くもの間、江戸、京都、大阪など政治活動の活発な地で、多種多様な人々と接触しながら過ごしたのである。このことは、以下に述べていくように、木戸がリーダーになりえた一つの要因となった。

木戸が江戸へ出た翌嘉永六（一八五三）年六月のペリー来航は、木戸にとっても欧米列強からの侵略の脅威を認識し、日本という国家を意識する大きな契機となった。欧米列強の技術、最新情勢の収集が今まで以上に重要となったこの時、木戸は斎藤弥九郎や韮山代官江川太郎左衛門から西洋兵制やすぐれた西洋技術を学んだ。また幕臣の中島三郎助に頼み、中島宅の敷地内に住み込んで造船術を学んだ。そして長州藩の吉田松陰や安房出身の鳥山新三郎ら諸藩士が集まり「梁山泊」と称していた集まりにも参加し、日本の海防や欧米情勢に関する議論にも加わった。(7) さらに、他藩の欧米列強技術の導入を他藩邸へ出向いて見学したり、他藩から欧米情勢に関する書籍を借用するなど、幅広い情報網も築いていった。(8) そして長州藩政府主導者の周布政之助の目にも止まるようになった。この

（5） これらの研究では、この会合で薩長が結んだ約束は、その後の軍事力行使に直接的に結びつく同盟ではなかったとする見解が多く出されている（前掲、青山忠正『明治維新と国家形成』Ⅲ—二—1、芳即正『坂本龍馬と薩長同盟』〔高城書房、一九九八年〕、佐々木克『幕末政治と薩摩藩』第五章五〔吉川弘文館、二〇〇四年〕、町田明広「慶応期政局における薩摩藩の動向—薩長同盟を中心として—」〔『神田外語大学日本研究所紀要』九号、二〇一七年三月〕）。また、この時の締結は実体のないもので、薩長両藩の関係を深めただけのものとする見解もある（家近良樹『西郷隆盛と幕末維新の政局—体調不良問題から見た薩長同盟・征韓論政変—』〔ミネルヴァ書房、二〇一一年〕）。
（6） 拙稿「幕末期木戸孝允の国家構想と政治指導（三）」（『法学論叢』第一八〇巻第三号、二〇一六年一二月）、同「木戸孝允と中央集権国家の成立（一）」（『法学論叢』第一八一巻第一号、二〇一七年四月）。
（7） 拙稿「幕末期木戸孝允の国家構想と政治指導（一）」（『法学論叢』第一七九巻第四号、二〇一六年七月）。
（8） 木戸宛松島剛蔵書状、万延元年九月一一日（「木戸家文書」宮内庁書陵部所蔵）。

ように幕臣、諸藩士との交流を通して、木戸は人脈を広げ、情報収集力を高めるなど、その後の政治家として重要な要素を身につけていった。

さらに木戸は、斎藤弥九郎の練兵館で塾頭を務め、長州藩に限らず他藩人を含めて一つの集団を統制するということを経験した。また、その後、万延元（一八六〇）年からは江戸での若手長州藩士の育成の場であった長州藩有備館の館長を務め、長州藩の若手の統率者として台頭しうる基盤を築いた。この時には、長州藩の組織体制を実際に知り、各部署がもっている影響力を実感する機会を得た。

このように、木戸は、長州藩政府中枢で頭角を表す前に、集団を統率する素質があるとみなされる存在になっていた。また後に、木戸が長州藩を主導する際、練兵館の同門でかわいがっていた山尾庸三や御堀耕助らが木戸を支える人脈となったように、人材の育成や登用にもこれらの機会を活かした。

一方で、木戸は練兵館でも有備館でも規則を厳格化しようと試み、強い反発を買った。その際、木戸は自身で反対を抑えられなくなると、斎藤や周布に自身の正当性を訴え、時には自身の進退をかけて方針を通そうとした[9]。木戸は自身の取り組みを成功させようとする自負心を強く持っていた。その際、上役の支持をうまく取り付けるために説得を行い、味方の支持を固める手腕もあった。ただ、これらは時に、形勢が悪くなると、強硬に自身の正当性を訴え、進退をかけて上役の支持を取り付けようとする弱さにもつながるものでもあった。

このような木戸に対し、木戸の先輩であった長州藩士来島又兵衛は、「国事」でことを成功させるためには、政治に関する会合以外での人付き合いも大切であることなどを木戸に助言した[10]。木戸が自身の主張を実現させるに当り、難問にぶつかると視野を狭め、自分の正当性を強調して、周囲に助けを求めようとするのに対し、ことの成功を急ぎすぎず、幅広い視点で物事を捉えられる政治家への成長を促したのである。このように、木戸には弱点もあったが、それを補う人間関係の構築、情報収集を活かした適切な判断力を養い、交渉能力も高めていった。

木戸がこのように江戸を拠点として活動している間、欧米列強に対応する国家を目指し、国政改革を求める声が高まっており、木戸はその動向を、最前線の江戸で感じ取ることができた。木戸は、安政五（一八五八）年に改革を求めていた一橋派が失脚した後、万延元（一八六〇）年の大老井伊直弼が暗殺されても幕府の改革が進展しないことを受け、幕府に期待しなくなっていた。かわりに、諸藩が連合して幕府に圧力をかけ、改革を促進し、朝廷が優位な体制を明確にすること、諸侯の意見が国策に反映される体制を築くことを求めた。(11)

（二）薩摩藩の軍事力を意識する

文久二（一八六二）年四月、薩摩藩主の父で実権を持っていた島津久光が薩摩藩兵約一〇〇〇人を率いて京都に上り、朝廷に働きかけた結果、朝廷は幕府に勅使を派遣し、改革を迫ることになった。この時、木戸は、長州藩が薩摩藩と協調することを重視した。(12)木戸は、薩摩藩が国政を動かす圧力になるに十分な軍事力を備え、それを実際に動員して藩全体でまとまって行動を起こすことを知り、諸藩の中でも薩摩藩が国政改革を進めるための最も有力な勢力であることを強く認識したのであろう。このことが後の木戸の行動、考え方に影響を与えた。

一方、周布政之助が主導していた長州藩は、文久二（一八六二）年七月に朝廷が求める攘夷を藩の方針とし、朝廷の意向のもとに国内方針を一致させ、欧米からの侵略を回避しうる国家体制を築こうとした。この時、木戸は周布に協力して重要な役割を果たし、長州藩政の中枢に関与できる右筆副役となった。さらに、他藩士や公卿との交

（9）齋藤塾当時の建白書、安政元年、木戸宛周布政之助書状、万延元年一二日二四日（『木戸孝允文書』一〈日本史籍協会、一九二九年〉一〇～一一、九八～九九頁）。
（10）木戸宛来島又兵衛書状、万延元年一一月一五日（木戸孝允関係文書研究会編『木戸孝允関係文書』第三巻〈東京大学出版会、二〇〇八年〉二五〇～二五一頁）。
（11）前掲、拙稿「幕末期木戸孝允の国家構想と政治指導（一）」。
（12）来島又兵衛宛木戸書状、前田孫右衛門宛木戸書状、文久二年六月六日、一三日（前掲、『木戸孝允文書』一、一六三～一六四、一六六～一六七頁）。

渉を担当する役割を担い、これまでに培ってきた人脈と情勢判断力を活かしながら、周布のもとで長州藩政の中枢に関与していった(13)。

このように広い人脈を築いていた木戸が、本章の主題である薩長同盟締結に関わる重要人物とどのように接触していったのかをここで述べておきたい。まず、薩摩側では、明治政府までの経過を見ても西郷隆盛、大久保利通が重要である。この両者については、慶応二（一八六六）年一月に京都で会合を持つまで木戸は実際に面識がなかったと推定できる。西郷は、木戸が京都に上った文久二（一八六二）年五月にはすでに京都を離れていた。次に西郷が京都に出てきたのは元治元（一八六四）年三月である。ただし、その前年八月には、八・一八政変で孝明天皇、幕府、薩摩藩らにより、長州藩と結びついていた三条実美ら七卿が、堂上を止められ、京都を離れ長州へ赴いている。この状況下で、同じ京都にいたとはいえ長州藩の木戸と薩摩藩の西郷が接触したとは考えにくく、実際に接触したという史料は現時点では見当たらない。

大久保は文久二（一八六二）年五月に京都から江戸へ赴き、閏八月に京都に戻っており、木戸とは同所にはいない(14)。元治元（一八六四）年一月以降は共に京都にいるが、先の西郷と同様、接触したとは考えにくい。木戸は、薩摩藩士の中で、西郷、大久保らと共に活動をしていた吉井友実や、後に家老となる岩下方平らとは文久二（一八六二）年にはすでに接触していたが、薩長両藩の方針は異なっており信頼関係は薄かった(15)。

次に、薩長同盟において仲介役を果たした土佐藩出身の坂本龍馬との関係である。慶応元（一八六五）年五月、坂本が薩摩藩と長州藩の提携を木戸に持ちかけた際、連絡を受けた木戸がすぐに行動していることから、これ以前に面識があったと考えるのが自然であろう。ただし、木戸が練兵館の塾頭をしていた時、江戸で面識があったかどうかなど、定かな時期は明らかではない。が、文久二（一八六二）年一月には坂本は同志であった土佐藩士武市半平太の書状を持参して長州に赴き、木戸とつながりがあった長州藩の久坂玄瑞らと接触した。その後、一〇月には久坂は江戸で武市、坂本に同日に会っている。木戸は、文久二（一八六二）年から翌文久三（一八六三）年にかけて武市と会合を持つなど面識がある。[16] 木戸と坂本も同時期にはお互いの考えを認識する関係にはあったと推定できるであろう[17]。

話を戻すと、文久二（一八六二）年に攘夷を藩の方針とした長州藩は、翌文久三（一八六三）年五月には下関でイギリスやアメリカなどの外国船を砲撃し、攘夷を実行した。その後、孝明天皇、幕府、薩摩藩などと対立を深め、八・一八政変を経て、元治元（一八六四）年七月には長州藩兵を京都へ上らせたが、禁門の変で薩摩藩、幕府の兵に敗れた。長州藩は禁門の変で御所に向けて発砲したとして朝敵となり、京都に入ることが禁じられた。禁門の変

---

(13) 拙稿「幕末期木戸孝允の国家構想と政治指導（二）」（『法学論叢』第一七九巻第六号、二〇一六年九月）。この頃、木戸は越前藩との交渉において、越前藩が購入していたアラビア馬を長州藩世子毛利元徳にも見せたいと申し出、越前側はそれに応えた（「文久二年壬戌日記公私記」文久二年一〇月一二日〔山口県編『山口県史』史料編幕末維新三、山口県、二〇〇七年〕）。木戸は政治には直接関係が薄い話を持ち出しながら、木戸ら長州藩士が藩主や世子を大切に思っていること、西洋のことにも関心が強いことを示そうとしたのであろう。そして、自身での藩内統制を重視していた元越前藩主松平春嶽に好印象を与え、長州藩と良好な関係を構築しようとしたのである。ここには、交渉相手の情報を収集し、それを活かして交渉を進めるという木戸の巧みな交渉能力が発揮されていると捉えることができる。

(14) 木戸は文久二（一八六二）年五月、江戸から京都へ向かう道中で、勅使とともに江戸へ向かう島津久光の一行とすれ違っている。この一向には大久保も随行していたが、一向と木戸が実際に接触した形跡はなく、ここで大久保と面識を得たとは考えにくい（来島又兵衛宛木戸書状、文久二年六月六日〔前掲、『木戸孝允文書』一、一六二頁〕）。

(15) 本田親雄・藤井良節宛高崎五六・吉井友実・岩下方平書状、文久二年一〇月七日（木戸孝允関係文書研究会編『木戸孝允関係文書』第二巻〔東京大学出版会、二〇〇五年〕八〇〜八一頁）。

(16) 平井収二郎宛武市瑞山書状、文久二年一〇月二三日（『武市瑞山関係文書』一〔日本史籍協会、一九一六年〕一五〇〜一五一頁）、「江月齋日乗」文久二年一一月一二日（福本義亮編『久坂玄瑞全集』〔マツノ書店、一九七八年〕）。

(17) 慶応三（一八六七）年、坂本は木戸に、「昔の薩長土」になることを楽しみにしている、と書き送った（木戸宛坂本龍馬書状、慶応三年二月一四日〔木戸孝允関係文書研究会編『木戸孝允関係文書』第四巻、東京大学出版会、二〇〇九年〕一〇二〜一〇三頁）。文久二（一八六二）年、三年に京都で薩長土が提携して朝廷、幕府に改革を迫る体制を築こうとしていた時期を木戸との共通認識と捉えていることも、この時期にはお互いの考えをよく認識するだけの関係にあったことの一つの裏づけになるといえる。

前、木戸は長州藩兵が京都に上るのを阻止したいと考えたが実現できなかった。また、京都で因幡藩や備前藩などからの長州藩へ協力を取り付けようと奔走したが成功しなかった。禁門の変後、木戸はすぐに帰藩せず、出石に隠れ、帰藩できる時期を待った。

木戸はこのように長州藩を通して国政改革に関与していく中で、幕府、朝廷、諸藩連合だけでは今後の国家体制の変革は実現できないことを認識した。また、国家や藩という組織は、「上」、つまり形式的には国家においては天皇、藩においては藩主、実際には政府や藩政府が少人数で最終決定権を掌握することが必要であるとの考えを固めた。そして、「上」による軍事力の統制が、組織の存亡に関わる重要かつ困難な課題であることを痛切に感じた[18]。これは、この後、木戸が長州藩政、国政を主導していくにあたり、大いに活かされることになる。木戸がリーダーシップを発揮する大きな転機となったのである。

禁門の変後、長州藩は元治元（一八六四）年八月、前年の長州藩による外国船砲撃への報復として四ヶ国連合艦隊から砲撃を受け敗北した。一〇月には、幕府から第一次長州征討を受け、家老らを切腹させて幕府に恭順した。この時、幕府軍参謀で実権を握っていたのは、禁門の変時に薩摩藩兵を指揮していた西郷隆盛であった。

この間、長州藩では、第一次長州征討前の九月に周布は自決し、周布と対立していた椋梨藤太が政権を握ったが、一二月末には高杉晋作らが挙兵し、諸隊も次第に同調したため元治の内乱となり、敗北した椋梨は失脚した。かわりに周布の時代から藩政の中枢に関与していた用所役の山田宇右衛門や直目付の杉孫七郎らが政権を担った。ただし、慶応元（一八六五）年四月一九日、幕府が長州藩に向けて将軍が進発することを布告したのに対し、山田らは諸隊を十分には統制できず、今後の新たな方針を明確にできない状態が続いていた。

三　木戸の長州藩主導と、薩長主導の武力討幕

（一）　長州藩政主導と武力倒幕、薩長提携の強化

①薩摩藩との提携方針の確立を目指す

木戸は慶応元（一八六五）年四月末に長州藩へ戻り、五月一四日、山口に到着した。五月二七日、木戸は用談役となり、満三一歳で実質的に長州藩政を主導できる要職に就任した。

この頃、木戸が記した「今日の長州も皇国の病を治」すには「よき道具」、という有名な言葉に表れているように、木戸はすでに長州藩の立て直しの先に、新たな国家体制の変革を見据えていた。具体的に、木戸はこの時点で、最終的には幕府から長州藩への攻撃に対し「守る」だけではなく、「進」む、つまり長州藩側から幕府側に攻撃をしかける武力倒幕の可能性をも念頭に置いていた[19]。このような木戸は、今後の国家改革には幕府軍と対峙しうる軍事力と、実際に行動を起こすかどうかを重視していたのである。

木戸が長州に戻った後、土佐出身の中岡慎太郎が下関を訪れ、薩摩藩が幕府から距離を置き、朝廷を中心とする国家体制に改革するために尽力し始めていることを木戸に知らせ、薩摩藩との提携を勧めた。すでに薩摩藩は、第一次長州征討を進める中で、幕府とは距離を保ち、有力諸藩が経済力、軍事力を強化した上で、有力諸侯が国政運営の中心を担うべきとの考えを持ち始めた。そして、長州藩をその雄藩の一つと見なすようになっていた。さらに

(18)　前掲、拙稿「幕末期木戸孝允の国家構想と政治指導（一）」。
(19)　山田宇右衛門等宛木戸書状、慶応元年閏五月五日（『木戸孝允文書』二〔日本史籍協会、一九三〇年〕六五～六六頁）。木戸の帰藩後の国家改革の構想については、前掲、拙稿「幕末期木戸孝允の国家構想と政治指導（二）」。

幕府が長州への将軍進発を打ち出すと、反対し、協力をしない方針を固め、長州藩への接近も図り始めていたのである。[20]

木戸は中岡と会談した後、すぐに太宰府で主に薩摩藩によって護衛されていた三条実美に薩摩藩の動向を確認し、薩摩藩との提携の実現に向けて動き出した。これまでの過程で薩摩藩の軍事力と行動力を木戸はよく認識していた。そのため、木戸は帰藩後、朝敵となり存続の危機にあった長州藩を救い、さらにその後、国家変革を実現させるために薩摩藩こそ、その提携相手とみなしたのである。[21]

もっとも薩摩藩との提携を進めるためには、かつて長州藩の攘夷や禁門の変における出兵などを無謀で過激なものとして薩摩藩が批判していた頃とは異なり、現在の長州藩が、国家体制の改革を進めるのに有力な存在であることを長州側からも示す必要があった。

この時、木戸が長州藩内の情勢をどのように薩摩藩に伝えようとしたのかは、以下の坂本龍馬の書状から推定できる。坂本は、中岡と同じく薩長の連携を促進させようとして、閏五月六日、木戸と下関で会談し、太宰府で三条らの警護をしていた薩摩藩士に以下の内容を書き送った。木戸と会って話をしたところ、今の長州藩はかつてとは大いに変わっていて頼もしく、木戸の意見が大いに用いられ、木戸が藩の方針についての意見を藩政府に提出しており、ともに喜んだ、と。[22]この閏五月初めの時点で要職についたばかりの木戸は、長州藩政府内で確固とした実権を掌握していたわけではなかった。しかし、木戸は、自身の意見が長州藩政に反映されるに相違ないと坂本に感じ取らせ、薩摩側に伝えさせようとしたのであろう。もちろん、ここには薩長提携を進めたい坂本の意向も加わってはいるであろうが、坂本が木戸が今後の長州藩政を動かすとみたことは確かだといえよう。木戸はかつて江戸や京都で培った人脈や交渉能力を活かし、長州藩の主導者として自分を薩摩藩に認識させ、この後、長州藩を代表して薩摩藩と交渉する役割を自身で掌握しようとしたのである。慶応元年、長州に戻った木戸は、今後の国家改革に重要とみなした事項を自身で掌握し、責任をとろうという意志を持っていたのである。

木戸が目指した長州藩の体制とは、まずは藩政府は少人数で中枢を固め、形式的には藩主の命令を活かして速やかに決定を下し、藩全体の方針を統一することであった。長州藩の主要な軍事力となっていた諸隊と藩政府との関係は重要であり、木戸は、諸隊の意向をよく聞き取るものの、実際には軍事力が藩の方針を左右する状況をなくし、木戸を中心とする藩政府の意向に諸隊が従うことが必要と考えていた。木戸は、閏五月末には、長州藩は幕府との臨戦態勢を藩内一致で固めることを藩の方針として定め、木戸らと対立関係にあった元藩政主導者の椋梨藤太らの処分も実行して、自身の方針を通すことに成功した(23)。

ただし、薩摩藩との提携は速やかには進まなかった。坂本らは西郷隆盛が下関に立ち寄り、木戸と会談することを求めたが、西郷は下関に寄らずに京都へ上ったのは有名な話である。これまでの薩長の関係から考えて、容易に信頼関係を築くことができるはずもなかった。この時、朝敵とされ、藩外での自由な活動もできず、存亡の危機に

(20) 前掲、佐々木克『幕末政治と薩摩藩』三〇三～三〇五、三一一～三一三頁。

(21) 木戸が三条の意向を確認したことについては、前掲、高橋秀直『幕末維新の政治と天皇』二七四～二七五頁。これまでに、国政改革に意欲を見せ、かつ、有力な軍事力を有していた藩としては、戊辰戦争で薩長に次いで出兵した土佐藩が考えられる。文久二（一八六二）年、三年には長州藩は土佐藩の武市半平太らと親しい関係にあったが、当時は武市が失脚し、木戸の方針とは合致しない藩内情勢であった。また、先の攘夷運動の際にも、長州藩と歩調をそろえながらも、最終的に土佐藩は実行に及ばなかった。木戸は軍事力の面でも行動力の面でも土佐藩には期待できないと判断したといえる。

一方、当時、最新の西洋技術を取り入れ軍備強化を進めていた藩として、肥前藩も有名である。実際、戊辰戦争において、肥前藩はその軍事力で薩長土に次ぐ存在となる。しかし、慶応年間までの肥前藩は、朝廷、幕府に期待されながらも国政に影響を与える動きを見せなかった。木戸自身は、文久三（一八六三）年末に、長州藩への支持を取り付けるため実際に肥前藩に交渉に赴いたが、接触することさえ成功せず、肥前藩が軍備増強に取り組んでいても、国家体制の改革に実際に行動を容易には起こさず、提携相手にならないことを認識していたといえる。

(22) 渋谷彦助宛坂本龍馬書状、慶応元年閏五月五日（鹿児島県歴史資料センター黎明館編『鹿児島県史料』玉里島津家史料四〔鹿児島県、一九九五年〕二四七～二四八頁）。

(23) 帰藩後の木戸の藩政改革については、前掲、拙稿「幕末期木戸孝允の国家構想と政治指導（三）」。

さえ陥っていた長州藩とは違い、薩摩藩は幕府、朝廷に大きな影響を与えうる立場を維持していた。その薩摩兵の指揮官たる西郷のような重要人物が長州に立ち寄ることは、両藩の方針が一致していることが確実になるまで実現は困難であったであろう。

藩を代表する立場に立とうとしていた木戸もそのことは理解していたであろう。それでも木戸が西郷の来着を待ったことは、仲介していた坂本らおよび長州藩政府首脳部に対し、木戸が薩摩藩との提携をいかに強く望んでいるのかを示すことになった。木戸は仲介者の坂本らとのつながりをうまく活かし、薩摩藩と協力関係を結ぼうとしていったのである。

②薩摩藩との交渉の責任者

西郷が下関へ立ち寄らなかったことを受けて、坂本と、同じく薩長の提携を望んで動いていた土佐藩出身の中岡慎太郎は京都へ上り西郷らと会談した。その結果、慶応元（一八六五）年六月下旬には西郷、薩摩藩家老の小松帯刀らは薩摩藩名義で長州藩が武器を購入することを認めた。まずは、長州藩の武器購入を薩摩藩が援助することで、薩長の信頼関係を築いていくことになったのである。これを受けて、木戸は、洋行経験のあった井上馨、伊藤博文らを長崎や薩摩へ派遣し、薩摩藩を通して蒸気船や銃を購入することを、長州藩政府の中心地であった山口から離れた下関において独断で決定し、薩摩藩や外国人との交渉に当たらせた。藩政府の意思決定を待っていたのでは速やかな実現は望めなかったためであった。[24] 木戸は、長州藩政府首脳部が薩摩藩との提携には賛同しながらも、実際の武器購入などその具体策を決定するに当たり、その責任をとろうとしないことを認識していたのである。[25]

この後、木戸の独断による武器購入について、藩政府首脳部の中からは財政上の問題や、購入決定に関与できなかった長州藩の海軍局などからの批判を考慮して、購入規模の縮小や、見合わせを求める意見が相次いだ。これに対し、薩摩に赴いていた井上らからの報告により、八月末に武器購入が確実になったことがわかると、木戸は自身が薩摩藩との交渉から降り、自分以外の藩政府首脳部に委ねることを、藩政府の有力者であった用所役の山田宇右衛門や広沢真臣らに訴えた。山田、広沢は木戸に、まず、薩摩藩からの武器購入などをめぐり長州藩政府内の意見をまとめられなかったことを謝した。その上で、薩摩藩との関係構築、武器購入などのことは、全て木戸に委任するので尽力を願う旨を木戸に伝え、木戸を引きとめた。(26)

山田らは、木戸が帰藩する前、長州藩をまとめきれなかった経験から、木戸でなければ井上、伊藤ら外国人などとの交渉も行える人材をうまく活かし、武備増強を進め、藩内方針を統一できないことを認識していたのである。木戸は藩政府内の情勢、自身の立場をよく理解し、自身の進退をかけて山田らの支持を固めていった。それは、木戸自身の責任が重くなることでもあったが、この時の木戸は、国家改革を見据えて、その責任を担う意志と自信を持ちあわせていたのである。

この時、購入した武器を長州へ運ぶ際、薩摩藩政府首脳部の小松か大久保利通が下関へ立ち寄るとの話があった。木戸は事前に、長州藩政府に小松らの来訪予定を知らせ、贈物の準備にまで念を入れていた。しかし、実際には政治向きのことがわからない人物が運送のためにきただけであった。(27) 薩摩藩から重要人物が長州へ赴かなかった

---

(24) 同右。

(25) 井上と伊藤は、武器購入について木戸以外の藩政府首脳へも書状を送り、木戸のみが責任を負わされないようにしたことを木戸に伝えた。井上らは木戸以外の藩政府首脳部が武器購入を決断できていないことを認識すると同時に、木戸が藩政府内で支持が得られなくなることを危惧していることを察知し、木戸の意向に沿うよう動いていることを示したといえる（木戸宛井上馨・伊藤博文書状、慶応元年七月二一日（木戸孝允関係文書研究会編『木戸孝允関係文書』第一巻、東京大学出版会、二〇〇五年、二一四頁））。

(26) 広沢真臣宛木戸書状、慶応元年八月二七日（前掲、『木戸孝允文書』二、一〇三～一〇四頁）、木戸宛広沢真臣書状、慶応元年八月二八日（前掲、「木戸家文書」）。

(27) 山田宇右衛門宛木戸書状、慶応元年八月二七日（前掲、『木戸孝允文書』二、一〇六頁）、末松謙澄編『修訂防長回天史』第五編上（一九二一年）二九五～二九九、三〇九～三一〇頁。

ことは、薩摩藩との提携強化を進める木戸に対し、長州藩内から批判が出る可能性もあった。しかし、実際に武器購入が実現したことに加え、木戸が先に山田や広沢ら藩政府首脳部の有力者から薩摩藩との提携方針について保証をとり付けていたことは、木戸への批判を抑え込む効力となったのであろう。

九月六日、木戸は下関から山口へ行き、藩主に情勢を伝え、薩摩から帰った井上も状況を報告した[28]。翌七日、長州藩主父子毛利敬親、元徳から薩摩藩主父子島津久光、忠義に、薩摩藩が勤王で国家のために尽力していることを、長州藩は喜ばしく思っていること、今後も薩摩藩の長州藩への懇切な応対を依頼する旨を書き送った[29]。

藩主父子の書状は、木戸らの報告の翌日であり、木戸の意向が反映されたものといえよう。木戸は薩摩藩との提携を深めるという自身の考えを長州藩の方針として打ち出すことに成功したのである。この後、九月二四日、木戸は今までの用談役に加え、用所役、蔵元役を兼任し、越荷方もあわせて[30]、政治、財政、軍費の決定に関与できる立場を兼ね備えた。また、諸隊に影響力のあった高杉晋作、有力諸隊の一つ御楯隊の総管の御堀耕助らを藩政府の重要役職であった用所役や蔵元役に就任させ[31]、諸隊の暴走を抑えようとした。一〇月には、山口と萩に二分されていた藩政府の拠点を山口に一元化する方針を示した[32]。実際に一元化が進むのは翌年四月以降であったが、かつての拠点であった萩に残っていた組織も含めて、山口で政治、財政、軍政の全てを掌握し、より強固な体制を築こうとしたのである。

この間、木戸は薩長の信頼関係を容易に築けなかったり、長州藩政府の支持を獲得する目的で交渉担当を降りると述べたことはあったが、薩摩藩との提携という基本方針を一度も変えなかった。この方針のもとで、まずは武器購入を通して、信頼関係を築く端緒とすることができた。そして、薩摩藩との提携を通して、山田、広沢らと藩政府首脳部の体制も整え、木戸自身の権限を強めていった。

このように実際に長州藩士と薩摩藩士が接触を重ねたことは、両藩が互いの状況を把握するのに役立った。慶応元（一八六五）年八月、薩摩藩の大久保は、イギリスにいた薩摩藩士新納刑部、町田久成に以下の内容を書き送った。幕府が長州再征の布令を出したが諸藩は賛同せず、幕府は幕府の威光のみを強めることだけを考えており、このような状況では最終的には欧米列強から侵略を受けている清国の覆轍を踏むことになる。しかし、長州藩では、「長州戦争（下関での外国艦隊と長州藩の戦いを指す）」以来、いわゆる暴論過激の徒が目を開き、攘夷の不可を悟り、開国を唱えるようになった[33]、と。

大久保ら薩摩側は今の長州藩が、攘夷を強硬に実行し、禁門の変を起こしたかつての暴論、過激の集団ではないことを認識し、欧米列強からの侵略を避ける国家体制を共に目指していると判断するようになっていた。

木戸は欧米列強からの侵略の危機を意識し、国家改革の前提としてまずは長州藩内の統制を立て直すことで、薩摩藩との提携の実現を主導することができるようになったのである。

③京都における薩摩藩との交渉への準備

幕府は慶応二（一八六六）年九月二一日、朝廷から長州再征の勅許を得た。この後、一〇月二三日、西郷と大阪から同船した坂本龍馬は長州で下船し、京都での薩摩藩の動向を長州藩に伝えた。その内容は、主に二点で、一つは、長州再征の勅許が下されたことについて、薩摩藩は尽力したが止めることができず、この上は、薩摩藩が兵力を背景にして幕府を諫め、幕府と争う準備のために西郷が今回、帰藩したこと。もう一つは、薩摩藩は長州再征が

---

(28)「柏村日記」（山口県編『山口県史』史料編幕末維新四（山口県、二〇一〇年））慶応元年九月六日。
(29)前掲、高橋秀直『幕末維新の政治と天皇』第五章。
(30)前掲、『修訂防長回天史』第五編上、二四二頁。
(31)同右、二三七、二四二頁。
(32)同右、三三〇頁。
(33)新納刑部・町田久成宛大久保利通書状、慶応元年八月四日（『大久保利通文書』一（日本史籍協会、一九二七年）二九八頁）。

たとえ勅命ではあっても、天下諸藩が至当と判断しない勅許は「非義之勅命」であるとして受け入れない姿勢を示したこと、であった。長州藩は、薩摩藩が先に武器購入を援助したことに加え、長州再征に明確に反対したことを知り、薩摩藩を頼みとする思いを強めた[34]。

これまで薩摩藩の軍事力に期待してきた木戸は、西郷が薩摩藩兵を率いて京都に上り、改革を進めようとすることに期待したであろう。もっとも、この時点で西郷も含めて薩摩側は幕府に対して挙兵する武力倒幕を考えておらず、越前藩、土佐藩などの元藩主が京都に集まり、諸侯会議によって幕府の方針転換を図ることを計画していた[35]。木戸自身もこの時の西郷の兵力動員が本当に幕府と戦うことを想定するものではないことは認識していたであろう。それでも実際に行動を起こして幕府に改革を迫る薩摩藩と、その兵力を動員できる西郷に木戸は期待したといえる。

この後、長州藩は一一月末から広島で幕府から尋問を受けたが、その過程で長州藩政府首脳部は幕府内部が統制を欠き、即時に長州藩へ攻め込むつもりがないことを察知した。この認識は、薩摩藩が京都や江戸という国政の最前線で自由に情報を収集し、状況を把握した結果と同様であった。藩外で自由に活動できない中でも木戸ら長州側は様々な情報を収集し、幕府情勢を適切に見極めていたのである。ただし、長州藩政府は幕府の意向を知りながら、長州藩内にはあえてそれを知らせず、あくまでも幕府との臨戦態勢を整える準備に力を注ぐよう布告した[36]。情報収集力の活用と、公開する情報を巧みに選別することにより、幕府との開戦を見据えた対峙方針は長州藩政府内で形をなしつつあった。

一二月上旬、京都の薩摩藩首脳部は、薩摩藩士黒田清隆を長州へ派遣した。黒田の来訪について、一二月一一日、井上馨は長州藩主の前で藩政府に報告した。井上は、まず、薩摩藩の小松、西郷らが、国事について会談したいことがあるため、木戸が京都へ上ることを求めていると説明し、木戸が京都へ上るのがよいとの意見も加えた。この時、薩摩側には長州側の幕府への対応方針を確認しておきたいという意図があったのであろう。

井上の報告に続いて、一二日に木戸自身が藩主に事情を説明すると、翌一三日には藩主は木戸に、薩摩藩と会談する等の目的で京都へ赴くよう「説諭」した。[37]「説諭」とあるように、木戸は薩摩藩との関係強化を望みながらも、この時京都へ行くことを即座に受け入れなかった。

木戸がすぐに承諾しなかったのは、薩摩側を本当にどこまで信頼できるかをすぐには判断しかねたためであった。ここまで述べてきたように京都に入ることを禁じられていた長州藩士にとっては、薩摩藩との提携が前進するかどうかの問題だけではなく、京都に上ること自体が命がけの行為であった。木戸は京都へ行くことを薩摩藩との提携を強める大きな機会と捉えながらも、慎重を期したといえる。

最終的に、木戸は薩摩藩の軍事力を指揮しうると見なした西郷隆盛を偏に頼る姿勢を薩摩側に見せることで、薩摩側から責任ある対応を引き出そうとした。この後、京都へ上った際、長州へ木戸を迎えに来た黒田清隆は、そのことを西郷に伝え、西郷自ら木戸を伏見まで出迎えることにつながっていく。[38]

木戸は晩年、「薩摩人中にも西郷なかりせば決て長薩和解同力は万々六つヶ敷」と日記に記した。[39] このような、薩摩側に西郷がいなければ、薩長の和解とその後の国家への同心尽力は極めて難しかったという木戸の回顧は、木戸が薩摩藩の中で、薩摩藩兵を統制できる西郷との同意を第一と考えていたことを示していよう。[40]

もっとも、木戸は西郷の応対に全てを頼っていたわけではなかった。木戸は仲介者として坂本龍馬の存在に期待

---

(34) 前掲、町田明広「慶応期政局における薩摩藩の動向」。
(35) 同右。
(36) 広沢真臣・松原音蔵・村田次郎三郎宛藤田与次右衛門・国貞直人・前原一誠・山田宇右衛門書状、慶応元年一一月二四日（「年度別書翰集」山口県文書館所蔵）。
(37) 前掲、「柏村日記」慶応元年一二月一一～一三日。
(38) 西郷隆盛宛黒田清隆書状、慶応二年一月七日（前掲、「年度別書翰集」）。
(39) 長松幹宛木戸書状、明治一〇年三月一四日（『木戸孝允文書』七〔日本史籍協会、一九三一年〕三四六頁）。

していた。この後、最終的に木戸が京都に上ることを決定した際、木戸は坂本に書状を送り、坂本が少しでも早く京都に上ってくることを求めた[41]。木戸は薩摩藩との交渉を自身の意向に沿う形で成功させるため、仲介者の存在が必要となることを見越して、そのための準備を整えていたのである。

この時、薩摩藩が信用に値するかどうかを確かめる以外に、長州藩内の意見を統一することも必要であった。諸隊の多くは、これまで敵としてきた薩摩藩との提携に反対であった[42]。木戸は高杉晋作や井上らを通して奇兵隊軍監の山県有朋、御楯隊総管の御堀耕助らの説得を行ったが[43]、反対は根強かった。

藩内の方針を定めるためには、諸隊だけではなく藩政府首脳部内からの反対も押さえる必要があった。この頃には藩政府内でも広沢真臣は薩摩藩との提携に期待を強め[44]、藩主側近の宍戸璣や楫取素彦も今後の幕府や朝廷の動向を熟知するためにも木戸が京都へ赴くことに賛成していた[45]。しかし、諸隊の意向を受けやすい立場にあった用所役の前原一誠は賛成せず、木戸が説得しても功を奏しなかった。

一二月一九日、木戸は、木戸の方針に賛同していた用所役の中村誠一と国貞直人に、前原を説得できないことを伝えた。そして、今の状況では木戸はすぐには京都へ赴かない、薩摩藩の使者として長州に来ている黒田をいつまでも待たせるわけにはいかないので、中村らが薩摩側にうまく説明してほしい、と伝えた[46]。薩摩側が木戸を呼びにきたのに対し、木戸以外の者が薩摩への対応を行うことは困難であった。木戸はそれをよく承知した上で自身の進退をかけて藩政府首脳部からより強い支持を得ようとした。

このような木戸の態度も影響したのであろう、一二月二二日、長州藩政府は木戸が京都へ赴くことを決定した。結局、山県は木戸が京都への同行を望んでいた奇兵隊参謀の片山十郎を出すことは認めなかったが、かわりに奇兵隊幹部の三好軍太郎が同行することを容認した[47]。御楯隊からは幹部の品川弥二郎が同行した。木戸は諸隊から同行者を得ることで、護衛の役割に加え、薩摩側に長州藩の軍事力を示し、さらに木戸がその統率者であることを示そうとしたのである。同時に、長州藩内に対しては、薩摩藩との提携に対する諸隊からの反対を抑える一助としていた。

薩摩藩との関係に絶対的な信頼を置けない中、木戸が京都へ行くことは、木戸自身に身の危険があった。また、薩摩藩との提携がうまく進展しなければ、長州藩内における木戸の立場は不安定なものになることを木戸は強く意識した。そして、薩摩側の出方を見極め、長州藩政府の支持を得、諸隊の同行を可能にした上で、ようやく京都行きを決断したのである。失敗は許されないという木戸の自負心の強さと、様々な情報から情勢を判断をし、周囲の支持を確実なものにしてからでなければ動かない用心深い性格の表れでもあった。もっとも、このような木戸の慎重な行動は、木戸以外に長州藩を統率できる者がいないと周囲が判断している状況下では、木戸の足元を盤石にし、木戸の目的を実現させる結果を導き出すことにつながったといえる。

（二）　薩長同盟締結の主導

木戸は、慶応元（一八六五）年一二月二七日、薩摩藩との同盟交渉を行うため、薩摩藩士黒田清隆らとともに長州を出発し、慶応二（一八六六）年一月七日、大阪に到着し、八日に伏見に入った。黒田の連絡を受けた西郷は伏

(40)　もっとも、西郷であればこそできたと木戸が評した理由には、忠実で、私欲が少なく、事に臨んで果断であると、木戸が評した西郷の性格も大いに関わっていたといえる（『木戸孝允日記』三（日本史籍協会、一九三三年）明治一〇年二月二五日）。
(41)　印藤聿宛坂本龍馬書状、慶応元年一二月二九日（平尾道雄監修・宮地佐一郎編『坂本龍馬全集』（光風社出版、一九八二年）八四頁）。
(42)　木戸宛井上馨書状、慶応元年一二月二一日（前掲、『木戸孝允関係文書』第一巻、三一八頁）。
(43)　山県有朋・福田侠平宛高杉晋作書状、慶応元年一二月九日（一坂太郎編『高杉晋作史料』第一巻（マツノ書店、二〇〇二年）三二三頁）。
(44)　村田次郎三郎・楫取素彦宛広沢真臣書状、慶応元年一〇月二九日（前掲、「年度別書翰集」）。
(45)　山田宇右衛門・広沢真臣等五名宛宍戸璣書状、慶応二年一月一日（末松謙澄編『修訂防長回天史』第五編中（一九二一年）三八頁）、広沢真臣宛楫取素彦書状、慶応二年一月一日（前掲、「年度別書翰集」）。
(46)　中村誠一・国貞直人宛木戸書状（前掲、『木戸孝允文書』二、一二九～一三〇頁）。
(47)　木戸宛井上馨書状、慶応元年一二月二四日（前掲、『木戸孝允関係文書』第一巻、三一九頁）。

見に赴き、木戸を出迎えた。その後、一一日、木戸は、薩摩の西郷、大久保、小松らと会談を始めた。

この京都での薩摩藩との会談において、薩摩側の西郷らが、幕府が提示する長州藩への処分をまずは忍んで受けるように要請したのに対し、木戸は拒否した(48)。木戸が、長州藩への処分を受けることは当然とする諸藩の動向も無視して拒否したことで、会談は平行線をたどったとされる。

もっとも、木戸は、この約九ヶ月前に長州に戻り、長州藩を主導することを決心した時点で、長州藩への処分は受け入れず、その結果、幕府と戦うことになってもやむなしと覚悟していた。木戸にとって、危険を冒して京都に上ってきたにもかかわらず、薩摩藩がこれまでと同様に長州藩の武器購入を援助し、幕府の長州再征に反対の姿勢を示すだけでは意味がなかった。さらに、薩摩藩との提携に反対していた諸隊の幹部を伴って京都へ赴いている中、薩摩側の提案を承諾して開戦を回避する方針をとることは考えられなかったのである。

薩摩藩は長州側を丁重にもてなしたが、薩摩藩と長州藩の主張は相入れず、具体的な提携の内容については話が進まず、一月二〇日、木戸が帰藩することが決定した。木戸は一〇日間あまりの交渉を経て、このままでは事態が進展しないことを認識した。そして、自身が交渉を切り上げて帰藩する意向を示すことで、木戸ら長州側の覚悟を薩摩側に伝え、妥協を引き出そうとしたのであろう。その夜、坂本龍馬が京都へ到着し、薩長間の仲介を行い、翌二一日に木戸と、小松、西郷らと提携内容を決定した(49)。

木戸はこの後に薩摩藩邸から帰藩する途中、小松、西郷らとの決定内容を記し、決定時に同席していた坂本に内容に間違いがないことの確認と、裏書による保証を求めた。よく知られていることだが、全部で六ヶ条にわたるその内容の主な点は以下の通りである。

幕府と長州藩が戦いとなれば、すぐに薩摩藩は藩兵二〇〇〇人を京都へ上らせ、京都、大阪を守る。長州藩が勝利しそうな時は、朝廷へ申し上げ冤罪を晴らす尽力をする。長州藩が敗北しそうな時でも、半年や一年で壊滅することはないので、その間に尽力する。幕府が戦わず兵を江戸へ引き上げた時は、朝廷へ申出、すぐに冤罪を晴らすように尽力する。幕府の一橋慶喜、会津、桑名藩などが朝廷を擁して正義を拒み、薩摩藩の尽力を遮る時は、最後には決戦に及ぶ他はない。長州藩の冤罪が晴れた上は、薩長が誠心を合わせ、皇国のために砕身、尽力するのはもちろん、いずれにしても今日から薩長は皇国のため、「皇威」が輝き、回復することを目標に尽力する。[50]

これは、木戸の主張通りに、長州藩は幕府が提示する長州処分を受け入れず、そのために幕府と長州藩が開戦となることを薩摩藩が承諾するものであった。さらに、薩摩藩が実際に藩兵を京都に上らせ、一橋や会津の姿勢が変わらなければ最後には薩摩藩も幕府勢力との決戦に及ぶ可能性があることが記されていた。即時の武力行使を約束はしていないが、薩摩側が兵力を動員する形をとったことは、大きな意味を持つものであった。

この時、薩摩藩が妥協したのは、薩摩側が幕府とは距離を置いて雄藩による割拠体制を築く方針をとっており、また、実際に幕府が長州藩に戦いをしかけることはないと状況を判断していたためであった。[51]同時に、この時の木戸の強気の態度は、長州藩が幕府への対抗路線を強め、最終的に本当に戦に持ち込む可能性が高いことを薩摩藩に強く感じさせたのであろう。[52]薩摩側は、幕府体制の改革をあくまでも薩摩藩が主導しようと考えていたはずであり、長州側が抜きん出ることは快くなかった。[53]幕府が実際に戦をしかける可能性が低いと判断

---

(48) 前掲、青山忠正『明治維新と国家形成』Ⅲ—二—1。
(49) 木戸が京都に上ってから帰藩するまでの薩摩との会合の日程は、三宅紹宣「薩長盟約の歴史的意義」(『日本歴史』六四七号、二〇〇二年)。近年、京都で木戸との会合に参加していた薩摩藩家老桂久武の日記の内容から、木戸が小松、西郷、桂久武らと会合した一八日に、提携内容は決定したとする説もある(前掲、町田明広「慶応期政局における薩摩藩の動向」)。ただし、木戸が明治に入ってから、坂本が京都に来た後に薩摩藩との提携が整ったと記しているだけではなく、坂本自身が、木戸、小松、西郷らと同席して談論した内容であると裏書きに記していることを踏まえると、坂本が京都に到着した後の二一日に木戸が坂本に裏書を求めた六ヶ条の内容が決定したとする方が適切であろう。
(50) 坂本龍馬宛木戸書状、慶応二年一月二三日(前掲、『木戸孝允文書』二、一三六〜一四二頁)。
(51) 前掲、町田明広「慶応期政局における薩摩藩の動向」。

していた中で、薩摩藩が優勢な状態を維持して長州側に妥協することは、薩摩藩にとって痛手はなく、良策であったといえる。

同時に、諸隊の幹部を同伴していた木戸が、長州一藩の方針を握り、幕府との開戦を辞さない強硬な姿勢を見せたことにより、西郷ら薩摩側に木戸が長州藩兵を統制しうる立場にあることを印象づけたといえよう。西郷、大久保らはこの京都での会合で木戸に初めて会ったものと考えられるが、木戸が長州藩の主導者であることを強く認識するに至った。このことは、この後、木戸が薩摩藩との提携を軸に薩長主導の新国家体制を築いていく上で大きな効果をもたらしたのである。また、木戸が京都に上る前に苦慮した長州藩内の方針統一も功を奏し、薩摩藩との交渉を成功に導いたといえる。

ただし、薩長両者の意見と置かれている立場の相違、十分ではない信頼関係を考えると、仲介者坂本龍馬の存在は重要な意味を持っていた。木戸がこの決定内容の保証を坂本に求めていることからもわかるように、最後に薩長の両者の妥協点を探り、同盟を実現させるために、薩長の利害に関係ない坂本の仲介が役割を果たした。とりわけ、「皇威」を回復させるために薩長がともに尽力するという最後の条項は、具体策を示さないことで両者の相違を顕にすることを避け、締結を可能にしたものであろう。木戸は長州を出発する前から坂本に少しでも早く京都へ上ってくるよう頼み、期待していたように当事者同士での話し合いに行きづまった折、仲介者を活かして打開策を見出すことができたのである。

この後、慶応二（一八六六）年六月から始まる第二次長州征討においては、薩摩藩が藩兵を動員して実際に幕府側と武力衝突することはなかった。ただし、後述するように、薩摩藩が長州藩とつながりを強め、長州藩を助けたことは、長州藩が実戦で幕府軍を撃退するのに重要な役割を果たした。さらに、幕府軍の撤退は国家体制の改革に大きな影響を及ぼし、最終的には木戸が求めていく武力討幕の契機となった。そして、慶応四（一八六八）年一月三日の鳥羽伏見の戦いによる薩長軍の勝利は、新政府に徳川宗家を参画させず、薩長という強力な主導勢力が政府を確立させていく端緒を生み出した。

慶応二（一八六六）年一月の薩長の提携は、将来的な国家変革を見据えた、軍事力を重要な要素とする軍事同盟であり[54]、その経緯において木戸は主要な役割を果たしたのである。

---

(52) 後に、薩摩側が木戸に長州藩の兵数を問うたのに対し、木戸はとっさに六四大隊と答えたが、その後、誇示しすぎではないかと危惧し、長州藩政府首脳部に実際の大隊数を確認させたという話もある（末松謙澄編『修訂防長回天史』第五編下〔一九二一年〕二二一頁）。実際に、慶応二（一八六六）年三月末には、長州藩は形式的には六〇大隊を有していた（宍戸璣宛相原治人書状、慶応二年三月二四日〔前掲、「年度別書翰集」〕）。木戸は薩摩側が長州藩の軍事力を意識していることを察知し、臨機に対応できるだけの情報と交渉能力を持ち合わせていたことがわかる。薩摩藩は長州藩に武器購入を援助していたため、長州藩が軍備増強の途中であることは認識していたであろう。ただし、長州側が薩摩藩の軍事力を注視していたのと同様、薩摩側にとって長州藩の軍事力は同盟締結の上で重要な要素であった。

(53) ここには、大久保が西郷隆盛を評した、人の後に立って「事を揚」げるということはしない気質、という西郷の性格も大いに影響しているであろう（大山巌宛大久保利通書状、明治九年一一月一七日、『大久保利通文書』七〔日本史籍協会、一九二八年〕三六四頁）。

(54) 薩長同盟は、かつては薩長がそろって武力倒幕に踏み切った転機として重視されてきた（前掲、田中彰『明治維新政治史研究』二五一～二五二頁、前掲、芝原拓自『明治維新の権力基盤』二八二～二九〇頁等）。これらの見解に対して、近年、薩摩藩が慶応二（一八六六）年一月時点で武力を行使するつもりがなかったことが明確にされている。同時にその結果、薩長同盟は軍事同盟ではないとする見解がある（前掲、青山忠正『明治維新と国家形成』、前掲、佐々木克『幕末政治と薩摩藩』、前掲、芳即正『坂本龍馬と薩長同盟』、前掲、家近良樹『西郷隆盛と幕末維新の政局』、前掲、町田明広「慶応期政局における薩摩藩の動向」）。

一方で、薩長同盟は徳川勢力を相手にした軍事同盟であるとする見解がある（宮地正人『歴史のなかの『夜明け前』』〔吉川弘文館、二〇一五年〕一三二～一六二頁〔初出は、同「中津川国学舎と薩長同盟」『街道の歴史と文化』五号、二〇〇三年〕、前掲、高橋秀直『幕末維新の政治と天皇』第五章・第六章）。

論者は、木戸が武力倒幕の可能性をも念頭に置いており、薩摩側との思惑には相違があったことをすでに明らかにした（前掲、拙稿「幕末期木戸孝允の国家構想と政治指導（三）」、前掲、同「木戸孝允と中央集権国家の成立（一）」）。本章では、これらを踏まえて、薩長同盟における木戸のリーダーシップを通して、木戸が自身の意向に近い形で薩摩側の同意を取り付け、軍事同盟として成立させたことを明らかにした。

（三）　薩長主導の武力討幕

木戸は同盟締結後、大久保らと同船し慶応二（一八六六）年二月六日に、山口に戻った。広沢真臣は、京都で薩摩藩との提携がうまくいったことを受け、帰藩した木戸を喜んで迎えた[55]。また同行した品川弥二郎はこの後、木戸の意向で長期間、京都にとどまり、情報収集や薩摩藩との提携を維持する役割を担った。品川は、帰藩を求めた御楯隊総監の御堀耕助の意向ではなく、木戸の方針を支持した[56]。木戸が薩摩藩と交渉した経過を京都で身近に感じていた品川は、長州藩の主導者として木戸を認めていったといえる。このような情勢の中、長州藩政府は諸隊の意向を制御しやすくなっていった。

木戸は、薩長同盟締結後、江戸からの最新の書物の購入や、ライフル砲の購入を新たに薩摩藩に依頼し、薩摩側はライフル砲などを長州へもたらしてそれに応えた[57]。

さらに、四月一四日には京都の薩摩藩首脳の一人であった大久保が、薩摩藩は幕府の第二次長州征討を支持せず、幕府の命に従って出兵はしないことを幕府へ建白した。この薩摩藩が出兵の拒否を明確にしたことで諸藩も出兵を控えやすくなるなど、大きな影響があった[58]。木戸は幕府に非があることを諸藩に訴え、幕府と長州藩の開戦の大義名分を整えようとし、薩摩藩を通しながら長州藩の歎願書を諸藩に配った。また外国が幕府と長州藩の戦に介入することを防ぐよう心がけるなど諸方面に配慮した[59]。一方、幕府側は薩摩藩と長州藩が結びつきを強めていることは認識していたが、実際に長州藩が幕府と開戦に踏み切るとは考えなかった[60]。木戸らは情報戦もうまく進めたのである。

六月七日、幕府が長州の大島郡を砲撃したことで開戦となり、その後、長州藩が優勢に戦いを進めた[61]。七月二〇日には将軍徳川家茂が死去し、徳川宗家を相続した徳川慶喜は、停戦を決め、九月二日、幕府は長州藩と休戦講和を結んだ。

薩摩藩は一〇月一五日、薩摩藩士黒田清綱らを長州に派遣し、今後、ともに国事に協力するという薩摩藩主父子から長州藩主父子への書状を送った(62)。薩摩藩は、長州藩が幕府軍を撃退したことを受け、長州藩との協力関係を一歩進めようとしたのである。また公卿内では岩倉具視が、幕府はもちろん、朝廷自体も改革しながら政権を天皇に取り戻そうと考え、すでに薩摩藩との提携を始めていたが(63)、幕府軍の撤退を知ると、今後は薩長が国家の柱石となって国家改革を進めることを薩摩藩に提示した(64)。

木戸は、慶応二(一八六六)年一月の薩長同盟の締結を活かし幕府軍の撤退という結果を出すことで、薩摩藩が木戸の描いてきた薩長主導での国家改革の実行に踏み切る方向へと一歩手繰り寄せたといえる。

第二次長州征討の結果、国内情勢は大きく変化した。幕府が諸藩を統率する力を持たないことが明確となり、諸藩は長州藩に倣って軍備増強への取り組みを進めた。木戸は各藩が独自に力をつけている九州諸藩の情勢を見聞し、各藩が軍備を整えて分裂状態になると、国家はまとまりを失い、外国からの侵略を受けることになると危惧し

(55) 木戸宛広沢真臣書状、慶応二年二月七日(前掲、「木戸家文書」)。
(56) 木戸宛品川弥二郎書状、慶応三年三月二一日(前掲、『木戸孝允関係文書』第四巻、二五五頁)。品川弥二郎宛木戸書状、慶応三年五月一六日(前掲、『木戸孝允文書』二、三〇二頁)。
(57) 木戸宛川村純義書状、慶応二年四月五日、木戸宛国重正文書状、慶応二年七月二一日(前掲、『木戸孝允関係文書』第三巻、二六、三五九頁)。
(58) 前掲、佐々木克『幕末政治と薩摩藩』三三九~三四〇頁。
(59) 前掲、拙稿「木戸孝允と中央集権国家の成立(一)」。
(60) 小笠原長行宛板倉勝静書状、慶応二年四月二〇日(前掲、「木戸家文書」)。
(61) 三宅紹宣『幕長戦争』(吉川弘文館、二〇一三年)九三~二二七頁。
(62) 毛利敬親父子宛島津久光父子書状、慶応二年一〇月一五日(前掲、『大久保利通文書』一、四〇八~四〇九頁)。
(63) 大久保利謙『岩倉具視』(中央公論社、一九七三年)一六七~一七四頁。
(64) 『岩倉具視関係文書』一(日本史籍協会、一九二七年)二五六~二七五頁。

たのである。そして、慶応三（一八六七）年一月には、徳川宗家を含まない新国家体制を築くため、武力討幕が必要であると考えるようになった。また、その先の国家体制として廃藩が必要であることを意識し始めた(65)。木戸にはこのように国家構想を打ち出す力があった。

このような木戸にとって、慶応三（一八六七）年五月に薩摩藩、越前藩、土佐藩などが行った諸侯会議は、大義名分を整えるためには必要なものと理解はできるが、諸侯会議は徳川宗家を政権に残すものであり、木戸が最終的な国家体制として容認するものではなかった(66)。

しかし、木戸は、武力討幕には薩摩藩との方針の一致が不可欠であることを認識していたため、薩摩藩の方針が転換するのを待ち続けた。この頃、京都から情勢を伝えていた品川弥二郎は、いずれ形勢が一転するだろうから、それまでは大癇癪を起こさぬよう気長に尽力してほしい、と木戸に書き送った(67)。木戸が時に、自身の強い意向のもとに、苛立ちを隠さず爆発させることを木戸の周囲の者は認識していた。このような木戸の性格は、木戸が強力な権限を持っている時には周囲が木戸の言動に配慮することにつながり、功を奏する面もあったが、度重なると周囲からの支持を失いかねない要素を含んでもいた。もっとも、この時は、木戸は薩長そろっての国家改革が必要であることを強く意識しており、薩摩藩の方針転換を待った。

その後、薩摩藩は、五月の諸侯会議の失敗を受けて武力倒幕へと方針を切り替えたが、土佐藩が大政奉還の実現に協力を求めると、実際の武力行使を回避することを重視した。そして、土佐藩が藩兵を上京させ、兵力を背景に幕府に改革を迫ることを条件に、土佐藩に協力することを選択した。そのため、木戸ら長州藩が求めていたのと同様に武力討幕を求めるには至らなかった(68)。

薩摩藩の方針転換を待つ間、木戸は土佐藩の坂本龍馬に大政奉還で大義を立てた後は武力が必要となることを説き(69)、同意を得た。坂本を含め土佐藩の方針が木戸とは異なっていることを認識しながら、薩摩藩に次いで有力な土佐藩を味方につけるよう意識して行動した。

また、木戸は広沢らに協力を求め、慶応三（一八六七）年三月以降、元遊撃隊総管の河瀬眞孝ら六名を順次、洋行させた[70]。河瀬は同年のパリ万国博覧会で幕府と薩摩藩の使者が日本の代表権を争い、日本は国家の主権が分裂しているかのように西洋諸国に醜態を見せており、外国からの脅威が日本にも迫っていることなどを木戸に知らせた[71]。木戸は、新たな国家に役立つ人材の育成と同時に、このような情報を通して外国の日本への視線も意識することを常に心がけていた。

薩摩藩は、慶応三（一八六七）年九月、土佐藩が藩兵を実際に京都へ上らせるつもりがないことを認識した。薩摩藩は大政奉還は支持するものの兵力なしの実行は難しいと考え、長州藩との提携による武力倒幕に踏み切ることを決定した[72]。そして九月一七日、薩摩藩の方針を伝えるため、大久保利通が山口を訪れた[73]。ここへきてようやく、薩摩藩政府首脳部の一人が長州へ足を踏み入れた。木戸らは大久保に、長州藩主に拝謁し、長州藩政府首脳部にも今後の方針を説明するよう求めた。木戸はこの機会に長州藩政府の前で薩摩藩の方針について確証を得ようとし、薩摩藩にもその実行を求めたといえる。大久保は、長州側の求めに応じてやむなくという消極的な姿勢を取りながらも長州藩主に拝謁し、長州藩政府首脳との会合に参加した。そして、薩長両藩の兵を京都へ上らせ、政変を実行

(65) 前掲、拙稿「木戸孝允と中央集権国家の成立（一）」。
(66) 同右。
(67) 木戸宛品川弥二郎書状、慶応三年四月七日（前掲、『木戸孝允関係文書』第四巻、二五七頁）。
(68) 前掲、佐々木克『幕末政治と薩摩藩』三六五～三六八頁。
(69) 前掲、拙稿「木戸孝允と中央集権国家の成立（一）」。
(70) 広沢真臣宛木戸書状、慶応三年一月九日（前掲、『木戸孝允文書』二、二六一～二六二頁）。
(71) 木戸宛河瀬眞孝書状、慶応三年一一月二八日（前掲、『木戸孝允関係文書』第三巻、一六一～一六二頁）。
(72) 前掲、佐々木克『幕末政治と薩摩藩』三六四～三六五、三七八～三八七頁。
(73) 『大久保利通日記』上巻（日本史籍協会、一九二七年）慶応三年九月一七日。

する計画を説明し、長州藩主と長州藩政府首脳部は同意した。薩長二藩の主導による国家改革への道を木戸が薩摩藩に求め続けた結果であり、うまく機会を捉えてことを進めようとする木戸の意志が表れている。

ただし、薩長の兵がそろって京都に上ることが実現したのは、一〇月一五日の大政奉還後、一一月一八日、薩摩藩主島津忠義と西郷らが長州へ立ち寄り、長州藩主世子毛利元徳、木戸、広沢らと会合し、長州諸隊幹部らとも出兵の方針を確認した時であった[74]。

薩長が歩調をあわせて出兵してもなお、薩摩側は、土佐藩などを説得して幕府勢力との実際の武力衝突を可能な限り回避する方針を選択した[75]。この時、長州藩兵は、山崎に滞陣し、京都での薩摩藩の武力行使を待った。京都に長期間潜伏し、薩摩の動向も感じてきた品川でさえ、一二月九日の王政復古に際し、京都の市中から砲声が聞こえてこないことを懸念したように[76]、京都に赴いた長州側はすぐにでも開戦を意識していたのであろう。その点において、薩摩側とは相違があった。

一方、少し時期は戻るが、木戸は一〇月二三日、井上馨、伊藤博文に、今後は薩摩藩と少しも相違はなく、一致して「一生懸命」に尽くすことを求めた[77]。木戸は、開戦をはやらず大義名分を整えること、多数の藩から協力を得ること、外国からも幕府ではなく新政府に利があることを認められる方法をとることが必要だと考えていた。とりわけ、戦をはやる有力諸隊の動向を制御することは重要であり、木戸は伊藤を通じて奇兵隊幹部が幕府との戦いのみではなく、新しい国家体制にも目を向けるよう説得しようと試みた[78]。多数の勢力を味方につけながら、薩長が中心となって国家を築く体制の実現に向けて取り組んでいったのである。

木戸が求めていた武力討幕が実現したのは、慶応四（一八六八）年一月三日、鳥羽伏見の戦いであった。ここで薩長両藩兵が徳川勢力に勝利したことにより、徳川宗家の新政権への参画の可能性はなくなり、薩長が大きな力を持つこととなった[79]。なお、木戸は王政復古以後も長州に残り、鳥羽伏見の戦いの時には、新政府における薩長への協力を得るため備前藩に赴いていた。王政復古後、すぐには京都の情勢が定まらず、薩摩側が武力討幕に踏み切る確証もとれない中、木戸は京都へ赴かず慎重を期していたのであろう。木戸は鳥羽伏見での開戦を備前で知り、そのまま京都へと向かった。

このように、木戸が慶応元（一八六五）年から強く意識してきた薩長の提携は、新国家の成立に大きな影響を及ぼした。木戸はこの後も薩長を軸に国家の確立を図ろうとしていく。

四　明治政府での薩長主導体制と木戸の影響力の喪失

木戸は、慶応四（一八六八）年一月二二日、京都に到着し、二五日には大久保利通とともに総裁局顧問となり政府へ出仕した。その後、大久保と薩長の圧倒的な軍事力を背景に、政府の中で台頭した。両者は、外国との関係を安定させ、国家の独立を維持することを大前提に、国内改革においても藩の権限の政府への集権化を進めること、国家の中心を京都から動かして元藩士らが政府の中心を担いうる体制を築く方針で合致した。少しずつではあったが、薩長同盟以来の信頼関係の形成を背景に、木戸、大久保は、公卿内でも同意見であった岩倉具視と提携し、諸侯や公家らの反対に慎重に対応しながら、改革を進めた。慶応四（一八六八）年三月、大阪親征が実現した頃には、

(74) 前掲、『修訂防長回天史』第五編下、四八四～四八七頁。
(75) 前掲、高橋秀直『幕末維新の政治と天皇』第一一章。
(76) 長州藩軍宛品川弥二郎書状、慶応三年一二月九日（前掲、『修訂防長回天史』第五編下、五三八頁）。
(77) 井上馨・伊藤博文宛木戸書状、慶応三年一〇月二三日（前掲、『木戸孝允文書』二、三一九～三三〇頁）。
(78) 伊藤博文宛木戸書状、慶応三年一二月二七日（同右、二五一～二五三頁）。
(79) 原口清『戊辰戦争』（塙書房、一九六三年）七九頁。

木戸、大久保、岩倉は互いを政府の中心人物と認めるようになり、軍事や重要政策について、非公式に決定する体制を整えようとしていた。また、三条実美は、木戸、長州藩の意向を考慮しつつ、岩倉と相談し、薩長に配慮し、バランスをとりながら、政府の方針が統一されるように調整を試みた[80]。

木戸は、王政一新を実現できたのは薩長の尽力であり、成立後の国家も薩長が一致して責任を持って確立させていくべきであるとの考えを、広沢真臣に示し同意を求めた[81]。木戸は慶応四（一八六八）年三月には、五箇条の御誓文で幕末以来の流れであった諸侯会議を否定し、「万機公論に決す」ことを国家の方針としたことはよく知られている。ただし、この時点において国家を主導しうるのは薩長であり、政府主導部は少数で握るべきであるという幕末以来の意識に変わりはなかった[82]。

木戸はもう一つ、幕末以来、強く意識してきたこととして、国家の確立のためには、政府が軍事力を掌握することを急務とした。しかし、軍事力が大きな意味をもつ変革期であり、戊辰戦争のように実戦もあった中、とりわけその中心を担う薩長藩兵は政府が藩の権限を集約することに反対であり、木戸が思うように兵権の統制は進まなかった。木戸が後に、諸藩は言うに及ばず、長州藩の「兵隊論」にも「脳髄はむちゃくちゃ」にされたと記しているように[83]、薩長の藩兵が国家の大勢を考えず、国家存亡の危機を招いているという思いは、木戸の体調を悪化させる大きな要因となった。木戸は従来、若輩の意見もじっくりと聞く姿勢を持ち合わせていたが、次第にその余裕を失い始め、周囲に苛立ちをぶつけることが多くなった[84]。

明治四（一八七一）年一月には西郷隆盛が薩摩藩兵の一部を政府の兵として、薩長土三藩で御親兵を設置することに同意し、その後、七月一四日、木戸と西郷、大久保らの合意により廃藩置県が実行された。木戸が薩長同盟に求めた薩長が主導して国家の改革を成し遂げるという方針は、廃藩の実現にもつながっていた。

廃藩後、木戸は明治四（一八七一）年一一月から、満三八歳で岩倉使節団の副使として西洋諸国を見聞し、欧米列強の政体を熱心に調査し、帰国後は立憲政体樹立に漸進的に取り組む姿勢を見せた。一方で、一八七三（明治六）

年の帰国後に起こった征韓論政変では、木戸は大久保、岩倉らと征韓論に反対し、征韓論を主張した西郷は参議を辞職し鹿児島へ帰った。その際、元薩摩藩をはじめとする近衛兵の中から西郷を追って帰藩するものが多くおり、政府は不平士族の動向に配慮しなければならなくなった。この事態に対し、本来、国家にとっての軍事力の脅威を一番よく理解し、統制していくべき立場にある西郷がその役割を果たしていないことを非難した。[85] 木戸は、幕末以来、政府による兵権の統率の可否が国家の安危に大きく関係するとの考えのもと、細心の注意を払ってきただけに、その憤りは強かった。加えて征韓論政変中に体調を極度に悪化させていた木戸は、自身の思いをうまく処理しきれなかったのであろう。

翌一八七四（明治七）年に薩摩を中心とする不平士族の動向に配慮し、台湾出兵が実行されると、木戸は強固に反対し、新たな策を講じることもなく参議を辞職し、山口に戻った。木戸が反対を強く主張し参議を退くことで、

---

(80) 拙稿「木戸孝允と中央集権国家の成立（二）」（『法学論叢』第一八一巻第二号、二〇一七年五月）。

(81) 広沢真臣宛木戸書状、明治元年三月二八日（『木戸孝允文書』三（日本史籍協会、一九三〇年）二二一～二三三頁）。

(82) 近年、明治初年の公議所や集議院の実態についての実証的研究が進む中、木戸は基本として公議に基づく政治を掲げており、公議所などにも期待したとされている。そして、大久保、岩倉、三条らが公議所などを体のよいガス抜きとみなしていたのとは異なっていたとされる（山崎有恒「「公議」抽出機構の形成と崩壊―公議所と集議院―」（伊藤隆編『日本近代史の再構築』山川出版社、一九九三年））。しかし、この時点での木戸はここまで見てきたように、「公議」を政策決定に関与させる意思はなく、公議所などにも期待しておらず、大久保、岩倉らと同様であった。

(83) 吉富簡一宛木戸書状、明治九年五月二八日（『木戸孝允文書』六（日本史籍協会、一九三〇年）一三七～一三八頁）。この書状は『木戸孝允文書』では明治八年と推定されている。しかし、書状には毛利敬親の五年の祭事を行った内容が記されており、一八八一（明治一四）年に毛利敬親の一〇年祭が行われている（『朝日新聞』一八八一年四月二八日朝刊等）ことなどから、一八七六（明治九）年と判断する。

(84) 木戸宛御堀耕助書状、明治元年七月二〇日（『旧侯爵木戸家資料』国立歴史民俗博物館所蔵）、杉孫七郎宛広沢真臣書状、明治三年六月一六日（「広沢真臣関係文書」憲政資料室所蔵）。

(85) 『木戸孝允日記』二（日本史籍協会、一九三三年）明治六年一〇月三一日、一一月一二日等。

政府の方針転換の一助になることを期待もしていたであろう。しかし、大久保ら政府中枢から木戸は支持は得られず、幕末から木戸が育ててきたと自負していた伊藤博文、山県有朋らも木戸から離れ始めた[86]。従来、正確な情勢判断を武器としてきた木戸であったが、病状の悪化もあり、適切な判断が難しくなり、性格の弱さも相まって、木戸のリーダーシップの翳りに影響を及ぼした。

木戸はこの後、一八七五（明治八）年一月の大阪会議で立憲政体樹立を漸進的に目指すために政府に復帰したが、以前のような強固な基盤はなかった。同年九月の江華島事件の対応をめぐっては軍事力の動員方法について木戸の意見は通らず[87]、重要事項の決定において木戸の影響力は大幅に失われていった。このような木戸は、江華島事件解決後の一八七六（明治九）年三月二八日、参議を辞職し、形式上、立場を維持するために設けられた内閣顧問に就任した。ただし、木戸は薩長という中核があってこそ政府が維持できるとの考えに変わりはなかった。形式的にではあれ薩摩の大久保との均衡を保つことを意識し、天皇が大臣、参議の会議に出る時には供をし、重要な会議や人選、新法の制定時には調印だけをするのが自分の役割だと自身に言い聞かせて身を引く姿勢を示した[88]。薩長主導の国家を築いてきたと自負し、その方針は適切であったという木戸の自負心の表れであったといえる。

木戸は、一八七七（明治一〇）年二月、西南戦争の折、西郷が挙兵したことを聞き、次のように日記に書きとめた。「長州と薩州と合力同盟せしは余と同氏と丙寅の歳（慶応二年）於京都誓ひしを始めとす、其よりして終に薩長同力辰辰《ママ》（戊辰）一新の大業をなせり[89]」、と。木戸と西郷が慶応二（一八六六）年に京都で薩長が合力することを約束し、薩長同盟を結んだのが始まりで、そこから明治維新の大業を成し、それがいまの国家を築いているという木戸の自負と、幕末からの混乱期に薩長主導で新たな国家確立の基礎を築いたという自信が表れているといえよう。

五　薩長同盟と木戸のリーダーシップ――おわりに

本章では、明治維新において重要な転機となった薩長同盟を通して、木戸のリーダーシップを検討してきた。

木戸は薩長同盟に至る以前、ペリー来航によりめまぐるしく国内外の情勢が変化する中、一〇年近くも最新情勢を認識できる江戸や京都で活動した。そして、幅広い人脈、高い情報収集力、巧みな交渉能力、それを活かした適切な情勢判断力を培った。これらは、その後の木戸のリーダーシップにつながった。

木戸は、慶応元（一八六五）年五月、欧米列強からの侵略を防ぐためには、武力倒幕を視野に入れた国家体制の改革を考え始めた。そのためには、強力な軍事力と行動力を持つ薩摩藩と同盟を結び、薩長二藩が幕府体制を変革していく主導勢力になることが必要と判断した。木戸は国家全体を考察し、新しい国家体制を打ち出す構想力を有し、同時に、自身の方針を一貫させ、その改革を主導する強い意志を持っていた。

一方で、薩長同盟の過程には、木戸が、自負心が高く、失敗しないために慎重を期し、最前線へ出るための決断に時間をかける側面も表れている。さらに自身の意向と異なる点があった時には、強硬な姿勢で意見を貫こうとすることも、薩摩藩との交渉に表れている。

このような木戸の姿勢は、欧米列強の脅威という緊要の課題に直面して、国家改革が急務とされる中、それを主導しようとする木戸の強い覚悟の表れと周囲に認識され、窮状の長州藩内では木戸への支持を強め、国家の危機を

---

(86)　伊藤之雄『伊藤博文―近代日本を創った男―』（講談社、二〇〇九年）一一五～一一九頁。
(87)　高橋秀直「江華条約と明治政府」（『京都大学文学部研究紀要』三七号、一九九八年三月）。
(88)　伊藤博文宛木戸書状、明治一〇年一月二〇日（前掲、『木戸孝允文書』七、二六五～二六六頁）。
(89)　前掲、『木戸孝允日記』三、明治一〇年二月二五日。

同様に危惧していた薩摩藩からは木戸への妥協を引き出すことにつながった。兵権の掌握が重要であり、国家の存亡を左右すると認識していた木戸は、長州藩の諸隊をよく統制しながら、うまく活かした。最後には仲介者の存在をうまく活用したように、それまでに培ってきた人脈、膨大な情報収集能力、それらから導き出した情勢判断をうまく活かすこともできたのである。

その結果、木戸が求めていたように、薩摩は長州藩が幕府と開戦することを容認し、最終的には幕府勢力との武力衝突に薩摩が協力する可能性も含めて同盟を締結するに至った。このように木戸は自身の意向に近い形で、薩長同盟を締結できた。

慶応二（一八六六）年一月の京都での薩長同盟の締結は、その後の第二次長州征討での幕府軍の撤退に大きな役割を果たした。そして、慶応四（一八六八）年一月の鳥羽伏見の戦いによる薩長軍の勝利により、武力討幕を実現させ、薩長という強力な主導勢力が明治政府を確立させていく端緒となった。薩長による国家改革の主導体制は、明治四（一八七一）年の廃藩置県の実現にも大きな影響を与え、その後の明治政府確立の基となった。

木戸のリーダーシップは、薩長同盟という、その後の近代日本の基盤を築くことになった一大転機を成功に導く一つの要因ともなったのである。

しかし、木戸が強硬に自身の正当性を強調する姿勢は、とりわけ明治以後、政府による軍事力統制がうまく進まないことへの焦りと病状の悪化も重なり、木戸の弱さとして顕著になった。それは、木戸が最終的にリーダーシップを失っていく要因の一つともなったのである。

◉星亭・原敬に並ぶ自由党・政友会の大物政治家であった松田正久。彼は、大臣を歴任したことによって初めて爵位を与えられた政党政治家である。彼の政党政治家としての最大の華であり、一貫した政治姿勢の表れであった第一次護憲運動を通して、未熟な政党が大政党へと発展する際に必要な政治家のあり方を明らかにする。

第一二章

西山由理花

第一次護憲運動と松田正久

「松田内閣」への期待

松田正久

一　栄光と忍耐の表れ――はじめに

松田正久（一八四六～一九一四）は、自由党・政友会において、星亨や原敬に並ぶ大物政治家であった。第一次護憲運動においては、「純粋な政党内閣」を求めるスローガンとして、「松田内閣」が叫ばれた。生涯一貫して政党政治を確立させることを追求した松田にとって、第一次護憲運動は、最後の栄光の時といえるものであった。

しかし、第一次護憲運動を主導し、山県有朋や桂太郎内閣といった藩閥を批判したとして、尾崎行雄や犬養毅の名が思い起こされるにもかかわらず、松田の名は一般に忘れられている。それはなぜだろうか。その一つの理由は、運動における松田の態度の問題に加え、これまで、松田についてのまとまった史料が残されていないこともあって、松田に焦点を当てた本格的な研究がなかったからである。

松田に関する先行研究では、一九五〇年代に公刊された『原敬日記』における松田への厳しい叙述をいかに評価するのかという史料批判の問題も加わって[1]、力の原に対して人望の松田、と理解されてきた[2]。日本近代政治史の実証的な研究が進展する中で、松田が自由党・政友会の領袖であったことは早くから明らかにされていた[3]。しかし、三谷太一郎氏は、原の政治指導を分析し、党人派を代表する松田の存在は、原が自らの目指す政党政治を実現する

（1）『原敬日記』中の松田評価は、厳しいものである（たとえば『原敬日記』一九〇八年一二月一五日、一九一〇年二月五日等）。しかし、原敬の周囲の人物に対する評価は、初期政友会の伊藤博文や桂園時代の西園寺公望等に対しても見られるように（たとえば一九〇一年一〇月一八日、一九一〇年二月五日等）、厳しいものがあった。したがって、原の松田への批判を割り引いて考える必要がある。松田と原の政治構想は大枠で共通しており、政友会の最高幹部として両者は役割を分担して、協力関係にあった。

（2）岡義武「『平民宰相』原敬」『近代日本の政治家』（岩波現代文庫、二〇〇一年〔初出は文藝春秋社、一九七九年、新版、岩波書店、一九七九年〕）。

（3）升味準之輔『日本政党史論』第二巻（東京大学出版会、一九六五年）。

ためには乗り越えていかなければならない存在であったと論じている。[4] 一方、伊藤之雄氏は伊藤・星・原の政治構想・政治指導を明らかにする中で、星・原と連携する松田像を提示している。[5] しかし、「党人派の代表」と見なされた松田の政治構想が一貫して明らかにされていないことから、政友会における党人派の位置づけも十分とはいえない。

筆者は、それらを克服するため、松田正久の政治構想と政治指導を一貫してはじめて実証し、拙著『松田正久と政党政治の発展―原敬・星亨との連携と競合―』（ミネルヴァ書房、二〇一七年三月）を刊行した。

本章では、拙著では十分に論じていない第一次護憲運動に焦点を当てながら、松田正久のリーダーシップについて考察する。そうして、第一次護憲運動を松田の政治家としての人生の中で、栄光と忍耐を最も示すものとして捉える。まず、第一次護憲運動に至るまでの松田の理念の形成と動向を簡単に述べたい。

二　松田正久の政治構想と政治指導の形成

（一）松田正久と「万国公法」

松田正久は、弘化三（一八四六）年四月一一日、[6] 肥前国小城《おぎ》藩（佐賀藩の支藩、現佐賀県小城市）の藩士である横尾唯七とまちの次男として生まれ、一二、三歳頃に、おじ松田勇七の養子になった。松田は幼少期よりその優秀さで知られたが、一四歳で小城藩の藩校「興譲館《こうじょうかん》」に入学した時、養家が実家の侍分の下の徒士《かち》であったことを理由に階下で教育を受けることになった。このことは、成績優秀で気性も激しかった青年期の松田にとって、悔しい経験であったと思われる。

そうした松田にとっての転機が、明治維新によって訪れた。多くの藩と同様に、小城藩においても、幕末・維新期に、攘夷論や幕府への態度、維新後の改革をめぐって、藩内対立が起こった。このうち、松田は改革推進派に加わり、彼らの将来を担う優秀な若者の一人として、明治二（一八六九）年二月、派遣学生として東京に出た。

1909年雑誌『太陽』に掲載された松田正久（『太陽』15巻13号、1909年10月1日）

松田は上京すると、昌平校などを転々とした後、明治三（一八七〇）年一二月に西周の家塾「育英社」に入った[7]。西は『万国公法』の翻訳で知られ、家塾ではカントの実証主義に基づく

（4）「原と松田との二頭支配」によって政友会の党勢を拡張した。ただし、政友会内の「自由民権運動の伝統の風化によ」り凋落した土佐派にかわって旧自由党系を代表した松田は、「妥協」しなければならない対象であって、「原のイメージによる『政党政治』の確立」を「妨げ」る存在であったと評価する（三谷太一郎『増補　日本政党政治の形成』〔東京大学出版会、一九九五年、初版は一九六七年刊行〕九一～九七頁）。

（5）伊藤之雄『立憲国家の確立と伊藤博文』（吉川弘文館、一九九九年）、同『立憲国家と日露戦争』（木鐸社、二〇〇〇年）、同氏の原敬論の完成版として、同『原敬 外交と政治の理想』（上）・（下）（講談社選書メチエ、二〇一四年）。

（6）内大臣府・明治天皇御手許書類「大石正巳・尾崎行雄・松田正久・大東義徹・林有造／明治三一年」、宮内省公文書館所蔵。松田の青年については、弘化二年、三年、四年とする説があるが、第一次大隈重信内閣の時に天皇に奉呈された履歴書に基づいて弘化三（一八四六）年生まれとする。幼名は又之輔、大之助といった（笹川多門『松田正久稿』桜井虎太郎「長崎・佐賀・福岡・大分・三瀦・白川ノ六県派出捜索書」（「三条家文書」五八―二五、国立国会図書館憲政資料室所蔵）。

（7）「育英舎則」（大久保利謙編『西周全集』第二巻〔宗高書房、一九六二年〕五一四頁）中に、「同年〔明治三年〕一二月廿五日　松田又之助〔正久〕」とある。したがって、笹川多門『松田正久稿』五三頁に「明治四年の二月」とあるのは誤りである。

特別講義を予定していた[8]。育英社は、本来、旧福井藩出身者を教育するための家塾であったが、松田は入学を熱心に乞い、明治三（一八七〇）年一一月の開塾後まもなく、特例として入塾を認められた。松田は、育英舎でフランス語、国際法、中国の律を学び、特に、万国公法（国際法）に関して松田は塾中でも頭角を表した[9]。万国公法は、後に明治政府の伊藤博文や陸奥宗光ら外交指導者たちが、列強と協調的な外交を行う上で尊重した規範である。松田は、この時期までには、外交において列強の規範を守ることが重要であるという枠組みを学んでいたといえる。ただし、これはあくまでも基礎的な知識であって、実際に外交に携わるだけの能力を身につけるためには、留学等を通して、諸外国を本質的に理解する必要があった。

（二） 留学

松田は、西周と出会い、国際法の遵守という外交観の基礎を身につけた。さらに、松田は留学の機会も得たのである。

明治五年三月一八日（一八七二年四月二五日）、松田は陸軍省七等出仕を命じられ、陸軍裁判所分課に配属された[10]。これは、留学を見据えての就職であり、西の人脈によるものだった[11]。松田家は、旧小城藩士族の中でとりわけ貧しいわけではなかったが、当時、海外留学のためにかかる費用を自前で用立てることなど難しく、官費で留学できるチャンスを見つけなければならなかったのである[12]。

松田は、明治五年九月一三日（一八七二年一〇月一五日）に、フランス郵船ゴタベリイ号に乗り、フランスへ向けて横浜を出港した[13]。フランス、次いでスイスのローザンヌで、松田は、政治学や民法、刑法、経済学を学び、また議会見学にも頻繁に通った[14]。松田は、留学によって西洋に触れ、日本にも立憲国家を作ることを考えたと思われる。松田の留学経験は、その後松田が国のあり方を考える基礎となっただけでなく、留学したことそれ自体も、その後の政治家としての松田の資源となった。

加えて、重要なことは、松田はもともと「フランス留学」に派遣されたのだが、政治等を学んだのは、実質的にはスイスであったことである。松田が学んだ一八七〇年代のスイスでは、進歩派が勢力を伸ばし、一八七四年の連邦憲法全面改正によって直接民主制が導入された。松田がスイスに移ったのは、当時のパリがパリ＝コミューン後のまだ不安定な時期であり、勉学に適さないと思われたからであろう。西園寺もまた、パリ＝コミューンに嫌悪感を抱いていて、暴力的な民衆運動に否定的であった[15]。

松田と西園寺は、一八八一年にともに『東洋自由新聞』を創刊した。また、西園寺が留学から帰国すると松田を訪ねた、という回想もある[16]。この話に真偽の確証はないものの、両者の思想には通じ合うものがあったと考えられる。

約二年半の留学期間中、松田はできる限りの知識を身につけようとした。しかし、帰国してしばらく経つと、再

(8) この特別講義の内容は、後に『百学連環』としてまとめられた(大久保利謙「解説」〔同氏編『西周全集』第一巻、日本評論社、一九四五年〕一七～五一頁)。
(9) 笹川多門『松田正久稿』(江村會、一九三八年)五三頁。
(10) 内閣作成「文部省参事官松田正久新叙を請ふの件」(『官吏進退　明治二十三年官吏進退十二　叙位三』〔一八九〇年、国立公文書館デジタルアーカイブ所蔵〕)。
(11) 前掲、笹川多門『松田正久稿』五五頁。育英舎では松田と学友で、後に西の女婿となった永見裕も、兵部省、ついで陸軍省に出仕した(前掲、大久保利謙「解説」)。西は見込みのある塾生を陸軍省に紹介していたのである。
(12) 拙著『松田正久と政党政治の発展―原敬・星亨との連携と競合―』(ミネルヴァ書房、二〇一七年三月)。
(13) 成島柳北「航西日乗」明治五年九月一三日(一八七二年一〇月一五日)(井田進也校注『幕末維新パリ見聞録―成島柳北「航西日乗」・栗本鋤雲「暁窓追録」―』〔岩波文庫、二〇〇九年〕)。
(14) 前掲、笹川多門『松田正久稿』六三頁。
(15) 伊藤之雄『元老　西園寺公望』(文春新書、二〇〇七年)三四～三七頁。
(16) 『佐賀新聞』一九一四年四月三日。

び留学したいと考えるようになった。松田は、さらに深く学んで、世界を本質的に理解する必要があると考えるようになり、一度の留学だけでは、不十分と感じたのであろう。

留学から帰国すると、松田はいったん故郷の小城へ帰り、一八七五（明治八）年一〇月、民権結社「自明社《じめいしゃ》」結成に参加した。自明社で松田は指導的な立場に立ち、啓蒙活動に加えて、区戸長公選を県に建議して県の意思決定に一時的にではあるが実際に影響も与えた。しかし、結成から半年ほどで松田が上京すると、自明社は衰退していった。ごく短期間ではあったものの、自明社の活動には、松田の自由民権運動に対する姿勢がよく表れている。自明社は、即時国会開設を求めるような急激な改革を望む自由民権運動とは一線を画していた。

松田が郷里を離れたのは、地方政治のレベルで建言を行って部分的に政治に関与することにはさほど関心がなく、恩師西の下で翻訳に力を尽くし、外国の知識を輸入して日本の社会が政治的に成熟することを目指したからである。松田は、西の庇護のもとで、生活を維持することができた。このことは、恵まれていた反面、危機的な状況を経験しないことで、後年の松田の弱さにもつながったと思われる。

松田の活動の中心は東京にあった。自由民権期において、唯一の地元との関わりといえるのが初代長崎県会議長を務めたことである。ここでは、松田は規則の不備を指摘するなど制度作りに積極的に関わった。議員も県を代表して説明応答する役人も不慣れな中、議論が紛糾すると、松田は議長の席を離れて議員の席に座って説得に当たった。論争において自身の論理の飛躍を指摘されても相手の言葉尻を捉えて反論した。松田は、円滑な議事進行によって多くの議案を原案通り可決し、開設されたばかりの長崎県会の実績を積んでいくことを第一の課題としたのである。

第二回県会でも、県会の発展に応じた議事細則の改正を構想した(17)。県会の進歩の度合いに応じて議事細則も発展させていこうとする姿勢は、松田が漸進的な改革を志向していることの表れである。

（三）政党政治家としてのスタート

自由民権期、松田は、正式に政党に入党することなく、過激化する運動と距離を置いていたが、第一回総選挙の直前に九州同志会に参加し、一八九〇（明治二三）年七月、佐賀県から選出された。長崎県会の初代議長を務めたこと、さらには西園寺公望らと『東洋自由新聞』を創刊したことで、松田の名はよく知られていた。

同年八月、松田は立憲自由党結成に参加した。周囲の県議たちと圧倒的な知識の差があった長崎県会時代とは違い、ここでは、自由民権運動に長く携わってきた政治家たちの中で、松田の立場はまだ、九州の三、四番手程度であった。

松田が政党に入って実現したかったのは、欧米の国々を中心とした国際規範の枠組みの中で、産業を振興して国を発展させることであった。だからこそ、立憲自由党結成準備会の段階で、党の綱領案として出されていた「内治は干渉の政略を省き外交は対等の条約を期す」という文言に反対した。その理由は、綱領とは政党にとって永久に変更するべきものでないから、対等な条約改正を目指すというような目下の政策課題を綱領に盛り込むべきではないというもので、外交は国権を損なわない限りは平和を主とする、という程度の意味に改めよう[18]、と主張した。ここに、松田の外交観が表れている。不平等条約の改正をめぐっては、その改正内容に不満を持つ人々が運動を起こして政府の交渉に反対し、時に運動は過激化した。松田は、綱領は政党の長期的なビジョンを示すものであるという考えと、そうした歴史も踏まえて、「外交は対等の条約を期す」という文言に反対したのだろう。

松田は、結党準備から第一議会開院までの間に、急速に党内で存在感を強めた。松田が星亭と連携できたこと

（17）『明治十三年　長崎県会日誌』（長崎歴史文化博物館所蔵）第一号。
（18）「探聞（田中光顕警視総監）」一八九〇年八月二六日。

が、松田の政党改革実現の最大の要因だった。立憲改進党との合同に反対で、総裁を置き、党の統制力を強めようとする改革の方向を松田と星は共有していた。

初期議会において、松田は藩閥政府に対して強硬に反対することはなかった。一八九〇年一一月二九日に開かれた第一議会で、予算削減を目指す衆議院の民党勢力と、藩閥官僚系の山県内閣とが対立し、山県内閣が自由党土佐派を切り崩して予算を成立させたことについても、その手法を非難はしていても、政府が憲法を遵守していることを評価しており、その上で議会を尊重するよう望んだ。松田は、憲法の条文を争い、かえって憲法を軽んじるような民党側に対して、政府に対する以上に批判的だった[19]。藩閥政府だからといって盲目的に批判するのではなく、藩閥内の改革志向を支持するのは、長崎県会時代以来、後述する第一次護憲運動の初期を除いて一貫した松田の態度であった。

(四) 政党改革の野心

松田の目指す政党のあり方も、一八九二年二月頃までに明確になっていった。第二議会の解散から第二回総選挙に至る過程で、松田は、イギリス議会を例にとって、議会の発展における解散の必要性を党報上で述べていた[20]。また、日本の人民が一般に政治に関する関心や知識を高めて、政治と事業とには密接した関連があるのだということを理解し、一部の知識層だけでなく広く政治に熱心になる必要があるのだとも述べている[21]。こうした主張から、遅くともこの頃から松田が、イギリス風の立憲政治を理想とし、議会解散を冷静に見、漸進主義・現実主義的な志向を有していたことがわかる。

一八九三年一二月までに、主義による一体性を高めるため、松田は自由・改進両党に両属状態にあった自由党九州派を分裂・再編させた。このことで、松田は選挙基盤を大きくそがれたが、それでも改革を優先したのである。しかし、これまで連携してきた星が失権し、松田は低迷期を迎える。松田は、星と連携しながら自由党の改革を行ってきた。党の統制を強め、主義による一体性の強い政党を目指すという理想を同じくし、しかも強い指導力を持つ星の存在が、松田が自由党の中で活躍できる推進力になっていた。長崎県会議長時代には、留学経験や他の県議との大きな知識の差から県会を牽引できたが、自由民権期をくぐり抜けた政治家たちや壮士も抱える自由党では、星のように党を牛耳る力が、松田にはなかった。

自由党では、土佐派が主導して、一八九五年一一月二二日、第二次伊藤博文内閣との提携が発表された。のちに松田は、この第二次伊藤内閣との提携経験について、第二次伊藤内閣の財政計画を基本的には支持し、地租も多少は増徴しなければならないという態度を見せた。また、野にあったのではわからなかったが、政府側に立ってみて初めて政策実行の難しさを学んだ、とも振り返った[22]。しかしまだ、地租の増徴ではなく、なるべくなら酒造税や営業税に財源を求めたいという、従来の民党の主張を受け継いではいた。政府との提携は、自由党にとってはもちろん松田自身にとっても、のちの第一次大隈重信内閣、西園寺公望内閣へとつながる大きな経験となったといえる。談話全体を通して、急激な改革は望まない松田の姿勢がうかがわれるとともに、なかなか地租増徴に踏み切れなかった松田の決断力の弱さも表れている。

松田は、議会制・政党政治といった国のあり方についてはビジョンを持っていたものの、日本の社会構造や税制を将来的にどのように計画するのかといったところまでは具体的に思い描けずにいた。それは、一度の留学経験だけでは西欧の社会を本質的に理解できたとはいえず、確固たる自信を持ち切れなかったためであろう。また、そうした政策構想を支えるブレーンを持てなかった。

(19) 松田正久「議院の解散に就て」(『自由平等経綸』第一号、一八九一年三月一日)。
(20) 『自由党々報』第六号(一八九二年一月一〇日)。
(21) 『自由党々報』第三六号(一八九三年五月一〇日)。
(22) 『佐賀自由』一八九六年一二月一六日。

しかし松田は、次の発言にあるように、政党内閣の実現のためにさらに進まなければならないことも学んだのである。①いよいよ内閣は政党に頼らずに立つことができないという実際の情勢となったのであり、これは一見喜ぶべきもののようである。②けれども、よくよくその真相を観て取れば、政府が政党に頼るということの多くは虚偽であって、はなはだ満足でないものである。政府は政党を味方とし、幾度か艱難《かんなん》を切り抜けてその目的を貫徹しただけに相違ない。これは、真正に政党を率いて往進したのではなく、ただ単に、時に政党を操縦し、一時自分たちの手先として利用したにすぎないのである。そうであれば、名は政党に頼るといっても、その実、政党は政府のための傭兵と見られているのであって、現にいまも傭兵にされつつあるのである。③政府が政党に頼る必要を感じることはかまわないけれども、傭兵と見られている程度では到底駄目であって、政府も政党も憲政の美を十分に発揚することはまだ難しい。特に、何時でも集められる「臨時傭兵」に至っては、いよいよ心もとない限りである。④ゆえに「常備兵」を有した政府、すなわち真正に政党を率いた政府が一日も早く建造されることを切に望む。[23]

このように松田は、現状のように政府に都合よく利用される政党ではなく、政府と真の連携を強める政党となり、政党内閣の成立へと歩みを進めなければならないと考えていた。

土佐派が新しいビジョンを提示できない中で、松田は新たなリーダーとして陸奥宗光の入党を計画したり、進歩党と提携を断絶した後の第二次松方内閣との提携を画策したりした。しかし、両方とも党内の支持を得られなかった。この経験から、松田は自らの手腕に自信を失ったといえる。松田の一連の行動は、駐米公使を務めていた星亨にも知らされてはいた。しかし、星が積極的に松田を応援することはなく、星の配下にあった関東倶楽部の利光鶴松らも、星が松田と通じているとは知らずに、提携反対に回った。[24]星が松田を積極的には応援していないのは、松田が土佐派の林有造らと協力したことに対する若干の不満もあったのではないかと思われる。

（五）松田の東アジアに関する構想

一八九八年三月、列強の中国分割が進み始める中で、松田は次のように発言している。世間の人々は、ややもすれば現在の東洋問題について抗議と戦争とを混同し、抗議をなすには必ず戦争の覚悟を要するという。しかし、抗議にも種類があって、たとえ戦争をしなくても外交家の手腕によって抗議をすることはできる。このように述べて、松田は強硬な外交論に傾きやすい世論を戒めた。そして当時のアメリカとスペインとの関係を例にとり、外交が必ず国力如何によって決まるものなら、スペインはとっくにアメリカに屈服しているだろうが、いまなお容易にその腰を折らない。この例を見ても、抗議と戦争とを混同するような俗説は顧みる必要もないのだと強く否定した。このように松田は、外交での強硬論に批判的だった。

その上で松田は、日本のとるべき道として、交渉の時機が遅れてしまったため、この際、威海衛の占領を継続するのもまた一策であると考えた。その理由はこうである。威海衛の占領継続が償金に影響することはない。下関条約とは切り離して占領をはじめれば何の差し支えもない。それゆえ、もし清国に今後発達する望みがあるならば、しばらくの間日本が威海衛を保護し、その間に清国を扶助して他日これを清国に還付し、日清が同盟して東洋自衛の途を講じることができればよいが、清国にこのような好望はない。こうした目的もなく威海衛を占領しても、日本に利益はない。これは一国の体面の問題よりも実益の問題である。よって、ロシア、ドイツ、イギリスの各国がそれぞれ希望の地を要求するのであれば、日本も充分に有利な地を占有する必要がある。清国には煩いが多いならば、釜山付近を借り受けることも軍事上商業上一策である。[25]

（23）『佐賀自由』一八九七年九月一四日。
（24）小田急電鉄株式会社編『利光鶴松翁手記（伝記叢書二八〇）』（大空社、一九九七年、初出は一九五七年）一九七〜一九八頁。
（25）『東京朝日新聞』一八九八年四月一七日。

このように松田は、列強の中国分割が進展するなら日本も安全保障上から中国もしくは韓国の一部を占有する必要があると論じた。

のちのことであるが、一九一〇年の日韓併合に際して、今後通商貿易の発展を図ることはかまわないが「侵略主義」は断じて慎まなければならない、と主張している[26]。先にも述べた通り、松田は、強硬な外交論に批判的であったが、日本の安全保障を考えると列強の動きに対応して、大陸政策を立てるべきであると考えた。これは、伊藤や藩閥主流の考えと同じであった。松田は、欧米と強調しながら、東アジア、特に中国を商業的に重視していた。それが先に述べた戦争を避ける方針になったのであった。

(六) 第一次大隈重信内閣での挫折から政友会へ

一八九八年六月、自由党が進歩党と合同して憲政党が結成され、第一次大隈重信内閣が成立すると、大蔵大臣として入閣した。もともと民党合同に反対だったにもかかわらず、この時松田が進歩党との合同に踏み切ったのは、自由党が新たな方針を打ち出すことができないまま迷走を続け、松田自身も改革をできない状況から何とか脱したいという思いがあったからだろう。しかし、首相であって内閣で最も実力のある大隈が地租増徴に反対しており、憲政党内にも地租増徴に反対する声が強い中で、松田は地租増徴に踏み切ることができなかった。

松田は蔵相としての職責から陸海軍費の節減が必要であることを主張し、もし節減ができないなら、この上は間接税で間に合わせることができないのだから地租を増徴しなければ仕方がないという方向に持っていくつもりであったと後に述べている[27]。

松田は、まず「政党内閣」としての実績を積みたいと考えた。そのためには強引に地租増徴に持っていくことは、松田にとってあまりにリスクの大きな決断であった。松田は、自身で大きな決断に踏み切ることを避け、周囲が地租増徴でもやむをえないと納得しなければならない状況に持ち込むことで解決しようと考えた。

結局、駐米公使を務めていた星亨が強引に帰国して、第一次大隈内閣を倒したが、ここに、松田と星の決断力の差があった。

地租増徴に転換したことは、都市の商工業を振興したいという松田の考えに合致しており、松田は積極的に遊説して、地租増徴が合理的な政策であることを訴えた。その結果、苦戦していた地元の佐賀県でも、松田の勢力がはじめて勝利した。

一九〇〇年九月に結成された政友会も、商工業の振興や商工業者を取り込みたいという松田の考えと合致していた。一三名の総務委員の一人に選ばれ、一九〇一年六月に星が暗殺されると、自由民権期以来の政党政治家である「党人派」の代表となった。松田は、自由民権運動にはほとんど関わっていない。それが、政友会における官僚系との関係では、党人派の代表であることが自らの政治資源となることによって、松田は積極的に自らに「党人派イメージ」をつけようとした。ただし、あくまでも、官僚系と対立して党を分裂させようとするようなものではなかった。(28)

政友会では、総裁の伊藤博文が渡欧中の一九〇二年二月までに、松田と原が協議して政友会の実質的な運営を決定する体制ができあがっていた。この段階では、松田は原を頼りになる若者が現れたと思ったことだろう。しかし、山県有朋・桂太郎ら山県系官僚閥（徴収系の陸軍が中核）との交渉、党運営において、松田と原の差は歴然としていった。ただし、党の実権が原に移っても、原は党人派の代表と見なされている松田のことを、形式には立て、桂との交渉においても、最終的な党幹部への報告は松田に任せた。一九〇六年一月の第一次桂太郎内閣から第一次

---

(26)『読売新聞』一九一〇年八月二四日。
(27) これは、松田が第二次山県内閣の地租増徴案に賛成したことを第一四議会で尾崎に攻撃された際の反論であるが、尾崎も当時の閣議メンバーであってこの松田の発言を否定していないことから、この松田の説明に間違いはないと推定できる（『衆議院議事速記録』）。
(28) 前掲、拙著『松田正久と政党政治の発展―原敬・星亨との連携と競合―』。

西園寺公望内閣への政権移譲の過程で、桂との交渉は原・西園寺公望で行われており、松田の地位は名目的なものに変わっていた。

一九一二年七月の明治天皇の崩御の頃には、松田は次第に体調を崩すことが多くなっていた。政党政治の発展は軌道に乗りつつある。あとは原に任せ、自らは引退の時期に来ている。松田はそのように捉えていただろう。そこに起こったのが、二個師団増設問題による第二次西園寺内閣の総辞職であった。

三　護憲運動の盛り上がり

(一)　第二次西園寺内閣総辞職と山県有朋への怒り

第二次西園寺内閣は一九一三（大正二）年度の予算編成で緊縮主義を執る方針であり、各省では行政財政整理が行われた。大正二年度予算編成で各省の行財政整理案を原は首相官邸で松田とともに吟味しており、[29]あくまでも松田が意思決定プロセスに組み込まれているように行動していた。陸軍省においても、整理額はおよそ三〇〇万円になったが、陸軍省は同時に二個師団の増設を要求した。上原勇作陸相の態度は強硬で、松田は内閣総辞職も考えた。[30]こうした上原の背後には、第二次西園寺内閣を倒壊させたいという山県の思惑があるものと思われていた。[31]政友会内でも、増師に賛成する者はおらず、上原陸相への非難が高まった。

一九一二年一一月三〇日午前、上原陸相は、熟慮考究の結果これ以上再考の余地はないことを、西園寺に伝えた。午後には臨時閣議が開かれた。西園寺からの招集の電話を受けて、一番に首相邸に到着したのは松田であった。[32]上原陸相以外が出席して行われた臨時閣議は夜八時まで続き、①増師案を否認すること、②増師案と整理案とは別問題とすることを決め、翌一二月一日朝九時、西園寺から上原に対して前日の臨時閣議の決定が伝えられた。上原は、直ちに辞表を提出した。(33)

増師案をめぐる一連の政局は、西園寺内閣に対する長州派軍人の「奸策」であると世間に受け止められた。その結果、増師案を強硬に主張した陸軍および長州閥に対する非難が強まった。彼らを「非立憲的」と評して、政府に「立憲的」な行動を求める声が、一般・実業界でも高まった。(34)

一二月三日の閣議で、第二次西園寺内閣は総辞職を内定し、五日西園寺が辞表を奉呈した。松田は、この度の総辞職の「原因はまったく陸軍大臣の後任選定の困難」によるものであると言明した。そして、第二次西園寺内閣が、前年八月に成立して以来、行財政整理のために制度整理局を設け、西園寺首相自らその総裁を務め、やっと成案を得て明年度の予算編成が実行を見るに当たって、不幸にもその大方針と矛盾する増師問題のために総辞職しなければならなくなったことは「寔《まこと》に遺憾至極の事」と述べた。(35) この場合の総辞職は、「立憲的行動を執る」ことを意味した。松田はこの総辞職を、多年政界に身を処してきたが今回の辞職ほど心地よい辞職はないと語った。立憲的行動を執ると決めた第二次西園寺内閣は、何等心残りとする所なく辞職の御聴許迄は普通の事務を執るだけだ。(36)

(29)『原敬日記』一九一二年一〇月二七日。
(30)『佐賀新聞』一九一二年一一月二五日。
(31)『原敬日記』一九一二年一一月三〇日、一二月七日等。
(32)『佐賀新聞』一九一二年一二月二日。
(33) 山本四郎『大正政変の基礎的研究』(御茶の水書房、一九七〇年)一五九〜一六〇三頁。
(34) たとえば、商工会議所会頭の中野武営は、増師問題での対立を「閥族」と政党の衝突ではなく「閥族」と国民の衝突であると唱え、大正の冒頭に「閥族」のために常に蔽われつつあった雲を払い、「憲法の全き運用を得」るべきであると主張した(『中央新聞』一九一二年一二月四日)。
(35)『中央新聞』一九一二年一二月四日。
(36)『佐賀新聞』一九一二年一二月六日。

これまで藩閥に対して自制的であった松田の態度は、ここにきて大きく異なっていた。

また、後継内閣について記者に問われた松田は、次のような見解を示した。一二月二四日に召集される予定の第二九議会に、おそらく増師案が提出されるであろう。そうなれば、西園寺内閣が増師問題で衝突して瓦解したくらいのことにはとどまらず、衝突に衝突を重ねることとなり、天下の大騒動を惹き起こすやも測られない[37]、と。この後の政情は、第三次桂内閣の成立によって、第一次憲政擁護運動が広がり、まさに松田の指摘した「天下の大騒動を惹き起す」結果となったのである。さらに松田は、この頃からはっきりと藩閥批判を主張するようになった。吾々は内閣瓦解の理由を天下に告白し、当初の大方針にのっとり、官に就いていても野に在っても同じく国家のために猛進するのはもちろんであって、もはや今日の段階まで立憲的政治が進歩している以上、いわゆる妥協政治などということは断じてしない。妥協政治のようなカビの生えたことはすでに時代遅れである[38]。

この談話には、今後の政友会は反藩閥を前面に出して行動するのだという、松田の決意が表れている。松田の藩閥批判は、後継内閣選定の難航に対しても同様である。松田は、後継内閣がなかなか決まらないのは元老の責任であるとして、時難を醸したものは自らその解決の衝に当たらなければならない[39]、と二個師団増設問題の背後に元老、ここでは山県有朋がいると見て責任を追及した。

二個師団増設問題が起こると、松田は、かなり強硬な態度を見せた。新聞に対してもきつい調子の談話が目立つ。松田は、反藩閥の意識を持っていたものの、政党が未発達の段階では、あまりに強硬に反藩閥に走るよりも、ある程度妥協しながら経験を積んでいくことの方が得策だと考えたが、第四次伊藤内閣、二度の西園寺内閣を経て自信をつけた結果、ここまで来てもなお藩閥、そして政党嫌いの山県は政党内閣を妨害するのかと、強く反感を抱いたのだろう。この松田の態度は、原よりも強硬であった。松田は、周囲にあまり親しく話す政治家、友人がいなかった[40]。桂はかった。このため、山県と原が進めていた妥協交渉を、桂や上原陸相が壊してしまった事実を知らなかった。桂は山県系官僚であったが、すでに実力をつけて山県から自立する傾向があった[41]。

政友会結成以来、山県、桂との交渉を担ってきたのは原であり、松田は彼ら藩閥と直接会うことはほとんどなかった。松田は、個別の新しい政策を打ち出せなくなっており、党の実権も原に掌握されていたので表立って原に反対することはできなかったが、不満をためていたと思われる。これまで政党政治の発展に尽くしてきたにもかかわらず、原に抑えられて思うように動けなくなっていたことに対する感情が一気に沸き上がったといえる。[42]

たとえば、桂内閣の外債募集に対して、松田は消極的な談話を残している。松田が外資輸入に消極的だった理由は、日本の市場価値が低いことであった。中国との間でも、市場が開かれて小規模の商人は進出しているが、「大きな商売」が積極的に中国市場に進出していない。これでは外国資本を吸収するといっても国民に対する信頼がないため、国家が責任をとるといっても外国資本はそれほど入ってこない、と松田は考えた。ここでイギリスがトランスヴァールとの戦費を公債で賄ったことを例にして、いざ公債を売り出すとすればイギリス・アメリカを相手国に挙げた。欧州の大陸国は、日清戦争、北清事変を経て日本の国力の進歩を認識してはいても、日本市場の理解は不十分だ、と松田は見ていたからである。この中で、どうしても外債募集を実施する場合として、外資を輸入する分野として鉄道国有化と公債借り替えを挙げたのは[43]、鉄道国有化に積極的な原に対する配慮であろう。松田は、民

(37)『佐賀新聞』一九一二年一二月一〇日。
(38)『佐賀新聞』一九一二年一二月一〇日。
(39)『佐賀新聞』一九一二年一二月一一日。
(40)前掲、山本四郎『大正政変の基礎的研究』。
(41)従来、桂太郎は山県の後継者として山県と一体的に理解されてきたが、伊藤之雄『大正デモクラシー―民衆の登場―』(岩波ブックレットシリーズ、一九九二年)で桂の自立性が提示され、その後、小林道彦『桂太郎　予が生命は政治である』(ミネルヴァ書房、二〇〇六年)でも実証されている。
(42)松田と原との関係について、坂野潤治氏は原―長州閥と松田―薩派との対抗を指摘する(坂野潤治『大正政変―一九〇〇年体制の崩壊―』〔ミネルヴァ書房、一九八二年〕)。しかし、政友会の指導力についてはすでに原に凌駕されていることを松田は自覚しており、その他の史料から見ても、原に対抗して大正政変を引き起こしたとまでは言えない。

間資本の積極的な活用を重視し、いわゆる「小さな政府」を構想していたと思われる。[44]

松田は第二次西園寺内閣である程度満足感を覚えていたと思われる。自分自身が政党政治家として大臣を務めれたこと、司法大臣として自分の自信が持てる分野で実績を残せたことで、松田はこのまま政党政治が発展してくれるならば、原に託して自分は引退してもよいと考え始めていたことだろう。そこに突然山県が政党内閣を妨害したと受け取ったため、一気に怒りが湧き上がったと思われる。二個師団増設問題に端を発した第一次護憲運動に、松田はこの後一時的に接近する。これまでの松田の行動様式とは異なる行動は、こうした怒りが原因だったのだろう。

すでに一二月一五日には、政友会関東倶楽部、東京支部、院外団の聯合懇親会が明治座で開かれ、尾崎と杉田らが「憲政の危機」を訴え、『中央新聞』がこの三団体懇親会を「対閥族宣戦」と紹介し、「閥族葬るべし」と訴えた。[45]

(二) 憲政擁護と存在感を増す「党人派」

第二次西園寺内閣が総辞職した後、元老たちが桂以外の後継首相候補を見出せなかったため、内大臣であった桂を天皇に推薦した。そうして、一九一二年一二月二一日、桂が第三次内閣を組織した。政友会と国民党とは、「憲政擁護」のための「閥族打破」を掲げて提携することを決めた。両党提携の交渉には、政友会からは岡崎邦輔、杉田定一、江原素六、尾崎行雄が出席し、国民党からは犬養毅が出席し、憲政擁護大会の開催を決めた。憲政擁護運動の始まりである。

第三次桂内閣が成立する二日前の一二月一九日にはすでに、政友会・国民党・無所属各派の代議士や弁護士・新聞記者の発起によって、憲政擁護大会が開催されていた。会場となった歌舞伎座には、冷たい雨の中でも二五〇〇余名という大勢の人々が集まった。第一回憲政擁護大会は、「閥族の横暴跋扈《ばっこ》」がいまや極に達し、「憲政の危機目《もく》睫《しょう》に迫まる」中で、「断乎妥協を排して閥族政治を根絶し以て憲政を擁護」することを決議した。[46]この大会では板垣退助も壇上に上がった。[47]板垣は、すでに政治の表舞台を去っていたが、「憲政擁護」のスローガンのもと、かつての自由民権運動の象徴として現れたのである。

このような状況下で開かれた一二月二三日の政友会議員懇親会での松田の挨拶は、松田の信念をよく表している。この時、憲政擁護運動が盛り上がり、党人派を代表するような政治家たちが様々な大会を開いては閥族打破に勢いづく聴衆に耳あたりのよい演説を繰り返していた。これについて松田は、「煽動」に乗せられてことをなすのはまったく不可であると述べた。[48]

世間が憲政擁護運動で盛り上がる中で冷静な行動を呼びかけることは、簡単なことではない。それでも松田は、軽挙妄動してはならないという姿勢を貫いたのである。『中央新聞』でさえ、この松田の発言を、そのように「愛嬌を蒔き」と紹介した。[49]懇親会に参加していた議員たちの中にも、一緒になって閥族打破に突き進もうとしない松

(43)『佐賀』一九〇一年八月六日。
(44)松田が亡くなった時、同郷の大隈重信が、「彼れは生涯を不得要領を以て一貫した。併《しか》しそれが為に政友会の安全弁となつて同会を今日の盛大に導いた大なる原因を為して居る」と、松田を評した(『報知新聞』一九一四年三月六日)。この文章では、大久保利通や福沢諭吉のことは評価していても、手放しに人を褒めることの少ない大隈がめずらしく松田のことを褒めている。選挙区の佐賀県では、自派の武富時敏が松田ら政友会勢力と競争しているので、政党同士の競争としては競争相手であっても、政策面では松田を評価していたと考えられる。大隈は他にも、井上馨との会話の中で、「松田は死んだ。此人は人望があつたが原ではなかなか(政友会を――筆者注)纏めることがむずかしい」と述べて松田を評価している(山本四郎編『京都女子大学叢書4　第二次大隈内閣関係史料』(京都女子大学、一八七九年)二一頁)。松田が大隈に近い「小さな政府」を構想していたことを傍証するものである。
(45)『中央新聞』一九一二年一二月一六日。
(46)『東京日日新聞』一九一二年一二月二〇日。
(47)『中央新聞』一九一二年一二月二〇日。
(48)『中央新聞』一九一二年一二月二四日。

田の態度をおもしろく思わない者たちもいただろう。

先に述べた通り、第二次西園寺内閣の後継をめぐって元老会議が行われていた一二月一〇日頃までは、松田は強く藩閥を批判した。しかし、それ以降には、松田は藩閥に対して批判的な発言を控えた。松田の態度が変わったのは、西園寺、原から元老や桂との交渉内容を聞き、運動が盛り上がりすぎることを警戒したからであろう。松田はすでに体調に不安を覚えており、原は交渉に追われ、松田と原の間でも密接に情報を共有できていなかった。(50)

一二月二四日、政友会九州会代議士は、芝公園三縁亭に会した。この日出席したのは、永江純一（福岡）、高田露（熊本）、川原茂輔（佐賀）、柚木慶二（鹿児島）、松田源治（大分）、横山寅一郎（長崎）、水間農夫（宮崎）、高嶺朝教（沖縄）という、九州会の各県を代表する議員八名であった。九州会は、政友会の各地方団体の中でも、憲政擁護運動の急先鋒であった。また、代議士の中で特に熱心だったのが、尾崎行雄と元田肇であった。(51)(52)

こうした憲政擁護運動の拡大に対して、桂は対抗策に出た。国民党内で、犬養らの「非官僚派」と大石正巳らの「官僚派」とが対立し、後者の大石正巳、河野広中、箕浦勝人、武富時敏、島田三郎、加藤政之助等が脱党した。脱党者は、桂の新政党を組織することとなった。

一九一三年一月二二日に築地精養軒で開かれた、九州選出政友会代議士・代議員総会には、松田も元田とともに出席した。(53)九州会は、二月四日にも今度は芝公園三縁亭に晩餐会を開き、松田、元田、野田卯太郎、永江らを中心に結束を誓った。(54)

憲政擁護運動が盛り上がる中で、政友会の党人派が存在感を見せた。特に、板垣が再び注目されるようになったことである。板垣は、すでに政友会が結成された時に政治の表舞台を去った。時に政治意見を新聞紙上等で公表することはあっても、実際上の影響力はなく、もっぱら社会事業に携わっていた。それでも、政友会党人派の象徴としての意味は保っていた。そのような板垣が、一九一三年の正月三が日に『中央新聞』で「時局に対する意見」を発表した。(55)旧自由党の有志らによって「自由旧盟会」も組織された。(56)

一月一九日に行われた西園寺総裁による政友会所属貴衆両院議員招待会でも、松田の態度は一貫していた。松田、原、総務委員の元田と尾崎、衆議院議長の大岡をはじめ三五〇余名が集い、築地精養軒の大食堂だけでは来会者が入りきらず、二つの会場に分かれなければならないほど盛況であった。第一室の主人が西園寺であり、第二室では松田が主人役を務めた。松田は宴の半ばに次のように挨拶した[57]。

招待会に先立って行われた政友会大会での西園寺総裁の演説は、一見穏やかであるが、その意味するところを諸君は十分了解しているだろう。政友会がこれまで妥協や情意投合をしたのも時勢の必要に応じた手段であって、その間に国利民福を増進してきた。政友会は常に国家のために努力してきたのである。しかしながら、にわかに大正元〔一九一二〕年に入って「憲政の却歩したる観」がある。このために国論は沸騰し、憲政擁護の声が天下に満ちている。この時に当たって、政友会はあくまで立憲の大義と我が党従来の方針にのっとり、協力と一致をもって憲政最終の美をつくすために勇往邁進し、今期議会では決議の趣旨を貫徹しなければならない。だから諸君の協力によって、今後驚天動地《きょうてんどうち》の活動をなし、憲政完美の大任を尽くして国論に副《そ》うことを望む。

右の挨拶は、一見すると運動の盛り上がりに乗って、強硬な態度をとるようあおっているようにも見える。しか

(49)『中央新聞』一九一二年一二月二四日。
(50)『原敬日記』からも、松田が原と会って元老との交渉状況等を聞いたのは、一一月三〇日の閣議から第三次桂内閣が成立した一二月二一日までの間で、一二月一八日の一回だけであった。
(51)『佐賀新聞』一九一二年一二月二六日。
(52)『佐賀新聞』一九一二年一二月一七日。
(53)『佐賀新聞』一九一三年一月二五日。
(54)『佐賀新聞』一九一三年二月六日。
(55)『中央新聞』一九一三年一月一日、二日、三日。
(56)『中央新聞』一九一三年一月一三日。
(57)『中央新聞』一九一三年一月二〇日。

しながら、この松田の挨拶に対する杉田の言葉から、松田の慎重な姿勢がよくわかる。

松田のいうように、政友会が憲政の進歩のために粉骨砕身するのはもちろんである。しかし、大会での西園寺総裁の演説は、いわゆる民意を採るの趣旨をもって、閥族打破は当然言外に含有していることは明らかである。このように杉田は述べた。

すなわち、杉田は、西園寺の演説も松田の演説も閥族打破に直接言及しなかったことを不満に思ったのである。松田は、政友会が一致協同する必要は訴えているが、あくまでも軽挙妄動しない、責任を持った行動を望んだのである。『東京日日新聞』は、この時の松田の挨拶を、憲政擁護は天下の輿論《よろん》であって、戮力《りくりょく》して〔力をあわせて〕驚天動地の活躍を期待するという態度であって、改めて宣戦の布告をなしていると評した[58]。松田の挨拶の真意は誤って伝えられたのである。

(三) 松田への期待の高まり

ここまで松田は、藩閥批判はするものの憲政擁護運動とは距離を置いていた。しかし、一月二三日、犬養が翌日の憲政擁護大会に松田か原にぜひ出席してもらいたいと望んだ際、松田は出席だけで演説をしなければ支障はないが、原に相談してから決めると答えた[59]。原は、松田や原が運動に参加することによってかつての民党合同のような機運を生むことを危惧し、すでに出席も演説も不可と考えていた[60]。当時の体調や、政党政治の発展にこれまで尽力してきてもう引退も視野に入れていたという状況から、松田の方が原と比較すると、運動に好意的であった。

こうして行われたのが第二回憲政擁護大会で、前年一二月一九日の第一回大会の数倍の群衆が新富座につめかけた。この大会の様子を伝えた『東京日日新聞』も、「来賓は松田正久氏を始め政国両党代議士五十余名」と記載しており、松田がその中心として注目されたことがわかる。松田は、原との約束通り、喉を傷めているとの理由で演説しなかった[61]。

松田は、憲政擁護東京大会に加えて、大阪大会にも出席した[62]。しかしこの大阪大会への出席は、松田から言い出

1902年に建てられた初代中之島公会堂（上）と1918年に建てられた今も残る二代目中之島公会堂（下、「大阪市中央公会堂」）（ともに大阪市立図書館所蔵）。松田が訪れた時、建て替えのために初代公会堂が取り壊され、広場になっていた。

(58)『東京日日新聞』一九一三年一月二一日。
(59)『原敬日記』一九一三年一月二三日。
(60)『原敬日記』一九一三年一月二三日。
(61)『東京日日新聞』一九一三年一月二五日。
(62)『東京日日新聞』一九一三年一月二五日、二月一日。

したものではなく、尾崎が強く出席を要請したためであった。松田は、持病のリューマチを理由に、演壇には立たないことを説明していた[63]。藩閥批判、桂内閣批判という観点で政党同士が協力することを当初はそれほど拒否しなかった松田であるが、民党合同の機運を絶対に抑えなければならないと考える原の影響を受けて、運動と距離を置き始めたのである。

結局松田は、原との約束通り本格的な演説をなすことはなかった。政友会から桂新党への脱党者は出さないことを述べた後、「横暴極まる閥族を打破し健全なる憲法政治を布《し》かれん事を望む」との挨拶にとどめた。松田の大会における態度は抑制されたものではあったが、「松田長老」が「病躯を推して」出席したことは、二万の聴衆を勇気づけるものであった[64]。

政党政治は一歩ずつ発展しており、原のもとでさらに進むはずであり、自分はその地ならしをしてきたのだと、松田は自身を納得させていたことだろう。そこに政変が起こり、怒りが強い藩閥批判へと向かった。これまでの松田らしからぬ行動であった。加えて、実現の可能性がほぼないことを理解しながらも、「松田内閣」が叫ばれて自分に期待が集まることは、晩年の松田にとって快いものであったに違いない。しかし、常々自身が政友会員に説いてきた通り、松田が「軽挙妄動」に走ることはなかった。一月三〇日、尾崎行雄が大阪で開かれる関西憲政擁護大会への出席を原と松田に求めた。これに対して、それはできないことを伝えたが[65]、翌日になって、それでは国民党に面目が立たないので総務委員を辞任するというので、仕方なく松田だけが大阪に赴くことになった[66]。

この関西憲政擁護大会で松田は、「閥族を倒す」ことを訴え、「政国合同」を唱え、また同様の談話を新聞記者に語っている[67]。もともとは民党合同路線に反対でありながら、このような態度に出たのは、これまで自身が政党政治を発展させてきたと信じていたぶんだけ、怒りと失望が大きかったのであろう。

一九一三年二月五日、政友会、国民党、同志会所属議員が内閣不信任案を提出すると、政府は五日間の停会を決めた。停会明けの議会でも、状況が好転する見込みがなかった桂は、事態を打開するために天皇の詔勅を利用することにし、西園寺に政友会慰撫の勅命が下された。しかし、政友会の態度が変わることはなく、むしろ、桂が議会を乗り切るために天皇の詔勅を利用したという批判が巻き起こり、運動は一気に激しさを増した。政府系の国民新聞社・都新聞社は焼き打ちにあい、日露戦争講和時の日比谷焼き打ち事件を思い起こさせるものであった。騒擾は東京のみにとどまらず、大阪にもすぐに飛び火して、御用新聞と見なされた国民新聞・報知新聞・都新聞等の大阪支局や、桂新党に参加した大阪出身代議士宅が襲撃された。二月一一日、第三次桂内閣は総辞職を決めた。

翌一二日、元老会議を経て、内閣組織の大命は、前海相で薩摩閥出身の山本権兵衛に下り、山本が政友会の協力を得て後継内閣を組織した。西園寺はすでに体調を悪くし、原の台頭のせいもあって、政友会の指導に意欲をなくしていた。そこで、政友会を抑えることができず、詔勅を実行できなかったのを機に、政友会総裁辞退を決めた。

山本内閣と政友会との関係に関して、元田、尾崎、大岡、岡崎、野田をはじめ、政友会内の多くが、山本が政友会に入党しない限り、政友会は山本内閣に協力すべきでない、と「純政党内閣」論を主張した。これに対して、原と松田の最高幹部は、西園寺が山本を推薦したことに鑑みて、「純政党内閣」要求の抑圧に当たった。

「純政党内閣」を強硬に主張する政友会の地方団体の一つであった北信八州会（杉田定一・伊藤大八ら）は、一二日に集会し、「立憲的政党内閣に非ざれば之を承認せず」との決議をなした。[68] 一方、一四日に会合した政友会地方団体の九州会は、山本伯は政友主義の下に施政の大方針を定め、我党員多数をもって内閣を組織する以上、山本伯の

---

(63)『佐賀新聞』一九一三年二月二日。
(64)『佐賀新聞』一九一三年二月三日。
(65)『原敬日記』一九一三年一月三〇日。
(66)『原敬日記』一九一三年一月三一日。
(67)『東京日日新聞』一九一三年二月四日、五日。
(68)『佐賀新聞』一九一三年二月一四日。

入党の有無をあえて問う必要はない、との姿勢で一致した[69]。政友会全体では山本に政友会入党を求める声が大きい上に、憲政擁護運動に対しては九州会も熱心であった。したがって、山本が政友会に入党しなくとも政友会が山本内閣に協力することを容認する方針を九州会が決定したのは、松田の主張が大きく影響したものと考えられる。山本内閣への態度に関しては、総務委員ら幹部との間でもなかなか意見が一致しない中で、松田は、まず九州派をまとめ、政友会全体を山本内閣支持でまとめるための足がかりを作ったといえる。こうして、政友会内の八地方団体は、二月一五日までに、山本が入党しないことを了承することでまとまった。

二月四日の深夜、板倉中は、松田の説諭を聞いて他意はなくなったと原に伝えに来た[70]。「松田内閣」を推す尾崎たちに対しても、松田は自らその運動を止めさせた[71]。憲政擁護運動の盛り上がりの中で、新聞や犬養らの言説中では、政党内閣を求める声を象徴するものとして、政友会を代表する「松田内閣」を求める声も上がった。山本内閣成立に際しては、「権べい〔ママ〕に種をまかせて行く末の世は大命を松田正久〔山本権兵衛に今回はまず組閣させて、将来的には自らに組閣の大命が降下することを待つ、松田正久であるよ〕」といった狂歌も新聞に掲載された[72]。「松田内閣」は、運動の中で出てきたスローガンであって、尾崎らは実現を目指して動いたというが、政友会の実権を握っていたのは原であり、山県ら元老とのつながりもない松田が実際に組閣できた可能性はゼロに近かった。

山本は政友会代議士総会の決議を容れて、政友会の主義綱領をもって施政方針となすことを宣言した。加えて、内閣員は、総理、および、陸・海軍大臣を除き、親任式前に政友会に入党することとなった。一方、尾崎行雄・杉田定一・岡崎邦輔ら、あくまでも「純政党内閣」を主張した二八名のいわゆる「硬派」は、二一日に会合を開いた。この席には松田も出席しており、彼らは松田に対して脱党論を述べた[73]。この「硬派」が集う場に松田が出席したのは、彼らが会合すれば脱党論で盛り上がることが当然予想されたため、少しでも彼らをなだめる意味があったと思われる。後日、各地方団体も「硬派」に対して脱党を思いとどまるように説得に当たったが、結局、二月二三

日をもって、尾崎・岡崎ら三〇余名は脱党した。(74)

松田は、山本が形式的には政友会に入党しなくとも、主義綱領に従うのであれば妥協した上で、「政党主義の理想を実現」できるように努めるべきである、(75)と山本内閣組織に対応した。松田は、「純政党内閣」に固執する「硬派」に批判的だったからである。

議会において桂内閣不信任決議をなすまでは誠に空前の快心事と思ったが、急遽桂内閣の瓦解となり、次で山本伯が後継内閣を組織するという段階に入ってからは、種々なる行《おこない》が竜頭蛇尾《りゅうとうだび》に終わってしまった。実に不愉快の奔走でこんなにつまらぬことはない。(76)このように松田は述べた。この発言から、松田が、増師案に始まる一連の陸軍・長州閥に対しては批判的であって、民衆運動に訴えても、現状を変革しなければならないと考えていたことがわかる。しかし、批判の対象であった桂内閣が総辞職すれば、次は今後の政治を如何にするのかを考えなければならない。山本に政友会入党を求めることにばかり固執し、今後の政治運営を構想できていない「硬派」に対して、松田は批判的であったといえる。

憲政擁護運動の中で、松田はどのように見られていたのであろうか。福沢諭吉に師事して、新聞記者となった後、三井財閥で活躍した高橋箒庵は、憲政の進歩に期待を持って、運動の成り行きを注意深く見つめていた。そし

---

(69)『佐賀新聞』一九一三年二月一六日。
(70)『原敬日記』一九一三年二月四日。
(71) 広瀬順晧編『憲政史編纂会旧蔵 政治談話速記録第二巻 尾崎行雄氏談話速記』（ゆまに書房、一九九八年）三六〇～三六一頁。
(72) 作者不詳の投書（『佐賀新聞』一九一三年二月二七日）。
(73)『佐賀新聞』一九一三年二月二二日。
(74)『佐賀新聞』一九一三年二月二五日。
(75)『佐賀新聞』一九一三年二月二五日。
(76) 同右。

て、山本内閣と政友会の提携を、「政友会の憲政擁護、閥族打破を標榜して桂内閣を殪《たお》しながら、桂よりも尚ほ非立憲なる藩閥の山本権兵衛伯を総理大臣に推すが如きは政治上の詐欺的行為なり」と批判して、「政友会は西園寺総裁局に当る能はずとの事情あれば、松田正久氏を推し立てて邁往直進するが当然なり」と日記に記した(77)。自由党以来の党人派であって、憲政擁護大会に出席した、政友会最高幹部の松田の存在は、憲政擁護運動の結果として望まれる、本格的な政党内閣を象徴する人物であったと考えられる。

高橋は、松田と直接会話をしたことはなかった。しかし少し後であるが、一九一三年の夏、松田から高橋に対して、中林梧竹の「蘭亭帖」(王羲之の書の手本書)を持っているかとの電話による問い合わせがあって、所持していないと答えると、早速一部を寄贈された。梧竹は、明治の三筆の一人で、松田と同郷の小城出身であった。松田が、梧竹の弟子であって、「可なり能書」であると知った高橋は、「他に嗜好なく政事の他囲碁を好むのみと聞きしが、梧竹の世話を為す処より観れば胸中自から閑日月あり、政論一方の人に非ざりしならん」と、松田について記している(78)。

一連の運動において注目されるのは、常に、原と松田が連携しながら、憲政擁護運動への対応を決定している点である(79)。両者はかなりの部分で役割分担をして、お互いに協力し合っていたものと考えられる。ただし、両者を比較すると、松田の方が、反藩閥の姿勢を強く打ち出している。県会議長時代には、まだ議会政治が始まったばかりであったため、藩閥出身の県令と協調したこともあったが、政党政治が徐々に発達してきたこの時期において政党内閣を妨害されたことで、一気に怒りがこみ上げたと考えられる。また、民党合同の機運への警戒心は、原の方が明らかに強かった。松田は、山県らと原との交渉の状況を理解できていなかった可能性がある。加えて、引退を考えていた時期にあったことから、これまでとは異なる対応に陥ってしまった。

四　原敬に後事を託す

一九一三（大正二）年六月二四日に、松田は原から、行政整理もひと段落を告げたならば、自分たちは内閣を去って野に下り党のために尽力する時ではないかと問われると、実は自分より相談したく思っている次第だが、自分は老年にもあり事情の何たるかを問わず退職し、君は年も若いので内閣に残ってもよいだろうと返している[80]。このことからも、松田が引退を意識していたことがわかる。

一九一三年秋頃になると、約一年前から体調を崩すことが多くなっていた松田の容体はさらに悪化し、新聞紙上にも松田の「重患」説が流れ、法相の辞職もささやかれるようになった[81]。一一月になると、松田は、原に対してもはっきりと辞職の意志を伝えた[82]。一一月一七日付でこれまで尽力してきた法律取調委員長を交代したことも、この時期までに松田の復帰が望めなくなったことを物語っている[83]。胃がんが進行して病床に就いた松田に対して授爵の話が持ち上がり、原、山本首相から、山県有朋枢密院議長らへの根回しがなされた。そうして、翌一九一四年一月一九日、松田は、爵位を与えられて男爵となった。政党員として、大臣を歴任したことにより爵位を授けられたのは、松田がはじめてであった[84]。

（77）高橋義雄『萬象録　高橋箒庵日記』巻一（思文閣出版、一九八六年）一九一三年二月一四日。
（78）高橋義雄『萬象録　高橋箒庵日記』巻二（思文閣出版、一九八六年）一九一四年三月六日。
（79）『原敬日記』一九一三年二月一三日。
（80）『原敬日記』一九一三年六月二四日。
（81）『佐賀新聞』一九一三年九月二七日、一〇月四日など。
（82）原敬宛松田正久書翰一九一三年一一月四日（原敬文書研究会編『原敬関係文書』第三巻（日本放送出版協会、一九八三年）二六三頁）。
（83）司法省職壱第四五六号「法律取調委員等行賞之儀に付上奏」（国立公文書館所蔵）。

松田の死を受けて、原は、松田は真に死に時を得たりとある人が評したことを「実に其感も之ありたり」と日記に記した[85]。「真に死に時を得た」とは、政党政治家としての盛りを過ぎた松田が、第一次護憲運動で純粋な政党内閣の目標として「松田内閣」をうたわれたことを指していると思われる。近代的な政党を育成して政党政治の確立を目指すという信念を貫いたものの、実際に政党員が大臣としての職責に当たることになった時、松田は蔵相などの重要な大臣をこなすことができなかった。「松田内閣」は突如手の届きそうなところに表れて、すぐに消えていったが、実現できない幻であることを最もよく理解していたのは松田自身だっただろう。そして、無理をして「松田内閣」を組織しようとしても成功しないだろうし、万一組閣できたとしても短命に終わるだろうことは予想がついた。このように松田は考えたであろう。ここで失敗すれば本格的な政党内閣の実現はさらに遅れることとなる。松田が政党内閣の実現のために真摯に取り組んだことを理解していたからこそ、原は松田への授爵に尽力し、松田家の世話をしたといえる。

五　第一次護憲運動における公共性の表れ——おわりに

松田は、留学と翻訳業を通して身につけたフランス語を通して、海外の情勢をある程度正確に把握できていた。また、フランス語を用いているからといって、フランスを重視するのではなく、フランス語を通して欧米列強の商工業の発展を見、イギリスやアメリカを重視していた。こうした知識によって、欧米の規範の中で、日本の外交を考える重要性を認識でき、強硬な外交論を抑えようとしたのである。

松田は、有権者の拡大やイギリス風の二大政党制を念頭に置きつつも、漸進的に、段階を踏んで政党政治を発展させることを重視した。既成勢力である薩長藩閥政府との関係でも、急進的な反藩閥を訴えるのではなく、混乱の少ない形で政党が発達することを目指した。そのためには実現可能で合理的な政策を立案することが必要で、自身の選挙区は郡部にありながらも、都市を中心とした商工業の振興を支持した。政府の介入をなるべく減らし、民間資本による経済・産業の発展を目指すといういわゆる「小さな政府」を目標とし、そうした商工業の市場として、東アジア、特に中国も捉えていたのである。このためにも、対外強硬論者を抑え、協調外交を唱えた。

このように商工業を振興するために、松田が重視したのが商工業者の自立であり、そのために彼らの政治参加と教育を重んじた。地域的な利益を誘導するのではなく、商工業者の自立を促し、そのための基盤を提供することによって、有権者の支持を獲得していったのである。このことは、松田がより多くの国民の利益となる制度を作り、政策を実行するという公共性を重視していたことを表している。

松田の公共性を最も表しているのが、本章で焦点を当てた第一次護憲運動での態度であった。「松田内閣」の実現は、政治家であれば当然望むものであろう。松田は、二個師団増設問題の背後に山県有朋の存在があり、山県が軌道に乗ったかに見えた政党政治の発展を妨害したと考えた時には、強く批判した。桂園時代において、自身が原に抑えられて政友会を実質的に指導できなくなっていた不満も根底にあった。しかし、これが民衆運動として過激化していくと、抑制的な態度に転じた。政党政治の妨害は許せないが、運動が過激になりすぎることは、国の安定を欠くと考えたのである。自らの名誉ではなく、安定した体制の形成を重んじたのである。

このような松田の弱点は、西欧事情を常に学び続けなかったため、次第に知識に自信が持てなくなり、将来への具体的なビジョンを持てなくなっていったことである。加えて、星亨や原敬と比較すると、決断力が弱かった。これは、誠実な人格の表れともいえるが、失敗を恐れる気質とも通じるものである。はじめは留学帰りであるという

(84)『原敬日記』一九一四年一月一九日。
(85)『原敬日記』一九一四年三月七日。

自らの知識に自信を持ち、それによって地位を築いた。しかし、時代が経ち、その知識が十分でないとわかると、松田は、失敗を恐れ、人ともあまり深く付き合わなかったようである。確かに、こうした点が、松田が常に星や原の二番手であった原因であろう。しかし、二度目の留学が実現できなかったのは松田だけの責任ではなく、自らの限界も引き受けつつ、生涯を政党政治の発展に尽くした松田の存在が、近代日本における全国政党、大政党の実現を早めたといえよう。

第一次護憲運動において、当時は運動のスローガンとして叫ばれた松田は、自身が内閣を組織することの難しさと、万一実現してもそれが政党政治の発展にマイナスになる可能性を重視して、山本権兵衛の組閣を支持した。そのことで、民衆の期待を裏切り、運動の中で名前を挙げられなくなっていったのであろう。

第三章

幣原喜重郎と国際協調

北京関税会議・北伐をめぐる外交再考

西田敏宏

◉幣原喜重郎は、戦前の日本の国際協調外交を代表する外交指導者である。しかし、その一方で、幣原外交には、無視できない対外的な自主性の側面がある。本章では、そうした側面が最も強く現れ出た第一次幣原外交の対英関係の分析を中心に据えて、幣原の生涯を跡づけ、「信念の外交」という幣原の外交指導の特質を浮き彫りにする。

外務大臣を辞した頃の幣原喜重郎。1931年、六義園にて。
『日本宰相列伝17　幣原喜重郎』新装版（時事通信社、1985年）より

一　幣原外交に対する「自主外交」批判――はじめに

幣原喜重郎（一八七二～一九五一）は、両大戦間期の日本の国際協調外交を代表する外交指導者である。一九一八年の第一次世界大戦終結から、一九三一年の満洲事変勃発にかけての時期に、日本は国際協調外交を展開した。幣原は、一九二四～二七年と一九二九～三一年の二度、計五年あまりにわたって外相を務め、この時期の国際協調外交を主導した。それゆえに、幣原の指導になる「幣原外交」は、国際協調外交の代名詞となっている。

しかしながら、こうしたイメージに反して、一九二四～二七年の第一次幣原外交に対する同時代の批判の一つは、それが非協調的であるというものであった。当時の著名な政治評論家の馬場恒吾は、一九三〇年代半ばの評論において、「今でこそ幣原は協調外交の本尊の如く云はれてゐるが、過去に於てはかれの外交は余りに自主的であるといふ理由で攻撃された」と書いている。[1]また、東亜同文書院出身の外交通の代議士で、第一次幣原外交の時期に首相秘書官を務めた松本忠雄も、一九三一年発表の評論の中で、幣原が「余りにも自主的外交の確立に急にして、列国との協調を重ん」じないことを批判的に指摘している。[2]

従来の研究においても、第一次幣原外交について、時としてアメリカ・イギリス両国など列強に対し、非協調的な政策をとったことが指摘されてきた。一九二五～二六年の北京関税特別会議の最終局面で、日本以外のすべての参加国が賛成した中国の関税引き上げ案（二分五厘付加税の即時無条件実施）に対し、幣原が断固として反対したことは、早くから注目されている。[3]さらに、北京関税会議とその後の北伐をめぐる幣原の政策について、中国において

(1)　馬場恒吾『政界人物評論』（中央公論社、一九三五年）二七一～二八三頁。
(2)　松本忠雄「幣原外交の本質的研究」（『外交時報』六二七号、一九三一年一月一五日）。
(3)　臼井勝美「『幣原外交』覚書」（『日本歴史』一二六号、一九五八年一二月）。

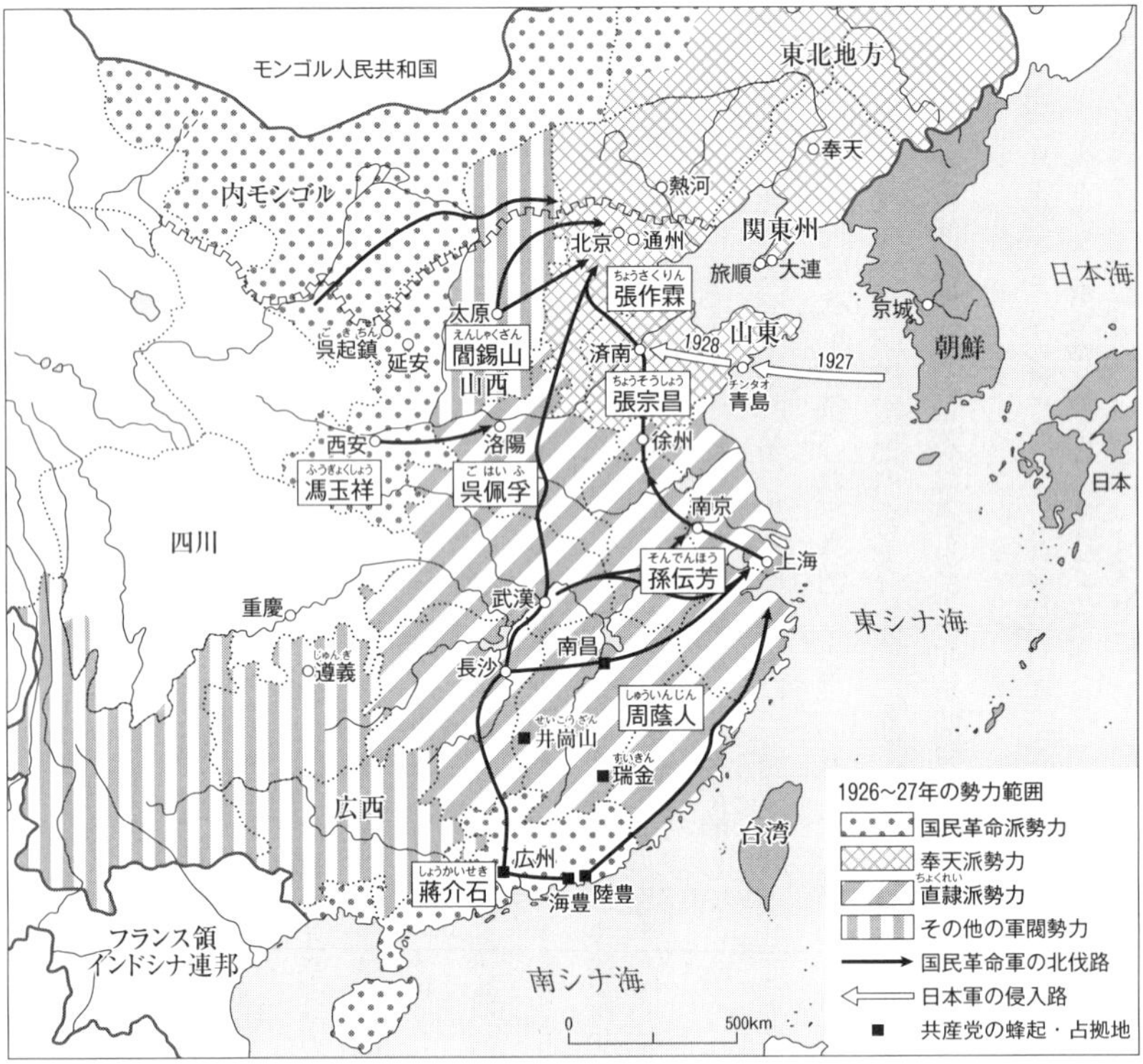

1920年代の中国

『世界歴史大系　中国史５—清末〜現在—』（山川出版社、2002年）より

アメリカ・イギリス両国との協調から離れ、独自に日本の経済的利益を増進しようとしたという解釈も提示されている(4)。また、中国における日英関係に関する近年の研究は、イギリス側が、特に北伐の時期の幣原外交に対して不満を抱き、幣原を「反英的」とする評価さえ見られたことを明らかにしている(5)。

これらの先行研究が指摘する通り、第一次幣原外交は、特にイギリスとの間で、中国政策の協調を進めることに失敗したと結論せざるをえない。ここで「失敗した」という言葉を使うのは、一つには、幣原外交の中国政策はあくまでアメリカ・イギリス両国などとの協調を基調とするもので、幣原自身の意図に反して、あるいは意図した以上に、中国における日英間の摩擦やイギリスの対日不信が深刻になったためである。もう一つには、この時期の日英両国間の摩擦が、ワシントン会議後の中国における日本・アメリカ・イギリス三国の協調関係が弱体化していく契機の一つになったと考えられるためである。

それでは、第一次幣原外交はなぜ中国においてイギリスとの協調を進めることに失敗したのだろうか。その要因としてはまず、中国において日英両国がそれぞれ置かれた立場や両国の中国政策の相違などといった、日英関係の構造的な要因が考えられる。さらに、それに加えて、幣原の外交指導のあり方にも、少なからず問題があったように思われる。そしてこの後者の点は、幣原の外交指導の特質に深く関わっている。

本章で明らかにするように、幣原の外交指導の最も重要な特質は、確固たる信念に基づき、それを貫こうとするところにあった。その表れの一つは、よく知られているように、幣原が国内の批判に屈することなく、中国内政不干渉政策を堅持したことである。他方、そのもう一つの表れが、右に述べたような、幣原外交の対外的な自主性なのである。幣原は欧米諸国に対して自らが正しいと信じた政策を主張し、中国における国際協調を主導しようと努力した。幣原外交とは、いわば自主的協調外交というべきものだったのである。

そこで本章では、国際協調外交としての幣原外交が含み持つ、対外的な自主性の側面に焦点を当てることで、幣原の外交指導の特質を浮き彫りにすることを試みたい。まず、幣原の生涯をたどりながら、外交指導者としての幣原の個性がどのようにして形成されたのかについて検討する。(6)その上で、右に述べたように、幣原外交の対外的な自主性の側面が最も強く現れ出た第一次幣原外交におけるイギリスとの関係について、体系的な分析を試みる。第

(4) 入江昭『極東新秩序の模索』(原書房、一九六八年)第二章、第三章、第四章。
(5) 後藤晴美『上海をめぐる日英関係 一九二五~一九三一年―日英同盟後の協調と対抗―』(東京大学出版会、二〇〇六年)序章、第四章、第六章、終章。
(6) 幣原の生涯については、近年の伝記的研究である、服部龍二『幣原喜重郎―外交と民主主義―』増補版(吉田書店、二〇一七年)を参照のこと。特に政党政治・民主主義との関わりや国内外の人脈について、多くのことを明らかにしている。

一次幣原外交のうち、北京関税会議と北伐の時期を中心に取り扱うのは、中国における日英間の摩擦が表面化したのが北京関税会議においてであり、さらにその後の北伐においてそれが深刻になっていったためである。そして最後に、幣原の外交指導の特質の要点をまとめるとともに、その後の幣原の動向を簡単に跡づける。

二　外交指導者としての幣原の個性の形成

（一）外交官としてのキャリア形成

それではまず、外交指導者としての幣原の個性と、それがどのようにして形成されたのかについて検討したい。外交指導者としての幣原の個性を構成する要素として、やはり生来の性格を無視することはできない。幣原は一八七二（明治五）年八月、堺県茨田郡門真一番下村（現・大阪府門真市）の富農の次男として生まれた。農村の出ながら教育熱心な両親のもとで、幣原は明治初期としては先進的な教育に恵まれ、帝国大学法科大学（のちの東京帝国大学法学部）を卒業した。そして大学卒業後の一八九六年、外交官および領事官試験に合格し、二四歳で外務省に採用される。外交官を志す者が当時の一般的な意味でのナショナリストであるのは当然であるが、幣原も例外ではなく、日清戦争後の三国干渉（一八九五年）をきっかけとして外交官志望を決意した明治人であった(7)。

幣原の性格において最も特徴的なのは、並外れた意志の強さと、自らが正しいと信じた考えは頑強なまでに変えない信念の強さである。それを物語る次のエピソードはよく知られている。幣原は、全権代表を務めた一九二一～二二（大正一〇～一一）年開催のワシントン会議で、会議開会後まもなく腎臓結石で病床についた。だが結局、医者の反対を押し切って会議に復帰し、苦痛に耐えてアメリカ・イギリス両国や中国との交渉を成し遂げた。また、太平洋戦争中に、貴衆両院議員の大部分が翼賛政治会に参加する中、貴族院議員であった幣原が断じて入会を拒んだことは、その強い信念を示すものである(8)。

さらに、外交官としての幣原の初期のキャリアも、外交指導者としての個性の形成にあたって重要であったと考

アンベルス駐在時代（1900（明治33）年）
『日本宰相列伝17　幣原喜重郎』新装版（時事通信社、1985年）より

東京帝国大学在学時
『日本宰相列伝17　幣原喜重郎』新装版（時事通信社、1985年）より

朝鮮総領事館勤務時代
『日本宰相列伝17　幣原喜重郎』新装版（時事通信社、1985年）より

（7）幣原平和財団『幣原喜重郎』（一九五五年）一～二七頁。
（8）同右、一～七、二一五～二四六頁、幣原喜重郎『外交五十年』改版（中央公論新社、二〇一五年）六七～九九、二一二～二一六頁。

えられる。外交官としての幣原のキャリア形成には、興味深い二面性がある。まず、よくいわれるように幣原は、専門外交官が主導した戦前期日本の「霞ヶ関外交」（外務省外交）、あるいは「霞ヶ関正統外交」を代表する存在である。一八九三年に外交官の試験任用制度が整備されて以後の外務省入省者で、初の外務次官、初の全権大使、初の男爵、初の外相、初の貴族院勅選議員になったのは、いずれも幣原である（第四回試験合格者）。また幣原は、外務省きっての英語の達人としても有名である。これらから幣原は、外務省主流、エリート外交官の典型と一般的に見なされている。(9)

ロンドン駐在時代（1914（大正３）年）
『日本宰相列伝17　幣原喜重郎』新装版（時事通信社、1985年）より

外務大臣時代
『日本宰相列伝17　幣原喜重郎』新装版（時事通信社、1985年）より

駐米大使時代
『日本宰相列伝17　幣原喜重郎』新装版（時事通信社、1985年）より

幣原内閣成立の際（1945（昭和20）年）
『日本宰相列伝17　幣原喜重郎』新装版（時事通信社、1985年）より

衆議院議長時代
『日本宰相列伝17　幣原喜重郎』新装版（時事通信社、1985年）より

その一方で、外交官としての幣原の経歴には、必ずしも主流とはいえない特異性がある。外務次官に就任するまでの初期の一九年間（一八九六〜一九一五年）のキャリアのうち、その半分に近い八年間（一九〇四〜一二年）が外務本省勤務である。しかも幣原は、政務局を中心とする政策形成ラインにいたのではなく、電信課長・取調課長・取調局長などとして、特に外交問題の調査・研究に取り組んでいる[10]。

そして、この時期に幣原が大きな影響を受けたのが、外務省法律顧問のアメリカ人・デニソン（Henry Willard Denison）である。デニソンはアメリカの領事官として来日し、その後、弁護士を開業していたところ、一八八〇年に外務省に雇い入れられた。以後一九一四年に死去するまで、国際法の調査や外交文書の作成など主に外交実務に関する外相の補佐役として、日本外交に多大な貢献をなした。このデニソンと最も深い交友を結び、その教えを授かったのが幣原であった。幣原はデニソンと毎朝散歩をともにするほどに親交を深め、種々の外交技術を学んだ[11]。このようにして幣原は、外交官としてのキャリアの初期の三〇歳代に、外交問題や国際法に関し

（9）前掲、幣原平和財団『幣原喜重郎』一〜七頁、内山正熊『現代日本外交史論』（慶應義塾大学法学研究会、一九七一年）第I章、同「外交官」（外務省外交史料館・日本外交史辞典編纂委員会『新版　日本外交史辞典』山川出版社、一九九二年）、田村幸策「幣原喜重郎論」（『外交時報』五七六号、一九二八年一二月一日）。

（10）前掲、幣原平和財団『幣原喜重郎』四六〜五〇、六一〜六五頁。

て知識を深め、外交技術の研鑽に励むという特異な経験を積んだ。この経験は幣原に、外交や国際法に関して確固たる見識を身につけているという自負を持たせることになったと考えられる。また、幣原が外交へのアプローチとして、つねに問題を広い視野から捉え、合理的、論理的に対応を考える傾向をもつようになるのも、この時の経験と知識によるところが大きいだろう。

なお、デニソンから授かった教えの中で、幣原が特に強調しているのは、「正直が最善の政略である」という外交論である。これは、外交の本質は権謀術数ではなく、国際信義を重んじることによる国際的な信用の維持が、大局的見地から国益にかなうという考えである。(12) さらに幣原は、それを敷衍して、仏教が説く「因果応報」の原理が国際関係においても作用するとまで述べている。また幣原は、「正義は最後の勝利者である」という言葉をよく口にしたという。(13) そこに、正義や「正しいこと」が普遍的に力を持つと信じて疑わない、幣原の基本的な価値観を見てとることができる。

さて、幣原はその後、アメリカ駐在、次いでイギリス駐在の大使館参事官、さらにオランダ駐在の全権公使を経て、一九一五(大正四)年一〇月に四三歳で外務次官となる。幣原の外務次官就任は、第二次大隈重信内閣改造にともない外相となった石井菊次郎の意向によるものである。幣原が外交官として初めて赴任した仁川領事館で上官だったのが石井であり、その時以来石井は、幣原の仕事ぶりを高く評価し、有能な部下として信頼を寄せていた。(14) 前年の一九一四年に第一次世界大戦が始まっており、幣原は外務次官として、第一次世界大戦期の日本外交に深く関わることになる。このこともまた、外交指導者としての幣原の個性の形成において重要であったと考えられる。

第一次世界大戦期に日本は、大戦により東アジアで欧米列強の勢力が後退したのを背景として、勢力拡張政策を強引に推し進めた。大戦以前からの懸案であった満蒙特殊権益(南満洲・東部内蒙古における日本の勢力範囲)の強化が、一九一五年の中国に対する二十一カ条要求によって実現して以降は、日本外交の関心の対象は満蒙から中国全体に移行・拡大する。日本は中国全体における優越的な地位を欧米列強に承認させることを追求することとなったのである。その際の日本側の主張の論理は、日本は中国において欧米諸国と異なり、死活に関わる利害を有するというものであった[15]。

このような第一次世界大戦中の日本外交の展開は、幣原の国際認識に大きな影響を及ぼしたと考えられる。幣原は、日本が東アジアの秩序を担うべき大国であるという意識を抱くことになった。そして、それは日本が中国において欧米諸国と異なり、死活的な利害を有するがゆえになおさらであると、幣原は認識したのである[16]。

(二) 新時代の外交指導者としての台頭

外交指導者としての幣原の個性の形成にあたって最後に重要であったのは、第一次世界大戦後の国際環境の変化への適応である。一九一八年の第一次世界大戦終結後、欧米列強が東アジアで勢力の巻き返しに出てくると、日本は中国における優越的な地位の追求を断念し、欧米列強との協調に政策転換を図ることになった。一方、幣原も、右に見たような国際認識を保持しながらも、日本を取り巻く国際環境の変化に適応していく[17]。そして、やがて幣原

(11) 同右、五三～六〇頁、前掲、幣原喜重郎『外交五十年』二五七～二六四頁、大野勝巳「明治外交とデニソン顧問の献身」(『文藝春秋』一九六六年一一月号)、外務省百年史編纂委員会『外務省の百年』下巻(原書房、一九六九年)一三四一～一三四七頁、前掲、服部龍二『幣原喜重郎』二二〇～二二二頁。

(12) 前掲、幣原平和財団『幣原喜重郎』五六～六〇頁。

(13) 同右、三、二七二～二七七頁。

(14) 同右、二七～三一、四四～五三、八七～九九頁。

(15) 拙稿「幣原喜重郎の国際認識—第一次世界大戦後の転換期を中心として—」(『国際政治』第一三九号、二〇〇四年一一月)。

(16) 同右。

(17) 同右。なお、熊本史雄「大戦間期外務省の情報管理と意思決定—新四国借款団結成問題への組織的対応と幣原喜重郎外務次官の外交指導に即して—」(『日本史研究』第六五三号、二〇一七年一月)は、外務省史料の精緻な分析により、対中国新国際借款団結成交渉における幣原の具体的な関わりを明らかにしている。

は、新時代の外交指導者として台頭していくことになる。
幣原は、四年近くにわたった外務次官としての実績を背景として、一九一九年九月に駐米大使に抜擢される。アメリカにおいて幣原は、第一次世界大戦後の日米両国間の懸案の処理に奔走させられることとなった。しかしながら、その過程で幣原は、アメリカに対する理解を深めると同時に、大戦後の国際政治の新しい潮流を次第に受容していったように思われる[18]。

第一次世界大戦後の世界は、帝国主義にかわって国際協調主義の時代となった。大戦をもたらした帝国主義時代の「旧外交」が否定され、アメリカのウィルソン大統領らが提唱する「新外交」の影響のもと、平和や国際協調が積極的に追求されるようになる。それを象徴したのが国際連盟の創設である。もっとも、帝国主義的な勢力拡張政策が将来に向けて否定される一方で、既存の植民地などに対する列強の支配は変わらなかった。そのため、列強の支配を受ける諸民族の側では、ナショナリズム運動が高まっていくことになる[19]。

東アジアにおいては、一九二一年から翌二二年にかけて開催されたワシントン会議が、国際協調主義が確立する画期となった。駐米大使として日本側の最前線に立っていた幣原は、このワシントン会議に積極的に呼応した。幣原は、日本の全権代表の一人として主に政治問題の交渉で中心的な役割を担い、会議を成功に導くのに大きく貢献したのである。ワシントン会議の結果、地域の主要国である日本・アメリカ・イギリスの間に、海軍軍縮と、中国問題の原則に関して合意が成立し、この三国を中心とする国際協調体制としてワシントン体制が成立することとなった。そしてワシントン会議での活躍を通じて幣原は、新しい国際協調主義の時代の外交指導者と目されるようになる[20]。

このようにワシントン会議は、幣原が外務省という組織を離れ、外交指導者としての個性を発揮し始める契機となった。その個性は、右に見てきたような過程を通じて形成されたと考えられ、以下のような特徴を持つものであった。

第一に幣原は、第一次世界大戦後の新しい国際協調主義の潮流を率先して受け入れた外交指導者であった。幣原はワシントン会議以降、外交の指導原則として、「共存共栄」／"live and let live" という標語を一貫して掲げた。[21]従来から指摘されてきたようにそれは、経済交流を通じて各国は共通に利益を得ることができ、それゆえに相互に協調的な関係を形成することになるという、大戦後に発展した経済主義的な外交理念を表すものであった。[22]幣原が、両大戦間期の日本の国際協調外交を代表する存在とされる所以である。

その一方で、第二の特徴として幣原は、東アジアにおいて日本が主導権を発揮することを重視した。右に見たように、幣原は第一次世界大戦中の経緯を通じて、日本が東アジアにおいて指導的立場に立つべき大国であるという認識を身につけていた。また幣原は、キャリアの初期に外交問題や外交技術の調査・研究を深めたことから、外交や国際法に関して確固たる見識を有していると自負していた。さらに、生来の性格として信念を貫く意志の強さには人一倍のものがあったことに加えて、「正しいこと」が持つ力に対する確信が、幣原の価値観の根底にあった。それゆえに幣原は、以下で見るように、欧米列強に対して自らが正しいと考える政策を主張していくことになる。幣原ワシントン会議中の山東問題に関する日中直接交渉での幣原の成功体験は、その原点になったと考えられる。

（18）前掲、拙稿「幣原喜重郎の国際認識」。
（19）二〇世紀の世界の歴史の諸潮流については、入江昭『平和のグローバル化へ向けて』（日本放送出版協会、二〇〇一年）を参照のこと。
（20）麻田貞雄『両大戦間の日米関係―海軍と政策決定過程―』（東京大学出版会、一九九三年）五一～一四八頁。
（21）Baron Mijuro [*sic*] Shidehara, "A Frank Official Statement for Japan," *Current History* 15, no. 3 (December, 1921). この記事の全訳が、幣原平和財団、前掲『幣原喜重郎』二三八～二四二頁に掲載されているが、ここでは "live and let live" が「生活し、そして生活せしめる」と訳されている。一方、前掲、幣原喜重郎『外交五十年』二八八～二八九頁では、幣原自身が、「外交の目標は国際間の共存共栄、即ち英語でいわゆるリヴ・エンド・レット・リヴということにある」と述べている。
（22）入江昭『日本の外交』（中央公論社、一九六六年）八五～九一頁。Akira Iriye, "The Failure of Economic Expansionism: 1918-1931," in *Japan in Crisis: Essays on Taishō Democracy*, ed. Bernard S. Silberman and H. D. Harootunian (Princeton, N.J.: Princeton University Press, 1974).

は、自らが正当だと考える日本の立場を堂々と主張することで、アメリカ・イギリス両国のオブザーバーから支持を得て、交渉を妥結に導いたのである[23]。

以上をまとめると、外交指導者としての幣原の個性は、自らが妥当であると考える政策に基づき、東アジアにおいて日本が主導権を発揮しながら欧米諸国と積極的に協調を図る、いわば自主的協調外交を追求する点にあったといえる。

三　自主的協調外交としての第一次幣原外交

第一次幣原外交は、このような自主的協調外交が全面的に展開を見たものであった[24]。幣原は一九二四（大正一三）年六月、加藤高明内閣の外相に就任する。幣原は当時、五一歳と若くて自信に満ちており、精力的に自らの外交を推し進めていくことになる。

幣原は外相として、よく知られているように、第一次世界大戦後の国際協調主義の潮流に棹さし、先に述べた「共存共栄」の経済主義外交を推進した。軍事力を背景に勢力圏の拡張を図る、旧来の帝国主義的な政策から離れ、貿易の振興などの平和的な手段を通じた経済的利益の拡大を追求したのである。幣原は一九二五年一月の帝国議会における外交方針演説で、こう宣言している[25]。「国際的争闘の時代は漸く過ぎ、之に代るべきものは国際的協力の時代であると云ふことは疑を容れませぬ」。

ただし、幣原外交にとって一貫して最重要の政策課題となったのは、中国の政治的安定の実現であった。中国では、一九一二年に清朝が滅亡して中華民国が成立したが、各地に軍閥が割拠し、内戦が繰り返される状態にあった。さらに、そのような中で第一次世界大戦後には、ナショナリズム運動が中国全土で高まっていく。そこで、幣原が中国において経済外交を進めるにも、まずはその前提となる政治秩序の形成が大きな課題となったのである。

幣原は、一九二四年七月に行った外相就任後はじめての帝国議会における外交方針演説で、次のような方針を表明している。[26]「日本と致しましては、支那の政情が一日も速に安定を告げることを希望するのは当然」で、「支那の我に求むることあるべき友好的協力は、我に於ても及ぶ限り之を提供することを辞せざる考で」ある。

こうした問題意識は、ワシントン会議の当時以来のものであった。ワシントン会議閉会近くに日本全権団を代表して行った演説において、幣原は次のように述べている。[27]「日本は支那に急速なる和平統一が行はれ、且その広大なる天然資源の経済的開発に対し、緊切なる利益を持つもの」で、日本が必要とする「原料も市場も支那に善良安定の政府が樹立され、秩序と幸福と繁栄とが光被するに非らざれば得られない」と。また、幣原が駐米大使時代から最も信頼を寄せた部下である佐分利貞男（大使館参事官）も、ワシントン会議閉会の数ヶ月後にアメリカで行った演説の中で、日本は自国の経済発展のために、他のどの国よりも中国の安定と繁栄を望むことを明確にしている。[28]

外相となった幣原は、中国中央政府の強化を通じた中国統一の実現を志向した。中国では一九二四年九月に第二次奉直戦争が勃発したが、内戦収束後に段祺瑞を臨時執政とする新政府が成立した。この中国臨時政府は、その実態は張作霖と馮玉祥の二大勢力を中心とする軍閥の連合政権であった。それでも幣原は、翌年一月の帝国議会での外交方針演説において、中国臨時政府の努力の中に、対外的には国際義務を履行し、国内においては秩序を維持す

(23) 前掲、幣原平和財団『外交五十年』八七～九七頁。
(24) 以下、三・四・五で論じる第一次幣原外交の展開については、注記する典拠を除いて、拙稿「東アジアの国際秩序と幣原外交―一九二四～一九二七年―」(一)(二)(『法学論叢』第一四七巻第二号、二〇〇〇年五月、第一四九巻第一号、二〇〇一年四月）に依る。
(25)『第五〇回帝国議会衆議院議事速記録』一九二五年一月二二日。
(26)『第四九回帝国議会衆議院議事速記録』一九二四年七月一日。
(27) 前掲、幣原平和財団『幣原喜重郎』二五三～二五四頁。
(28) Phillips [Undersecretary of State] to Schurman [Minister to China], July 1, 1922, National Archives, Washington, D.C. (hereafter cited as NA), RG 59, 893.00/4502a. 佐分利と幣原の関係については、前掲、幣原平和財団『幣原喜重郎』二八八～二八九頁を参照のこと。

る強固な政府の樹立の可能性を認め、それに対して「列国と共に出来得る限りの好意的援助を与ふることを辞せざる決心」であると表明した[29]。そして以後、その強化を促すことを軸に政策を展開していく。

さて、幣原は中国の政治的安定を追求するにあたって、先に述べたような自主的協調外交を展開した。その最初の試みといえるのが、欧米諸国に対し、中国からの申し入れに応じて外交使節団の長を公使から大使へと昇格させることを提案したことである。幣原は外相に就任してまもない一九二四年七月、閣議決定を取りつけた上で、欧米諸国に提案を行った。ところが、アメリカ・イギリス両国がすでに中国に否定的回答を行っていたため、幣原は断念することを余儀なくされた[30]。

幣原が自主的協調外交を本格的に展開することになるのは、中国のナショナリズム運動が高揚し、中国の国内政治と対外関係を揺るがすようになるのを受けてであった。一九二五年五月、上海租界の外国人警察が中国人デモ隊に発砲した五・三〇事件を契機として、上海で大規模なゼネストが起こり、その後、中国各地で不平等条約の改正を求める反帝国主義運動が高まっていく。さらに、ナショナリズム運動の高揚に突き上げられ、中国臨時政府も、不平等条約の改正をワシントン会議参加諸国に要求してくるにいたった。

これに対して幣原は、まず五・三〇事件の解決について、積極的にアメリカ・イギリス両国と協調を図ると同時に、日本が中心になって事態を収拾しようと努めた。幣原は駐華公使に指示して、中国政府の段祺瑞臨時執政への勧告を日本独自で行わせる。しかしながら、現地の事態は幣原の思惑通りには進まず、容易には解決の見込みが立たなかった。紆余曲折の末に、イギリスが提案した事件の司法調査によってひとまず収拾が図られた[31]。

一方、中国政府の不平等条約改正要求に対しては、幣原は日本・アメリカ・イギリス三国が共同回答で何とか一致できるように努力した。とりわけ、中国に同情的な姿勢を示すことに前向きなアメリカを、幣原は粘り強く説得した。最終的に、日米両国間で妥協が成立して、ワシントン会議参加諸国から中国政府に対し同文の回答が行われた。

こうした中で、ワシントン会議で合意されていた、中国の関税引き上げのための北京関税特別会議が、一九二五年一〇月にようやく開催されることになった。しかし、幣原の自主的協調外交は、以後の中国政策の展開過程で、イギリスとの摩擦・不一致という困難な問題に直面することになる。以下において、この点に注目しながら、北京関税会議、さらにその後の北伐をめぐる幣原外交の展開について、体系的な検討を試みたい。

四　幣原外交はなぜイギリスとの間で摩擦を招くことになったか

（一）中国における日英摩擦の構造的背景

それでは、幣原外交はなぜイギリスと間で摩擦を招くことになったのだろうか。その要因についてはまず、当時の中国における日英関係の構造に目を向ける必要がある。

そもそもの背景にある前提として、日英両国は、中国との経済関係で並び立って大きな存在であった。日本が中国において欧米諸国と異なり、死活的な利害を有するとの幣原の認識は、確かに間違いではなかった。中国に対する日本の経済的依存度は、アメリカ・イギリス両国に比べてはるかに大きかった。たとえば、一九二八年の輸出総額の中で対中国輸出が占める割合は、日本が約二九％であるのに対し、アメリカとイギリスはともに約三％にすぎない。しかしながら、相対的な依存度ではなく、絶対的な額の点では、イギリスは中国において、貿易・投資の両

(29)『第五〇回帝国議会衆議院議事速記録』一九二五年一月二二日。
(30) 島崎貞彦「在中国日本公使館の大使館昇格問題」（『国際政治』第二八号、一九六五年四月）。
(31) 前掲、後藤晴美『上海をめぐる日英関係　一九二五～一九三二年』五五～八四頁。

面で日本と同程度かそれ以上の利害を有していた。一方、アメリカの経済的利害は日英両国に比して小さかった。一九三〇年の対中国輸出総額の中で、日英両国が占める割合はともに二四％あまり（イギリスは香港を含む）であり、アメリカの割合は約一四％である。一九三一年の対中国投資総額において、日英両国が占める割合はともに三六％前後（イギリスは香港を含む）である一方、アメリカの割合は約六％にすぎない(32)。

それゆえに、アメリカの中国政策が、門戸開放や中国の領土保全といった理念や原則によって動かされがちであったのに対し、日英両国の中国政策は現実の利害と深く結びついていた。そのため日英両国は、利害が一致する場合には、原則にとらわれることなく実利的観点から協力することが可能である一方、利害が相反する場合には、激しい摩擦を引き起こす傾向があったといえる。

その上に、日英両国の中国政策には、具体的問題に関して大きな不一致があった。それは中国の関税引き上げをめぐる政策の相違として現れた。しばしば指摘されるように、日本が中国の関税増収を中国の債務整理に充当することを基本方針としたのに対し、イギリスはそれに強く反対する立場をとった。日本は中国に対し、第一次世界大戦中の「西原借款」約一億七〇〇〇万円を中心に約三億六〇〇〇万円にのぼる多額の無担保・不確実債権を抱えていた(33)。それに対し、イギリスの対中国借款の大部分は、関税・塩税・鉄道などの収入によって確実な支払いを受けていた。そのためイギリスにとって、中国の関税増収の不確実債務整理への充当は、他国の債権者に利益をもたらすだけで大してメリットがなかった(34)。

しかしながら、重要であったのは、こうした経済的要因よりもむしろ政治的要因であった。中国の不確実債務の整理は、中国中央政府の財政再建と対外信用の回復を意味し、中国中央政府の強化につながるものであった。幣原が、中国中央政府の強化を目指したことはすでに述べた。

これに対してイギリスは、中国の一部を支配する軍閥政権にすぎない中国中央政府に失望していた。その一方で、イギリスは華中から華南にかけて多くの利権を有していたことから、中国国民党の支配する広東政府の実力を強く意識していた。一九二五年の五・三〇事件後にはイギリスは、反帝国主義ナショナリズム運動の一番の標的とされ、上海・香港・広州で国民党の影響を受けた大規模な反英ストライキに直面する。それゆえにイギリスは、中国の関税増収を債務整理に充当することで、中国中央政府に対立する広東政府の反感をさらに招くことを懸念したのである。特にイギリスが憂慮したのが、広東政府の敵意が中国海関に向かうことであった。中国海関は長年にわたる中国の混乱の中で関税業務の秩序を維持し、借款・賠償金の元利払いを確保するとともに、貿易の円滑な継続を可能にしてきた。中国海関の支配的勢力であったイギリスは、その重要性を他の列強以上に意識していた(35)。

---

(32) 杉山伸也、ジャネット・ハンター「日英経済関係史―一六〇〇～二〇〇〇年―」(『日英交流史1600-2000 4 経済』(東京大学出版会、二〇〇一年)、向壽一「両大戦間期アジアの貿易構造と国際収支」(小野一一郎・吉信粛編『両大戦間期のアジアと日本』大月書店、一九七九年)、石井寛治「国際関係」(大石嘉一郎編『日本帝国主義史2 世界大恐慌期』東京大学出版会、一九八七年)、能地清「一九二〇年代の日本の中国政策の一段面―一億円借款整理を中心に―」(能地清遺稿・追悼集編集委員会『日本帝国主義と対外財政―能地清遺稿・追悼集―』一九八五年)。

(33) 前掲、能地清「一九二〇年代の日本の中国政策の一段面」。

(34) Memorandum from MacMurray [Chief of Division of Far Eastern Affairs, State Department] to Hughes [Secretary of State], "Present Status of Chinese Loan Proposals," May 19, 1923, *NA*, RG 59, 893.51/4321.

(35) ロイド・ガードナー「極東国際政治と英米関係」(細谷千博・斎藤真編『ワシントン体制と日米関係』東京大学出版会、一九七八年)、岡本隆司『近代中国と海関』(名古屋大学出版会、一九九九年)三七五～四〇二頁、同「関税特別会議とイギリス対中外交」(『京都府立大学学術報告(人文・社会)』第五七号、二〇〇五年一二月)。Memorandum by Wellesley [Head of the Far Eastern Department, Foreign Office], May 6, 1922, *British Documents on Foreign Affairs: Reports and Papers from the Foreign Office Confidential Print* (hereafter cited as *BDFA*), *Part II, Series E*, vol. 27, doc. 66. さらに、イギリスが中国海関の存在を重視していたことを強調する研究として、古瀬啓之「オースティン・チェンバレンと『一二月覚書』」(Ⅰ)(Ⅱ)(『政治経済史学』第四八三号、二〇〇六年一一月、第四八四号、二〇〇六年一二月)を参照のこと。また、阿曽沼春菜「中国の関税自主権回復問題と二十世紀イギリス外交―一二月メモランダムをめぐる政治過程 一九二五～一九二八年―」(一)(二)(三)(『法学論叢』第一六五巻第五号、二〇〇九年八月、第一六五巻第六号、二〇〇九年九月、第一六六巻第二号、二〇〇九年一一月)は、イギリス政府内部で中国の関税問題について、日本などとの協調を重視する見解を含む多様な立場のアクターが存在したことを指摘するなど、この問題をめぐるイギリス側の政治過程を包括的に分析している。

なお、中国の政治的安定を志向する日本の政策を、イギリス側はあまり理解していなかった。もっとも一部には、一定の理解も見られた。エリオット（Charles N. E. Eliot）駐日大使は一九二四年に、「日本人は中国が強国になることは望んでいないものの、中国が現在より安定することを望んでいる」と観測している。ランプソン（Miles Lampson）駐華公使も一九二七年に、「繁栄した中国が存在することはイギリスの利益である以上に日本の利益であると考える」として、中国における日英両国の目的が一致しえないという見方には同意しないと述べている[36]。しかしながら、少し後になるが、オースティン・チェンバレン（Austen Chamberlain）外相が一九二八年二月に語っている次のような捉え方が、イギリス側には根強かったように思われる。それは、「強く、安定した、統一中国の存在」がイギリスの利益であるのに対し、「日本は、中国が統一されることも、強化されることも望んではいない」というものであった[37]。

一方、日本側にも、これをそのまま逆にしたような認識の不足があったと見られる。一九二三年に起こった匪賊による列車襲撃・外国人誘拐事件（臨城事件）に際して、イギリスが中国の内政干渉に及ぶような提案を行ったこともあり、日本側には、イギリスの中国政策に対して一定の不信感があった[38]。日英両国は、互いに相手の中国政策が帝国主義的であるとのイメージを持っていたのである。このような相互のある種の偏見もまた、日英間の摩擦につながったと考えられる。

一九二五（大正一四）年一〇月に開会した北京関税特別会議は、以上に見たような中国における日英両国の摩擦の構造を顕在化させることになった。関税会議において幣原は、中国の関税増収を債務整理に当てることで、日本の不確実債権の処理を進めると同時に、中国中央政府の財政再建を図ることを目指した。アメリカも、中国中央政府の財政再建のためには関税増収の債務整理への充当が必要であると認識しており、日本の方針に同調した[39]。ところが、債務整理に反対するイギリスは、日本・アメリカ両国の方針の一致に直面して、関税会議への熱意を失っていく。最終的にイギリスは、関税会議休会の提案は思いとどまったものの、会議のそれまでの成果が実質的に無に帰してしまうような、関税引き上げ（二分五厘付加税）の即時無条件実施を提案するにいたる。[40] これは幣原にとって受け入れられるものではなかった。

結局、北京関税会議は、確定的な成果をあげることなく、一九二六年七月に休会することとなった。その要因としては一つには、中国臨時政府が内戦を受けて四月に崩壊したことがあった。その後、新たに別の軍閥勢力を背景とする中国中央政府が成立したものの、その基盤は弱体であった。

しかしながら、北京関税会議が頓挫した最大の要因は、参加列強間の意見の対立であり、その対立の焦点は日英両国の不一致にあった。関税会議の休会前の最後の会合におけるやりとりは、それを端的に示している。イギリスの二分五厘付加税即時無条件実施案を会議再開時の討議の基礎とすることに対しては、日本だけが反対した。一方、イギリス案に対する日本の修正案を基礎とすることに対しては、他の諸国が反対でないことを表明する中、イギリスだけが回答を避けたのである。当時の駐英大使であった松井慶四郎は後年、関税会議が失敗したのは、「各国の協調、殊に日英の協調が近来うまく行っていないからである」と回想している。[41]

（36） Letter from Eliot [Ambassador to Japan] to Chamberlain [Secretary of State for Foreign Affairs], November 14, 1924, Austen Chamberlain Papers, University of Birmingham Library (hereafter cited as *ACP*), AC51/110; letter from Lampson [Minister to China] to Chamberlain, April 16, 1927, *ACP*, AC54/317.

（37） アントニー・ベスト『大英帝国の親日派―なぜ開戦は避けられなかったか―』武田知己訳（中央公論新社、二〇一五年）三一～一四、二一～三七頁。

（38） 馬場明『日中関係と外政機構の研究―大正・昭和期―』（原書房、一九八三年）第四章。

（39） Memorandum from MacMurray to Hughes, "Present Status of Chinese Loan Proposals," May 19, 1923, *NA*, RG 59, 893.51/4321; Kellogg [Secretary of State] to American Delegation, September 9, 1925, *Papers Relating to the Foreign Relations of the United States* (hereafter cited as *FRUS*), *1925*, I, 842-897.

（40） Wm. Roger Louis, *British Strategy in the Far East 1919–1939* (Oxford: Clarendon Press, 1971), 148-151. 前掲、ロイド・ガードナー「極東国際政治と英米関係」、前掲、岡本隆司「関税特別会議とイギリス対中外交」。

（二）幣原の外交指導が内包する問題

このように、中国における日英関係には構造的な摩擦の要因があり、幣原がイギリスとの間で協調政策を進めていくことは、もとより容易ではなかった。しかしながら他方で、幣原の外交指導のあり方にも問題があり、それが日英間の摩擦を一層悪化させることにつながったことは否定できない。

幣原の外交指導のあり方の問題として、まず指摘できるのは、柔軟性の不足である。幣原は、自らの政策の妥当性について強く確信するあまり、他国の政策に歩み寄る姿勢を欠くところがあった。それは先に見たような、「正しいこと」が持つ力を信じて疑わないという幣原の基本的な価値観や、信念を曲げない生来の性格が招いたといえる。またそれは、外交や国際法に関して高い見識を持つという幣原の自負心にも由来していた。さらに、日本が中国において欧米諸国と異なり、死活に関わる利害を有するという認識は、幣原の政策に時として独善的な傾向を帯びさせる要因になったと考えられる。

ただし、幣原の中国政策が、幣原自身が確信していた通り、方向性としておおむね的確であったことは確かである。北京関税会議において、中国の関税増収を債務整理に充当することを要求した幣原の方針は、日本の経済的利害の問題に矮小化されて批判的に捉えられることが多い。だが、先述のようにそれは、中国中央政府の財政再建と対外信用の回復にとっても不可欠であり、アメリカ側もそのことを認めていた。イギリスの二分五厘付加税即時無条件実施提案に対してアメリカは、関税会議が確定的な成果なしに休会になる事態を避けるために賛成したが、審議を一方的に打ち切ろうとするイギリスの措置に批判的であった。関税会議のアメリカ全権代表であったマクマリー（John Van Antwerp MacMurray）と、全権団の顧問であったホーンベック（Stanley K. Hornbeck）はいずれも後年、関税会議におけるイギリスの非協力的な政策を批判している。(42)

中国の財政再建を重視する日本・アメリカ両国の立場はまた、中国中央政府の強化を想定したワシントン会議の合意に沿うものであった。これに対し、イギリスが中国中央政府に失望していたことはすでに述べた。あるいは、五・三〇事件後に中国のナショナリズム運動の矢面に立たされていたイギリスは、二分五厘付加税の即時無条件実施によって、中国国民に同情的姿勢を示す象徴的な効果を期待したのかもしれない。だが、アメリカ側も認識していたように、内戦状況にある中国に対し、債務整理を義務づけることなく付加税実施を認めることは、実際には軍閥に内戦のための軍事資金を提供することを意味するにすぎなかった。(43)

しかし、それでもなお、関税会議における幣原の外交指導に関しては、日英両国の不一致がそこまで深刻にならないように、もう少し柔軟な対応をとることもできたのではないかと考えられる。もっとも、会議終盤のイギリスの二分五厘付加税即時無条件実施案については、日本がそれを受け入れることは、従来指摘されてきたようには容易ではなかったと思われる。むしろそれ以前の段階で、幣原がイギリスとの協調にもう少し留意しながら政策を進めていれば、イギリスが審議打ち切りに走るのを回避することもできたのではないだろうか。関税会議において幣原外交は、中国の関税自主権の原則的承認の決議成立に審議を導いたのをはじめとして、一定の主導権を握ることに成功した。それだけに、イギリスの立場もある程度取り込む柔軟性や幅のある外交手腕が幣原に十分にあったならば、幣原の自主的協調外交も成果を収めることができたのではないかと惜しまれる。

さらに、幣原の外交指導のあり方の問題として、右に加えて、意思疎通の不足を挙げることができる。幣原に

---

(41) 松井明編『松井慶四郎自叙伝』(刊行社、一九八三年)一四一～一四二頁。

(42) American Delegation to Kellogg, June 13, 1926, *FRUS, 1926*, I, 758-759; Kellogg to American Delegation, July 2, 1926, ibid., 766. ジョン・アントワープ・マクマリー著、アーサー・ウォルドロン編『平和はいかに失われたか』北岡伸一監訳、衣川宏訳(原書房、一九九七年)一一二～一一九頁。Justus D. Doenecke, ed., *The Diplomacy of Frustration: The Manchurian Crisis of 1931-1933 as Revealed in the Papers of Stanley K. Hornbeck* (Stanford, Calif.: Hoover Institution Press, 1981), 135-143.

(43) American Delegation to Kellogg, June 13, 1926, *FRUS, 1926*, I, 758-759.

は、自らの政策について平素から説明に努める姿勢が十分ではない面があった。先に述べた、「正しいこと」が持つ普遍的な力に対する信念が、何が正しいのかについての認識を他者に共有させる努力の重要性を軽視させることにつながったのかもしれない。

イギリスのチェンバレン外相は、当初は中国における日本・アメリカ両国との協調に意欲的で、日本の駐英大使を通じて、日本の中国政策についてオープンな情報提供を受けることを望んだ。しかし多くの場合、日本の駐英大使はそれに関して本国からほとんど情報を与えられておらず、イギリス国内の新聞報道に頼っている有様であった。このようなことが何度も繰り返された末に、一九二六年一一月には、次に述べる国民政府の関税付加税実施問題をめぐる日英摩擦を背景として、チェンバレンは日本の駐英大使に失望の念を表明するにいたる。さらに、後述のイギリスの「一二月メモランダム」を受けて、日本政府の訓令により抗議を提出しにきた駐英大使に対し、チェンバレンは逆に、これまで日本の中国政策について自分が望んだような情報の提供を受けることができないできた不満をあらわにしたのである。[44]

当時の駐英大使の松井は後年、次のように回顧している。[45]

〔中国における排英運動で〕英国が困っている際なんとか少し色をつけて同情を表わしてやるのも一方法かと考えていたが、ある時チェムバレーン外相は、日本政府より従来一向対支政策について意見を聞くことを得ないのは遺憾であるとのやや不平の意を漏らしたこともあったから、私はこのことを外務省に電報し、差当り何等特に提議をする必要はあるまいが、なんとかモー少し同情ある話し合いをするような意向を示しては如何との意見を述べてやったところ、剣もホロロの返電で、とても今直ぐはいかぬと諦め、またの機会を待つとしてそのままにして置いた。

もっとも、チェンバレンの方でも、中国における排英運動の高まりに焦慮していたこともあって、日本側の政策を進んで理解しようとする姿勢に乏しかった。また、中国における国際協調は現地の駐華公使間の協議を通じて進められるのが一般的で、この方式をとることが多かった幣原と、外相間の直接の協議を重視したチェンバレンとの間の外交スタイルの相違も、両者の行き違いを助長したと思われる[46]。さらに、右に引用した松井の回顧は、日英間の摩擦が顕在化して以降のことと見られ、外務省の辛辣な反応については割り引いて考える必要がある。

しかし、イギリス側が北京関税会議の以前から、日本の中国政策に関して必要とするだけの説明が受けられないことに不満を感じていたことは事実である。幣原が自主的協調外交を推進していくのであれば、イギリスとの間で意思の疎通を図るための努力が十分ではなかったといわざるをえない。

以上のようにイギリスは、五・三〇事件後、中国の排外ナショナリズム運動の矢面に立たされる中で、日本やアメリカと十分な意思疎通を図ることができず、孤立感を深めていった。それに加えて北京関税会議でイギリスは、日米両国、特に日本との間で政策の不一致に直面することとなった。その結果、北京関税会議の休会後にイギリスは、日本・アメリカ両国との協調から離れて単独行動に傾斜していくことになる[47]。

（44） Chamberlain to Eliot, November 14, 1924, *ACP*, AC50/7; Chamberlain to Eliot, June 30, 1925, *ACP*, AC50/98; Chamberlain to Eliot, November 19, 1925, *ACP*, AC50/146; Chamberlain to Dormer [Chargé d'Affaires to Japan], February 10, 1926, *ACP*, AC50/166; Chamberlain to Tilley [Ambassador to Japan], April 22, 1926, *ACP*, AC50/191; Chamberlain to Tilley, July 30, 1926, *ACP*, AC50/231; Chamberlain to Tilley, November 30, 1926, *ACP*, AC50/260; Chamberlain to Tilley, January 13, 1927, *ACP*, AC50/271; Chamberlain to Tilley, January 24, 1927, *ACP*, AC50/276.

（45） 前掲『松井慶四郎自叙伝』一四三頁。

（46） チェンバレンの外交スタイルについては、Richard S. Grayson, *Austen Chamberlain and the Commitment to Europe: British Foreign Policy, 1924-29*（London: Frank Cass, 1997）を参照のこと。

（47） Louis, *British Strategy in the Far East*, 151-153. ガードナー、前掲「極東国際政治と英米関係」。

五　イギリスとの協調の失敗とその帰結

(一)　イギリスとの協調の失敗――「一二月メモランダム」

一九二六年七月の北京関税特別会議の休会と前後して、広東省を拠点とする国民党の国民革命軍が、軍閥打倒と中国統一を目標に掲げて北伐を開始した。蔣介石を総司令とする国民革命軍は、各地の軍閥を打倒しながら破竹の勢いで進撃し、同年末までに長江以南の地の大半を手中に収めるにいたる。中国の政治情勢がこのように新たな段階に入るのを背景として、日英両国の摩擦はエスカレートしていった。

北伐の一方で、国民党の支配する広東政府(国民政府)は、一方的に関税付加税(二分五厘付加税)の徴収を開始した。それは北京関税会議の枠組みを無視するものであると同時に重大な条約違反にあたり、こうした動きが中国各地に広がれば、列強と中国の間の条約関係全体が根本から揺らぐおそれがあった。幣原はその危険を深刻に認識し、付加税実施に一致して対抗するべく、欧米列強に積極的に働きかけを行った。もっとも、中国におけるナショナリズムの高まりに関しては、幣原は従来から指摘されてきたように、それを不可逆的な潮流として相当程度、的確に認識していた。しかしながら幣原は、「支那の現状並其国民の心理状態に顧み、列国の急激なる権利放棄政策ハ、頑強なる守旧政策と等しく有害無益」だと考えていたのである(48)。

これに対してイギリス側は、中国海関の分裂を回避するためにはむしろ国民政府の付加税実施を承認する方が賢明であるとの認識で、実力を伴わない抗議に終始する幣原の政策を理解することができなかった。こうしてこの問題をめぐって、日英両国間に再び摩擦が繰り広げられた。

最終的にイギリスは、ワシントン会議における合意からの離脱に踏み切ることとなる。それが有名な「一二月メモランダム」である。「一二月メモランダム」においてイギリスは、二分五厘付加税の即時無条件承認を一方的に提案した。そしてそれとともに、ワシントン会議における合意は、その後の中国中央政府（北京政府）の権威の失墜と国民政府の台頭によって妥当性を失ったとして、状況の変化に応じた新しい中国政策を採用すべきだとする立場を明確にしたのである。(49)それは先に見たように、中国中央政府の強化を前提とするワシントン会議の合意に以前から懐疑的であったイギリスの中国政策の帰結であったといえる。

これに対して幣原は、あくまで自らの政策の妥当性を訴えた。幣原は、現地の駐華公使を通じたチャンネルに加え、直接的に日英相互の駐在大使を通じて、イギリス側に「一二月メモランダム」への反論を徹底的に主張した。イギリスの付加税即時無条件承認案はワシントン会議の精神に反するとともに、中国の政治的分裂を助長することになる、と。だが、北京関税会議以来、日本との間に摩擦を引き起こし、また日本側から中国政策について十分な情報の開示がないことに不満を募らせていたイギリスの側に、いまになって幣原の訴えが通じることはなかった。

特に印象的なエピソードを一つ挙げると、幣原はイギリスのティリー駐日大使との会談で、当のイギリスの著名な元外相グレー（Edward Grey）の回顧録（*Twenty-Five Years 1892–1916*）の一節をわざわざ指し示している。幣原が指摘した頁を確認すると、そこには青年トルコ革命（一九〇八年）に関して、革命がしばしば幻滅に終わることが書かれている。発言の前後の文脈に照らしても、幣原の意図は、この点についてイギリス側の注意を喚起し、中国における国民政府の台頭に対しても慎重な態度を持する必要を示唆することであったと考えられる。ところがティ

(48) 一九二七年六月七日付、安達峰一郎〔駐ベルギー大使〕宛幣原喜重郎書翰（国立国会図書館憲政資料室所蔵「安達峰一郎文書」書翰三〇二）。
(49) 河合秀和「北伐へのイギリスの対応―『クリスマス・メッセージ』を中心として―」（前掲、細谷千博・斎藤真編『ワシントン体制と日米関係』）、前掲、後藤晴美『上海をめぐる日英関係 一九二五～一九三二年』九〇～九八頁。

リーは、なぜか正反対の意味に受けとり、中国国民党勢力を青年トルコになぞらえて幣原が積極的に評価していたかのように本国に報告している[50]。日英両国間の意思の疎通が困難になっていたことの一端を示すものであろう。

なお、幣原は右の一方でアメリカへの働きかけを強め、こちらは一定の成果を収めている。アメリカのケロッグ国務長官が「一二月メモランダム」に対抗して一九二七年一月に発表した声明は、中国においてアメリカが単独行動をとる意欲を示唆する点で画期的であった。しかしながらその一方でそれは、関税付加税の即時無条件実施を認めていないとともに、ワシントン会議における合意を尊重する姿勢を示すなど、「一二月メモランダム」に比して穏健な内容であった。そのため幣原はこの声明を歓迎した[51]。

（二）幣原外交の中断とイギリスとの協調失敗の帰結

さて、一九二七（昭和二）年に入って国民革命軍が上海・南京方面に向かって大規模な作戦を開始すると、イギリスは一転して日本に対し、上海共同租界防備のための共同出兵を打診してくる。その少し前に、国民革命軍の支配下に入っていた長江中流域の漢口と九江において、イギリス租界が中国民衆によって実力で回収される事態が発生していた。イギリスは中国ナショナリズム運動の脅威を深刻に認識し、自国をはじめ列強の権益が集中する上海共同租界については、何としても守らなければならないと考えたのである[52]。

よく知られているように、イギリスの提議に対して幣原は、中国内政不干渉政策を堅持して拒否した。幣原が内政不干渉政策を固持した理由は、中国のナショナリズムを刺激して事態の一層の紛糾を招くことを避けるためであった。それに加えて幣原は、最も信頼する部下の佐分利条約局長を中国南方に長期の視察旅行に赴かせるなど、国民政府内部の動向を観察していた。幣原は中国の安定を担いうる新たな勢力として、蔣介石をはじめとするいわゆる穏健派（国民党右派）に期待を寄せつつあったのである[53]。

一方、上海租界防備の共同出兵を日本側に拒否されたイギリスは、やむなく単独で本国および地中海と、植民地のインドから軍隊を派遣することになった。イギリス側は、右のような幣原の政策とそのねらいについて十分な説明を受けることがなかったため、幣原の中国内政不干渉政策を理解することができなかった。その後、後述の南京事件が起こるに及んで、幣原外交に対するイギリス側の不信と不満は頂点に達することになる。[54]

こうした中で、日本国内でも、幣原外交に対する批判が高まっていった。野党の政友会が衆議院で幣原外交を攻撃した他、貴族院でも幣原外交に対して不満を表明する動きが現れた。さらに、それまで幣原外交と一応の協調姿勢をとってきた宇垣一成陸相以下の陸軍も、中国政策の転換を要求する姿勢を前面に押し出していく。

周知のように、幣原外交批判において中心的な標的となったのは、中国内政不干渉政策である。国民政府内部におけるソ連人顧問・共産党などのいわゆる過激派の影響力の拡大に対する危機感の強まりが、その背景にあった。注目されるのは、これらの批判がそれに加えて、幣原外交が欧米列強、特にイギリスとの協調を十分に進められていない点を問題にしていたことである。[55] ワシントン会議の際の外相で当時は枢密顧問官であった内田康哉も、中国

---

(50) 一九二六年一二月三〇日発、幣原外相→松平駐米大使（『日本外交文書』大正一五年第二冊、一〇二五文書）。Viscount Grey of Fallodon, K.G., *Twenty-Five Years 1892–1916* (London: Hodder and Stoughton, 1925), vol. I, 174; Tilley to Chamberlain, January 6, 1927, *BDFA, Part II, Series E*, vol. 8, doc. 106.

(51) ケロッグは声明発表の当日、日本の駐米大使に対し、「往電二九号声明書〔memorandum by Kellogg of conversation with Japanese Ambassador, January 27, 1927, *NA*, RG 59, 893.00/8151 より当該声明であると推測される〕は日本政府に於ても満足とせらるる処なるへし」と述べている（一九二七年一月二七日発、松平→幣原、『日本外交文書』昭和期I第一部第一巻、311文書）。

(52) 前掲、後藤晴美『上海をめぐる日英関係　一九二五～一九三二年』九八～一〇四頁。

(53) 衛藤瀋吉『東アジア政治史研究』（東京大学出版会、一九六八年）一五九～一六四頁、臼井勝美『日中外交史―北伐の時代―』（塙書房、一九七一年）一九～三〇頁。Tilley to Chamberlain, January 18, 1927, *BDFA, Part II, Series E*, vol. 32, doc. 121.

(54) 前掲、後藤晴美『上海をめぐる日英関係　一九二五～一九三二年』一〇二～一一二頁、前掲、アントニー・ベスト『大英帝国の親日派』二二四～二二六頁。

(55) 前掲、臼井勝美『日中外交史―北伐の時代―』五二～六〇頁。

英國政府より對支 共同出兵を提議し來る

大使チリー氏再三外務省訪問

婉曲に外相無用を説く

米國へも同じく提議の模様

矢張り出兵には氣乘らず

日本くみせずと見て 英國の單獨出兵

植民地に動搖の波及を恐れ 遂にこの擧に出づ

第一、大英帝國の體面問題

第二、國内の資本家企業家への顧慮

第三、經濟的策戰の必要

第四、最惡の場合を豫想して上海の警備

第五、在支英人の不平抑壓

第六、インドの動搖を惧る

國民政府の對外宣言

英國こそは永遠の敵

一種の最後通牒

歩兵隊急派

インド駐屯を變更し

今迄にない大部隊の近衛兵も

英人保護が目的

ダンカン司令官語る

濠洲政府出兵參加問題審議

駐支伊國公使

ヴアーレ氏と更迭

『東京日日新聞』1927（昭和２）年１月26日

への派兵については慎重な意見であった一方で、欧米列強との協調の必要性を政府に対して主張している[56]。このように第一次幣原外交は、「自主的」にすぎる点でも批判されたのである。

最終的に、幣原外交が中断するきっかけとなったのは、三月の国民革命軍の南京入城に際して生じた外国人への暴行・略奪事件（南京事件）である。南京事件は、幣原の中国内政不干渉政策が失敗したという印象を与えることとなった。枢密院において台湾銀行救済の緊急勅令案が否決されたのを受けて、四月に若槻礼次郎内閣は総辞職し、幣原は外相を辞した。その背景に、枢密院内部の幣原外交に対する不満があったことはよく知られている通りである[57]。

その一方で、南京事件に際して幣原は、自主的協調外交の最後の努力を行った。幣原は一方で蔣介石を支持する姿勢を明確にして、独自に働きかけを行うと同時に、他方でアメリカ・イギリス両国と積極的に協調を図り、事態の収拾を主導しようとしたのである。その成果として、四月に日本・アメリカ・イギリス・フランス・イタリア五ヶ国から国民政府・国民革命軍の双方に対し、事件解決の要求条件を示す共同抗議（同文通牒）が提出された。そこでは幣原の主張を容れて、軍事的制裁を視野に入れる回答期限が付されなかった。そして、幣原の期待した通りに、蔣介石はその後、国民政府内部の共産党をはじめとする過激派の弾圧に乗り出し、新たに南京に独自の国民政府を樹立するにいたる。幣原の政策は、方向性として相当程度に的確なものであったと評価することができる[58]。

イギリスは南京事件に際して、軍事的制裁を視野に入れた強硬論を主張したが、結局、危機的事態にあたって日本などとの協調を重視し、右の回答期限なしの共同抗議に同意した。しかし、イギリス側が内心では、幣原の考えを理解することができず、幣原外交に対する不信と不満を強めていたことは先に述べた。それゆえにイギリス側

（56）拙稿「国際協調外交と内田—第二次外相・枢密顧問官時代—」（小林道彦他編『内田康哉関係資料集成』第一巻、柏書房、二〇一二年）。
（57）前掲、臼井勝美『日中外交史—北伐の時代—』五二～六〇頁。
（58）前掲、衛藤瀋吉『東アジア政治史研究』一六七～一七六頁。

は、政権交代によって田中義一内閣〔田中首相が外相も兼任〕が成立し、五月に中国山東省への出兵を実行すると、それを歓迎して田中を高く評価した。それは幣原に対するイギリス側の否定的な評価の裏返しであったといえる。田中内閣の山東出兵決定以前の時期にすでにチェンバレン外相は、妹宛の手紙の中で次のように述べている。(59)

外相でもある日本の新しい首相は、前任者〔前外相を指すと解釈される〕よりも率直かつ友好的であるかのようだ。前任者からは私はまったく反応を引き出すことができなかった。

以上のように幣原外交は、一つには日英間の構造的な摩擦の要因により、もう一つには幣原自身の外交指導のあり方の問題により、中国におけるイギリスとの協調に失敗することになった。

ただし、中国における日本・アメリカ・イギリス三国の協調を決定的に弱体化させることになったのは、幣原外交ではなく、その後の田中外交である。田中内閣は、中国におけるアメリカ・イギリス両国との協調から離れ、独自に満蒙における権益拡張政策を追求していく。その根底には、中国の分裂状況が近い将来には変わることはないという甘い見通しがあった。その結果、田中内閣は一九二八年五月に日本軍と国民革命軍の軍事衝突事件〔済南事件〕を引き起こし、日中関係を決定的に悪化させることとなった。一方、アメリカ・イギリス両国はいずれも、北伐を成し遂げ中国統一を実現しようとする国民政府との間で、新たな関係の構築に歩を進めていく。こうして中国において日本は孤立に陥り、日本・アメリカ・イギリス三国の協調の余地は著しく狭められることになった。(60)

これに対し、仮に幣原外交が継続していたとすれば、イギリスとの摩擦が絶えることはなかったかもしれないが、日本・アメリカ・イギリス三国の協調は根本において維持されていたのではないかと推測される。幣原外交は、あくまで中国におけるアメリカ・イギリス両国との協調を基調とするものであったし、中国の安定と統一を志向する点で両国の政策と基本的方向性を同じくしていた。さらに幣原外交のもとでは、日中関係の悪化も回避されていたであろう。

しかしながら、幣原外交がイギリスとの協調に失敗したことは、無視できない悪影響をもたらした。まず、それが中国における日本・アメリカ・イギリス三国の協調が弱体化していく契機の一つになったことは否定できない。イギリスの「一二月メモランダム」は、アメリカに刺激を与え、やがてアメリカは中国国民政府との関係構築に率先して進んでいくことになる。またイギリスには、日本に対する根深い不信感が残った。(61) さらに、日英間の摩擦は何よりも、幣原が自らの中国政策を進めていくにあたって大きな障害となった。日英摩擦が回避されていれば、幣原が重視した中国の関税会議の事業も何らかの確定的な成果を収め、それによって、その後の中国をめぐる国際関係の展開もまた違ったものになっていたかもしれない。

六　幣原の外交指導の特質とその後――おわりに

(一)　幣原の外交指導の特質

最後に、以上に検討してきた、幣原の外交指導の特質をまとめておきたい。

(59) 前掲、後藤晴美『上海をめぐる日英関係　一九二五～一九三二年』一二一～一二六頁、前掲、アントニー・ベスト『大英帝国の親日派』二六頁。Letter from Austen Chamberlain to Ida Chamberlain, May 15, 1927, Robert C. Self, ed., *The Austen Chamberlain Diary Letters: The Correspondence of Sir Austen Chamberlain with his Sisters Hilda and Ida, 1919-1937* (Cambridge: Cambridge University Press, 1995), 313-314.

(60) 前掲、臼井勝美『日中外交史』六一～一七九頁、拙稿「ワシントン体制の変容と幣原外交―一九二九～一九三一年―」(一)(二)(『法学論叢』第一四九巻第三号、二〇〇一年六月、第一五〇巻第二号、二〇〇一年一一月)。

まず、外交指導者としての幣原の個性がどのようにして形成されたのかを振り返る。幣原は生来の性格として、人並み外れた意志と信念の強さを特徴としていた。また、「正しいこと」が普遍的な力を持つことを信じて疑わない基本的価値観を持っていた。他方、外交官としてのキャリアの初期に、外交問題の調査・研究に取り組むと同時に、外務省法律顧問のデニソンを通じて外交技術について学ぶという特異な経験を積んだ。このことは幣原に、国際法や外交に関して確固たる見識を備えているという自負を持たせることになる。さらに、第一次世界大戦期の日本外交に外務次官として関与することで、幣原は日本が東アジアにおいて指導的立場に立つべき大国であるという認識を抱くこととなった。

その一方で、第一次世界大戦後には幣原は、駐米大使としてアメリカに赴任し、大戦後の新しい外交理念に接することになる。そして日本側でいち早くそれに適応していったことで、幣原は新時代の外交指導者として台頭することとなった。こうして幣原は、第一次世界大戦後の新しい国際協調主義の潮流を率先して受け入れる一方で、それと同時に、東アジアにおいて日本が主導権を発揮することを重視する自主性をあわせ持つことになった。

そして、そこから導かれる幣原の外交指導の最大の特質は、確固たる信念に基づき、それを貫こうとするところにあった。中国内政不干渉政策が幣原外交の代名詞になっているように、幣原がそれを貫徹しようと国内において努力したことはよく知られている。さらにそれに加えて、本章で簡単に跡づけたように、幣原は欧米諸国に対して自らが妥当であると信じる政策を主張し、中国における国際協調を主導しようと奮闘した。幣原外交とは、いわば自主的協調外交だったのである。

幣原の下に仕え、後に公式の伝記の監修に当たった外交官の石射猪太郎は、次のように述べている[62]。

幣原外交の真価は……信念にあった。信念に徹するがゆえに、外に対しては条理をかざして、自主的に力強く動いた。内は……諸勢力の圧迫に屈しない。……信念の外交であり、また勇気の外交であった。

冒頭で触れた松本忠雄も同様に、幣原外交の真価を、「方針を貫徹するの自信と執拗さがあり更に勇気がある」ことに見出している。そして、幣原が対外的にも国内的にも、「自ら正しいと信じた事は飽く迄これを主張する」点に注目している。[63] 後述するように、その行きすぎが幣原外交の問題になったこともまた事実であるが、「信念の外交」であることこそが幣原外交の最大の特色であり、また強みであったことは間違いない。馬場恒吾は幣原外交について、おそらくは対外的な自主性という特質を踏まえて、「世界の三大国の一つ」としての「地位に相当した態度と自信を以て世界の局面を指導して行く」「大国外交」であると評している。[64]

また、幣原の外交指導のもう一つの特質は、大局的な視野から長期的な見通しに基づき、一貫性を持って政策を推進したことで、その政策は多くの場合、妥当なものであった。本章で見たように、第一次幣原外交の中国政策は、方向性としておおむね的確であったと評価できる。さらに、第一次幣原外交における満蒙政策も、同様に日本の長期的な利益を見通すものであった。[65]

それは、幣原が外交官としてのキャリアの初期に、外交問題の調査・研究に熱心に取り組んだことに関わっていると考えられる。この経験を通じて幣原は、外交や国際法に関する幅広い知識を身につけた。さらに幣原は、外交へのアプローチの仕方として、つねに問題を広い視野から捉え、合理的、論理的に対応を考える傾向を強めたと考えられる。帝国議会における幣原の外交方針演説は、個々の具体的な政策が抽象的な一般論から導き出されてい

(61) 前掲、臼井勝美『日中外交史』一七〇～一七九頁、前掲、後藤晴美『上海をめぐる日英関係　一九二五—一九三二年』一六〇～一七一頁。
(62) 石射猪太郎『外交官の一生』改版（中央公論新社、二〇一五年）四四九～四五二頁。西春彦『回想の日本外交』（岩波書店、一九六五年）三九～四一頁も、幣原外交の対外的な自主性の側面を強調している。
(63) 前掲、松本忠雄「幣原外交の本質的研究」。
(64) 前掲、馬場恒吾『政界人物評論』二七一～二八三頁。
(65) 拙稿「第一次幣原外交における満蒙政策の展開—一九二六～一九二七年を中心として—」（『日本史研究』第五一四号、二〇〇五年六月）。

て、独特の奥深さがある。こうしたことから馬場恒吾は幣原を評して、「実際政治家と云ふよりは、寧ろ哲学者的の匂ひさへする」とまで述べている[66]。

しかしながら、幣原の外交指導の特質であるこれらの強みは、その一方で、それと表裏一体をなす弱みを伴うものであった。まず幣原は、自らの政策の妥当性について確信し、信念を持って政策を推し進めるあまり、時として柔軟性を欠く場合があった。さらに、「正しいこと」が持つ力を信じて疑わないところがあったためか、幣原は、自らの政策の妥当性について他者の理解や支持を得るための努力を軽視するところがあった。その結果、本章で論じたように、幣原外交は中国における日英両国間の不一致と摩擦を一層悪化させることとなった。

幣原の外交指導が内包するこれらの問題は、総合すると、右の馬場恒吾の幣原評の裏返しとなるが、「実際政治家」としての力量が十分ではなかったということだろう。この点は、幣原外交を批判する論者によって従来から、国内政治に対する姿勢の問題を含めて指摘されてきたところである。満洲事変前後の時期に外交官として満洲に在勤した森島守人は、幣原が、「日清戦争における陸奥〔宗光〕、日露戦争における小村〔寿太郎〕と面目を異にし、あまりにも内政に無関心で、また性格上あまりにも形式的論理にとらわれ過ぎていた」と批判している。元外交官の加瀬俊一も、同じような吉田茂の幣原評を紹介している。幣原の下で外務次官を務めた吉田によると、幣原は（「力ずく」ならぬ）「論理ずく」で、政治的根回しに無関心であり、「陸奥、小村などはそこへ行くと、内政によく気をくばっていた」という[67]。

本章で見たように、幣原の外交指導自体が内包していたこうした問題が、幣原が自主的協調外交を追求するにあたって大きな障害となったのである。

（二）　その後の幣原

さて、第一次幣原外交にとってかわった田中外交は、結局行きづまって二年あまりで終わりを迎えた。一九二九

（昭和四）年七月に田中内閣は総辞職し、浜口雄幸内閣のもとで幣原は外相に復帰することとなる。この一九二九〜三一年の第二次幣原外交における最大の業績は、一九三〇年のロンドン海軍軍縮会議の成功である。浜口首相とともに幣原は、海軍内部の反対を押し切ってロンドン海軍条約を結び、ワシントン会議以来の日本・アメリカ・イギリス三国の協調関係の維持・強化を図った。信念を貫く幣原外交の面目躍如たる成果といえる。それはアメリカをはじめ海外において、幣原ら日本の国際協調主義者の名声と信用を高めることになった(68)。

だが、中国においては幣原外交は、田中外交によってもたらされた日本の孤立無援の状況を打開することはできなかった。幣原は一九三〇年に、中国の関税自主権を承認する日中関税協定の締結を実現するなど、日中関係の改善に努力した。しかし幣原は、中国における日本の孤立という現実に直面して、そこからさらに中国政策をどのように進めるのかについて、明確な展望を描くことができなかった。やがて中国で外国権益回収の動きが強まっていくと、日本の満蒙特殊権益をめぐって日中両国間に緊張が高まっていく(69)。

他方、日本国内では、一九二九年に始まった世界恐慌の影響を受けて不況が深刻化し、政府が何ら効果的な対策を打ち出すことができないまま、国民生活が危機的状況に陥っていった。このような国内外の危機の中で、もはや平和的手段によっては日本の存立を守ることができないのではないかという根本的な疑義が、国際協調外交に対して投げかけられるようになる(70)。

(66) 馬場恒吾『現代人物評論』（中央公論社、一九三〇年）二七三〜二八九頁。
(67) 森島守人『陰謀・暗殺・軍刀―一外交官の回想―』（岩波書店、一九五〇年）七一〜七四頁、松本重治他『近代日本の外交』（朝日新聞社、一九六二年）四二〜五〇頁。
(68) 五百旗頭真『米国の日本占領政策―戦後日本の設計図―』下（中央公論社、一九八五年）一六六〜一七四頁、前掲、服部龍二『幣原喜重郎』一七七〜二〇〇頁。
(69) 前掲、拙稿「ワシントン体制の変容と幣原外交」（一）（二）。
(70) 同右。

ところが幣原は、右に見た幣原外交批判にあったように、国際協調外交に対する国民の信頼をつなぎとめるための政治的力量に乏しかった。そもそも正統派の外交を信条とする幣原は、「外交は手品ではない」として、世論受けをねらって内政上の考慮を外交に持ち込むことを忌みきらった[71]。しかしながら、当時の危機的状況においては、空っぽの箱から平和の象徴である鳩や、国威を表す国旗を取り出してみせるような「手品」も、一定程度は必要であっただろう。

結局、一九三一年九月に関東軍が満洲事変を引き起こし、幣原外交を終焉に導くことになった。若槻礼次郎内閣は、満洲事変の拡大を止めることができずに行きづまって同年一二月に総辞職し、幣原は失意のうちに外相を辞した。国際協調外交の時代は終わり、五九歳にして幣原は政治の表舞台から去ることになる[72]。

だが、それから約一四年を経た太平洋戦争敗戦後の一九四五（昭和二〇）年一〇月、七三歳になっていた幣原は、突如として政治の表舞台に引き戻され、首相として占領下の民主化改革の任に当たることとなった。それは、戦後の日本の再出発にあたり確かな拠り所とされたのが、戦前の国際協調主義の時代の経験と、それに基づく対外的信用であったことを示している。そして幣原は、そうした戦前の日本の国際協調主義の遺産を、戦後へとつなぐ役割を果たしたといえる[73]。

幣原内閣（一九四五～四六年）の最大の成果は、戦後の新憲法制定（憲法改正）への取り組みである。紆余曲折の末に、一九四六年二月、ＧＨＱ（連合国軍最高司令官総司令部）が作成した憲法草案を幣原内閣は受け入れた。それは象徴天皇制と戦争放棄を柱とし、当時の日本にとって衝撃的な内容であった。しかし幣原は、国際的圧力の中で天皇制を維持するためには他に途はないと決断した。また幣原自身も最終的には、戦後の日本が生きる道は平和国家にしかないとの信念を抱くにいたったと考えられる。そして以後は、自らも積極的に新しい憲法案の擁護に努め、新憲法制定の方向性を確立して次の内閣にバトンタッチした。ＧＨＱの絶対的な権力が背景にあったのはもちろんであるが、最後の局面では信念に基づく幣原のリーダーシップが発揮されたといえる[74]。

首相退任後、幣原は衆議院議員となり、次いで一九四九年に衆議院議長に選出される。だが、一九五一年三月、幣原は衆議院議長在職のまま心筋梗塞のため急逝し、七八歳でその生涯を閉じた。(75)

(71) 前掲、幣原平和財団『幣原喜重郎』二七二～二七七頁。
(72) 同右、四四〇～四九四頁。
(73) 五百旗頭真『占領期—首相たちの新日本—』(読売新聞社、一九九七年)第三章、前掲、服部龍二『幣原喜重郎』第六章。
(74) 前注に同じ。
(75) 前掲、幣原平和財団『幣原喜重郎』七〇二～七七〇頁。

◉本章では、田中義一首相（在任一九二七〜二九）のリーダーシップについて、その人格的形成から首相在職中の政治指導に至るまでを分析する。中でも山東出兵をめぐる田中首相と陸軍の関係変化に着目し、首相のリーダーシップのありようが、当時の日本の政軍関係や国際関係の変容に強い影響をもたらしたことを論証する。

第四章

田中義一と山東出兵

政治主導の対外派兵とリーダーシップ

小山俊樹

第二次山東山兵の際に引き起こされた済南事件で済南城を占拠する日本軍（提供：近現代PL／アフロ）

一 「おらが宰相」の失敗――はじめに

田中義一（一八六四～一九二九）は、第二六代の内閣総理大臣である。長州萩の出身で陸軍に入り、軍務局長・参謀次長などの要職に就いた田中は、原敬内閣で陸軍大臣を務めた後に、立憲政友会の総裁として政党に迎えられた。陸軍と政党のトップに立った田中の経歴は、日本近代史上の首相では他に桂太郎の例を見るばかりで、極めてめずらしい。

陸軍長州閥の「寵児」として出世した田中は、同郷の山県有朋・寺内正毅ら軍人宰相に抜擢された。先輩からの引き立てを受けるだけでなく、周囲に気配りを欠かさず、陽性で能弁な田中の性格には、人を惹きつけるものがあった。首相となった田中が、お国なまり丸出しで「おらが、おらが」と話す様子から、「おらが宰相」と呼ばれたことも、最下級の士族から首相に上りつめた田中に、大衆から愛される面があったからであろう。

ところが、田中が首相として心血を注いだ「田中外交」の構想は、済南事件や張作霖爆殺事件の発生によって崩壊した。中国との厳しい敵対関係や列国の不信感を招いた田中外交の失敗は、その後の日本の歩みに多大な影響を与えた。なぜ、そのような事態となったのだろうか。

田中外交については、幣原外交との対比、出兵政策の是非、二大政党政治下の政治的意図など、様々な論点からの研究が進んでいる[1]。これらを参照したうえで、本章では、田中外交の形成と失敗の要因について、田中義一の

（1）「田中外交」の代表的な研究として、佐藤元英『近代日本の外交と軍事』（吉川弘文館、二〇〇〇）、小林道彦『政党内閣の崩壊と満州事変』（ミネルヴァ書房、二〇一〇）などがあり、本章でも多くを参照した。なお本章は、「田中外交」を扱った拙稿「田中義一――昭和期政軍関係の結節点」（筒井清忠編『昭和史講義3――リーダーを通して見る戦争への道』筑摩書房、二〇一七）および拙著『評伝森恪――日中対立の焦点』（ウェッジ、二〇一七）などの内容をもとに構成し、大幅に加筆添削したものである。

リーダーとしての資質に着目して検討する。

その中で、本章では特に田中内閣下で行われた重要政策である、山東出兵に着目したい。三次にわたる山東出兵は、田中の政治・外交構想を示す格好の事象である。さらに、陸軍軍人としてのキャリアを持つ田中が、首相・政党総裁の立場で軍をどのように統率したのか。そしてなぜ、陸軍は田中から離反し、独走をはじめたのか。山東出兵をめぐる政治過程は、これらの命題を考察するのに適した事例と筆者は考える。したがって、田中による政治主導の様相がわかる場面については、煩瑣をいとわず詳述した点をご了承願いたい。

田中外交の失敗の一因は、田中首相自身の政治的リーダーシップの問題に求められるか。この問いかけを、田中の軍歴と政治家としての成長過程、および首相としての山東出兵をめぐる政治指導を中心に考察することが、本章の目的である。

二　生い立ちと軌跡

(一)　ロシア通軍人として出世

一八六四(元治元)年、田中義一は長州藩の足軽の家に生まれ、幼名を乙熊といった。[2] 長じて義一と名乗った田中は、貧しい生い立ちの中、役場の給仕や小学校の代用教員などの職についた。一八七六(明治九)年に前原一誠の「萩の乱」に参戦した義一は、幼少ゆえに許される。さらに長崎・対馬・松山などを転々とするかたわら、漢学を学び、吉田松陰の教えなどに親しんだという。一八八三(明治一六)年、田中は上京して陸軍教導団を受験し合格、同年末に陸軍士官学校へ進んで、軍人としての第一歩を踏み出した。

田中は士官学校で、特に優秀な生徒ではなかった。同期の大庭二郎（陸軍大将）によれば、田中は「点数稼ぎはつまらぬ」と言い、代わりに「友人の世話」をして、「人の上に立つ風格」や「衆を容れる寛厚の風」を備えていったという。(3)戦術や兵学には興味をもたず、大まかで小事にこだわらない田中の性質が、周囲の記憶に残っている。後年の大臣時代にも、講談本を好んで読んだという田中の逸話がある。学業はさほど優秀ではないが、人の世話を好む性格であった。

その一方で、陸軍大学校時代の田中は、課題として出された鉄道輸送計画について「微を穿ち細を究め、非常に綿密」な答案を出したという。田中は「粗放」のように見えて、じつは「極めて緻密な天才的計画者」であった、と大庭は語る。(4)田中は陸大を卒業すると、第一師団副官として同師団の緻密な動員計画を、ごく短期間で立案した。そこに日清戦争が起こり、田中の計画は高く評価された。

日清戦争では田中も大陸に赴いた。戦地で上官に事細かな気配りを続けた田中は「名参謀」「名副官」と称されたという。講和成立後、参謀本部に転じた田中は、当初ドイツ語を学び、将官栄達の道であるドイツ留学を目指し

（2）田中義一の評伝としては、『田中義一関係文書』（山口県立文書館蔵）を全面的に利用した、高倉徹一『田中義一伝記』（上・下、同伝記刊行会、一九五八～六〇）が最も充実した叙述である。また現在入手が容易な田中義一の評伝として、纐纈厚『田中義一』（芙蓉書房出版、二〇〇九）がある。ただし首相就任以降の記述はそれほど多くない。他に、河谷従雄『田中義一伝』（同伝編纂所、一九二九／ゆまに書房、二〇〇六再刊）、細川隆元『田中義一』（時事通信社、一九五八／新装版一九八六）、田崎末松『評伝田中義一』（平和戦略綜合研究所、一九八一）などがある。また御厨貴編『歴代首相物語』（新書館、二〇〇三、土田宏成執筆）、同編『宰相たちのデッサン』（ゆまに書房、二〇〇七、若月剛史執筆）、佐道明広他編『人物で読む近代日本外交史』（吉川弘文館、二〇〇九、小林道彦執筆）、黒沢文貴『大戦間期の宮中と政治家』（みすず書房、二〇一三）などに、田中の生涯と外交上の事績が簡潔にまとめられている。本章の内容は、主にこれらの伝記的記述にもとづいている。

（3）前掲高倉徹一『田中義一伝記』上巻、六一頁。

（4）同前、七〇頁。

ロシア駐在時代の田中義一

政治家時代の田中義一

た。ところが、田中はロシア行の内命を受け、これをしぶしぶ承諾した。ロシア駐在武官となった田中は、四年ほどを同地で過ごした。

ロシアの国情を探るために、田中はロシア風に「ギイチノブスキー」（あるいは「ギイチ・ノブスケウイッチ」）と書いた名刺を持ち歩いた。宗教が必要とあればロシア正教の教会に通い、広瀬武夫（後に旅順港閉鎖作戦で「軍神」となる）とともに社交ダンスを習うなどして、ロシア上流社会への「潜入」をはかった。努力の末に、陸相クロポトキン大将から隊付勤務を特別に許された田中は、ロシアの軍隊と民衆が互いに反目する様子を目の当たりにした。軍民が離反するロシアの欠点を看取したのである。

さらに田中はロシア語を習得して、地方に赴きストライキなどの現場を見ることで、動揺するロシア帝国の様相を偵察した。ロシア赴任時に要求した参謀本部の機密費を用い、戦時輸送計画の入手や、社会主義運動家との接触も図った。こうした活動を経て、田中は革命勢力、特に帝政転覆をめざす共産党に対する警戒心を強めたとされる。一九〇二年、帰国した田中は参謀本部ロシア課主任に就任して、対ロシア軍事作戦の立案にあたった。

一九〇四年に日露戦争が勃発すると、田中は大本営参謀、ついで満洲軍（新設）参謀となり、ロシアに出征した。陣中において、あるロシアに通謀した馬賊が捕縛されているのを見て、田中は馬賊を許して逃がしたが、これが後に奉天軍を率いる張作霖であったとの逸話が知られる。(5) 日露戦後、田中は陸軍省軍事課長となり、旅団長を経て同省軍務局長に就いた。軍事課長─軍務局長は軍政の枢要ポストである。

この時期、日本国内では日比谷焼き討ち事件などをはじめとする民衆による示威運動が高まった。そこで田中は「良民すなわち良兵である」との自説を展開し、軍隊と国民の融合を目指した。軍事課長時代、田中は帝国在郷軍人会の設立を手掛けた。後年に、田中は在郷軍人会と全国青年団中央部の理事長を兼務して、青年層に対する「軍事」思想の普及につとめた。こうした田中の発想は、ロシア駐在時代にみた、軍民の離間、およびロシアの「軍略」と「政略」が一致していない有様を、反面教師として捉えた点に端を発していた。(6) 軍民の融和につとめた田中は、さらに日本国内で示威行為を重ねる民衆の動きへの対処、そして「軍略」の要請にとって必要な「政略」の構築に着目するようになる。

（二）「軍略」の独立をめざす

ロシアとの戦争を勝ち抜いたことで、日本陸軍はロシアの「復讐戦」を意識しながら、新たに満洲の諸権益をいかに擁護するか、との課題を負うことになった。陸軍の中枢に位置することになった田中は、日本を島国から「大陸国家」に変革させ、「守勢」から「攻勢」への転換を果たさねばならない、と考えた。

（5） 同前、三二四～三三〇頁。張作霖を助けた田中のエピソードは他の日本側史料にも散見されるが、信憑性を疑う見解もある（澁谷由里『馬賊の「満洲」』講談社学術文庫、二〇一七、九三頁）。
（6） 前掲高倉徹一『田中義一伝記』上巻、四六三頁など。

そのうえで重要なことは、大陸国家化を進める方針を「国是」として明確に定め、「時々更迭」する政府や議会などが手を触れないように、手立てを講じることであった。「軍略」と「政略」の不一致を警戒した田中は、議会政党（立憲政友会）の力が増していく日露戦後の政治状況を、特に強く懸念した。田中は意見書『随感雑録』を児玉源太郎参謀総長に提出し、同文書は山県有朋・寺内正毅らに回覧された。一九〇七（明治四〇）年「帝国国防方針」の制定は、田中の意見書が契機の一つとなり、田中自身が草案を執筆したものである。[7]「平時二五師団」「八八艦隊」などで知られる大軍拡計画は、本方針がもとになった。しかも本方針の策定にあたっては、陸海軍は協議を重ねたが、ときの首相西園寺公望（第一次内閣／立憲政友会総裁）は方針を閲覧するのみで、内容に関与できなかった。

一九一一（明治四四）年九月、陸軍省軍務局長に就いた田中は、韓国併合・辛亥革命など東アジア情勢の変化に対応すべく、朝鮮での二個師団増設を強硬に主張した。そこで田中軍務局長は、陸相に就任した上原勇作と協力して師団増設予算の計上を訴えたが、第二次西園寺内閣（政友会）はこれを受け入れず、上原が単独で陸相辞職したことにより、西園寺内閣は倒壊した。

田中は寺内正毅の政権獲得による事態収拾を熱望した。だが首相となったのは、陸軍長州閥の出身ながら財政規律を重視する桂太郎であった。第三次内閣を組織した桂は政友会に対抗し、新党（のち立憲同志会）を結成した。これに対して、田中は「万一海軍は政友会、陸軍は新政党」となれば「国家の為め憂ふべき一大事」と考えた。陸海軍はともに「政党圏外」にあるべきだ、と田中は説いたのである。だが桂内閣は民衆に議会を取り囲まれ、総辞職した（大正政変）。その後、海軍の山本権兵衛が政友会を与党として組閣すると、今度は田中は寺内に、病気の桂にかわり新党の援助を勧めた。山本は「政友会の蔭武者」であり、陸軍を圧迫する政府の「横暴」に対抗するには、「一時過渡時代の便法」として大隈重信を桂新党の党首とし、陸軍がこれを「操縦」するしかない、としたのである。[8]田中は「軍略」の政治からの独立を訴えながら、極めて状況主義的に政治への対応を試みた。ここに田中の政治的特質の一つが見られる。

一九一三年晩秋、田中は欧米外遊に出発した。その途中、大連で発病した田中は三ヶ月ほど同地に滞在し、その後にヨーロッパ・アメリカを巡見した。田中の目的は各国における在郷軍人・青年教育などの視察にあった。かつてロシアで見聞した軍民関係の実態を、他国でも確認しようとした田中だが、この外遊で、政治・経済などの他分野への識見を深めることはなかったようである。

田中の外遊中、山本内閣はシーメンス事件で総辞職し、かわって大隈重信が政権に就いた。一九一四年八月に帰国した田中は参謀次長として要職に復帰し、上原勇作参謀総長と組んで、参謀本部の権限を拡大し、二個師団増設を実現した。そして欧州で世界大戦が勃発すると、田中は日露間の協約締結を推進し、満蒙独立工作や袁世凱政権の打倒工作を手がけて、中国への軍事力での圧迫を強めた。山県・寺内は、田中の袁政権への威圧に否定的であったが、田中は聞き入れなかった。ところが寺内内閣が成立すると、田中は寺内の援段政策に接近しつつ、今度はシベリアへの武力行使を強く主張したのである。

（7）帝国国防方針策定の経緯は「帝国国防方針案・国防ニ要スル兵力帝国軍用兵綱領策定ニ関スル顛末概要」（『田中義一文書』一三、山口県文書館蔵）などに見られる。前掲纐纈厚『田中義一』四六～五一頁を参照。

（8）寺内正毅宛田中義一書簡、一九一三（大正二）年二月二日付、同七月一五日付（「寺内正毅関係文書」国立国会図書館蔵）。田中は大隈を軍人協会後援会長に就けて、一九一一年六月には、大隈を麻布連隊に招き講演させている。大隈の招聘に対し、寺内は「余りに好感を以て迎えなかつた」が、桂は「田中君、御苦労々々」と終始讃嘆したという（前掲河谷従雄『田中義一伝』二七一頁）。

三　陸相時代の「転換」から政党総裁へ

（一）原敬への接近と転換

一九一七（大正六）年、ロシアは革命勃発によって戦線離脱し、イギリスは革命勢力牽制のため、日本にシベリア出兵を持ちかけた。他方、同年に大戦へ参戦したアメリカは、日本の勢力拡大を警戒して、出兵に反対した。寺内首相をはじめ、山県や原敬（政友会総裁）らはアメリカの動向もあり、消極的な態度をとった。だが田中は「自重は国を危する」と考え、各方面に出兵を説いた。田中参謀次長は、ロシア革命直後から「独墺勢力の東漸」に対抗するための大陸作戦を準備していたのである。

一九一八年七月、アメリカはチェコ軍救出を名目に、日米各七千の兵力をウラジオストックに派兵することを提議した。対して田中は「どうせ出兵するなら用兵上必要なる兵力を派遣すべき」と、非限定派兵論を唱えた。日米間では交渉の結果、一万ないし一万二千の兵力量で諒解がなされたが、出兵からわずか三ヶ月後には、日本軍は七万を超える大軍となっていた。日本の態度に、アメリカは強く抗議した。

こうした中で、病身の寺内首相は米騒動を機に辞職し、原敬が本格的な政党内閣（政友会）を成立させた。原首相は陸相ポストに、山県の推薦をえる形で田中を抜擢し、参謀本部から引き抜いた(9)。すると原内閣の一員となった田中陸相は、原の方針に忠実に従い、今度はシベリア兵力の削減を目指し始めたのである。

田中は原首相に、もはや大軍駐留の必要はなく、このままでは列国やアメリカの不信を買うばかりで、議会で答弁もできないと語った。さらにアメリカがシベリアからの撤兵を宣言すると、原と田中も兵力削減方針を固め、各軍司令官・総督・領事らを東京に招集して方針を周知し、既成事実化した（第一次東方会議）。

非限定出兵論を唱え、政党を敵対視していた田中陸相の「豹変」に、参謀本部は驚いた。激怒した上原参謀総長は、田中に減兵反対を強く説いた。だが田中は原や山県を後ろ盾とし、参謀本部を方針決定過程から除外して、減兵方針を貫いた。

田中の「豹変」の理由は何か。一つには政党に協力することで、軍備近代化予算の獲得を目指したため、とする説がある。(10)さらに田中は政党内閣に対応可能なリーダーとして、軍内での主導権を確立したともいえる。(11)だが田中の行動は、軍内の一部からは私的な野心の発露とみられ、反発も少なくなかった。

病気で陸相を退いた田中は、腹心の山梨半造を後任に就けた。(12)原と山県が死去したのち、田中は第二次山本内閣で再び陸相となり、次の清浦奎吾内閣の陸相に宇垣一成を推薦した。これら一連の陸相人事は、上原勇作らの推薦する対立候補を押し切る形で行われた。

---

(9) 田中を引き立てた山県と田中の関係は、田中のロシア留学以来、非常に親密であったという。山県は「誰れよりも田中さんが一番好きでして、田中々々と云つて居られましたが、何時見えてもガミガミ叱言ばかりで……叱言の後では二人で食事などせられて帰られるのが常で」あった、という(前掲河谷従雄『田中義一伝』四〇三頁、山県貞子談話)。

(10) 北岡伸一『官僚制としての日本陸軍』(筑摩書房、二〇一二)六四頁。なお、小林道彦は田中が「世論の圧力による陸軍改革、とりわけ参謀本部の廃止をひそかに恐れていた」ために、原との協力による漸進的改革を選んだものとしている(前掲小林道彦『政党内閣の崩壊と満洲事変』五頁)。

(11) この点に関して、伊藤之雄は「田中は政党が台頭する時代を見て」、いずれ陸相・首相となった時に「政党の協力が必要」と考えて、原に接近したものと論じている(伊藤「原敬の政党政治」、同編『原敬と政党政治の確立』千倉書房、二〇一四、一八六頁)。

(12) 田中と山梨は士官学校の同期であった。二人の関係について、次のような観測がある。「秀吉における竹中半兵衛のように、田中の蔭には必ず山梨がいた。というよりは、田中が陸軍大臣としての切り盛りと対議会策の処方箋は、ことごとく次官であった山梨さんの方寸から出ているといってよいだろう」(大場弥平「山梨半造」、『文藝春秋』四二巻八号、一九六四)。田中陸相のもとで次官、さらに後任の大臣となった山梨は、田中内閣で朝鮮総督に就任するが、田中の退陣とともに汚職の嫌疑をかけられ辞任する。田中と常に政治的進退をともにした人物として、山梨は田中の腹心と言えるであろう。

大戦終結後、深刻な不況に陥った日本は、国家予算の縮小が不可避であった。そこで陸軍の要職を自派で固めた田中・宇垣らは、「山梨軍縮」「宇垣軍縮」を断行した。ただ「国家総力戦」を現出させた世界大戦は、田中に軍縮に留まらない「政略」の必要性を痛感させた。国力のすべてが戦争に投入される時代の到来を前に、田中もまた、総力戦国家の構築を急務と考えたのである。

(二) 立憲政友会の総裁となる

一九二四(大正一三)年、清浦内閣が第二次護憲運動で倒れ、第一次加藤高明内閣(護憲三派内閣)が成立した。軍縮と国際協調を基調とする政党政治が幕を開ける中、宇垣陸相は留任した。田中は一九二五(大正一四)年四月に予備役となり、高橋是清元首相の跡を継いで、政友会総裁に就任した。政党総裁となった田中は、「国家総動員」の実現に向けた抱負を演説で語っている。田中は軍内を自派で固めたのち、政党を抑えて議会を掌握することで、「軍略」に基づく「政略」を実現し、総力戦国家を築こうと考えたのである。

田中を戴いた政友会は、革新倶楽部を合併して多数派工作を進めた。田中の引き出しには横田千之助(一九二五年二月没)の他、小泉策太郎ら政友会幹部、三浦梧楼(観樹)、久原房之助・西原亀三ら実業家らが関与した。在郷軍人を束ねる田中には、新たな票田の開拓に対する政友会の期待も寄せられていた。さらに田中は護憲三派内閣に入閣せず、頃合いをみて憲政会の政策批判に転じて、連立政権を破壊し、単独政権を目指して政変の機会をうかがった。

政党の運営には、資金も必要である。田中は党総裁として、莫大な金銭を散布したと言われる。「田中は欺されても、欺されても金を出した」といい、友人の忠告にも「かうしておけば、又役に立つ事もある」と言ったという。田中の資金源は郷友の西村秀造(藤田組)で、その他は一族の久原房之助らも助力したが、三井や安田、井上準之助らからの援助もあった。解散総選挙に際しては八〇〇万円を作り、首相になってからは日に二万円(現在の価値で四〇〇〇万～一億円ほど）を費やしたともされる。[13]

気前よく金を撒く田中の周囲には人が群がったが、このこともあって世間は田中を金権政治家とみなし、軍内の反田中派は憲政会の一部と協力して、田中の「陸軍機密費」疑惑（シベリア出兵に関連して田中が私的流用をしたとする）を取り上げ、中野正剛らが議会で田中を追及した。だが、閣内にあった宇垣陸相の強い反対もあって、憲政会は田中の機密費疑惑追及を断念する。

これまでに見た田中の遍歴からは、田中が山県・桂・寺内そして原といった多様なタイプの実力者に近づき、巧みに関係を築くことで枢要な地位に就いたことがわかる。ところが、陸軍のトップに立った田中が政党に接近し、自派による要職の寡占を進めた上で軍縮を導いたことは、軍内の派閥対立を煽る結果をもたらした。また政党総裁としても、党内の把握は十分でなく、いきおい金の力に多くを依存することになった。上役には目をかけられた田中だが、部下の統率には不安な要素が見られた。ただし政権への期待を担っていた野党時代において、この点は大きな問題には発展しなかった。そして第一次若槻礼次郎内閣が金融恐慌をめぐる枢密院との対立で倒れ、首相の座は田中にめぐってくる。

（13）馬場恒吾『現代人物評論』（中央公論社、一九三〇）七六～七七頁。『大正デモクラシー期の政治―松本剛吉政治日誌』（岩波書店、一九五九）三九一頁も参照。

四　第一次山東出兵――政治主導の出兵過程

(一)　田中義一内閣の構想――内政と外交

一九二七（昭和二）年四月に成立した田中義一内閣（政友会）は、加藤・若槻内閣（憲政会）の内外政策の転換を目指した。前政権の政策体系を覆す意味で、これは戦前日本の二大政党政治を象徴する現象であった。

田中首相は最初の課題となった金融恐慌の処理に、引退した高橋是清前総裁を蔵相に引き出して支払猶予令（モラトリアム）を発令させ、取り付け騒ぎを鎮めた。また、地租委譲（主要財源の地方への移管）や道州制・知事公選による「地方分権」の推進を掲げ、「産業立国」の実現を唱えた。憲政会政権が進めた緊縮財政、中央集権・地租軽減への対抗を企図したのである。

さらに田中首相の構想に基づくものとして、国家総動員の準備機関となる内閣資源局の新設が挙げられる。また治安維持法の改定を緊急勅令で行い、最高刑を死刑とし、目的遂行罪と予防拘禁制度を導入して、特別高等警察を全国に配置した。さらに国内の共産党組織弾圧のため、三・一五事件（一九二八年）、四・一六事件（一九二九年）と呼ばれる一斉検挙が実施された。国家総力戦や革命への予防は、田中の軍人時代からの構想であった。田中内閣の政策に、首相の構想はある程度反映されたと言えるだろう。

対外政策においても、大陸への不干渉を貫いた憲政会政権（幣原外交）への批判に基づく新方針が必要とされた。すなわち、北伐が始まった中国大陸への派兵である。一九二七年三月二四日に南京日本領事館での掠奪暴行が発生し（南京事件）、四月三日に漢口でも日本人へ暴行がふるわれた（漢口事件）。これに対して、幣原外相は無抵抗主義を貫き、居留民引揚を要請したことで、世論の批判を浴びた。そこで田中内閣のもと、一九二七年に第一次山東出兵が、翌二八年に第二次・第三次山東出兵が実施された。そして外務大臣を兼摂した田中首相は、政権交代直後における第一次出兵の前後に、外務政務次官に就けた森恪（政友会代議士）とともに「東方会議」を主宰して、在外居留民や既得権益の実力による保護を掲げた政策転換を内外にアピールしたのである。

一般に山東出兵をもって、田中内閣の外交（田中外交）は「強硬」とされてきたが、近年の研究では、対英「協調」の側面が注目される。事実、前内閣の幣原喜重郎外相に出兵を要請して断られたイギリスは、日本の政策転換を歓迎した。また田中は、中国共産党を弾圧した蒋介石の実力を認めており、張作霖の根拠地である満洲に及ばない範囲での北伐を容認していた。蒋の北伐を実力で阻止することは想定しなかったのである。

そこで田中は、リスクを伴う大陸への出兵を進めながら、内戦への武力干渉を想定する陸軍を「統制」して、現地での衝突を戒め、自国居留民の保護に徹した行動を強く要請した。つまり田中は「国際協調」と「国内世論」の双方に配慮しながら、新政権の政策を強調するために、「政略」に基づく政治主導の対外派兵を目指したのである。ただし、田中の出兵構想を実現するためには、いくつかの困難な課題を解決する必要があった。一つは、「国際協調」の要である英米間の調整であり、もう一つは田中の方針を関係諸機関に周知徹底することであった。本章では、特に山東出兵を中心に田中のリーダーシップを考察するが、その前提として、出兵をもたらした国際環境と、国内の関係諸機関とのかかわり、そして田中の外交構想の中で出兵が占める位置についての概略を、次節で示しておきたい。

（二）　山東出兵をめぐる国際環境と国内状況

東アジアにおける対中国政策の要となる英米日の「国際協調」の実現は、容易な課題ではなかった。その理由の一つは、大陸に既得権を有するイギリスと、国民政府に同情を寄せるアメリカで、北伐に対する姿勢が異なっていたことにある。若槻内閣が総辞職した翌日の四月一八日、ティリー英大使は日本に華北への共同出兵を呼びかけた。同一五日に同様の提案をした際、幣原喜重郎（外相）と出淵勝次（外務事務次官）はこれを断っていた。そこに発生した政権交代と幣原の降板に、イギリスは日本が政策を転換する可能性を見出だしたのである。

田中内閣成立時における日英提携論は、外務省では森恪次官・吉田茂奉天総領事らが推進しており、陸軍でも白川義則陸相・宇垣一成前陸相などが賛同していた。幣原の不干渉政策＝「事なかれ主義」を批判していた宇垣は、このままではいずれイギリスにかわって日本がナショナリズムの標的になるだけであり、「列強間の対支協調」によって「共産派を包囲」すべきだと、四月一七日の閣議で提唱していた[14]。

ところが田中首相兼摂外相は同二六日、イギリスの申し入れを正式に謝絶し、共同出兵に応じない旨を返答した。大陸派兵に関して、田中はかなり慎重な態度を貫き、表面上は幣原の不干渉政策を継承したのである。田中の対応の背景には、アメリカによる日英接近への警戒があった。ケロッグ米国務長官は対中派兵に慎重な考えを示しており、イギリスの共同出兵案にも反対であった。五月二日、アーマー米大使は出淵次官と会談し、日本がイギリスと提携して強硬論をとるという「風説」は事実か、と問うた。これに対して出淵は、イギリスの共同出兵提案を拒否したことを告げて、「風説」を否定した[15]。

ただし翌三日、ティリー英大使と初会談した田中兼摂外相は、日英の提携を説き、両国の共同措置については個々の問題について協議することとし、六月はじめに開催する「東方会議」の後に意見交換を行いたいと述べた。ティリーは「田中首相は日英同盟の〝精神〟の復活を考えている」などと本国に報告しており、かなりの好感触を与えたようである。つまり田中兼摂外相は、リップサービスでイギリスとの提携可能性を匂わせ、その期待をつなぎとめようとしたのである[16]。

田中外交の構想には、英米に対する「協調」外交の側面があると指摘されていることは、すでに述べた。だが動乱の中国に対して、英米の政策歩調は乱れていた。蔣介石南京政権の評価ですら、まちまちであった。ちなみに同じ時期、一九二七年六～八月にジュネーヴで開かれた海軍軍縮会議でも、英米の主張が対立したことで、会議は決裂となっている。ひとくちに「英米」といっても、方針の異なる両国と共同歩調をとるのは困難であった。そして田中は、いわば「二枚舌外交」を通じて英米双方への配慮を見せながら、日本の国益を最優先しようとした。アメリカの不干渉政策との距離を置きつつも、イギリスの要請に巻き込まれることは警戒し、英米両国と等間隔を保ちながら、東アジアにおける日本外交の主体性を追求したのである。

次に日本の対中国政策は、関係する諸機関が極めて多元的なこともあり、統一されたものではなかった。日本政府内では外務省の他、陸軍が強い発言権を持ち、上海では海軍、満洲では満鉄や関東庁も関与していた。特に満洲・北京を統治する張作霖への対応、そして大陸への派兵の是非をめぐっては、多様な意見が入り乱れていた。

張への対応に関して、外務省では張の支配を容認し援助を与える「援張」路線（芳沢謙吉駐華公使ら）から、誰が支配者となっても権益を保持するため、張の援助や排斥などの方策を慎むべきとする「中立」路線（吉田茂奉天総領事・森恪政務次官ら）が混在していた。陸軍においては、張を実力で援助すべきとする「援張」論（白川陸相ら）が一般的であったが、関東軍の内部では排日運動を容認する張への反感が高まり、張を武力で排除すべきとする意見が強くなっていた。

大陸派兵についても、外務省では、武力発動を強く否定する立場（幣原前外相・木村鋭市亜細亜局長ら）が主流であった。ただ張作霖の排日的行動に対する警告のために、武力干渉を容認する考えも存在した（芳沢ら）。さらに吉田茂・森恪などは、治安維持の要請や鉄道敷設権など、権益の維持・拡大のための積極的な「軍事力による干渉」を求めた。ただ基本的に外務省の立場は大陸派兵に消極的で、満洲域内における既得権益の擁護のために必要な場

---

(14)『宇垣一成日記』第一巻（みすず書房、一九六八）五七〇頁。
(15)「在留民ノ保護引揚避難及被害関係」（外務省記録『支那内乱関係一件』）。
(16) 田中の対英姿勢とティリーとの交渉について、前掲佐藤元英『近代日本の外交と軍事』三四～三五頁参照。

対中国政策関係者の意見一覧

対張／軍事	絶対不干渉	満洲での治安出動	全土での居留民保護	全土での革命干渉
張作霖援助		（外）芳沢	（政）田中	（軍）白川・本庄
中立	（外）木村 幣原	（外）吉田 （政）森恪	（政）森恪	
張作霖排除 （〜満蒙領有）		（軍）武藤・関東軍 中堅層		

（外）＝外交官　（政）＝政治家　（軍）＝軍人　　　　（拙著『評伝森恪』より）

合に限って、軍事力の発動を考えていたと言えよう。

これに対して、白川陸相や本庄繁（公使館附武官）などの陸軍主流は、北伐への牽制、張政権維持の手段として派兵・武力干渉を想定していた。この場合、派兵の対象は満洲のみならず、関内（山海関以南の中国本土）も含まれる。他方で、関東軍・陸軍中堅層の間には、張作霖を排除し、より協力的な後継者をえるために、派兵と武力干渉を用いようとする構想も生まれつつあった。なかには、日本による満蒙の直接領有をめざす、二葉会・木曜会などのメンバー（石原莞爾など）もいた。この段階での満蒙領有論は陸軍の総意ではないが、注目される点である。

他方で、田中の方針は、次のようなものであった。まず田中は、蒋が北伐によって関内を統一し、北京にいる張が満洲に撤退して、両者ともに日本の権益を認める形が望ましいと考えた。田中は蒋の実力を評価しており、陸軍と異なり関内で北伐の干渉に出る意図はなかった。一九二七年六月、田中は実際に山梨半造・鈴木貞一を北京に送って、張作霖に満洲への撤退を勧告したが、張はこれを拒否している[17]。

さらに田中は、中国全土における「居留民保護」を目的とした派兵を想定した。大陸の自国民を見殺しにするなと幣原外交を批判した手前、いざという時には、邦人保護の派兵を実行する必要がある。これが満洲に限らず中国全土を対象とすることは、実際に事件が起きたのが漢口・南京である以上、いうまでもない[18]。ただ全土への派兵方針はあくまで「国内向けの政策」であり、「政治家」としての政治配慮、政権の実行力アピールの必要性がにじんでいる。さらに「国際協調」の配慮上、突出した軍事行動とならないためにも、「居留民保護」という出兵目的を厳正に守ることが不可欠であった。

さて、それでは田中は、関係各機関内に多様な意見がある中で、自己の方針をどのように周知徹底しようとしたのか。ここに意見調整の場としての「東方会議」の開催（六月二九日～七月七日）が関わってくる。六月一八日、田中は腰越の別荘で記者団に対し、東方会議の意義を「出先の者から支那の情況」を聞き、「意見を統一の上、今後の対策の参考にする」と述べている。ただし会議直前の同二七日には、田中は「世間では今度の会議で対支方針を確立するかの様に云うがそれは非常な誤りで、現内閣の対支政策は既に俺の胸中にきまつている」と述べて、原内閣時の第一次東方会議における昔日談を語った(19)。

田中が先例としたのは、シベリア撤兵方針を内々に確定してから協議を行い、撤兵を既成事実化した原内閣時の第一次東方会議であった。ところが田中は、会議上での意見を「参考にする」としながらも、結論は田中自身の「胸中に」しまい、具体的な方針を定めずに玉虫色の訓示を行った。関係各機関内の意見は、「同床異夢」の状態のままに温存され、積極的な調整が行われなかった。そのことで、会議の開催は関係各機関の参加者に、政府が自説を容認したとの印象を与え、独自の行動をうながす意味さえ持つことになった。会議の終了直後、吉田茂と森恪が

(17) このとき張の説得に赴いた山梨について、鈴木は次のように語っている。「陸軍の大将なんというものはつまらないものだ……〔張作霖に〕話した処が、張作霖はなんにも云わないのだ。……サーッと腕まくりをしてね、そしてすごい剣幕で『おれは知らん（我不関々々）』と。……そうしたら山梨半造はまるで違ってしまったのです。『いや、いや、自分の云う事はなにもそう強要するわけではないので、あんたの云っている事がいいのだから、北京に居ても差し支えはない』と……僕は心の内で大いに憤慨しちゃってね」（木戸日記研究会『鈴木貞一氏談話速記録』上巻、日本近代史料研究会、一九七一、一四～一五頁）。田中は信頼する腹心の山梨を遣わしたが、山梨はこれに応える能力を持ちあわせていなかったようである。

(18) 田中首相が「政略」出兵による居留民保護を選択した政治的理由について、戸部良一は幣原外交の清算と「南京事件の『負債』」にあり、実際には出兵による保護は居留民引揚よりもはるかに困難であったと指摘している（「戦前日本の危機管理」、木村汎編『国際危機学―危機管理と予防外交』世界思想社、二〇〇二）。

(19) 前掲高倉徹一『田中義一伝記』下巻、六四三頁。

張作霖への強制手段（京奉線遮断）の断行を図り、満鉄や関東庁の掣肘を受けたことは、その一例である。

次のような逸話がある。東方会議の開催前、武藤関東軍司令官が田中首相に対して、アメリカとの衝突、世界戦争の勃発に「決心と用意があるか」と問うと、田中は「おら決心がある」と即答した。武藤が重ねて問うと、田中は「おら大丈夫、決心してゐる」と断言したので、武藤は東方会議において重要な発言をせず、「命令一下、政策の遂行にあたる」と決意したという。[20] これに類するやりとりがあったとすれば、田中首相の「国際協調」路線は軍に徹底されず、関東軍の強硬方針も会議の俎上にのぼらなかったことになる。

田中政友会内閣の山東出兵は、野党時代の幣原外交批判を実行する「政治」的要請を満たしつつ、列強間との「協調」姿勢を回復させることに主眼があった。そのためには、出兵の目的はあくまで「居留民保護」でなければならず、その方針を陸軍に貫徹させる必要があった。だが田中首相兼外相の主宰した「東方会議」は、外務省の方針が主として採用されたものの、具体的な政策は決定されず、関係諸機関の意見は統一されなかった。田中の政策意図や構想についても、十分に説明が尽くされたわけではなかったのである。それでは具体的に、田中はどのように陸軍を「統制」し、「政治主導」の出兵を実施したのであろうか。

(二) 第一次山東出兵の実施をめぐって[21]

一九二七（昭和二）年五月、南京国民政府の蔣介石（国民革命軍総司令）は部隊の北上総攻撃を指令した。いわゆる「北伐」の開始である。北京の列強（英米仏伊日）駐在武官は「緊急事態」（増兵を必要とする事態）を認め、各国公使もこれに追随した。そこで、芳沢謙吉駐華公使も、田中兼摂外相へ北京の動向を報告した。ところが、これに対する田中の訓電は、張作霖と蔣介石の妥協が望ましいが、日本は一切手出しをしないこと。列国の増援決議には深入りしないこと、などを求める内容であった。日本の派兵がないことに失望し、守備隊撤退を検討すると述べたイギリス側に対して、芳沢公使は「緊急事態」が差し迫れば、その場合に考慮すると対応した。[22]

切迫する事態を前に、陸軍も外務省も出兵の検討に入った。さらに森恪外務次官は、政友会の党議を派兵の方向でまとめ、「もし首相がきかなければ、総裁を引退させる」と述べた。五月二四日、白川陸相が閣議で山東出兵を提案すると、田中首相は白川陸相・岡田啓介海相と「南京・漢口事件の如き惨禍」を再び起こさない措置をとるとの点で合意。陸海外の三省による協議が行われた。

二五日午後、陸軍外務両省の協議を経てまとめられた注意点では、出兵目的を「在留邦人」の「保護」として、派遣軍に慎重な行動を取らせることが強調された。さらに二六日、田中首相は白川陸相と協議し、協定事項を結んだ。その内容は、青島から済南への進発は「陸軍に於て総理大臣の承認を経て決定す」ること、中国の各勢力および諸外国へも通知すること、などであった。田中首相は進軍判断の主導権を確保するとともに、諸外国への配意を示したのである。さらに二七日の閣議で高橋蔵相の意見をもとに、出兵規模が大幅に縮小され、最終的な計画が公表された。

五月三一日、第一次山東出兵が始まった。歩兵第三三旅団約二千の部隊が、満洲・大連から青島に到着した。従来の非出兵政策はここに大きな転換をみた。だが田中は、国民革命軍との衝突可能性の高い済南への進出には、慎重な姿勢を見せた。山東における蔣介石の攻勢が強まる中、白川陸相は六月一七日に閣議で済南進兵を提議した。白川や陸軍中枢は、出兵の目的が居留民保護にあることから、済南での戦闘発生より早い同地への進出を強く主張したのである。

ところが田中首相兼外相は、閣議の場で白川陸相の進兵案を退けた。田中は現地の情勢が収束しつつあること

(20) 山浦貫一『東亜新体制の先駆森恪』(高山書院、一九四〇、以下『森恪』)六二六～六二七頁。
(21) 本節で示した事実経過については、前掲小林道彦『政党内閣の崩壊と満州事変』六六～七六頁、前掲拙著『評伝森恪』一七一～一七三頁を参照。
(22) 前掲佐藤元英『近代日本の外交と軍事』三八頁。

を、外務省ルートの情報で把握していた。そこで不測の衝突を回避するため、ここで田中首相は閣議を主導する形式によって、派遣軍の行動を細かくコントロールしようと試みたのである。

七月に入り、革命軍の進軍によって山東半島の膠済鉄道（膠州湾と済南を結ぶ路線）が遮断されるおそれが出ると、済南からの求めに応じて、陸軍は再度、青島派遣部隊の済南進軍と、青島の部隊補充増兵を主張した。ところが、ここでも外務省（森恪を含む）は済南進兵や増兵に消極的であった。七月五日、外相代理として閣議に出席した森次官は、「排日気勢も昂上して居る昨今」の情勢を踏まえて、「奥地への兵員移動は行はれざるを可とす」として、済南進兵に反対した。森は白川陸相と激論を重ね、閣議は平行線となった。森や外務省は、済南進兵で不測の事態が生じることを危惧したのである。そこで最終意思決定は田中に委ねられた。

すると閣議後、田中は一旦出兵計画を陸軍に一任し、外務省にはその決定を通知しなかった。そして同五日夕刻、田中は白川陸相が伝えた済南進兵・補充増兵の案に同意を与えた。ところが翌六日、済南総領事からの事態好転の報せをうけた田中は、今度は済南進兵のみを天皇に上奏して、あわせて行う予定であった補充増兵の上奏を、独断で見合わせることにしたのである。

ここで、田中は鈴木荘六参謀総長と、宮中で押問答をする事態となった。すでに田中より先に上奏をすませていた鈴木総長は補充増兵にも言及しており、首相の上奏内容との間に齟齬を生じてしまうことになる。だが田中は鈴木を押し切って済南進兵のみを上奏し、鈴木も再度上奏をやり直さざるを得なかった。この時天皇は田中に内容変更を質し、田中は恐懼したという。結局、田中は参謀本部の要望通り、二日後の八日には閣議で青島への補充増兵を許可することになる。

田中の独断的な措置は、最終意思決定者としての自身の決定に、陸軍も外務省も当然従うものとの判断に基づいていた。だが出兵計画をぶち壊されかけた陸軍も、重要な政策決定から排除された外務省も、ともに田中に対して強い不満を抱いた。

『昭和三年支那事変出兵史』は、済南進兵をめぐる政府との交渉と「責任」の所在について、参謀本部側の言い分を記している。済南進兵の時期については、「参謀本部は其責任の所在を明にする為」、決定の手続きに関して陸軍省や政府（内閣・首相）と「幾多折衝を重ね」た。参謀本部が時期の決定を「政府の責任に属すへきものと為」したからである。だが、「居留民」保護が出兵目的である以上、政府は方針を確立したうえで、進軍行動は「統帥部に一任するの方策に出つるを理論上至当とす」るはずであった。また、政府の意向で部隊を青島に留め置いた以上は、進軍の時期も政府が決定するべきところ、それは参謀本部に一任され、旅団長も判断に苦しんだ。「西進の時機を失し保護不十分なるの責を受くるは、軍部として忍ふ能はさるところ」である。「要するに、政策に深き関係を有する出兵に於ては、其責任の帰着動もすれは不明に陥り易く、出先軍隊の去就的確を欠く」と、同史は結論する[23]。政略のための出兵に対する忌避感と、出兵計画に独断で容喙する田中首相の無責任に向けた、言外の批判が読み取れる内容である。

他方で、外務省の吉田茂は、七月八日に岳父牧野伸顕内大臣に会って、田中の無責任ぶりを批判している。対中外交では、政友会が「従来の声明を偏重するの余り、国家永遠の利害を大局考慮するを怠」る有様で、田中兼摂外相は「日常事務」から遠ざかり、報告を聞くにすぎない。「今日の急務は専任外相を置く事」が「焦眉の問題」である。外相としての力量は問題ではなく、とにかく「霞ケ関の畑」の人物を大臣にする必要がある。芳沢謙吉などでも、「今日の如き醜体よりは勝るべし」と。

吉田の危惧は、田中兼摂外相のもとで政党勢力が外交政策の主体となり、外務官僚が対外関係での発言力を低下させることにあった。これが済南進兵に際して、外務省の意見が田中兼摂外相に取り上げられなかったことへの批判であることは、容易に推測できる。吉田の言葉を田中の失策として重くうけとめた牧野は、近衛文麿から西園寺

（23）　参謀本部編『昭和三年支那事変出兵史』（原書房、一九七一、以下『出兵史』）三〇〜三二頁。

公望に向けて、専任外相を設置するよう田中首相に勧告させることを依頼した（だが結局この内閣では、専任外相は最後まで置かれなかった）。

田中自身は、「外務省の外交が弱くて困る」から、自分が外相となって「外務省を改革して建て直す」と、よく語っていたというから、[24]外務官僚の軟論を代弁する心機はそもそも乏しかった。さらに言えば、田中は自らの兼任する外相ポストをあえて空洞化させることで、「首相官邸主導の外交」を目指した、とも考えられる。これは、「田中外交」の特徴の一つと言えるだろう。

田中首相は満鉄総裁に山本条太郎を指名し（七月一九日就任）、山本は外務省に内密のうちに、張作霖との鉄道交渉を手がけた。さらに山本は、張と満洲の治安維持や「門戸開放」についての協定を交わした。後から山本の交渉内容を知らされた外務官僚や森次官は、山本の「越権」行為に憤慨したが、田中兼摂外相は意に介さなかった。

山本の交渉と呼応する形で、一〇月三日に来日した米モルガン商会のラモントと井上準之助の間で、満鉄社債引き受けの交渉が進められていた。[25]田中は満蒙の懸案を解決し、同時に「門戸開放」を実現するために、満蒙の地にアメリカ資本を加えて、列国協調の権益体制を確立することを構想したのである。

さらに田中は、久原房之助が話す「日露中三国緩衝国」構想を支持し、久原とスターリンの会談に便宜を図ったという。ロシアがシベリアを、中国が満洲を、日本が朝鮮を出して緩衝国を作るとの構想に、どこまで実現性があるかは定かでないが、少なくとも田中は多大な関心を示したと久原は語る。[26]

山本や久原を個人的に用いる田中首相の外交手法は、外務省の主流を重視する原首相よりも、西原亀三らを用いて借款政策を展開した寺内首相の手法に似通っている。意識的に寺内を模倣したかはわからないが、少なくとも田中首相兼外相が、外相として外務官僚を用いるよりも、首相直属の個人的使節を派遣するタイプの対外交渉を好んだことは確かであろう。

なお一一月五日、田中は青山の私邸で張群・佐藤安之助が同席する中、蔣介石と会談し、北伐の再開を牽制した。この時蒋からは、日本の利権保護は中国の安全保障でもあること、および（このようなことをいうと「売国奴」と罵られるが、と前言した上で）国民政府に対する日本の支援を求めたいこと、などの内容の言質をとっている。[27]離日した蒋は張群を東京に残し、一説では翌一九二八年一月、田中私邸において殖田俊吉（首相秘書官）の立ち合いのもと、張群と田中の間で、日本が張作霖を奉天に引き揚げさせたら革命軍も追い打ちをかけない、との黙契ができたという。

田中は北伐を進める蒋介石の国民革命軍が、日本の既得権益の保全を認めて共産党を排除すれば、関内の統一を容認する積りであった。また張作霖には北京を退去して満洲・奉天に引き揚げ、満洲での日本権益の保護・拡張を受け入れることを期待した。南北に中国を分割した上で、それぞれの政権に日本の権益を認めさせる。これこそ、田中の思い描いた対中構想の理想的な展開であった。総力戦国家をめざす準備と共産主義の弾圧、列強との協調と中国での権益擁護など、田中が構想した「軍略」に基づく諸政策は、進展するかに見えた。

だが、陸軍は田中による政略出兵の意図を理解できず、責任所在の不明確さに強い不満を抱いた。外務省も、田中の出兵政策や、責任の明らかでない「官邸外交」への批判を腹蔵していた。田中の構想や決断の真意を、いずれの組織も図りかねていたことは、田中への不信を醸成する要因となった点で重大な問題であった。そして一九二八年に入ると、田中首相の指導力は急速に失われる。田中の政治基盤に動揺が見られ、政策のほころびが明るみに出ることで、これまでにも見た田中の個人的資質に起因する、数々の問題が発生するのである。

---

(24) 前掲山浦貫一『森恪』五八〇頁（鈴木貞一談話）。前掲拙著『評伝森恪』一六一頁を参照。
(25) 三谷太一郎『ウォール・ストリートと極東』（東京大学出版会、二〇〇九）二一五頁。
(26) 久原房之助「スターリン会見記」（『警察文化』一九五三年四月）。
(27) 外務省編『日本外交文書竝主要文書』下巻（原書房、一九六六）一〇二～一〇六頁。

五　第二次・第三次山東出兵――軍事衝突とリーダーシップの崩壊

（一）　田中内閣の動揺と第二次山東出兵――リーダーシップの喪失

一九二八（昭和三）年二月、日本で初の普通選挙制度のもとでの解散総選挙が実施された。選挙の結果、与党政友会は野党の立憲民政党（憲政会の後身）とわずか一議席差にとどまった。田中首相の持っていた「在郷軍人票」も、政友会を救うものにはならなかった。危機に直面した田中内閣は、選挙の責任者である鈴木喜三郎内相に辞職を求め、辛うじて政権を維持した。だが最大派閥となった鈴木派の反発を招いた田中総裁は、党内支持基盤を著しく損なった。

そこで田中は、自身の支援者である久原房之助の入閣を図った。だが初当選の久原入閣には党内から強い批判があがった。小泉策太郎が抗議のため離党し、水野錬太郎文相も辞表を出した。さらに水野が辞表撤回に当たって、田中の同意を得た上で昭和天皇の慰留（優諚）を受ける形をとると、田中による天皇の政治利用だとして、野党や貴族院から批判をうけた。すると田中は、水野との留任の申しあわせは天皇拝謁前にできていたと語り、立場のなくなった水野は本当に辞任してしまった（水野文相優諚問題）。こうして田中に批判が集中すると、田中は今度は自ら天皇に進退伺を出し、これを天皇に却下させることで危機を切り抜けようとした。田中には窮地に陥ると、責任を他に転嫁し、自身の切り抜けを図る傾向があった。

政権発足から一年で、田中首相の党内基盤は動揺したが、同じ頃、田中の外交方針も崩壊に瀕していた。発端は、北伐の再開に伴う第二次山東出兵であった。革命軍が再び山東半島に接近すると、対外出兵を公約とした政友会は森恪次官を中心に再度の出兵を主張し、白川陸相は四月一七日の閣議において「今や出兵の時機」と述べ、第二次山東出兵を提起した。直ちに陸海軍の協議が行われ、内地から済南へ直接派兵することが決定した。昨年の第一次出兵が、済南への進兵に慎重であったのに比べれば、極めて速やかな進出であった。

この時、陸軍部内には出兵への慎重論が強かった。阿部信行（陸軍省軍務局長）や松井石根（参謀本部第二部長）、それに鈴木荘六（参謀総長）は、政治的な意図による派兵に慎重であった。ところが、それにもかかわらず、白川陸相は「昨夏の動乱当時以上の措置」が必要だと述べた。それはなぜか。鈴木貞一は次のように回顧する。

出兵したくないのです。参謀本部は絶対に出兵したくないんです。だから陸軍省に何べんも話をして出兵しない方がいいと云ったんだ。ところが、そのときに田中さんが……「自分は出兵したくないけれども、どうも政友会の声明で、再び事が起れば兵を出すということを第一次出兵の時の撤兵するときに宣言している。……出したくないけれども出すのだから、天津から大隊長の率いる二ケ中隊ぐらい出さしたらどうか」、こう云うわけだ。それから僕が、「それは困る。尼港事件みたいなことが起ったらどうしますか」こう反問したのです。「それは困る」「そんならば絶対に革命軍に敗れないだけの兵隊をあそこに出して、戦さはしないような方法を取る以外に方法はない」……。[28]

この時の出兵は、消極的な参謀本部を、田中首相が押し切って決定したものであった。第二次出兵に際して、森恪次官は「声明による公約の出兵であるから、成るべく小部隊の出動がいい」と考えたという。[29] 田中や森の言葉から考えると、第二次出兵の目的は、政友会の「公約」実施という政略的なものに他ならなかった。ところが、派遣される陸軍はそれでは困る。小部隊で派遣されれば、仮に紛争に発展した際、軍民もろとも全滅することも考えられたからである（尼港事件などの前例がある）。白川陸相が第一次出兵を上回る規模の「措置」を求めたのも、そのためであった。

(28) 木戸日記研究会『鈴木貞一氏談話速記録』上巻（日本近代史料研究会、一九七一）一二頁。
(29) 前掲山浦貫一『森恪』六一九頁。

こうして元来派兵に消極的であった陸軍は、田中の政略的派兵を受け入れると決定した段階で、小部隊ではなく大規模な動員をかけ、かつ居留民保護の「職責」を果たすために、内地部隊を早期に済南に入れる方針をとった。一九日、内地部隊（熊本第六師団）の山東派兵が閣議決定され、翌二〇日には天津から支那駐屯軍の三個中隊が済南到着。二八日には第六師団の一部が済南へ進軍し、約五五〇〇名の日本軍が済南に集結した。

前年と異なり、国民革命軍は中途で引き返すことなく、五月一日から続々と済南へ到着した。田中は青島に部隊をとどめようと考えたようであるが、今回それができなかった理由は、主として現地の事態進展が急であったことによる。そして三日朝九時過ぎ、日中両軍は衝突し、ここに済南事件が発生したのである。ただし、この時の戦闘は小規模で、翌四日未明には現地での停戦交渉が始まった。

しかし事件を知った参謀本部は衝撃をうけ、直ちに関東軍・朝鮮軍および内地からの動員を、田中首相に申し入れた。慎重であった参謀本部は態度を急変し、荒木貞夫（第一部長）を中心に、戦闘の名目は「居留民保護」ではなく、「膺懲」（征伐して懲《こ》らしめる）を主とすべきとの声が高まったのである。五日、鈴木総長は白川陸相に「最早軍の問題にして、政策に左右せらるべきものにあらず」と述べて、改めて内地一個師団の増派を要求した。もはや参謀本部は田中の「政略」を顧慮することをやめ、「国軍の威信」を回復するための軍事報復を求め始めていた。

田中首相は議会運営の困難さもあり、さらなる内地部隊の派遣に慎重であった。白川陸相も慎重意見であった。そこで田中は、閣議決定のみでは「少しく軽率である」として、軍事参議官会議への諮問を求め、正式な増派を九日の閣議決定後とした。従来の手続きでは特に必要のなかった参議官会議をわざわざ召集したのは、参謀本部の「膺懲」論を抑制する意図が田中にあったからであろう。宇垣一成をはじめ、参議官には田中を支持する将官が控えていた。

ところが田中首相は、政局で荒れた五五議会の貴族院本会議（五月六日）で、出兵による事件発生に関する政府の責任を問われた際、「若し万一師団長に其職責の範囲に於て手落があった……と云ふことであれば、其職責を持って居る者が其責に任ずべきであります。直ちにそれが政府の責任であると私は考へて居りませぬ」と答弁した。済南事件の責任は第六師団長にある、と述べたのである。

田中の答弁に陸軍側は強く反発し、軍中央部は「此際総ての処置をして第六師団長の立場を庇護する」との方針を定めた(30)。そもそも政略的な理由で、軍を派遣したのは田中のはずであった。田中を支持する側であった宇垣も、今回の増兵は「内政の行詰りをボカス為」や「外務外交の行詰りを軍部に肩代りして、責任転嫁、失体掩蔽を為さんとするが如き不純なる動機」ではないか、と激しい批判を加えた(31)。田中首相の抱える政治的な事情に振り回されて兵を動かし、しかも失敗の責任を被せられることを、軍は何より嫌った。そして軍人政治家として君臨する田中に反発する空気が、軍内に明確に現れ始めたのである。

議会閉会後の五月九日、第三次山東出兵が開始された。同じ九日、済南の第六師団は済南城の総攻撃を開始し、一一日に済南城を陥落させたが、済南市中では軍民ともに多数の犠牲者が出た。蔣介石は済南を迂回して北上を続けることを決めたが、日本軍の暴威に衝撃を受け、軍総司令として深く恥ずかしめられたと痛感した。この日以降、日本が一九四五年(昭和二〇)に敗戦の日を迎えるまで、蔣介石の日記には「雪恥」(恥をすすぐ)という表現が、毎日の冒頭に記された。国民政府と国民革命軍は、済南事件を契機に、日本を明確な「敵」と認識するに至っ

(30) 前掲『出兵史』九六頁。
(31) 前掲『宇垣一成日記』一九二八年五月八日条、六五九頁。宇垣による田中批判の開始は、前年(一九二七年)末に、田中が山梨を朝鮮総督に推したことと関連している。機密費問題などで田中の政権獲得に「努力した」と考えてきた宇垣は、総督に自身ではなく、自らが嫌う「山半」が就任したことを契機に、田中との「相互間の清算は完了した」「気分も清々する」などと強がりを記した(同前一九二七年一二月一日条、六二四頁)。宇垣によれば、田中の宇垣に対する「情誼」は、「究竟は利己本位」によるものであり、「国家国軍の為でもなければ勿論宇垣の為でもなく、要は自己及び仲間の為」であった、という。田中と山梨・宇垣らが、総力戦への対応というビジョンの他に、短期的な「利」を求めて協力していたことを物語る一節と言えよう。拙稿「満洲事変期の宇垣一成」(『社会システム研究』六、二〇〇三)および、高杉洋平『宇垣一成と戦間期の日本政治』(吉田書店、二〇一五)九九～一〇一頁を参照。

たのである。こうして田中首相は、政治的出兵と軍事衝突によって、蒋との諒解を決定的に失ってしまった。

ところが、それでも田中首相は「南軍の北伐」を認めるために鉄道利用などの「便宜」を図ることで、蒋との提携を探るように、鈴木参謀総長に告げている。抗日意識が高まる済南事件後も、田中首相は蒋介石との妥協が可能だと考えていたのである。中国側のうけた衝撃の深さは、日本側の認識と大きく差異のあるものであった。

さらに田中と陸軍の間に強まった確執は、張作霖の北京退去をめぐる一連の動きの中で、一層拡大していった。そのことは当然ながら、軍の統制に必要な田中首相の政治基盤の弱体化と深刻な関係を有していた。

(二) 関東軍の治安維持出動をめぐって——暴発への導火線[32]

国民政府軍は、日本軍が占領する済南を回避し、進軍を続けた。一九二八(昭和三)年五月中旬には、北京の陥落は時間の問題となった。張作霖はついに日本を頼り、満洲へ引き上げることを決めた。田中は張を満洲支配に専念させることを願っていたので、この展開は好都合であった。

ただし張作霖の帰還をきっかけに、奉天軍や国民政府軍が満洲にまで戦火を及ぼす危険があった。すでに四月一九日、斎藤恒関東軍参謀長は、満洲—関内の境に関東軍を出動させ、南北両軍の進入阻止(必要があれば武装解除)を行うとの意見を、軍中央に送っており、五月一五日には、関東軍は武装解除方針の実行を重ねて軍中央に求めた。

五月一八日、張作霖と国民政府の双方に「満洲治安維持の為、適当にして且有効なる措置を採」るとの「覚書」が通告された[33]。さらに閣議は、両軍ともに「武装解除」の対象とする主義方針を決定した。この前後の森恪次官の構想には、関東軍を満鉄付属地外の錦州や山海関に出動させ、日本が満洲の治安維持に当たるとする既成事実を作る願望が表れていた[34]。

さらに五月一六日、外務省亜細亜局と陸軍省軍務局は協議を行い、南北両軍への武装解除とともに、張作霖に

「非公式に引退を勧告する」ことを明記する「措置案（発表せさる案）」を起案した。軍中央は、関東軍の要望を容れて、張作霖の下野要求を提案したのである。

張作霖政権の「排日」運動に憤りを見せる関東軍は、「兵力解決の機会」を虎視眈々と狙っていた。四月八日付斎藤恒の南次郎（参謀次長）宛電信では、「支那側が暴慢なる態度を持続する間を利用し、兵力解決の機会を逸せざること」と、武力発動を強く訴えている。また四月二七日付河本大作関東軍参謀の荒木貞夫（参謀本部第一部長）・松井石根（同第二部長）宛書簡には、「北伐」が続いている間に「満蒙方面に於て内部の崩壊を企図」するため、南方派のしわざとして謀略を行うための爆弾や資金調達について「中央部の暗示」を求め、村岡長太郎関東軍司令官の「鞏固なる決意」を後押ししてほしい、との要望がある。(35) 関東軍の内部では、張を武力や謀略で除こうとする動きが、具体化していたのである。

張の処遇をめぐって、参謀本部では意見が割れていた。張の温存を考える松井石根に対し、張の排除に傾く荒木貞夫は、小畑敏四郎（作戦課長）らとともに河本大作らと連絡していた。だが結局、直接の武力行使による張排除は見送られ、関東軍出動による両軍の武装解除、および張の下野勧告に落ち着いた。五月一六日、白川陸相は閣議で張の下野勧告を主張した。

ところが、田中首相は張作霖の満洲支配を支持していたから、張下野勧告に強硬に反対した。他の閣僚も、田中

(32) 本節で示した事実経過については、前掲拙著『評伝森恪』二二一～二三一頁を参照。
(33) 前掲『出兵史』一一八頁。
(34) 前掲拙著『評伝森恪』一七〇・二二三頁。鈴木貫太郎（海軍軍令部長）はこのとき「裏にはすでに陸軍と外務省で内々に相当話が進んでいた」と感じた（『鈴木貫太郎自伝』時事通信社、一九八五新装版、二四六頁）。国際条約上の権利を超える出兵に反対していた海軍には、陸軍と外務省が提携していると見たのである。たしかに五月一八日付「覚書」の原案は、四月二八日に外務省で起草されており、陸軍との協議を経て作成されたものと考えてよいだろう。
(35) 荒木貞夫・松井石根宛河本大作書簡（「荒木貞夫文書」東京大学近代日本法政史料センター原資料部蔵）。

に同調した。東方会議ではあいまいな形で決着した対張作霖態度をめぐって、内閣と陸軍が対立を起こしたのである。さらに二日後、五月一八日の閣議では、「満蒙問題」の武力解決を訴えて兵力増強を訴えた白川陸相の主張が、やはり田中首相や閣僚によって拒否された。閣議で決定された「武装解除の主義方針」は、表向きは南北両軍に対して「厳正公平」を命じながら、実際には「出先軍司令官の手加減と腹芸を要す」とされた。田中首相の思惑通り、張の兵力を温存させる内容となったのである。

一八日に張作霖下野勧告の却下を知ると、関東軍は直ちに軍主力を奉天に集め、満鉄付属地外での治安出動命令を待つことになった。ところが、出動命令は下らなかった。斎藤関東軍参謀長は、田中首相には張作霖を保護する下心があったとして、田中を罵り、「政策により統帥が攪拌されあり」と憤った。

田中が躊躇した背景には、「国際協調」構想の動揺が関わっていた。一八日付「覚書」の内容が諸外国で報道されると、特にアメリカでは国民政府のプロパガンダもあって、日本の「覚書」を「保護領設定の宣言」と解説するなど、新聞の報道論調も日本批判に傾いた。イギリスの反応はより静的ではあったが、日本側に「賢明なる自制の策」をとるよう求める記事も出た。対中融和に転じたイギリスもまた、日本の武力行使に中国への野心を感じていた。この年の二月、オースティン・チェンバレン英外相は、安定した統一中国を求めるイギリスと、中国の分裂弱体化を求める日本の利害は一致しないとして、「日本の対中政策は厳密なまでに自己中心的」と厳しく論評していた。[36]

一八日、アメリカは日本に軍の行動内容通知を要求し、外務省は対応に追われた。二〇日から二五日まで、連日担当者会議を主宰した森恪次官は、ついに関東軍出動を決定し、田中首相に決断を求めた。だが、田中は「一切の行動中止」を命じ、治安出動は中止された。田中の決定は、権益擁護のため「断乎として自衛の措置に出」るとした東方会議の結論を覆された森に、深い失望を与えた。「森は歯がみをして口惜しがった」といい、以降の森次官は「対支外交」や「奉天事件」の田中の処置に「不満鬱積」し、田中から距離を置くようになる。[37]

田中首相の判断は、列強との協調の必要性や、治安出動による関東軍の動向へのリスクも考慮したものであったと思われる。だが、田中の中止命令には、しびれを切らした陸軍も、憤激した。斎藤参謀長は「現首相の如きは寧ろ交迭するを可」「腰のない外交は駄目」などと、田中を日記中で罵倒した。荒木貞夫も「もう何がおこるかわからんが、このうえは、作戦部として責任は負えん」と、不満をぶちまけた。田中首相はアメリカの圧力に屈した、との観測が陸軍内部に流れ、軍の感情は急速に悪化した。

六月三日、張作霖は特別列車で北京を引き払った。翌四日早朝、奉天郊外にある満鉄と京奉線のクロス地点に差し掛かった張作霖は、列車ごと爆殺された。河本大作参謀による暗殺であった。「陸軍はどうにでもなる」と豪語した田中であったが、田中の決定に反発した関東軍の一部が、独断行動に走ったことの意義は重大であった。「親の心、子知らず」と田中は慨嘆した。張作霖と結んで満洲権益の保持を目指した田中外交は、ここに完全に崩壊したのである。

河本は、四月二〇日付磯谷廉介宛書簡で、「張の暴状は言語を絶す」「張作霖の一人や二人や、野タレ死しても差し支えないぢやないか。今度と言ふ今度は是非やるよ。止めてもドーシテモやつて見る」と、張作霖への強い殺意を打ち明けていた。注目すべきは、河本らが張の「横暴」の原因を「日本軍閥が余りに彼等を増長せしめた」ことに求め、「恩を施して其代償を得んなど、考へる日本人は念の入つたお人好し」と、張との交渉を重視する田中の外交政策そのものを強く難じていた点である。満洲の日本人が張政権からの圧迫に苦しむ中で、田中首相や白川陸相らは張作霖からの「付け届け」を懐に入れていた、とも認識していた。(38) つまり関東軍の張に対する敵意は、張に融和的な田中―白川軍政への批判でもあったのである。

---

(36) アントニー・ベスト『大英帝国の親日派』(武田知己訳、中公叢書、二〇一五)二六頁。
(37) 小川平吉関係文書研究会『小川平吉関係文書』第一巻(みすず書房、一九七三)二六四頁。

そこに他ならぬ田中首相に、出動命令を差し止められたことで、治安維持を名目とした奉天軍への攻撃も不可能となった。河本の回想によれば、村岡長太郎関東軍司令官は、張暗殺の計画を打ち明けたという。そこで河本は、心中ひそかに「軍司令官に関係なく、自分でやろうと決心した」。村岡の計画は実行されず、河本は自身と信頼する部下のみで、張暗殺を決行したのである。

事件後の六月六日、陸外海三省協議の場で、陸軍は山東の第三師団を京奉線に移すことを提起し、翌七日の閣議では白川陸相が、関東軍に京奉線出動を許した上で増兵を提案したが、田中首相はこれを厳然と拒否した。宮田昌

張作霖爆殺直後の事件現場

爆破された張作霖の乗車車両

明によると、河本の意図の一つは爆殺による治安悪化によって、「改めて関東軍の出動が必要となる事態を作り出そうとする」ことにあった[39]。このときの出動計画が田中首相の手で阻止されたことで、事態は一旦収拾に向かった。だが田中に対する軍の批判は高まり、田中の影響力は明らかに衰えを見せるに至った。

六　天皇・宮中との対立、張作霖爆殺事件の真相公表をめぐって――おわりに

張作霖の爆殺による外交構想の崩壊をうけても、田中首相はまだ中国の南北分離による権益保護にこだわり、さらなる方策を試みようとしていた。済南事件で日本への敵愾心を高めた国民政府では、知日派の黄郛にかわって、知米派の王正廷を外交部長とした。王は「革命外交」を唱えて一九二八（昭和三）年七月七日に不平等条約の改訂を宣言し、同一九日には日中通商条約を一方的に廃棄すると通告した。これに対して、田中は国民政府と奉天政権の合流を阻止すべく、張作霖の地位を継いだ子の張学良との接近を図るとともに、さらなる派兵を発案した（七月一九日）。

（38）河本は次のように語っている。「当時の関東軍司令官は白川義則中将であったが、白川中将は張作霖の顧問町野武馬大佐あたりから付け届けがあった。一体張作霖は横着者で、軍司令官や関東州都督児玉秀雄等に対しては、松井や町野を使として付け届けをして機嫌をとっていた。故に軍司令官や、都督の間には張作霖の評判が良かった。つまり軍は張作霖に誤魔化されていたのである。私はこの事実を知ったので、白川軍司令官に注意したが、白川中将は聴き入れなかった。また張作霖は田中大将はじめ内地の要路の大官連に対しても付け届けを怠らなかったので、張作霖を悪く言い、張作霖と争う日本人は、むしろ日本人の方が悪いのだといって、私がどんなに注意しても、私の意見に耳を傾けては呉れなかった」（「河本大作大佐談」（森克己『満洲事変の裏面史』国書刊行会、一九七六、二六四頁）。河本ら陸軍の一部による田中・白川軍政への批判について、宮田昌明『英米世界秩序と東アジアにおける日本』（錦正社、二〇一四）四三九頁などを参照。

（39）前掲宮田昌明書、四五〇～四五一頁。

ところが、この新たな軍事行動計画に、思いがけないところから抵抗が生じた。対中衝突の激化を懸念した昭和天皇が、田中首相に慎重な対応を求める「聖旨」を与えたのである（七月二六日）。天皇は八月にも「南北統一しても差支はない」「（済南からの撤兵を）なるべく早く実行するには、談判（事件処理）を開始して結着を附けること」などと発言し、田中首相の南北分離策を否定した。七月二四日に外務事務次官に就任した吉田は、牧野伸顕内大臣の女婿でもあるから、さっそく宮中と政府の間を飛び回ることになった。田中は自説を堅持したが、一二月に張学良が国民政府と合流し、さらに翌二九年に楊宇霆を張が粛清すると（一月一〇日）、田中はようやく南北分離を諦めて、構想の転換をはじめた。

その後、田中首相は済南からの撤兵交渉を進め、パリ不戦条約に調印するなど、列国との協調姿勢を明確に出そうと腐心した。その間にも撤兵交渉に反対する森恪次官や、不戦条約の文言を批判する野党や枢密院との対立を招き、政局は混乱の一途をたどった。さらに張の爆殺は、政権の命運を左右する事態をもたらす。決定的であったのは、天皇・宮中の田中首相に対する不信感が払拭されなかったことであった。

一九二八年一二月二四日、田中首相は爆殺事件について、日本軍人の関与が明らかになれば真相を公表し、厳正に処分するなどと天皇に上奏した。だが田中の公表方針は、陸軍や閣僚の反対によって撤回される。しかも田中は事態を糊塗しようとしたために、天皇は側近に田中を「叱責」したいとの意向を示した。

一九二九年六月二七日、田中首相は天皇に、事件の真相公表を避けて行政処分にとどめることを上奏した。これに対して天皇は、田中の上奏の前後矛盾を指弾し、何か言い訳をはじめた田中に「其必要なし」と言い放った。田中首相は当初、白川陸相の上奏が原因と考えて白川を叱責したが、鈴木貫太郎侍従長から天皇の信任を失ったことを知らされると、内閣総辞職を決意した。同年九月二九日、田中義一は狭心症で死去した（享年六五）。

近年、田中内閣の倒壊に関する研究は、著しく進展した[40]。詳細には触れないが、内閣の施政を通じて醸成された天皇の不信感が、田中首相個人の政治姿勢への批判に向けられていたことは間違いない。ただし、この時田中が河本処罰と真相公表の方針を貫徹できていれば、そもそも天皇による叱責は発生しなかった。そして田中が状況主義的に対応を変えざるを得なかった原因は、田中の個人的資質と、陸軍・政党における田中のリーダーシップ喪失にあったと言えるだろう。

陸軍内の協力者として田中が恃む宇垣一成軍事参議官は、爆殺事件の真相暴露を働きかける田中の行動を「責任を陸軍に転嫁して窮境を脱せんとする低劣なる動機」に出ているとみなしていた。宇垣は白川陸相に「断じて陸軍のみ埃を蒙るべき筋合でない」と忠告した。また田中から軍の意向をまとめるよう依頼された際にも、宇垣は「諸事手遅れ」のために「体良く之を断り」、「彼れが軽挙に元老其他に広告したりし言質を如何に取繕ふか、一種の見物である」と冷笑した(41)。かつての部下から突き放された田中は、陸軍の方針に従わざるを得なかった。

与党閣僚もまた、田中の決断を支持しなかった。爆殺の真相を早くに知った小川平吉鉄相は、真相暴露の件を聞いて「首相の軽妄」を嘆じ、他の閣僚や森恪次官らと首相の翻意を迫った。だが田中首相は、閣僚らの同意をえる

(40) たとえば、即位したばかりの若き昭和天皇が、田中首相の数々の言動(党派的な官僚人事、重要政策への無責任な対応、天皇への政治責任転嫁など)に強い不満を抱いていたことが、近年の史料公開で明らかとなっている。天皇にとっては、事件処分の是非よりも、田中個人への不満の表明が重要であった。「叱責」の実行も、その場の憤りではなく、数ヶ月前から側近との間で周到に準備されたものであった。詳細については、以下の文献を参照のこと。永井和『青年君主昭和天皇と元老西園寺』(京都大学学術出版会、二〇〇三)、伊藤之雄『昭和天皇と立憲君主制の崩壊』(名古屋大学出版会、二〇〇五)、同『昭和天皇伝』(文藝春秋、二〇一一/文春文庫、二〇一四)、古川隆久『昭和天皇』(中公新書、二〇一一)。
なお「叱責」の内容について、天皇自身は「辞表を出してはどうかと強い語気で」(『昭和天皇独白録』)叱ったと回想し、近年刊行された『昭和天皇実録』もこれにもとづいている。だが、そこまでの表現は当時の史料から確認できない。東京裁判前後に作成された天皇の回想には、一定の留保が必要であろう。研究者による『実録』叙述の検証について、古川隆久・森暢平・茶谷誠一編『「昭和天皇実録」講義』(吉川弘文館、二〇一五)がある。「叱責」に関しては、同書の河西秀哉「皇太子としての活動から昭和恐慌へ」(四四〜四八頁)を参照されたい。

(41) 前掲『宇垣一成日記』一九二八年一二月二四日条、七〇四頁。同一九二九年三月下旬条、七一二頁。

前に一二月二四日の上奏を実行してしまった。そのために上奏直後（同二八日）の閣議は紛糾し、田中の独断に反発した閣僚は「軍法会議云々の議は取消して単に正式調査を進め」るとの諒解で一致して、田中の公表方針を反故にした。田中はもはや閣議をリードできず、山東出兵で見せたように、軍側の方針への対処を閣議で行うことも不可能となった。

結局、田中首相は天皇に虚偽の発表を認めさせようとする「小細工」に走り、自滅の道を進むのであるが、そのような状況に陥った要因は、首相というリーダーの地位にありながら、掌握していたはずの組織内における支持を失った、田中の資質に求められると言わざるをえない。

組閣当初、田中は「軍人は、上官の命令は陛下の命令だというので、末端まで滲透したが、政党の総裁命令は、下部が言うことを聞かんので困る」と話している。軍部・政党いずれの組織においても、田中は政策の最終決定を行うにあたり、「上意下達」を当然のことと考えたのである。

だが、田中の命令を聞かなくなったのは、政党人だけではなかった。山東出兵をめぐる度重なる統帥事項への介入によって、軍内における田中の信望も失われていった。田中による出兵命令は、多分に政治的なものと解釈され、軍内では田中の私的な野心のために軍が動かされたことへの強い不満が蓄積された。さらに、田中はしばしば前後矛盾する命令を下しては、部下に服従を迫り、失敗した場合には責任を転嫁することもあった。軍内の田中に対する不信感は募り、元来田中に批判的であった上原系軍人や関東軍のみならず、宇垣ら股肱の軍人たちも田中から離反していった。

リーダーの決断には責任が伴うが、そこには組織内への説明責任や、決断によって生じた結果に対する責任も含まれる。田中はこれらのリーダーとしての責任を果たさず、そのために組織の信頼を失い、自身の決断にも疑念が持たれた。このことが、軍や政党の「不服従」につながったのである。なお天皇の田中に対する不信感もまた、一貫性がなく、無責任で指示を守らない田中の言動を、天皇が理解できなかったことから生じていた。田中の政治主導が失敗に終わった要因には、やはり田中のリーダーとしての資質が関係していたと考えることができよう。

来るべき国家総力戦の時代に備えた田中義一は、満洲権益の擁護と経済の振興を追求しながら、議会や民衆の重要性を理解し、政党政治の時代に順応する形で、国内外における安定した政治環境の構築を目指した。そして列強や中国との関係維持を強く意識した「田中外交」の構想は、のちの満洲事変以降の展開、すなわち「満洲国」建設や国際連盟脱退などとは、異質であったと評価できる。

しかしながら、首相としての田中は、適切なリーダーシップを保持できなかった。食言や二枚舌を繰り返し、自身の真意を隠すことで広範な支持を取りつけた田中の政治手法は、一時的な効用はあっても、かえって鋭い政策対立を助長する結果をもたらした。さらに人心掌握の手段を資金に頼り、軍隊式の「上意下達」を前提に「朝令暮改」や「責任転嫁」を繰り返す中で、田中は下僚や組織からの信頼を損なっていった。何より田中が政略的な目的のために軍事力を動員したことは、出身母体である陸軍からの反発を招かざるを得なかった。そして北伐への対応における田中の行動や決断は、利害の近い軍内支持者の離反を招き、田中を批判する将官らの活性化をもたらしたのである。

こうして田中は政党総裁として、また陸軍の実力者として首相の地位に立ちながら、政党、軍部、さらには天皇の不信を招いて没落した。そして大陸政策と国家総動員の推進役である陸軍は、田中の失脚を契機に、列強・中国、および政党・議会との対立を強め、より急進的な姿勢に変貌する。昭和の動乱は、政治的軍人・田中義一の失敗をもって始まるのである。

◉本章では、平沼騏一郎の政権獲得構想を通じて、彼の政治的人格、リーダーシップの特質を分析する。平沼は司法官僚として成功を収め、諸政治勢力と提携、妥協する柔軟さを持っていた。しかし、彼の政治的理想は、幼少期からの人格および官僚時代の経験を通じて形成された幅の狭いものであり、とりわけ一九三〇年代前半には陸海軍人との政権獲得工作を進めてしまい、挫折していく。

第五章

萩原　淳

平沼騏一郎と政権獲得構想

平沼内閣の模索と挫折　一九二四〜三四年

国本社神戸支部発会式で演説する平沼
『国本新聞』1926年7月10日より

一　政権獲得構想に見る平沼のリーダーシップ――はじめに

平沼騏一郎（一八六七～一九五二）とは、近代日本で最も有力な司法官僚である。とりわけ、一九一二（大正元）年から二一年まで検事総長に在任し、鈴木喜三郎次官とともに司法省・検察の実権を掌握した。その後、一九二四年に第二次山本権兵衛内閣法相を辞任した後、政治運動を開始し、この頃から政党内閣にかわる官僚系の首相候補者として幅広い勢力から期待を集めた。また、一九二四年には、国家主義の宣伝啓蒙活動を展開した政治的団体である国本社の会長に就任し、国家主義を鼓吹した。そして、一九三九（昭和一四）年に首相に就任し、辞任後も敗戦に至るまで重臣として活動した。戦後はA級戦犯となり、一九五二年に死去した。

本章では平沼が政権獲得工作を展開した一九二四年から三四年に焦点を当てる。一般的には、首相時代に最も権力を握ったと考えられがちだが、平沼はこの時期、諸政治勢力との提携により、政界で政治的影響力を最も拡大させ、元老西園寺公望に忌避されつつも、首相候補者として名が挙がり続けた。

本章で取り上げる一九二四年から三四年の日本はまさに激動の時代であった。一九二四年六月、政党内閣時代の幕が開け、政党政治、英米協調外交はある程度の基盤を有していたが、ロンドン海軍軍縮条約問題、満洲事変により、大きな打撃を受けた。そして、一九三二年五月に政党内閣は終焉を迎え、政治権力は軍部に移行していく。

平沼はこの時期、政党政治、英米協調外交の対抗勢力として、政治的影響力を持ち、とりわけ一九三〇年代前半の平沼内閣運動は、軍部の台頭に影響を与える結果となった。そのため、この時期の平沼の政権獲得構想を明らかにすることは、政党から軍部、そして太平洋戦争への道を分析する上で重要な意義を有する。

先行研究でもこの時期の平沼を取り上げたものが存在するが[1]、平沼がどのような構想を持ち、なぜ約一〇年という長期間にわたり諸政治勢力から期待を集め、政治運動を展開することができたのかという点については、体系的に明らかにされていない。

筆者はすでに拙著[2]において、①当該期の政治状況における平沼の位置づけとイメージ、②平沼の政治構想・政策の展開を論じた。しかし、①幼少期から官僚時代にかけての政治的人格の形成過程、②政権獲得構想における平沼のリーダーシップの特質、について言及しなかったので、本章では政権獲得構想の展開における平沼の政治的人格、リーダーシップの特質をそれ以前の平沼の行動・思想を踏まえて、考察する。

まず、次節では、政治家に転身する以前の平沼の政治的人格とリーダーシップの形成について概観する。

二　司法官僚としての台頭と政治的性格の形成

平沼は、一八六七（慶応三）年九月二八日、作州津山（現岡山県津山市）の藩士の家に生まれた。幼少期から教育に力を入れて育てられ、三叉学舎などで英語、算術などを学ぶ一方、家庭では敬神思想・儒学など伝統的な価値観を学んだ。

平沼は幼少期から、我慢強く、研究熱心で慎重な性格であり、学業成績も優秀だった。大学予備門を経て、一八八四（明治一七）年には東京大学法学部（一八八六年に帝国大学法科大学に改組）に進学した。

大学時代、平沼は近代的な法知識を身につけ、穂積陳重の授業を高く評価した。一方、平沼は幼少期の教育から、過度の西洋化に対する疑問を持ち、在学中から禅の修行にも参加した。その中で、早川千吉郎（後に三井銀行頭取）、北條時敬（後に学習院長）、河村善益（後に東京控訴院検事長）らと交友関係を持ち、後年に至るまで交流を続けた。

平沼は一見とっつきにくいように見えるが、一旦打ち解けると、相手に心を開く性格であり、趣味を通じて、自らの考えに近い友人とグループを作ることができたのである。このことは司法部内で「平沼閥」を形成するだけでなく、様々な会を組織し、政治家としても他の政治勢力と一定程度の提携を可能にする資質を持っていたことを示すものといえよう。

一八八八年、平沼は二一歳の時、帝国大学法科大学英法科を首席で卒業し、司法省に入った。平沼は内務省に入ることを望んでいたが、司法省から給費を受けていたため、不本意ながら司法省に入った。当時の司法省は内務省と比べると弱小であり、その職権も主に国内の治安維持や司法制度の制定・運用に限られていた。そのため、この選択は平沼の保守的な傾向を強め、治安維持および内政を何よりも重視するという政治観を形成していくという点で、彼の人生の転換点の一つとなる。

平沼は入省後、ドイツ法の影響が強まったことを受け、自らドイツ語を勉強し、ドイツ法の潮流に対応した。司法省内では、山県有朋が第二次伊藤博文内閣法相に就任した後、山県系が主流派となった。しかし、平沼は山県系などに接近した形跡はなく、彼らから登用されていない(3)。

それは第一に、平沼が学士官僚のエリートとしての学識に強い自負心を持ち、近代的な法学教育を受けていない

---

(1) 一九二〇年代については、伊藤隆「ロンドン海軍軍縮問題をめぐる諸政治集団の対抗と提携・第1部〜第2部」(『社會科學研究』第一七巻第四号、一九六六年二月、一九六七年二月、第一九巻第二号、後に、『昭和初期政治史研究—ロンドン海軍軍縮問題をめぐる諸政治集団の対抗と提携—』東京大学出版会、一九六九年に所収)がある。また、三〇年代前半については、佐々木隆「挙国一致内閣期の枢密院—平沼騏一郎と斎藤内閣—」(『日本歴史』第三五二号、一九七七年九月)、堀田慎一郎「平沼内閣運動と斎藤内閣期の政治」(『史林』第七七巻第三号、一九九四年五月)、瀧口剛「満州事変期の平沼騏一郎—枢密院を中心に—」(『阪大法学』第一五一号、一九八九年八月)、手嶋泰伸「平沼騏一郎内閣運動と海軍—一九三〇年代における政治的統合の模索と統帥権の強化—」(『史学雑誌』第一二二巻第九号、二〇一三年九月)などがある。

(2) 萩原淳『平沼騏一郎と近代日本—官僚の国家主義と太平洋戦争への道—』(京都大学学術出版会、二〇一六年)

(3) 同右、二四〜二七頁。

上司が職務に真剣に向き合っていないことに不満を持っていたためである。[4]第二に、藩閥の情実人事や専横に反感を持つとともに、藩閥を含めた政治勢力による犯罪の増加を憂慮していたためである。[5]平沼は後に一貫して司法部の権威を強化させると同時に、自らの権力を確立していくことになる。

一九〇〇年、遣外法官（遣外法官制度とは、司法省が司法官数名を選抜し、海外で司法制度を調査させる制度）は帰国後、司法官増俸要求運動を開始した。この運動は山県系による政友会内閣の攻撃と見なされていた。ここで、平沼はストライキという過激な手法をとる司法官に批判的な見解を持っていたことから、運動の収束を主導した。この結果、司法省で頭角を現すようになるとともに、後に政友会から登用される契機ともなった。

その後、平沼はイギリスやドイツをモデルとした司法制度改革や疑獄事件の捜査を主導することで、官僚として高い実務能力を示し、出世を重ねた。一九〇六年一月には、第一次西園寺公望内閣の下で、民刑局長に昇格し、新刑法の制定に尽力した後、同内閣で鈴木喜三郎とともに遣外法官に選出された。一九〇七年四月から翌年二月にかけて、平沼は欧州において司法制度調査を行い、その成果をもとに指紋法などを導入した。他方、欧州で治安政策について見聞したことは、彼の保守的で秩序維持を重視する政治観を形成する契機の一つとなった。ただ、政治外交に関する実態を学ぼうとした形跡はなく、彼の関心は官僚としての職務の範囲内にとどまっており、その政治観は狭い範囲内ゆえの歪みが存在していた。このことが後の政治家としての限界につながっていく。

帰国後、一九〇九年の日糖事件と翌年五月の大逆事件の捜査を主導することで、検察および自らの権威を高めた。とりわけ、大逆事件は無政府主義・共産主義の脅威と西洋化への危機感をより強め、後に、漢学など伝統的価値観の振興および教育・教化により、第一次世界大戦後の外来思想の流入に対処しようとするきっかけの一つとなった。

一九一一年、平沼は第二次西園寺内閣の下で司法次官に就任した。平沼は内閣の方針に応じ、一九一三年に画期的な司法部改革を断行した。改革の結果、平沼は鈴木とともに、長期にわたり司法省・検察の実権を掌握する体制を築いた。また、政友会は将来、平沼の法相への抜擢を検討するようになった。一九一二年には、検事総長に昇格した。平沼は四五歳の若さで、検事のトップに立ったのである。検事総長としては、政治勢力が関与した疑獄事件への対応に迫られた。ここで、平沼は政党および山県系と巧妙に距離をとり、社会および司法部への影響を踏まえ、慎重に捜査し、不起訴処分など柔軟に運用した。他方、シーメンス事件では海軍軍人への捜査を決行することなどにより、世間には「公平」なイメージを維持した[6]。

平沼の巧妙な検察権行使を可能とした要因は、主に三点ある。

第一に、道徳を重視した刑事政策のあり方を模索し、それらを通じて自らにとって望ましい秩序を実現しようとしたためである[7]。このような政治手法は後述のように、政治家時代とも共通点があり、法律に精通していたが、厳格な法の運用よりも、自らの望む政治観の実現を重視する行動をとるようになっていたのである。

第二に、検察内に強固な基盤を築いており、かつ検事総長の権限を最大限活用したことである。平沼はとりわけ日糖事件以後、自らの信頼する司法官に捜査に当たらせるとともに、彼らを登用していった。一九一三年の司法部改革後には、司法省・検察に「平沼閥」と呼ばれる勢力を築いた。この基盤をもとに、重要事件の捜査では検事総長の全国の検事に対する命令権を積極的に活用し、部下の検事を現場に直接派遣して、自ら陣頭指揮に当たった[8]。このことにより、部下を統制し、中央の統一された方針のもとで捜査を行うことができたのである。

第三に、幼少期からの用心深い性格が検事総長に求められる資質の一つであったことである。平沼は新聞記者に

(4) 平沼騏一郎回顧録編纂委員会編『平沼騏一郎回顧録』(平沼騏一郎回顧録編纂委員会、一九五五年)三一〜三二頁。
(5) 同右、三九〜四〇頁。
(6) 前掲、萩原淳『平沼騏一郎と近代日本』四五〜七二頁。
(7) 瀧川政次郎「平沼騏一郎氏の追憶」(『自由と正義』第三巻第一〇号、一九五二年一〇月)。
(8) 今村力三郎「平沼君と鈴木君」(『日本弁護士協会録事』第二六七号、一九二一年一〇月)。

捜査の状況について問われた際も、慎重に話し、失言することは一度もなかった。部下にもその点について教育していた。(9)

平沼は司法部において、遅れていた近代化に貢献したが、彼の政治観は保守的で、外交・経済など幅広い視野を獲得できていなかった。たとえば、「天皇機関説」論争の際には、天皇主権説を支持する姿勢を見せた。このような保守的な観念は大逆事件の経験および、疑獄事件の多発や社会秩序の動揺という司法官僚としての経験により、さらに強まっていく。一九一五年には、無窮会（漢学・国学の振興を目的とした学術団体）の設立に踏み切り、伝統的価値観への傾倒を強めたのである。

第一次世界大戦の影響を受けた政治秩序の変動は、平沼の政治観を決定づけることになった。外来思想の流入に対しては、国内秩序の混乱を招くものとして警戒し、第一次世界大戦後の列国の動向についても、人種戦争や欧米諸国が連合して日本を抑圧する事態を恐れたのである。平沼はすでに欧米への反感を強めており、元来の用心深い性格から、欧米は帝国主義的外交政策を変えず、日本を圧迫すると考えたのであろう。一九一九年以降は、共産主義の影響を抑えるため、民間の国家主義団体との接触を開始した。これらは原よりも山県と共通点が多かったが、主に政友会との協調に台頭したことから、山県に接近しなかった。

その後、平沼は原敬内閣と司法部改革や司法行政については、概ね協調関係を構築したが、政党による汚職事件が続発したことから、一九二一年春頃から政党に強硬な態度をとるようになった。また、同年夏には、原に対し、将来の宮中入りの希望を打ち明けた。

なお、一九二一年、平沼が各省の中堅官僚らと辛酉会という懇談会を結成したことも興味深い。会員には、陸軍では荒木貞夫・宇垣一成、海軍では加藤寛治・米内光政らが名を連ねた。ただ、陸海軍の会員を見ると、後年の派閥対立を反映したものではないことがわかる。また、この会の実態については不明であるが、後の政治的人脈の基盤の一つとなる。

おそらく、平沼は第一次世界大戦の思想的衝撃を受け、この時期には司法にとどまらず、政治・外交・軍事にも強い関心を持つようになり、官僚や軍人とのつながりを模索したのであろう。

その後、平沼は一九二一年一〇月に大審院長に昇格し、二三年九月には第二次山本内閣法相に就任した。同内閣で重要な課題となったのは、普選問題であるが、平沼は普選案の制定に賛成した。平沼は普選に不安を感じていたが、普選運動が過熱する前に、政府がイニシアティブを取り、普選の弊害を防止する手段を十分に講じた上で、普選を実施しようとしたのである。しかし、この時期、政治運動を行わず、普選法に積極的な姿勢を見せたことで、平沼は法律専門家、中立的というイメージを維持した[10]。

以上、政治家転身以前の平沼のリーダーシップ、政治的人格の形成を概観した。まず、平沼はエリート官僚としてのプライドを持った能吏であり、山県系などと一定の距離をとり、自ら英独の司法制度を学んで、それらを導入した。そして、主に政友会との協調による司法部改革を断行することで、政治的に台頭した。また、検察権運用の際には柔軟な方針をとることで、中立的なイメージを維持したが、それを可能にした要因は元来慎重な性格に加え、司法省・検察で強固な基盤を形成し、部下を統制できたためであった。

ただ、平沼は幼少期の教育から保守的な政治観を持っており、大逆事件などの経験や第一次世界大戦後の秩序の動揺を受け、国内秩序を過度に重視するようになり、政党による汚職の増加を憂慮した。他方、第一次世界大戦後の列強の動向についても、猜疑心を持ち、人種論の観点から日本抑圧を懸念するなど、国際社会の流れとは、ずれたビジョンを持つようになっていたのである。

次節からは以上の平沼のリーダーシップが政治家としてどのように展開していくのかを分析する。

---

(9)『平沼騏一郎回顧録』八四頁。
(10) 前掲、萩原淳『平沼騏一郎と近代日本』七五～七九、九三～九七頁、第一部第三章、一一〇～一一五頁。

三　政治基盤の形成と「田・平沼」内閣構想

（一）政治運動の開始と国家主義の提唱

平沼は法相辞任後まもなく、政治運動に乗り出す。前述したように、平沼は政党による汚職や第一次世界大戦後の思想問題の悪化などを憂慮し、一九二一（大正一〇）年半ばの時点では将来の進路として宮中政治家を考えていた。しかし、この時期に至り、自ら将来の政権獲得を目指し、政治運動に乗り出すことを決断した。その要因としては主に二つ挙げられる。

まず、国内治安がますます悪化していくことを憂慮したためである。前述のように、平沼は第一次世界大戦後の社会秩序の動揺を憂慮したが、一九二四年一月には、無政府主義者が摂政を狙撃した虎ノ門事件が発生したことで、自らの手で積極的に共産主義、無政府主義の勢力を抑えようと考えたのである。それに加え、後述のように、政党の党利党略への懸念を深めていた。

次に、大臣としての経験を経たことで、官僚系の政治家として自信を持ったことも大きく影響したと思われる。平沼は遅くとも第一次世界大戦後には政治外交に強い関心を持つようになったが、司法官僚としての経験しかなく、政党に入る意志がなかったことから、宮中政治家を希望していた。しかし、大臣を経験することで、境遇に変化が生じた。平沼自身は「司法大臣となるより、寧ろ大審院長で司法部をよくし、停年で引きたいと思つていた。それが入閣するやうになつた。これにより私の境涯が変つて来た。時勢も変つて来たので、元のやうなことは段々なくなつて来た(11)」と回想している。彼は宮中入りを望んでいたので、大審院長で退職したいとの記述は本心ではないが、政治的生涯における転機となったことは間違いないだろう。平沼はこの時、五七歳であり、政治家に転身するには少し遅い年齢であったが、エリート官僚で、大きな政治的挫折を経験することなく、司法部の頂点に立った自信があった。また、国の現状や将来についての憂慮を深めていたことから、政治への強い意欲を持っていたのであろう。

平沼がまずとりかかったのは、国本社の活動である。一九二四年五月、平沼は国本社を改組し、自ら会長に就任した。ただ、平沼は法相辞任後まもなく枢密顧問官に転じ、枢密院は「施政不干与」を原則としたため、一般的な政治家のように、自らの政治的主張を全面的に展開することは困難であった。そこで、平沼は二つの改革を行い、第一次国本社時代の体制を一変させた。まず、組織の活動目的を再定義し、国民に道徳観念を広めることを目的とする、いわゆる教化団体を標榜した。次に、東大新人会に反発して設立された、国家主義団体興国同志会の関係者が中心となり設立された第一次国本社（以下、改組前の国本社を第一次国本社、改組後を国本社と表記）の体制を一新し、役員に政官の有力者を就任させた。平沼は自らの人脈を最大限活用し、有力者を集めた。一つは前述の辛酉会の人脈であり、宇垣一成、荒木貞夫、加藤寛治らを参加させた。辛酉会は明確に政治団体ではなかったが、人脈形成において役立ったのである。もう一つは、司法官僚時代の人脈であり、小山松吉、鈴木喜三郎らを参加させた[12]。

国本社は組織を急激に拡大させ、一九二九（昭和四）年には全県に地方支部を設置するまでになった。それを可能としたのは、司法部の「平沼閥」と荒木との個人的関係であり、地方裁判所長および判検事、地方師団の師団長クラス、地方出身の現役退役将官クラスの陸海軍人が支部拡大の中心となった[13]。

しかし、平沼の意図は文字通り、教化団体にとどまるものではなく、活動を通じて、自らの政治観を鼓吹するという政治的意図があった。

（11）『平沼騏一郎回顧録』九一頁。
（12）前掲、萩原淳『平沼騏一郎と近代日本』一一九～一二三頁。
（13）榎本勝己「国本社試論」（日本現代史研究会編『１９２０年代の日本の政治』大月書店、一九八五年）二四八～二五一頁。

平沼は荒木ら本部理事らとともに、全国の支部設立式などで講演を行った。演説では、抽象的な道徳論・「国体」論にとどまらず、自らの政治観にも言及し、大衆に自らの政治観を鼓吹しようとした。

外交では、第一次世界大戦後の利害衝突により、いつ戦争が起きてもおかしくない状況であり、国際連盟を通じた国際紛争の解決を可能だと考える「国際主義」の風潮を批判し、軍拡を最も重視すべきと主張した。この背景には、人種戦争や欧米諸国が連合して日本を抑圧することへのおそれがあった。内政では、反共だけでなく、日露戦後、各方面で国家を基礎とする議論が少なくなっていることを指摘し、とりわけ、政党の弊害を強調したことが特徴であった。そして、政党による「党利党略」ではなく、一定不動の国策が重要であり、特に、教育などの重大政策については、政党内閣の交代によって転換すべきではないと主張した。その際、自身が政党・党派に関係していないことをアピールした[14]。

すなわち、外交では「国際主義」への反対、内政では軍拡および、政党政治の弊害を是正できる中立的な官僚という自己像を提示し、現状に不満を持つ勢力の支持を集めようとしたのである。彼の主張は第一次世界大戦期に形成した政治観を基礎としており、政党や「国際主義」への懸念をより明確にしたものであった。しかし、この頃には、内政では第二次護憲運動に象徴されるように、政党内閣への期待が高まってきていた。また、外交でもワシントン体制のもと、対英米協調を軸としており、時勢に合致した構想ではなくなっていたのである。

また、政治手法についても、国民の意志を積極的に代弁するというより、従来のように、官僚を中心とするエリートが国策を決め、それを国民に従わせるという発想が濃厚に出ており、この点でも時勢に合致しなくなっていた。

平沼はこの時点で国策の樹立をどのように行うのかを明示していない。ただ、後述するように、田中義一内閣時の国策調査会設置問題での対応を見ると、寺内正毅内閣時の臨時外交調査会を拡充したものであったと推測される。平沼は政党の政略に基づく政策変更を防ぎ、行政の長期的な安定性および官僚系の政策決定過程への参加を担保しようとしたのである。また、国策を国民に従わせようとしたのは、国民の政治的な判断能力を信用していなかったためであろう。それには、司法官僚、とりわけ検事としての職責が影響したと考えられる。平沼は犯罪や汚職の増加など時勢の進展がもたらす負の側面を目の当たりにし、官僚を中心とした行政を維持して、国民をいかに官僚の望む政策に誘導するかという牧民官的な意識が強かったのであろう。しかし、その民衆観は国民との接触がないまま形成されたものであり、慎重な性格から、いかに国内治安を維持するかという点に偏重した考えであったともいえよう。

（二）政治基盤構築の模索とその限界

第二次山本内閣崩壊後、二つの政権獲得構想が存在した。一つは、政友会や憲政会などが進める政党内閣路線である。もう一つは薩摩系や官僚系などが進める「挙国一致」内閣路線である。とりわけ、薩摩系は原内閣以後、山県系官僚閥の分裂に乗じて、勢力回復を図り、活発に政治運動を展開していた[15]。彼らは薩摩系の領袖山本が首相を辞任した後も、山本を準元老的存在とすべく牧野伸顕らに働きかけ、西園寺から警戒されていた[16]。

以上のような政治状況において、官僚系を首班とする首相を狙う平沼は、同様の非政党内閣擁立という点で共通項を持つ薩摩系、官僚系だけでなく、政友会との関係構築をも模索し、活動を開始した。当然ながら、政権の運営に当たっては、政党の協力が不可欠であり、政友会と密接な関係を築き、政権を獲得した際の与党的立場とする意図があったものと思われる。

（14）前掲、萩原淳『平沼騏一郎と近代日本』一二六〜一三〇頁。
（15）原敬内閣以後の「挙国一致」内閣路線の模索については、鳥海靖「原内閣崩壊後における『挙国一致内閣』路線の展開と挫折」（『歴史学研究報告』第一四号、一九七二年三月）を参照。
（16）小宮一夫「山本権兵衛（準）元老擁立運動と薩派」（『宮中・皇室と政治　年報・近代日本研究二〇』山川出版社、一九九八年）。

まず、平沼は薩摩系の軍人・政治家に接近した。とりわけ、薩摩系の中心的立場にあった上原勇作と薩摩系の連絡役の役割を果たしていた樺山資英に接近し、両者と親しい関係を築いた。また、平沼は樺山との関係を通じて、牧野への接近も試みた。次に、官僚系の首相候補者で旧山県系官僚の田健治郎に接近し、田は一九二六年七月以降、国本社講演会に度々参加するようになる。他方、平沼は諸政治勢力の中でも政友会との関係が深く、とりわけ、一九二六年、弟分である鈴木喜三郎が政友会に入党したことでさらに関係を深めた。また、田中義一は第二次山本内閣陸相を務めており、平沼は遅くともその時から田中と知り合いであり、一九二六年三月の時点で松本剛吉（西園寺の私設秘書）によると最もよい関係だった。

短期間の間に政治勢力との関係構築に成功した平沼は、いよいよ元老西園寺への接近を試みた。まず、三月二五日、自らの希望で松本と面会した。この席で、平沼は政治家としての自己を売り込み、松本は、会談後、平沼を高く評価し、首相候補者と見なすようになった。五月一二日、平沼は松本の斡旋により、西園寺とはじめて会談し、当初、西園寺は平沼の国策樹立などに賛成するそぶりを見せた。

以上のように、多様な政治勢力に接近するとともに、西園寺と接触したことで、薩摩系では、後継首相に平沼の名を挙げるようになった。松本から薩摩系の意向を聞いた平沼は、薩摩系と手を組み、政権をねらっているとの説を否定しているが、これまで見てきたように、平沼は明らかにこの時期、政治勢力との提携を模索していたのであり、本心ではない。おそらく、平沼は自らの内閣における支持基盤の一つとして薩摩系を利用しようとしたが、上原など薩摩系を首班とする内閣の擁立運動に利用されることには反対だったのであろう。

平沼が松本や薩摩系から期待を集めたのは、官僚系の政治家の人材の払底があった。この時期、松本が期待していた官僚系の政治家は岡野と大木遠吉元法相であったが、岡野は一九二五年一二月、大木は一九二六年二月に死去した。また、後藤新平も第二次山本内閣内相を辞任した後、政界で十分に影響力を発揮できていなかった。

なお、この間、平沼は一九二六年四月に枢密院副議長に就任した。これは穂積議長の死去に伴うもので、倉富副議長が議長、平沼顧問官が枢密院副議長に昇格した。

平沼を副議長に推薦したのは倉富であったが、第一次若槻礼次郎内閣・西園寺がそれに反対することはなかった。また、新聞もこの人事を枢密院の非政治化の一環であると捉え、平沼を政治家ではなく、法律専門家と見なした[17]。それは、前述のように、平沼が司法官僚として巧妙に行動し、国本社についてもあくまでも教化団体であることを標榜したためであろう。倉富は大臣としての閲歴がなく、西園寺らから政治的能力を評価されていなかった。そのこともあり、倉富は議長就任後、平沼の意向を重視し、緊密に連携して枢密院を運用する方針をとった。結果として、平沼は副議長就任後、倉富とともに枢密院運用を主導する立場となったのである。

その後、平沼は一九二六年一〇月には皇室制度整備の功により男爵の位を授けられた。副議長就任と合わせて、大いに自信を持ったことであろう。

西園寺は当初、平沼に好意的な発言をしていたが、平沼を信用していたわけではなかった。一九二六年五月中旬、宮内省御料地の払い下げに当たり、牧野ら宮中高官が収賄したという疑惑が持ち上がり、平沼は松本に牧野に関するスキャンダルを伝えていたことから、牧野の内大臣辞任を防ぐため、平沼に間接的に圧力をかけるという意味合いだったのである[18]。

その後、西園寺は一九二六年一二月には平沼の国家主義的言動や政治運動を懸念し、首相候補者と見なさなくなった。西園寺は国家主義的な思想や政治的野心を持った人物が宮中に入ることに強い懸念を持っていた。また、政党内閣路線を支持し、基本的に中間内閣を作る意図はなかったのであり、宮内省怪文書事件が終わったこの時期には、平沼に好意的な松本にさえも首相候補と見なしていないことを明確にするようになったのである[19]。

(17) 前掲、萩原淳『平沼騏一郎と近代日本』一三一〜一三四頁。
(18) 伊藤之雄『昭和天皇と立憲君主制の崩壊―睦仁・嘉仁から裕仁へ―』（名古屋大学出版会、二〇〇五年）五七頁。
(19) 同右、五七頁。

しかし、平沼は西園寺の意図を見抜けず、一二月一四日、第一次若槻内閣の崩壊が噂される中で、平沼は西園寺に対し、①大正天皇が崩御した場合は西園寺の出馬を希望する、②その際は、自分は田とともに西園寺を援助し、他の閣僚は田と相談して若い者を出し、西園寺に迷惑をかけない、③田中を推薦する場合は援助してもよいが、山本・伊東巳代治らでは賛成できない、との意見を伝えた。しかし、西園寺は何ら返答しなかった[20]。

両者の仲介役であった松本が平沼に西園寺の意向をどのように伝えたのかは史料的に明らかではないが、その後平沼は西園寺に同様の構想を持ちかけていないことから、少なくとも積極的に支持していないことを察知していたのは間違いない。

ただ、平沼は本来慎重な性格であるにもかかわらず、その後も斎藤実内閣成立頃まで、西園寺を中立的な政治家として期待を持ち続けるという現実の政治情勢とは、ずれた態度をとってしまう。

その要因としては、まず、西園寺が強い政治的意思を持った政治家であるということを十分に理解していなかったためである。平沼が西園寺と顔をあわせていたのは、第二次西園寺公望内閣の時代であり、平沼自身は「私は西園寺さんのお気に入つとつたんです[21]」と回想している。しかし、その後ほとんど接触しておらず、世間一般と同様、政治的に淡泊な人物と誤解していた可能性がある。現に、一二月一四日に松本に伝えた内容も、西園寺を担ぎ上げ、自らが実権を握るという構想であった。

次に、自らの官僚系の政治家としての基盤と構想に一定の自信を持っていたためである。前述のように、平沼は司法部にしか影響力を持っていなかったが、わずか二年足らずで、政友会・薩摩系と密接な関係を築くとともに、枢密院を主導する立場となった。また、人脈形成の基盤となった国本社の活動も順調であったことから、山本・伊東を官僚系の首相候補として否定する意向まで示していた。

さらに、官僚としての経験・自信も影響したと思われる。前述のように、平沼は高い実務能力を示し、自らの力で独自の基盤を作り上げたため、その司法部において心から畏敬できる先輩がいなかった。また、前述のように、平沼は藩閥・政党・財閥を好んでおらず、彼らからすぐれた政治手法を学ぶ機会がなかった。そのため、官僚時代、司法部という上意下達の組織の中で、盤石の基盤を背景にして政治家と一定の交渉能力を示したものの、政治家としては、トップクラスのリーダーと政治的駆け引きを行う能力が十分ではなく、西園寺の老練な演技を見抜けなかったのであろう。

四　政権獲得構想の一時的退潮と田中内閣との協調

（一）田中内閣の成立と政権獲得構想の停滞

一九二七年三月、金融恐慌が発生し、その影響を受け、翌月には、台湾銀行が休業する事態が生じた。これを受け、若槻内閣は台銀を緊急勅令により救済する方針を固めた。しかし、枢密院では政府案に反対意見が相次ぎ、平沼も同調した。すでに述べたように、平沼は若槻内閣の下で枢密院副議長となったが、まもなく若槻内閣が枢密院の権限を軽視したことや朴烈事件への対応に不満を募らせていたのである[22]。

ここで、倉富は若槻に妥協案を提示したが、若槻はこれを拒否した。枢密院は否決やむなしとの態度を固め、平沼も政府案否決のための多数派工作を展開した。結果として本会議において、緊急勅令案は全顧問官の反対により否決され、第一次若槻内閣は対抗上奏することなく、総辞職した[23]。

（20）前掲、萩原淳『平沼騏一郎と近代日本』一三五頁。
（21）『平沼騏一郎回顧録』二三七頁。
（22）前掲、萩原淳『平沼騏一郎と近代日本』一四三～一四四頁。

中野正剛（民政党）が台湾銀行問題の際、平沼と鈴木が通牒したと指摘したことに反論する平沼
『読売新聞』1927年5月7日より

後継として、田中内閣が成立したが、平沼はこれを支持した。その理由は第一に、田中と親しく、かつ政治観が近かったためである。前述のように、平沼は若槻内閣の後継として、田・平沼内閣を第一に希望していたが、西園寺が積極的に支持しない以上困難であり、次善の案として田中を挙げていた。また、後述のように政友会および田中と関係が深く、内政外交の大枠の政策で一致していた。第二に、政党内閣の風潮が広まり、官僚系の内閣の成立が困難となっていたためである。この頃には田・上原との接触も減少しており、政権獲得構想は停滞していた。平沼は政党の弊害に懸念を深め、首相への野心を持っていたが、政治状況を踏まえ、自らの望む政策の遂行を優先して、政党とも協調する姿勢を持っていたといえよう。

しかし、平沼が台湾銀行問題で枢密院が政友会寄りとみられる行動を取り、後継に政友会内閣が成立したことは、政界における平沼イメージに大きな悪影響を与え、枢密院内でも、国本社が政治的団体、あるいは平沼が国本社を政治的に利用しているという噂が広まったのである[24]。

さて、田中に大命降下すると、平沼は枢密院が前内閣を倒閣させる結果となった経緯を踏まえ、自身の入閣をあらかじめ断り、原嘉道を法相、鈴木喜三郎をその他の大臣に就任させるよう希望した。これに対し、田中は原を法相、鈴木を内相に起用する方針を示し、平沼はこれを喜んだ。田中は組閣において、貴族院研究会、薩摩系、後藤、伊東の入閣を断り、党外勢力では平沼のみに政治的配慮を行った。また、田中内閣には国本社役員が四名入閣した[25]。組閣後も、平沼は内閣の政策・人事に介入しようとした[26]。おそらく、田中は政治観が近く、枢密院などに基盤を持っていた平沼を官僚系での提携相手として重視したのであろう。

以上のように、田中内閣は平沼および国本社と密接な関係であるとともに、官僚系内閣の成立が困難な情勢となっていたため、平沼は自ら政権獲得に動かなかった。

(二) 田中内閣を通じた政策実現の模索

平沼は閣外にありながらも、田中および田中内閣との関係を通じて、自らの構想を実現しようとした。組閣後まもなく持ちかけたのが国策調査会設置である。一九二四年頃から、平沼は田や西園寺らにしきりに政党の弊害と国策の重要性を訴えており、いよいよ構想の実現に動き出したのである。

一九二八年五月一九日、平沼は倉富・二上兵治枢密院書記官長との会話で、田中内閣成立後まもなく、以下のように話したと伝えている[27]。以下、少し長くなるが、平沼の構想を知る上で重要なので、直接引用する。

近年の如く内閣か更迭し其更迭毎に政策の根本方針か変更しては国家の不利益なることを言ふ俟たす。就中、外交

---

(23) 枢密院の審議の経過については、川上寿代「台湾銀行救済緊急勅令問題と枢密院」(『日本歴史』第六四一号、二〇〇一年一〇月)を参照。
(24) 前掲、萩原淳『平沼騏一郎と近代日本』一四五～一五二頁。
(25) 『国本新聞』一九二七年五月一〇日、雨宮昭一「田中内閣」(林茂、辻清明編集『日本内閣史録』第三巻、第一法規出版、一九八一年)一五六～一五七頁。
(26) 前掲、伊藤隆『昭和初期政治史研究』三六四頁。
(27) 「倉富勇三郎日記」一九二八年五月一九日。

方針か確定せすしては外国よりは軽侮せられ、在外邦人は迷惑すること少なからす。故に国策の大方針は権威ある委員会を組織して決定し、其決定の御裁可を仰き置き、内閣か更迭しても、其方針は之を変せさる様に為し置く必要ある旨を説きたるに、田中は内閣の上に更に最高機関を設くることは困ると云ひ、自分（平沼）は、内閣大臣大臣全部委員と為せは宜しきに非すや。此調査会は自党の者のみを以て組織する様の考にては不可なり。敵党の人も網羅する位の度量なかるへからす。尤もどの党派も自党の政策が最上なりと考へ居るへきも、今日の如く永続せず、度々政策を変更する様にては何ことも出来去る故、仮令最上策と思はさるも、調査会にて決定し、是ならは永続せしめても宜しとのことなれは其案次善と思ふものにても上策と信するものか実行せられさるものよりも効果ある旨を説き置きたり。

〈現代語訳〉

近年のように内閣が更迭し、更迭ごとに政策の根本方針が変更しては、国家の不利益となることはいうまでもない。とりわけ、外交方針を確定しなければ、外国から軽侮され、在外邦人が迷惑することが少なくない。ゆえに、国策の大方針は権威ある委員会を組織して決定し、その決定について、天皇の御裁可をあおいでおき、内閣が更迭しても、その方針は変えないようにしておく必要がある旨を説いたところ、田中は内閣の上にさらに最高機関を設けることは困るといい、自分（平沼）は、内閣大臣を全部委員とすればよいのではないか。この調査会は自党の者のみをもって組織するような考えでは駄目だ。敵党の人も網羅するぐらいの度量があるべきだ。もっとも、どの党派も自党の政策が最上だと考えているが、今日のように永続せず、度々政策を変更するようでは何事もできないので、たとえ最上策と思わなくても、調査会で決定し、これならば永続させてもよいとのことであれば、その案が次善と思うものであっても上策と信じるものが実行されないことよりも効果ある旨を説いておいた。

平沼の構想は一九一七年六月五日、寺内内閣時に設置された臨時外交調査会と多くの共通項を持つものであり、政党内閣に対抗し、官僚系が内閣の政策に関与し続ける体制の構築をねらったと考えられる。しかし、そもそも臨時外交調査会は与党を持たない寺内内閣が政友会など政党側を取り込むために設置された側面があり、政友会が与党的立場にあった加藤友三郎内閣のもとで、すでに一九二二年九月に廃止されていた。田中が反対したのも、政党内閣時代にあって、官僚系が内閣の政策に干渉することを嫌ったためである。

組閣当初、田中は調査会設置に積極的に動こうとはしなかったが、第五五特別議会（一九二八年四月二三日〜五月六日）終了後には、国策調査会の設置に動き出した。その要因の一つとしては、三月の総選挙で政友会は過半数を獲得できず、内閣の議会運営が不安定になったことがあった。[28]しかし、この時期には政党内閣が政策の統合機能を果たすことにより、明治憲法の分権的体制を克服しようとしており、衆議院の多数党による内閣が行政をとりしきり、かつそれに責任を負う体制を理想とする立憲民政党や新聞の反発を招き、結局この問題は進展しなかった。

次に、平沼が自らの構想実現に動いたのが治安維持法改正である。田中内閣は治安維持法改正法案を第五五議会に提出したが、民政党などの握り潰しにより、審議未了で廃案となったため、緊急勅令の形式で成立させることに決めた。

平沼は原法相から事前に治安維持法改正を緊急勅令によって成立させることについて、内諾を求められた際、賛成した。その際、治安維持法改正を望む平沼は、倉富とともに、審議未了は議会の意志を反映したものとはいえず、違憲と判断した先例がないことを理由に緊急勅令の適用を正当化した。[29]しかし、この法案は民政党等の反対により実質的に通過の見込みが少なく、審議未了となったものであった。そのため、議会の意思は示されていないという見解は形式的な側面を強調したものであり、内閣側に有利な解釈を行ったのである。

平沼は審査委員長に就任し、委員会の通過に努めた。倉富と平沼は当初、情勢を楽観していたが、世論のみなら

---

(28) 伊藤之雄『大正デモクラシーと政党政治』（山川出版社、一九八七年）二三一〜二三三頁。
(29) 「倉富勇三郎日記」一九二八年五月九日。

ず、枢密院内でも反対意見が強まり、委員会・本会議において紛糾の末、可決された[30]。『東京日日新聞』と『東京朝日新聞』は、委員会の紛糾を大きく報じ、枢密院を批判した[31]。平沼は新聞から批判を浴びたが、一九二八年九月、倉富との会話で、原の功績を高く評価するとともに、治安維持法改正により共産党の取締りに大きな効果を挙げたと述べており[32]、緊急勅令そのものの必要性を疑っていなかった。ここでも、平沼の構想は時勢に合致しなくなっていたのである。

この頃からマスメディアでは、平沼が陰謀家で政友会系であるというイメージで定着していく。前述のように、平沼は一九二六年四月に枢密院副議長に就任した時点でも、政治家というイメージは定着しておらず、政治運動および国本社の政治的活動についてはほとんど報道されていない。

しかし、治安維持法改正緊急勅令の枢密院審査委員会の段階で、二上が倉富との会話で指摘したように、平沼は新聞などの報道により「政府と通牒したる巨魁[33]」というイメージが成立した。国家主義的な論調の『日本及日本人』でも、平沼は「謹言重厚の人、自から好んで策士と為り、黒幕となり、陰謀家となるべくも思われざれど、その身辺に漸やく疑雲の濃厚となり来れるを争ふべからず[34]」と評されるまでになったのである。

五　平沼待望論の高まりと平沼内閣運動

(一) 政党内閣への失望とロンドン条約への反対

その後、田中は張作霖爆殺事件の処理をめぐり、昭和天皇から矛盾があると叱責を受け、一九二九年七月二日、内閣総辞職した。平沼は事件を牧野内大臣の陰謀と見なし、西園寺は関与していないと信じた。そして、政党の弊害はすでにその極に達しているので、西園寺が内閣を作り、一時的でもその弊害を除くことができればよいと考えた。(35)また、平沼は倉富と同様に、天皇に政治的に責任を問うことができないのは当然のことだが、実際に権力を行使してその責任をまったくとらないわけにはいかず、今後なるべく田中に行ったような行動はとらないようにする必要があるという見解を示した。(36)

すなわち、平沼は天皇主権説を支持したが、実際の天皇の政治関与には批判的であったのである。

七月二日、浜口雄幸内閣が成立した。平沼は民政党内閣ができることはやむをえないと考えていたが、まもなく思想問題への宥和的姿勢に不満を持った。その後、平沼は越後鉄道をめぐり政友・民政両内閣の高官が贈賄したという疑惑が生じるなど政党による疑獄事件が相次いだことを受け、一一月一〇日には、倉富に、現内閣が崩壊するとすれば、「綱紀紊乱」によるものである。そのため、同一の理由で崩壊した政友会に大命降下する理由はなく、「超然内閣」の成立は困難だが、時勢をその方向に進展させる必要があると説くまでになった。

浜口内閣で最大の問題となったのは、ロンドン海軍軍縮条約の批准である。平沼は従来から、西欧中心の国際秩序への不信感を持っており、アメリカの目的が中国利権の拡大にあり、日本の利権に多大な悪影響をもたらすと考え、反対の意向だった。(37)

(30) 治安維持法改正緊急勅令問題の政治過程については、吉見義明「田中（義）内閣下の治安維持法改正問題」（『歴史学研究』第四四一号、一九七七年二月）を参照。
(31) 『東京日日新聞』一九二八年六月二四日社説、『東京朝日新聞』一九二八年六月二二日社説。
(32) 「倉富勇三郎日記」一九二八年九月五日。
(33) 同右、一九二八年六月二六日。
(34) 「平沼氏と政友会」『日本及日本人』（第一六一号、一九二八年七月一日）。
(35) 前掲、伊藤之雄『昭和天皇と立憲君主制の崩壊』一一八～一二〇、一四七～一四八頁。
(36) 「倉富勇三郎日記」一九二九年九月一日。

なお、ロンドン条約は外交と軍事が主な争点となるが、平沼は一九二四年以後、主に国本社の人脈から、官僚の意見を聞いていた。

平沼の外交政策に最も影響を与えたのが本多熊太郎である。本多は一九二四年に駐独大使を辞任した後、在野で評論活動を行うとともに、国本社の活動にも積極的に参加していた。本多は幣原外交批判を行っており、満蒙権益の維持・強化や中国ナショナリズムを低く評価する点などで平沼と共通点があった[38]。本多は度々外交政策の教授を行っていたようであり、吉田茂（田中内閣外務次官）は、ロンドン条約時の平沼の意見について、本多などと同様の議論であると述べている[39]。

軍事については、主に陸軍では荒木貞夫、海軍では加藤寛治から情報を得ていた。荒木とは、極端な反共産主義的姿勢や、総力戦に際して国民の精神力を重視するという点で一致しており、非常に親しい関係にあった。一九二九年一月、平沼は倉富との会話で、荒木と「親友」であり、荒木は秩父宮雍仁親王を立派に養成しなければならないが、自分ではその任に堪えず、誰か有力な輔導者が必要だといっていたと述べている[40]。平沼は加藤とも辛酉会以来の付き合いであり、一九三〇年三月には、倉富が海軍はどこまでも強硬に主張するようにし、日本の主張のために会議が決裂してもよいといったことに同調し、加藤に会って事情を詳しく聞くと伝えている[41]。

以上のように、平沼は枢密院副議長の地位にありながらも、国本社を通じて、官僚から専門知識を仕入れて政治情勢を判断していたが、彼らは主流派ではなかった。また、そもそも平沼と政治観が近い人物であり、政治家としての新たなビジョンを獲得する機会とはならなかったのである。

平沼は枢密院の意思決定について、倉富と相談の上で、枢密院では判断できず、軍の判断に任せる方針を決めた。ただ、内心では否決を望んでおり、枢密院の審議で政府が奉答書を提出しないことを理由に、一時審査返上を検討した。しかし、政府側の強硬な姿勢や枢密院内でも多数を得られない可能性があることを勘案して、政府との対決を避け、譲歩に転じた[42]。

なお、枢密院の審議では、統帥権を重視する姿勢をとり、内閣と統帥部双方の同意が必要だと主張した。このことは統帥権の範囲を広げる結果になるが、後の軍の独走を予期していたわけではなく、あくまでも政党の権限拡大を憂慮し、軍を含めた官僚の権限を守ろうとしたのである(43)。

(二) 平沼内閣運動の展開

この時期、平沼は政党内閣時代にあって、官僚系を首班とした内閣の成立が困難なことから、宮中改革工作にも関与した。すなわち、牧野内大臣へ不満を共有する伊東巳代治らとともに、宮中における牧野グループを排斥し、平沼および平沼に近い者を宮中に入れようとしたのである(44)。しかし、西園寺が平沼を嫌っている以上、この工作が成功する見込みはなかった。

ロンドン条約問題の紛糾を機に、政党内閣・英米協調外交への不満が拡大するとともに、下剋上の機運が高まった。一九三〇年一一月には、浜口首相が国家主義者に狙撃され重傷を負う事件が起きた。翌年三月には、宇垣陸相を首班とする軍事政権を樹立しようとするクーデタ計画が発覚した。

平沼は民間の国家主義勢力による政党内閣・英米協調外交への批判については、同調していたが、テロ・クーデ

(37) 前掲、萩原淳『平沼騏一郎と近代日本』一五八～一六四頁。
(38) 高橋勝浩「本多熊太郎の政治的半生―外交官から外交評論家へ―」(『近代日本研究』第二八巻、二〇一一年)。
(39) 牧野伸顕著、伊藤隆・広瀬順晧編『牧野伸顕日記』(中央公論社、一九九〇年)一九三〇年九月六日。
(40) 「倉富勇三郎日記」一九二九年一月二六日。
(41) 同右、一九三〇年三月二五日。
(42) 前掲、伊藤之雄『昭和天皇と立憲君主制の崩壊』一九一～一九五頁。
(43) 前掲、萩原淳『平沼騏一郎と近代日本』一六五～一六七頁。
(44) 前掲、伊藤之雄『昭和天皇と立憲君主制の崩壊』二七一～二七四頁。

夕未遂事件には関与していない。また、陸海軍の統制が崩壊する事態についても、国内治安を重視する政治観から憂慮を深めた。そして、それと同時に、ロンドン条約反対派の陸海軍軍人との関係を深めていった。

一九三一年四月、平沼は荒木・真崎甚三郎らと「陸海壮年将校の憤慨」について話し合い、①対ソ危機を提唱することで少壮軍人の不満をそらし、陸海軍を結束させる、②これらが成功すれば東郷・山本を動かして、宮中側近を排斥する、という方針を述べている。(45)

九月一八日には満洲事変が発生した。平沼は中村大尉事件が起きた後でも、中国との戦争に否定的だったが、事変の発生を受け、関東軍の行動を追認した。また、朝鮮軍の独断越境は統帥権干犯であったが、自らの望む政策を優先し、問題視しなかった。(46)

第二次若槻内閣が事変を収拾できず、関東軍が独走する中で、陸海軍統制の崩壊がいよいよ喫緊の課題となった。それと同時に、政界において官僚系の首相候補者として平沼の名が再び挙がるようになる。少し時期は戻るが、一九三一年八月、木戸幸一と原田熊雄は平沼内閣説について話し合った。(47)また、一一月には、原田は西園寺に、平沼内閣論は鈴木喜三郎一派の策動であるが、これならば軍部・政友会鈴木派・民政党安達派も挙国一致という形で同意する可能性があると報告した。(48)

他方で、平沼はマスメディアでも、一九三二年頃から宇垣と並ぶ官僚系の首相候補としてたびたび取り上げられ、「政界の惑星」と評された。『中央公論』一九三二年一月号の匿名記事では、平沼は政界において、「隠然として保守派の中心にやうに見られている。議会と政党の現状に慊らぬもの、世相に憤慨して国事を憂ふる所のある人々は、大部分、平沼に期待している」(49)と指摘されている。

平沼も危機の続発を受け、再び政権獲得運動を開始した。平沼はすでに政党内閣に見切りをつけ、ロンドン条約反対派の陸海軍人との提携を最も重視した。とりわけ、一九三二年一月に海軍軍人を国本社に引き入れたことが確認できる。すなわち、小笠原長生は理事就任、東郷平八郎は顧問就任を承諾し、大角岑生海相も評議員から理事へ昇格した[50]。陸軍では、前述のように、ロンドン条約問題後、真崎と連携を深めた。平沼と提携した陸海軍人はロンドン条約問題後、軍内において優位を占め、平沼の最も有力な支持基盤となった。

平沼が政権獲得を目指したのは権力欲だけではない。彼は少壮軍人に信望を保っている陸海軍人と提携し、彼らを通じて、危機を収拾しようとしたのである。具体的には、ワシントン条約・ロンドン条約からの脱退を進めるとともに、クーデタ防止のため、対ソ危機の提唱と軍備増強を行うことや皇族の権威を利用し、軍統制を回復させることを構想した。

平沼は提携する陸海軍人に働きかけ、構想の実現を図った。一九三一年九月二三日、平沼は荒木・加藤との会談で、閑院宮載仁親王、伏見宮博恭王をそれぞれ参謀総長、軍令部長に擁立することを持ちかけた[51]。平沼の意向がどの程度影響したのかは史料的に明らかではないが、その後、一二月、閑院宮が参謀総長、一九三二年二月、伏見宮が軍令部長に就任している。

五月一五日、海軍の青年将校により犬養毅首相が暗殺された。翌日、五・一五事件の発生を受け、平沼は倉富に、このまま放任すれば、今後、暴動が続発するおそれがあるので、牧野内大臣らを更迭する必要があり、西園寺にこの事をなるべく早く進言する必要がある、と述べた。そして、五月一九日には、倉富との会話で、今朝の新聞に荒木が鈴木喜三郎の首相就任に反対ではないと述べたことに、少壮軍人が憤慨していると書いてあり、このよう

(45) 加藤寛治著、伊藤隆他編『海軍　加藤寛治日記』(みすず書房、一九九四年。以下、『加藤寛治日記』)一九三一年四月一七日。
(46) 前掲、萩原淳『平沼騏一郎と近代日本』一七〇～一七一頁。
(47)『木戸幸一日記』一九三一年八月二九日。
(48) 原田熊雄述『西園寺公と政局』(岩波書店、一九五〇年)第二巻、一二九頁。
(49) XYZ「現代日本百人物」(『中央公論』第四七巻第一号、一九三二年一月)。
(50)『加藤寛治日記』一九三二年一月一四日、一月一五日、一月一六日。
(51) 同右、一九三一年九月二三日。

「ファッショ」運動の中心と報じられる平沼（中央右に平沼、中央左に荒木）
『東京朝日新聞』1932年5月7日より

になれば軍人、しかも少壮軍人が政治を左右することになり、一時はともかく、後々大きな禍根を残すことになると懸念した。

平沼は内心、犬養の後継首相となることを期待していたが、昭和天皇は西園寺に「ファッショ」に近い者は不可であると伝え、西園寺は天皇に斎藤実を推薦し、斎藤内閣が成立した。

すでにロンドン条約問題以後、国本社が民間の国家主義者・陸軍による国家改造運動に関与しているのではないかという疑惑が広まっており、一九三二年三月には『タイムズ』は国本社が日本における「ファッショ」団体の代表として報道するに至った。平沼はこれを強く否定したが、「ファッショ」とのイメージを払拭することができなかったのである。[52]

ただ、斎藤が穏健派であったことから、依然として平沼に対する期待は強かった。森恪は五・一五事件後、鈴木内閣成立が不可能な情勢となると、次善策として平沼内閣を検討した。[53] また、一九三二年一二月、御手洗辰雄（政治評論家）は後継内閣として、「第一にチラリと強く射る光は平沼」であると指摘している。[54]

平沼も一九三三年に入ると、軍統制に自信を持ち、牧野・近衛文麿に接触し、軍統制の自信をアピールする一方、国家社会主義の影響を受けた国民同盟（中野正剛）・陸軍中堅層（鈴木貞一）にも接近し、幅広い層からの支持獲得を模索した。平沼は国家社会主義を嫌っていたが、政治基盤獲得のため、幅広い政治勢力との協調を模索したのである。[55] 国民同盟内では、一九三二年八月頃には平沼擁立論が出ており、翌年一月から二月にかけて、平沼擁立に向け、活動していた。[56] 他方、東京日日新聞の記者も、平沼の国家主義的言説からは平沼が具体的にどのような政策を実現しようとしているのかわからないが、政治情勢を考えると、資本主義の修正を意味すると解釈し、国家社会主義的立場から期待した[57]。

すなわち、平沼の抽象的な国家主義的言説は国家社会主義を含め、現状に不満を持つ幅広い勢力から支持を集める要因となったのである。また、平沼の行動は政権獲得のためには、違う思想を持つ勢力とも提携する柔軟さを示すものといえよう。

その後、荒木陸相が斎藤内閣と妥協したことで、陸軍内では平沼への期待が高まり、林銑十郎陸相も平沼内閣を支持する姿勢を見せたことから、平沼内閣運動は一九三四年初頭に最も力を得た。しかし、同年五月、平沼は西園寺に枢密院議長の昇格を阻止されたことに衝撃を受け、自らの政権獲得を断念した。そして、かわりに加藤寛治を後継首相候補として西園寺に推薦したが、加藤は首相候補としては問題外であり、失敗に終わった[58]。この前後、提携していた陸海軍人が部内で権力を大きく低下させたことで、軍統制の見通しを失い、政権獲得構想は挫折したのである。

---

(52) 前掲、萩原淳『平沼騏一郎と近代日本』一六九～一七〇頁、一七六～一七八頁。
(53) 小山俊樹『憲政常道と政党政治―近代日本二大政党制の構想と挫折―』(思文閣出版、二〇一二年)第七章。
(54) 御手洗辰雄「政界惑星物語」(『中央公論』第四七巻第一三号、一九三二年一二月)。
(55) 前掲、萩原淳『平沼騏一郎と近代日本』一八一～一八三頁。
(56) 永井和「東方会の成立」(『史林』第六一巻第四号、一九七八年七月)一二一～一二二頁。
(57) 阿部真之助編『非常時十人男　彼等は何をしたか』(創造社、一九三三年)三〇～三八頁。
(58) 前掲、堀田慎一郎「平沼内閣運動と斎藤内閣期の政治」八六～九〇頁。

六　平沼のリーダーシップの特質とその限界――おわりに

本章では、平沼の政権獲得構想の展開を通じて、平沼の政治的人格、リーダーシップの特質を論じてきた。その結論は主に次の二点である。

まず、平沼の政治的理想は、幼少期からの人格および官僚時代の経験を通じてすでに形成されたという点に特質があり、国内秩序の重視、政党への対抗としての国策樹立、「国際主義」への反対と軍事力重視を主張したが、これらは第一次世界大戦後の時勢に合致しないものであったこと明らかにした。

平沼は幼少期から慎重で我慢強い性格であり、東京帝国大学法科を首席で卒業した典型的な学歴エリートであった。司法省に入った後は自らの専門知識に強い自負心を持ち、藩閥の情実人事や諸政治勢力による犯罪に不満を持っていた。そこで、英語に加えて、自らドイツ語を学び、英独などの司法制度を研究した。また、山県系に接近せず、主に政友会との協調により司法部改革を断行することで、台頭した。さらに、検事総長としては検察権を柔軟に運用し、政党・山県系が関与した疑獄事件を処理する一方、世間的には中立的なイメージを維持した。

しかし、平沼は元来用心深い性格で、幼少期の教育から保守的な政治観を持っていた。また、いわゆる能吏であったが、政治への関心・理解の幅が狭く、大逆事件の捜査などの経験や第一次世界大戦後の秩序の動揺を受け、国内秩序を過度に重視するようになり、政党による汚職の増加を憂慮した。他方、第一次世界大戦後の列強の動向についても、猜疑心を持ち、人種論の観点から日本抑圧を懸念するなどずれた認識を示した。

平沼は法相辞任後、国本社を改組し、政治運動に乗り出した。平沼の政治構想は官僚時代の延長であり、外交では、欧米諸国が連合して日本を抑圧する事態を恐れ、国際連盟を通じた国際紛争の解決を可能だと考える「国際主義」への反対を表明した。また、内政では、軍拡とともに、政党の党利党略に対抗する原理としての国策樹立を主張し、現状に不満を持つ勢力の支持を集めようとした。ただ、この手法は官僚を中心とするエリートが国策を決め、それを国民に従わせるという発想が濃厚に出ており、政党内閣への期待が高まっている状況下で、時勢に合致しないものとなっていたのである。

本章では第二に、平沼は官僚などと積極的に交流できる性格であり、構想実現の手段として、諸政治勢力との提携を模索して政権獲得をねらい、時に政党と協調する柔軟さもあった、しかし、とりわけ一九三〇年代前半の構想は首相就任への野心もあり、陸海軍人との人的関係に過度に依存した工作を進めてしまい、挫折したことを明らかにした。

平沼は国本社の改組に当たって、陸海軍人や司法官などを多数役員に就任させるとともに、教化団体としての性格をアピールし、急激に組織を拡大させた。他方、薩摩系の上原、樺山や政友会の田中、官僚系の有力な首相候補者であった田、西園寺の私設秘書を務めていた松本などに接近し、一九二六年までに密接な関係を構築した。その上で、政党の弊害を防止する中立的な官僚を標榜し、田・平沼内閣を構想したが、西園寺からの信頼を得られず、失敗に終わった。

その後、政党内閣時代にあって、自らの政治観と近い田中内閣が成立したため、政権獲得工作を中断し、田中内閣を通じて自らの望む政策の実現を図った。とりわけ、治安維持法改正問題では、政友会に有利な憲法解釈を行ったため、政友会系とのイメージが広まったが、自らの政策の正しさを疑わなかった。また、統帥権についても、厳密な法解釈よりも、自らの望む政策を優先する傾向にあった。なお、平沼は政治運動開始後、外交や軍事に関しては国本社の官僚から情報を得ていたが、彼らは平沼の政治観に近く、新たなビジョンを得る機会とはならなかった。

この間、平沼は宮中入りを模索することもあったが、ロンドン条約問題で、政党内閣および英米協調外交が打撃を受けたことで、政権獲得工作を再開した。ここで平沼は提携相手をロンドン条約反対派の陸海軍人に変え、活発な運動を行った。彼の構想はワシントン体制からの離脱や軍備増強、統帥権強化など軍に宥和的態度をとって不満をなだめ、皇族総長の擁立などにより軍統制回復を図るというものであった。平沼は政権獲得のため、国家社会主義的傾向のある勢力にも接近し、一定の成果を挙げた。ただ、観念的な言説で具体的な政策体系を提示しなかったことは、幅広い勢力からの期待を集める一方、「ファッショ」とのイメージを生む要因となった。

なお、①国本社に保守的な有力者を幅広く集め、主流であった政党政治・英米協調外交に批判的な態度をとることで、政治的影響力を強めた点、②当時の社会で誰も否定できないような抽象的な国家主義的言説を高唱することにより、支持を集めようとした点は、いわゆるポピュリズム的手法とも共通点を有するものといえるかもしれない[59]。これは枢密院副議長の立場から、自らの政治的意見を公にできず、確固とした政治基盤がない平沼の巧妙な政治戦略であった。

平沼は陸海軍人との提携に自信を持っていたが、提携する陸海軍人は軍内部を統制できていたわけではなく、彼らの政策はむしろ軍統制崩壊を助長する結果となってしまった。平沼は司法官僚としての経験しかなく、自らの能力で独自の基盤を形成したため、尊敬する先輩や政治家がおらず、トップクラスのリーダーから政治手法を学ぶ機会がなかった。そのため、元来慎重な性格であったが、首相就任への野心と相まって、人的関係を過度に期待してしまい、実現可能性の高いとはいえない工作を推進してしまったのである。

一連の政治運動の失敗により、平沼は表立って政治運動を行うことが結果として自身に不利に働くことを悟り、以後、政治運動から遠ざかるようになった。そして、二・二六事件の衝撃を受け、一九三六年三月、枢密院議長に昇格し、一九三九年一月には首相の座にたどり着く。平沼は満蒙権益の維持・強化を重視したものの、華北への軍事力行使には批判的だった。また、日中戦争にも反対した。そのため、首相時代、蔣介石を相手とした和平を目指す。また、アメリカに接近し、中国問題を多国間の会議により解決しようとする。しかし、すでに平沼は軍などとの人的関係を失っており、政治的影響力を低下させていた。そのため、外務省や軍の同意を得ていない個人外交にすぎず、実現可能性に乏しかった。また、反共を重視する姿勢からソ連を対象とした三国軍事同盟交渉を推進する立場をとり、独ソ不可侵条約締結を受け、わずか八カ月で総辞職することになる。

(59) いわゆるポピュリズムという概念は、理論として体系化されているわけではなく、広辞苑第六版では「一般大衆の考え方・感情・要求を代弁しているという政治上の主張・運動」としか定義されていない。近年では政敵を批判するためのレッテルとして利用されることも多い。政治学研究者の間では、その定義をめぐり様々な論争が行われている。最近の議論では、固定的な支持基盤を超え、幅広く国民に直接訴えかける手法や「人民」の立場から既成政治やエリートを批判する手法、反多元主義的姿勢、などが特徴として挙げられている(水島治郎『ポピュリズムとは何か—民主主義の敵か、改革の希望か—』中央公論新社、二〇一六年、ヤン＝ヴェルナー・ミュラー著、板橋拓己訳『ポピュリズムとは何か』岩波書店、二〇一七年)。ここでは、既存の政治外交への不満に乗じて、国民に対し、国家主義を高唱することで人心・権力を掌握しようとする姿勢を「ポピュリズム的手法」とする。

あとがき

本書は、編者らが参加、運営してきた「20世紀と日本」研究会での研究を基礎として、近代日本の秩序変容とリーダーシップに焦点を当てて企画した論文集である。

「20世紀と日本」研究会は編者の一人、アメリカ・ハーバード大学に客員研究員として滞在した伊藤之雄がアメリカ史のインターナショナル・ヒストリー・ワークショップ（アーネスト・メイ教授、入江昭教授らが主催）に参加し、その刺激で発案し、もう一人の編者中西寛も運営役に参加して運営してきた研究会である。歴史学、政治学分野の研究者、大学院生を中心に数多くの参加者が集まり、二〇年以上にわたり年に数回の研究会や一泊二日の合宿研究会を行ってきた。その間、研究会のメンバーを中心として五冊の論集を刊行してきた。本書はその最新の六冊目のものである。

本書の企画から発刊までには予想外の長期間を要してしまった。当初、本論集は、中西ともう一人の編者によって、一九世紀から二一世紀を通じて、日本の内外の危機に際しての秩序変容をテーマに構想された。しかし、何人かの執筆者には順調に執筆して頂いた一方で、時代分野によっては適切な執筆者の確保が難しく、編集作業が順調に進められなかった。

その間、編者の体調不良や行政的用務の増大という事情があって、伊藤と中西で相談し、新たに伊藤と中西を編者として、数人の新規の執筆者を加えて、構成を改めた上でまとめる方針とした。

この変更の背景には、東日本大震災や首相の短期間での交代が相次いだ二〇一〇年代初頭の状況から、政治経済が曲がりなりにも安定を取り戻した最近の状況を踏まえ、論集全体の問題意識を再検討すべきとの意識もあった。

本書に寄稿して頂いた執筆者、特に刊行までに長い時間お待たせしたにもかかわらず、快く掲載を受け入れて下さった執筆者各位に、編者、特に最初から編集作業に関わっていた中西は心からのお詫びと感謝を申し上げねばならない。また、新たに執筆に加わることを快諾された上、厳しい期限を守って力作を寄せて下さった方々にも、心より御礼申し述べたい。

さらに、本書の刊行を引き受けて下さり、企画の変更にもかかわらず刊行の意志を続けて頂いた京都大学学術出版会に対しても心より謝意を表したい。

何よりも、二〇一〇年より「20世紀と日本」研究会の研究活動に対して助成を頂いている上廣倫理財団には、本書刊行まで長期間お待たせしたにもかかわらず、寛容にもお待ち頂いたことに対して心底より深く感謝の意を表したい。

二〇一七年一〇月

伊藤之雄
中西　寛

人名索引

事項・地名索引

主な著書に，『20世紀日米関係と東アジア』（共著，風媒社，2002年），『20世紀日本と東アジアの形成——1867～2006』（共著，ミネルヴァ書房，2007年），『内田康哉関係資料集成』全３巻（共編，柏書房，2012年），『昭和史講義３——リーダーを通して見る戦争への道』（共著，筑摩書房，2017年）など。

西山由理花（にしやま　ゆりか）
京都大学大学院法学研究科特定助教
1987年生まれ，京都大学大学院法学研究科博士後期課程修了，博士（法学）。
主な著作に，『松田正久と政党政治の発展——原敬・星亨との連携と競合』（ミネルヴァ書房，2017年），『原敬と政党政治の確立』（分担執筆，千倉書房，2014年）など。

萩原　淳（はぎはら　あつし）
三重大学人文学部非常勤講師
1987年生まれ，京都大学大学院法学研究科博士後期課程修了，博士（法学）。
主な著作に，『平沼騏一郎と近代日本——官僚の国家主義と太平洋戦争への道』（京都大学学術出版会，2016年），「昭和初期の枢密院運用と政党内閣——憲法解釈をめぐる先例と顧問官統制を中心に」（『年報政治学』2017年第II号）など。

森　靖夫（もり　やすお）
同志社大学法学部准教授
1978年生まれ，京都大学大学院法学研究科博士課程修了，法学博士。
主な著書に，『日本陸軍と日中戦争への道——軍事統制システムをめぐる攻防』（ミネルヴァ書房，2010年），『永田鉄山』（ミネルヴァ書房，2011年）など。

齊藤紅葉（さいとう　もみじ）
京都大学大学院法学研究科研修員
1982年生まれ，京都大学大学院法学研究科博士後期課程単位取得満期退学，法学博士。
主な業績に，「幕末期木戸孝允の国家構想と政治指導――長州藩の統制から倒幕へ（一八三三――八六五）」（1）～（3）（『法学論叢』第179巻第４号・６号・第180巻第３号，2016年７月・９月・12月），「木戸孝允と中央集権国家の成立――西洋列強と対峙し得る新国家の樹立（一八六五――八七一）」（1）～（3）（『法学論叢』第181巻第1-3号，2017年4-6月）など。

スピルマン，クリストファー・W・A
帝京大学文学部日本文化学科教授
1951年生まれ，1993年エール大学大学院歴史学研究科博士課程修了，博士(PhD，日本史)。
主な著書に，『満川亀太郎書簡集――北一輝・大川周明・西田税らの書簡』（共編著，論創社，2012）『近代日本の革新論とアジア主義――北一輝，大川周明，満川亀太郎らの思想と行動』（芦書房，2015年），Routledge Handbook of Modern Japanese History（coed., Routledge, 2018）など。

瀧井一博（たきい　かずひろ）
国際日本文化研究センター教授
1967年生まれ，京都大学大学院法学研究科博士後期課程単位取得退学，博士（法学）。
主な著書に，『文明史のなかの明治憲法』（講談社，2003年），『伊藤博文』（中公新書，2010年），『渡邉洪基』（ミネルヴァ書房，2016年）など。

等松春夫（とうまつ　はるお）
防衛大学校人文社会科学群国際関係学科教授
1962年生まれ，オックスフォード大学社会科学大学院修了，D. Phil。
主な著書に，『日本帝国と委任統治――南洋群島をめぐる国際政治1914-1947』(名古屋大学出版会，2011)，『昭和史講義』（共著，筑摩書房，2015)，『日中戦争の軍事的展開』（共著，慶應義塾大学出版会，2006）など。

中谷直司（なかたに　ただし）
三重大学教養教育機構特任准教授（教育担当）
1978年生まれ，同志社大学大学院法学研究科博士後期課程修了，博士（政治学)。
主な業績に，『強いアメリカと弱いアメリカの狭間で――第一次世界大戦後の東アジア秩序をめぐる日米英関係』（千倉書房，2016年)，「同盟はなぜ失われたのか――日英同盟の終焉過程の再検討1919-1921」（『国際政治』第180号，2015年３月）など。

西田敏宏（にしだ　としひろ）
椙山女学園大学現代マネジメント学部准教授
1975年生まれ，京都大学大学院法学研究科博士後期課程修了，博士（法学)。

【編著者略歴】

■編者

伊藤之雄（いとう　ゆきお）
京都大学大学院法学研究科教授
1952年生まれ，京都大学大学院文学研究科博士課程単位取得満期退学，博士（文学）。
主な著書に，『昭和天皇と立憲君主制の崩壊——睦仁・嘉仁から裕仁へ』（名古屋大学出版会，2005年），『「大京都」の誕生——都市改造と公共性の時代1895～1931年』（ミネルヴァ書房，2018年），『元老——近代日本の真の指導者たち』（中公新書，2016年）など。

中西　寛（なかにし　ひろし）
京都大学公共政策大学院教授
1962年生まれ，京都大学大学院法学研究科博士課程退学，法学修士。
主な著書に，『国際政治とは何か——地球社会における人間と秩序』（単著，中公新書，2003），『歴史の桎梏を越えて』（共編著，千倉書房，2011），『国際政治学』（共著，有斐閣，2013），『高坂正堯と戦後日本』（共編著，中央公論新社，2016）など。

■著者（50音順）

井上正也（いのうえ　まさや）
成蹊大学法学部教授
1979年生まれ，神戸大学大学院法学研究科博士後期課程修了，博士（政治学）。
主な著書に，『日中国交正常化の政治史』（名古屋大学出版会，2010年）など。

小林道彦（こばやし　みちひこ）
北九州市立大学基盤教育センター教授
1956年生まれ，中央大学大学院文学研究科博士課程単位取得退学，博士（法学）。
主な著書に，『桂太郎——予が生命は政治である』（ミネルヴァ書房，2006年），『歴史の桎梏を越えて——20世紀日中関係への新視点』（共編著，千倉書房，2010年），『政党内閣の崩壊と満州事変』（ミネルヴァ書房，2010年），『児玉源太郎——そこから旅順港は見えるか』（ミネルヴァ書房，2012年），『日本政治史のなかの陸海軍』（共編著，ミネルヴァ書房，2013年），『大正政変——国家経営構想の分裂』（千倉書房，2015年）など。

小山俊樹（こやま　としき）
帝京大学文学部教授
1976年生まれ，京都大学大学院人間・環境学研究科博士課程修了，人間・環境学博士。
主な著書に，『憲政常道と政党政治——近代日本二大政党制の構想と挫折』（思文閣出版，2012年），『近代機密費史料集成Ⅰ——外交機密費編』（全７巻，編著，ゆまに書房，2014-2015年），『評伝森恪——日中対立の焦点』（ウエッジ，2017年）など。

日本政治史の中のリーダーたち
——明治維新から敗戦後の秩序変容まで
© Y. ITO, H. NAKANISHI et al. 2018
平成30（2018）年 3 月 30 日　初版第 1 刷発行

編者　伊藤之雄
　　　中西寛
発行人　末原達郎
発行所　京都大学学術出版会
京都市左京区吉田近衛町69番地
京都大学吉田南構内（〒606－8315）
電話（075）761－6182
FAX（075）761－6190
URL http://www.kyoto-up.or.jp
振替 01000－8－64677

ISBN 978-4-8140-0140-8
Printed in Japan
印刷・製本　亜細亜印刷株式会社
定価はカバーに表示してあります

本書のコピー，スキャン，デジタル化等の無断複製は著作権法上での例外を除き禁じられています。本書を代行業者等の第三者に依頼してスキャンやデジタル化することは，たとえ個人や家庭内での利用でも著作権法違反です。